MOVIDO PELA MENTE

RICKY RIBEIRO
GISELE MIRABAI

Literare Books
INTERNATIONAL
BRASIL · EUROPA · USA · JAPÃO

SEM SE MOVER, ELE CRIOU O MAIOR PORTAL DE MOBILIDADE URBANA DO BRASIL

2ª EDIÇÃO - VERSÃO ATUALIZADA

Copyright© 2024 by Literare Books International
Todos os direitos desta edição são reservados à Literare Books International.

Presidente do conselho:
Mauricio Sita

Presidente:
Alessandra Ksenhuck

Vice-presidentes:
Claudia Pires e Julyana Rosa

Diretora de projetos:
Gleide Santos

Capa:
Marcelo Hardt

Projeto gráfico e diagramação:
Gabriel Uchima

Revisão:
Ivani Rezende

Impressão:
Vox

Dados Internacionais de Catalogação na Publicação (CIP)
(eDOC BRASIL, Belo Horizonte/MG)

R484m
Ribeiro, Ricky.
Movido pela mente / Ricky Ribeiro, Gisele Mirabai. – 2.ed. – São Paulo, SP: Literare Books International, 2024.
464 p. : foto. color. ; 16 x 23 cm

ISBN 978-65-5922-851-5

1. Autoconhecimento. 2. Motivação. 3. Técnicas de autoajuda. I. Mirabai, Gisele. II. Título.

CDD 158.1

Elaborado por Maurício Amormino Júnior – CRB6/2422

Literare Books International.
Alameda dos Guatás, 102 – Saúde– São Paulo, SP.
CEP 04053-040
Fone: +55 (0**11) 2659-0968
site: www.literarebooks.com.br
e-mail: literare@literarebooks.com.br

A meus pais,
pelo amor sem limites.

SUMÁRIO

Depoimentos 6

Apresentação...12

Prefácio 15

Prólogo..17

Parte 1
MOVIMENTO ASCENDENTE:
DA CAMINHADA AO FOGUETE 21

1. A pé...22

2. Correndo..34

3. Nadando 48

4. A cavalo 56

5. Bicicleta..66

6. Barco...76

7. Moto 87

8. Trem 96

9. Ônibus...110

10. Automóvel 121

11. Caminhão 138

12. Metrô 146

13. Avião 161

14. Foguete 167

Parte 2
MOVIMENTO DESCENDENTE: DA CAMINHADA À CAMA 181

15. A pé 182
16. Bengala 204
17. Andador 224
18. Cadeira de rodas 231
19. Colo 250
20. Maca 264
21. Corpo 284
22. Cama 306

Parte 3
LINHA EM ESPIRAL: DA MENTE À VELOCIDADE DA LUZ 335

23. Mente 336
24. Na velocidade da luz 352

Parte 4
NO RITMO DA VIDA 383

25. Sempre em movimento 384
26. A vida é um sopro 416
Apêndice: como o Ricky funciona? 440
Agradecimentos 446

GALERIA DE FOTOS 448

DEPOIMENTOS

Como o Ricky, eu também convivo com a ELA. *Movido pela mente* é uma excelente oportunidade para conhecer Ricky Ribeiro – mesmo sem se mover e falar – bem-humorado, criativo, disposto a mudar o mundo, empreendedor social, sobretudo, inteligente e que não vê limites para as suas realizações. Se eu tivesse que escolher uma palavra para o Ricky, seria infinito!

Beth Ribeiro
Publicitária e empresária. Presidente do Instituto Mara Gabrilli. IMG.

Ricky trabalhou comigo como estagiário em 2002 e, já naquela época, percebi que ele era uma pessoa diferenciada, acima da média. Diagnosticado com ELA aos 28 anos, e hoje, com todos os seus movimentos comprometidos, Ricky, dotado de uma mente brilhante, enfrenta essa adversidade com coragem e determinação. Com movimentos limitados aos seus olhos, ele continua trabalhando ativamente. Criador do Mobilize Brasil, o maior portal brasileiro sobre mobilidade urbana, ele ministra pessoas, gera conteúdos incríveis, é palestrante, e continua trabalhando com sustentabilidade de uma

DEPOIMENTOS

grande multinacional de consultoria e auditoria. Sua resiliência e criatividade inspiram aqueles ao seu redor, demonstrando que a força da mente pode superar as limitações do corpo. Ricky não apenas persevera em sua carreira, mas também encontra maneiras de ajudar os outros, tornando-se um exemplo vivo de superação e generosidade. Essa história de vida você conhecerá no seu livro *Movido pela mente*, onde você se emocionará e verá que nada poderá nos afastar de sermos felizes e produtivos, a não ser a morte!

Oswaldo Borrelli
Advogado, foi vice-prefeito de Santana de Parnaíba (2013-2020).

Transformar a incrível história do Ricky em uma apresentação foi uma jornada inspiradora. A riqueza de *Movido pela mente*, com uma narrativa tão poderosa, nos permitiu desenhar uma experiência visual que ampliou ainda mais a força de sua palestra. Foi um privilégio contribuir para a disseminação de uma mensagem tão importante de resiliência, inovação e humanidade. Esta obra é um farol de inspiração, mostrando a capacidade de transformar desafios em triunfos.

Roberto Generali Burgess
Fundador da PONTOppt Apresentações Profissionais.

O livro oferece um poderoso testemunho da resiliência humana diante da adversidade. Ao explorar a jornada de alguém com esclerose lateral amiotrófica, que permanece fisicamente imóvel, mas expressa sua vitalidade e determinação através da escrita com os olhos, a obra destaca a força interior e a capacidade de encontrar significado e propósito mesmo nas circunstâncias mais desafiadoras. É uma história inspiradora que nos lembra da importância de valorizar cada momento e cultivar a esperança, independentemente das limitações físicas. Eu tenho enorme orgulho em fazer parte da história do Ricky e uma profunda admiração pela forma que encara a vida!

Higor Bernardes
Empresário.

Ricky Ribeiro conta, em *Movido pela mente*, sua saga. A história de um rapaz que viajou por muitos lugares do Brasil e do mundo, utilizando diversos modais para se locomover, quando, aos 28 anos, ele recebe o diagnóstico de ELA – esclerose lateral amiotrófica, doença neurodegenerativa, totalmente paralisante e que, normalmente, condena o paciente a uma cama. Ricky, com sua mente brilhante e inquieta, criou a Mobilize Brasil, ONG referência em mobilidade, que se tornou o maior portal de mobilidade urbana do Brasil. O livro nos traz diversas reflexões e mostra a potência da mente do Ricky. Leitura imperdível.

Jorge Camillo Abdalla Junior
Fundador e Presidente do Conselho de Administração da Associação Pró-Cura da ELA.

O livro *Movido pela mente* é uma obra de um rapaz com grande vivacidade que nos ensina a superar desafios, se reinventar e transformar o mundo em um lugar melhor e acessível. Um exemplo de superação. Ricky mostra como a

DEPOIMENTOS

mente é capaz de nos mover para uma nova vida, cheia de desafios, complexa, mas também gratificante ao descobrirmos do que somos capazes. Mostra ao mundo sua trajetória de vida, experiências vividas, a importância da mobilidade urbana, não só para ele, mas para muitas outras pessoas que querem se mover e viver com liberdade e movimento. Um grande aprendizado!

Lina Pádua
Presidente da Associação Pró-Cura da ELA.

Ricky Ribeiro é alguém que decidiu nos dar uma aula prática sobre o que significa viver e seguir vivendo. Ribeiro, ora vasto como um ribeirão, ora sereno como um ribeirinho, segue em frente como um riacho que corre contornando rochas sólidas, infiltrando montanhas aparentemente intransponíveis. Assim como um curso d'água teimoso que segue em frente, indiferente aos acidentes geográficos que tentam interromper seu curso, Ricky, esse Ribeiro, como é o destino de todo rio, segue sua jornada, determinado, trazendo vida, alegria e esperança por onde passa.

Luiz Covo Filho
Sócio da consultoria EY Brasil (Ernst & Young) líder de Digital Engineering para América Latina e Presidente do EY Institute.

Movido pela mente é uma obra que destaca não apenas a extraordinária jornada de Ricky Ribeiro após o diagnóstico de ELA, mas também sua genialidade como empreendedor social e sua visão inovadora sobre mobilidade urbana e acessibilidade. Também em suas palestras, fica claro que Ricky é um exemplo inspirador de como uma mente brilhante pode transcender as limitações físicas e impactar positivamente o mundo. Seu trabalho à frente do Mobilize Brasil, mesmo enfrentando desafios físicos, demonstra sua dedicação incansável em tornar o mundo um lugar mais inclusivo e acessível para todos. O livro é uma celebração da resiliência, criatividade e paixão de Ricky em fazer a diferença, independentemente das circunstâncias.

Raphael Branchini
VP Global Vendas/GTM da The Kraft Heinz Company.

A vida nos impõe muitos desafios e surpresas que temos que aprender a lidar, que fazem com que tenhamos que nos adaptar e que acabam nos transformando. Em *Movido pela mente,* Ricky nos mostra como não existem desafios intransponíveis, como a perspectiva que tomamos nos momentos mais difíceis acaba por fazer a vida interessante e nos traz a calma de saber que sempre existe uma saída, por mais complexas que possam ser as barreiras que tenhamos que superar. Passar pelas páginas do livro, ou algumas horas batendo papo com o Ricky, são sempre momentos que inspiram e ensinam, mesmo para nós que o conhecemos há tantos anos.

Renato Zanoni
Country Manager da Ferrero no Brasil.

O livro *Movido pela mente,* para mim, é um tesouro e uma das mais impactantes lições de vida que tenho comigo. É uma inspiração de como encarar a vida no dia a dia e ter a certeza de que sempre vale a pena viver

DEPOIMENTOS

(mesmo e principalmente nos dias mais difíceis). Mostra com muita clareza, mas também com delicadeza a importância e o valor das amizades sinceras e profundas e do amor incondicional da família. Expõe as dificuldades e tristezas de um diagnóstico muito duro, porém, ao mesmo tempo, é revelador e apaixonante como o Ricky lida com essas questões e também os que estão a sua volta, mostrando que realmente a limitação é física, mas que a mente voa alto e rápido. Mostra de uma maneira muito potente como a trajetória de vida de uma pessoa tão especial como o Ricky pode mudar e influenciar a vida de muitas outras pessoas e o livro é uma linda ferramenta para ampliar esta capacidade.

Só recomendo uma coisa: leia o livro e tire suas conclusões. Seguramente, ele te marcará.

Renato Miralla
Cofundador da MBR Company.

APRESENTAÇÃO

Movido pela mente é uma ode ao movimento. Foram precisos muitos barcos, caminhadas, corridas, bicicletas, trens, ônibus, metrôs, automóveis e aviões para Ricky Ribeiro realizar a sua verdadeira vocação e deixar o seu legado neste mundo. Mas, antes disso, foi necessário a este jovem brasileiro atravessar o mais penoso dos caminhos: ficar sem se mover. Da queda de uma calçada à bengala, do andador à cadeira de rodas, até finalmente ficar preso a uma cama, atrelado a aparelhos respiratórios.

A ELA – esclerose lateral amiotrófica é uma doença causada pela degeneração progressiva do neurônio motor que, ao perder a capacidade de transmitir os impulsos nervosos, impossibilita o paciente de se mover. A perda da mobilidade é gradual e, na literatura médica, a expectativa de vida dos que a possuem é de dois a cinco anos.

Neste livro, acompanhamos Ricky desde as suas primeiras quedas por fraqueza muscular até a descoberta do diagnóstico e sua travessia a cada limite imposto pela doença. Ao mesmo tempo, e em igual proporção, somos conduzidos também a uma mente ilimitada, que pode ultrapassar e superar cada um desses obstáculos. Nesta trajetória, impossível não perceber

APRESENTAÇÃO

como a soma de oportunidades, valores internos, cultura, conhecimento e, o principal, o apoio e o amor incondicional da família e dos amigos concedem, ao destino desse jovem, o sucesso para vencer a própria morte.

A obra foi escrita a quatro mãos, ou melhor, a duas mãos e dois olhos. De sua cama, Ricky escreveu relatos sobre a sua experiência de mundo, por meio de um aparelho com sensor óptico que digita as palavras pelo movimento dos olhos. Coube a mim criar o enredo, preparar o material, fazer entrevistas, vasculhar memórias e, por fim, redigir a narrativa, transpondo uma vida rica em vivências para uma obra de cunho estético e filosófico, elementos que a literatura utiliza para organizar a vida, já que o ato de existir se expande e ganha novo significado quando se reconhece em uma obra de arte. Neste caso, um livro.

Na primeira parte desta história, temos uma linha ascendente de capítulos, que leva da trajetória simbólica de uma "caminhada a pé" ao "foguete", enquanto a narrativa segue na mesma proposta de velocidade, em direção à descoberta do suspense: o que afinal está acontecendo com o personagem, um jovem praticante de esportes que começou a mancar e agora só piora? Narrado em primeira pessoa, de forma cronológica, este livro nos permite acompanhar o dia a dia de Ricky enquanto, a partir de suas reflexões sobre o ser humano, a cidade e o mundo, voltamos em *flashback* para importantes episódios de sua vida.

Na segunda parte, temos uma linha descendente de capítulos, seguindo simbolicamente a mesma "caminhada a pé", mas desta vez em direção "à cama". Nosso personagem, tão cheio de vida e velocidade, precisa realizar sua jornada rumo à lentidão que cada vez mais toma conta do seu corpo, tendo como destino a imobilidade quase completa. O leitor é envolvido a cada desafio que aparece em seu caminho, superando com ele cada obstáculo, entregando-se quando preciso e comemorando todas as suas pequenas vitórias.

Por fim, temos o símbolo da espiral, quando o leitor finalmente comemora com o personagem seu grande triunfo. Ele superou seu prognóstico fatídico e sobreviveu. Mais do que isso, foi capaz de reinventar a própria história, de maneira ainda mais potente, já que agora pode espalhar sua mensagem e realizar a sua missão de mundo.

Movido pela mente faz parte dessa missão. O livro não apenas conta a incrível trajetória de Ricky Ribeiro, este jovem que, sem se mover, criou o maior portal de mobilidade urbana do Brasil. Traz também reflexões sobre nossas cidades, sobre formas mais sustentáveis de nos movermos e nos apropriarmos do espaço urbano, aborda a política, o meio ambiente, valores como união, tolerância, não violência e, o principal, a descoberta de que a resposta para superar o mais grave de nossos problemas está em apenas um lugar: a nossa própria mente.

Gisele Mirabai

PREFÁCIO

A VIDA NÃO PARA

Ficar parado nunca foi uma opção para Ricky Ribeiro. Sua pressa de viver só não é maior que a sua invejável vocação para a felicidade. Entre infinitas possibilidades que a vida lhe concedeu, nas relações humanas ele ancorou seu barco. Ricky é um entusiasta da mobilidade urbana sustentável. Mas é, acima de tudo, um apaixonado por pessoas.

Em *Movido pela mente,* mergulhamos na ânsia de um jovem de mente inquieta e alma incomum, que, de suas andanças pelo mundo, soube construir um repertório valoroso de amigos, parceiros e conexões. Pontes que mais tarde serviriam de alicerce para que encarasse o diagnóstico devastador da esclerose lateral amiotrófica.

A pé, caminhando, pedalando, de carro, trem, ônibus, avião... A trajetória de Ricky nos leva a acreditar que ele nunca teve tempo para grandes lamentações. A voz sempre presente na sua cabeça, quase gritando "depressa!", o levou a preferir o sorriso ao pranto, a ouvir mais do que falar, aprender ao estagnar, doar ao consumir.

Costumo dizer que a paralisia só existe em nossa cabeça. A trajetória que você encontrará aqui é a mais franca e genuína concretização de tal sentença. Encarar a inércia de um corpo paralisado e não parar de produzir não é para qualquer um. Consolidar tudo isso, desafiando a lógica de uma doença que tira a constância da vida e tudo o que até então sempre esteve disponível, como a respiração e a fala, é para poucos. E privilegiados.

Tive o prazer de conhecer Ricky quando o Mobilize, hoje um projeto de vida, ainda estava em fase de implementação. À época, fiquei emocionada com a ideia e ambição de um jovem cheio de conteúdo e vontade de tornar as cidades mais humanas, embora já afetado por muitos sintomas da ELA.

Feliz, vejo que o tempo passou e a ELA não foi capaz de subtrair o mundo que Ricky carrega dentro de si. Um mundo em que as cidades são projetadas para pessoas, a desigualdade social não impera e a sustentabilidade é mais do que um negócio, é uma filosofia de vida.

A cada viagem e meio de locomoção, Ricky traz uma memória de sua vida. Sempre com pressa, em meio a escolhas, ele relembra amigos, aventuras, amores, sonhos. Narra também obstáculos, alguns aparentemente intransponíveis, não fosse ele um sujeito provido de infinitos apoios de quem o cerca. Aliás, família e amigos são coadjuvantes desta história que trata predominantemente do amor incondicional pela vida.

Hoje, de seu quarto/mundo, com os olhos, Ricky continua a mobilizar gente de todos os cantos. E eu, que um dia fui maratonista e de repente me vi sem movimentos do pescoço para baixo, me transbordo de energia e inspiração emanadas da mente desse jovem que, sim, vive em constante movimento.

Movido pela mente é uma caminhada de quem teve sempre pressa. Mesmo nas quedas, de chegar à felicidade.

Mara Gabrilli

PRÓLOGO

CIDADE PARA PESSOAS

A primeira imagem que vi foi a de um cruzamento entre duas ruas de Barcelona. Uma projeção audiovisual, em uma tela 360 graus, simulava o entroncamento congestionado com excesso de carros e motos, um caminhão de lixo, ruído e poluição. Até que uma ventania com muitas folhas entrava em cena e, de repente, aparecia o mesmo lugar totalmente transformado. As vias davam lugar a áreas de lazer, parquinho infantil e ciclovias. A coleta de lixo e materiais reciclados era subterrânea, por meio de sucção. No lugar dos veículos havia crianças brincando, adultos caminhando e idosos se divertindo com jogos de tabuleiro. A única pista para carros ficava no mesmo nível da calçada e tinha a entrada controlada, permitindo o acesso somente a moradores daquele quarteirão.

A segunda imagem consistia em dois vídeos comparando o consumo de recursos de uma família, durante vinte e quatro horas, em cidades com diferentes urbanizações. O vídeo da esquerda mostrava uma família em Los Angeles, em que marido e esposa percorriam longas distâncias em vias expressas congestionadas, cada um em seu automóvel, para deixarem as crianças na escola e chegarem ao trabalho. Enquanto isso, o vídeo da direita apresentava o pai da outra família, agora em Barcelona, levando os filhos para a escola a pé e pegando o metrô para ir trabalhar, ao tempo em que a esposa pedalava em direção ao emprego. No fim do dia, a família de Los Angeles tinha desperdiçado horas do seu tempo em deslocamentos e consumido muito mais energia e recursos do planeta do que a de Barcelona.

Aquelas imagens faziam parte da exposição "Habitando o Mundo", que acontecia no Fórum Universal das Culturas, abordando temas como o impacto da atividade humana sobre o meio ambiente, o consumismo excessivo nas sociedades ocidentais e os problemas sociais decorrentes das diferentes formas de urbanização. Foi ali que conheci pela primeira vez o conceito de "Cidade para Pessoas". Comecei a me encantar pela ideia de uma urbanização compacta, em contraposição ao modelo difuso que eu vivia em São Paulo. Na minha cidade natal, eu tinha um estilo de vida parecido com o da família de Los Angeles e, agora, morando em Barcelona, experimentava exatamente o oposto. Já não tinha mais dúvidas sobre qual modelo eu preferia. Percebi que a qualidade de vida das pessoas poderia ser infinitamente maior em uma cidade com uma disposição urbana inclusiva, que valorizasse os espaços públicos, estimulando a convivência social entre diferentes grupos e priorizando os meios de transportes públicos e não motorizados. Foi uma grande quebra de paradigma, o nascimento de uma paixão, um interesse profundo pelo urbanismo e pela mobilidade urbana que me acompanharia na minha volta ao Brasil e para todo o sempre.

Ricky Ribeiro

PARTE 1

MOVIMENTO ASCENDENTE: DA CAMINHADA AO FOGUETE

Quando o ser humano conseguiu se colocar de pé, há muitos milênios, ele quis ir mais longe. Quis explorar o mundo além do que então conhecia. Ele inventou a roda e cortou o tempo cada vez com mais velocidade, desenvolveu o motor e criou a energia elétrica para então galgar as mais longínquas terras e o mais distante dos mares. Também alcançou os céus e, ainda mais além, orbitou no espaço e pisou na Lua. Entretanto, mesmo com tantas conquistas, não pôde ultrapassar o seu tempo de vida sobre a Terra.

1 A PÉ

"Caminhando contra o vento
Sem lenço e sem documento
No sol de quase dezembro
Eu vou."
Caetano Veloso

MEIO-FIO, CINCO MINUTOS E UM MUNDO MELHOR

Naquela manhã quente em Recife, deixei o apartamento onde morava e, como fazia todos os dias, segui para o trabalho a pé. Ao lado da bela entrada do edifício, ornamentada com jardins de flores diversas, havia uma parte da calçada bastante esburacada, em frente ao loteamento vizinho, impedindo a passagem de pedestres. Mais uma vez, precisei descer para o leito carroçável da via, local em que circulam os automóveis, para continuar a minha caminhada. Eu já havia tropeçado ali em uma ou outra ocasião, mesmo sendo um pedestre em minhas perfeitas condições físicas. Se fosse um cadeirante, certamente correria riscos bem maiores de acidentes ao ter que trafegar em meio

PARTE 1 - MOVIMENTO ASCENDENTE: DA CAMINHADA AO FOGUETE

aos carros. Mas como era um caminhante saudável e esportista, no auge dos meus vinte e sete anos, ultrapassei depressa o trecho esburacado e retomei o meio-fio em direção ao meu destino.

Eu poderia seguir em frente e não pensar mais no assunto, mas logo que retomei meus passos sobre a calçada mais regular, apesar dos desníveis e rachaduras, voltei a refletir sobre o hipotético cadeirante que teria dificuldades de conduzir a sua cadeira em um chão tão desnivelado. Já há algum tempo eu vinha sonhando com uma cidade feita de pavimentos regulares, sem buracos, de preferência com rampas de acesso para cadeiras de rodas, carrinhos de bebê, idosos, pessoas com malas de rodinhas ou qualquer um que precisasse de melhores condições para se mover. Desde que havia voltado de Barcelona, sempre que andava pelas ruas do Brasil, fosse em São Paulo, no Rio ou em Recife, de bicicleta, ônibus ou a pé, ia projetando mentalmente ciclovias, estruturas para o transporte coletivo e, é claro, elas, as calçadas.

Alguns pensadores afirmam que se pode medir o nível de civilização de um povo pela qualidade das calçadas de suas cidades. Outros dizem que os pavimentos públicos são melhores indicadores de qualidade de vida do que o próprio IDH, o Índice de Desenvolvimento Humano. Afinal, as cidades são feitas para pessoas, seres humanos que, antes de tudo, caminham. Na Europa, o governo se responsabiliza por uniformizá-las. Já no Brasil, cabe aos proprietários cuidar das calçadas em frente aos seus imóveis, por isso não é possível ter um mesmo padrão em toda a cidade. Em um único leito, pode-se encontrar uma calçada de alta qualidade e, logo ao lado, outra que não passa de um amontoado de pedras, buracos e raízes de árvores, como aquela da minha rua, que eu tinha acabado de atravessar.

O tempo de caminhada até meu trabalho era de apenas cinco minutos e eu os aproveitava ao máximo fazendo exatamente isso, criando em minha mente a cidade ideal, com calçadas largas e protegidas pelas árvores para o conforto de quem anda sob o sol, e bem iluminadas durante a noite, para quem caminha sob a luz da lua. Eu também visualizava faixas para a travessia segura das ruas, semáforos, placas de sinalização e outros equipamentos de segurança nas vias de maior movimento.

Tinha a consciência de que o Brasil estava longe de chegar naquelas condições, mas também tentava projetar soluções, pensando como estimular as pessoas a denunciarem os problemas em suas cidades. Imaginava os cidadãos pressionando as autoridades, e os governos construindo um mundo novo, com uma estrutura urbana de qualidade para todos. Porque, para além das calçadas, o que eu observava mesmo naquele curto período de caminhada era o problema insolúvel a que todos nós tínhamos chegado, não apenas no Brasil, mas na maioria das grandes cidades do mundo.

A utilização do meio de transporte motorizado e individual, como o carro e a moto, tinha gerado muitos impactos negativos para as pessoas, as nações e, sobretudo, para o nosso planeta. Essa escolha do ser humano para se mover nas grandes cidades tinha implicado um elevado consumo de energia e de recursos naturais, interferindo também no espaço público, causando diversos problemas como poluição, acidentes, estresse, doenças, excesso de ruídos, baixa produtividade e, principalmente, perda de tempo e de qualidade de vida.

Eu costumava refletir sobre essas questões e me deixar levar pelos projetos de um mundo melhor até chegar à porta do Edifício Empresarial Center III, quando voltava a me concentrar nas apresentações e planilhas de consultoria e auditoria da empresa em que trabalhava.

NAMORO x ONG

Naquela mesma manhã, antes de atravessar o sinal e entrar na sede da corporação, cumprimentei um dos meus vizinhos do prédio, que vinha

PARTE 1 - MOVIMENTO ASCENDENTE: DA CAMINHADA AO FOGUETE

no sentido oposto da rua. Eu o conhecia de vista, bem como seus outros amigos do Rio Grande do Sul, já que todos moravam no mesmo edifício. À noite, quando voltava do trabalho, podia vê-los sentados na mureta do jardim da entrada, jogando conversa fora e tomando chimarrão. Se fosse em outra época, eu já estaria ali no meio deles, experimentando o mate, falando de futebol, de viagens, de pessoas ou qualquer outra trivialidade, já que fazer novas amizades era uma constante em minha vida. Mas, naqueles tempos, eu andava mais interessado em passar o meu tempo livre com a Julia. Ela dormia três vezes por semana no meu apartamento e, nas outras noites, eu me sentia um pouco só, já que era a primeira vez que morava completamente sozinho.

Depois de um período de dois anos e meio vivendo em Barcelona, eu tinha acabado de voltar ao Brasil. Assim como em São Paulo, lá eu tinha uma vida social muito agitada, sempre com diversos programas para fazer e pessoas para encontrar. Por isso mesmo, naquelas noites solitárias, eu ficava meio inquieto, então aproveitava para ler bastante e esperar pela noite seguinte, quando a Julia viria e nós iríamos ao cinema, ao teatro, ao restaurante ou, simplesmente, ficaríamos em casa, deitados juntos, escutando Chico Buarque, lendo ou conversando. O assunto não acabava.

Eu a havia conhecido em Barcelona, por intermédio de um primo e, em pouquíssimo tempo, passamos de conhecidos a colegas de apartamento, de colegas a amigos e de amigos a namorados. Nossa paixão fulminante havia atravessado o oceano e, assim que retornei ao Brasil, acabei conseguindo um emprego em uma grande empresa de consultoria, na cidade onde ela morava. Mudei de São Paulo para Pernambuco, mesmo sabendo que trabalhar em empresa não era o meu foco principal, já que desde a adolescência eu repetia aos quatro ventos que o meu sonho era fazer um bem público, e que me mudar significava deixar para trás a Associação Abaporu, ONG que eu havia criado com tanto empenho nos últimos anos. Ao mesmo tempo, viver em Recife também representava o que eu mais amava: estar na rua, próximo à natureza e fazendo conexão com as pessoas.

Por isso mesmo, naquela manhã, quando vi o meu vizinho gaúcho vindo do lado oposto da rua, pensei que não seria má ideia se, à noite, quando retornasse para casa, eu ficasse lá embaixo um pouco para conversar com ele e seus amigos, tomando um chimarrão. Sem dúvida, fazer novas amizades e trocar informações sobre cultura e conhecimento de mundo também faziam parte do meu plano de vida.

Depois de cumprimentá-lo, às oito horas e trinta minutos, adentrei no saguão do edifício onde funcionava o escritório da EY (Ernst &Young). Eu trabalhava como consultor sênior na empresa britânica, uma das quatro maiores de auditoria e consultoria do mundo, com mais de setecentos escritórios em cento e cinquenta países. O de Recife era um deles. Quando estava em São Paulo, com a dedicação máxima em encontrar um trabalho na capital pernambucana, listei todas as empresas e ONGs com escritórios na cidade, atualizei meu currículo, escrevi uma carta de apresentação e entrei em contato, primeiro por telefone e, na sequência, por e-mail, com todas elas. Fiz uma planilha controlando todas as ligações feitas, cartas eletrônicas enviadas, e consegui marcar quatro entrevistas em São Paulo.

A primeira delas em uma ONG, duas em empresas de consultoria e outra em uma grande fabricante de cerveja. A que eu mais queria, obviamente, era a ONG, mas, com o salário que me ofereceram, seria impossível me sustentar. Já na empresa de cerveja, não valorizaram meu currículo, dizendo que, devido aos anos de dedicação ao meu mestrado, eu era um estudante profissional. Até o dia em que uma pessoa da EY (Ernst &

PARTE 1 - MOVIMENTO ASCENDENTE: DA CAMINHADA AO FOGUETE

Young) me ligou e, depois de uma hora de conversa, duas ligações posteriores e uma entrevista que começou em português, foi para o espanhol e terminou em inglês, eu finalmente soube que havia passado para a vaga.

Recebi a notícia da mudança quando estava trabalhando na Associação Abaporu, criada durante o período da faculdade, com o propósito de realizar projetos sociais, e que me levou a realizar o mestrado em Sustentabilidade fora do país. Ao voltar de Barcelona, eu aproveitava para colocar em prática o planejamento estratégico que havia aprendido e, não tinha dúvidas, queria seguir trabalhando na Abaporu. Aquela era a ONG que eu havia fundado e, ano após ano, ela vinha sobrevivendo e tomando corpo, em direção ao meu sonho de adolescência de cuidar dos problemas sociais do nosso país.

Quando eu tinha 14 ou 15 anos, comecei a fazer trabalho voluntário na ONG Projov. Eu passava de casa em casa do residencial em que vivia, pedindo contribuições para a campanha do alimento, e levava para uma comunidade com carências socioeconômicas de Santana de Parnaíba, onde também realizávamos atividades recreativas com as crianças e os adolescentes. O convívio com aquelas pessoas e o contato com a realidade delas foi um marco em minha vida.

Jogávamos futebol em um campo de terra e quase todos me chamavam de tio. Apesar da pouca idade, eu já tinha 1,80 metros e um corpo saudável, enquanto a maioria deles possuía uma estatura muito baixa. Meu grande choque foi ao descobrir que algumas daquelas crianças que me chamavam de tio eram, na verdade, adolescentes mais velhos que eu. Eles não tinham satisfeitas algumas das necessidades básicas do ser humano, como comida e abrigo.

A sensação de ajudar aquelas pessoas, mesmo que infimamente, com a nossa campanha do alimento, despertou em mim o desejo de trabalhar para um bem comum, desenvolvendo projetos sociais no futuro. A Associação Abaporu era, nesse sentido, fruto daquelas inquietudes da minha adolescência frente às desigualdades sociais existentes no país e a outras descobertas que fui fazendo ao longo da vida, como as questões socioambientais e da mobilidade urbana. Na ocasião da volta de Barcelona, eu empenhava as minhas melhores energias para tocar e ampliar os projetos da Associação Abaporu, sobretudo o Planeta Letras, que levava projetos de leitura para crianças.

No entanto, queria estar perto da Julia. Desde que havíamos retornado ao Brasil, ficávamos indo e vindo em voos interestaduais, depois de termos morado juntos por nove meses intensos em Barcelona. Ela sempre dizia que seria muito mais fácil eu me mudar para Recife do que ela para São Paulo, afinal, eu já tinha mestrado, MBA (Master of Business Administration), experiência profissional em empresa, governo e ONG, enquanto ela, cinco anos mais nova, ainda estava terminando a faculdade. Eu já havia trabalhado em uma empresa de consultoria durante dois anos, antes de me mudar para Barcelona, e tinha sido um período de grande aprendizado, com um crescimento profissional sem igual. Assim, quando recebi o telefonema da EY, comemorei a minha mudança para Recife, mesmo sabendo que ganharia de um lado, mas perderia de outro.

INTEGRAÇÃO MODAL

Ainda naquela manhã quente do mês de novembro, depois de entrar no edifício, peguei o elevador social junto a outros executivos e me abanei um pouco, suado por caminhar de camisa social no quase verão brasileiro. A maioria das pessoas ia para o escritório de carro com o ar-condicionado ligado e, volta e meia, alguém da empresa comentava brincando sobre aquele paulista que, estranhamente, ia para o trabalho a pé. O escritório

PARTE 1 - MOVIMENTO ASCENDENTE: DA CAMINHADA AO FOGUETE

era composto por divisórias modulares separando umas pessoas das outras e, como sempre fazia, eu me sentei na minha preferida, onde havia uma grande janela com vista para toda a cidade. Dali, eu avistava de longe os mangues, o Recife Velho, o rio Capibaribe e todas as ruas pelas quais já havia caminhado. Mas, naquele momento, não podia gastar meu tempo refletindo sobre a estrutura da cidade nem sobre os meios de transporte mais sustentáveis para se mover nela, pois logo teria uma reunião com a minha gerente e conselheira, a Carol Siqueira, responsável pelos projetos da área. O nosso trabalho consistia em assessorar outras empresas em diferentes frentes, estudando seu planejamento estratégico, realizando análises de dados, diminuindo seus gastos e potencializando os lucros. Também participariam da reunião Alexandre, consultor sênior como eu, e o Armando, um rapaz alguns anos mais novo, que demonstrava ser um pequeno gênio, com um raciocínio absolutamente rápido, personalidade comunicativa e carismática, querido por todos do escritório. Além deles, a área de consultoria tinha mais dez pessoas, contando os quatro *trainees*. Todos jovens pernambucanos, que demonstravam grande capacidade de ter uma carreira de sucesso no meio empresarial.

Na reunião daquele dia, além da discussão sobre o projeto para o nosso cliente de logística, a Carol Siqueira mencionou que a EY tinha acabado de contratar um diretor de Sustentabilidade. Ao escutar a informação, fiquei realmente empolgado. Aquela era uma oportunidade única de atuar na minha área de interesse dentro da empresa e, quem sabe, finalmente unir o que eu gostava de fazer com o lugar em que gostaria de estar. Após a reunião, liguei para o diretor que, depois de uma longa conversa, mostrou-se animado com a possibilidade de eu fazer parte da sua equipe. Porém, foi logo acrescentando que a minha transferência para o escritório de São Paulo facilitaria e muito a atuação na área. Na mesma hora, meu entusiasmo foi por água abaixo. Precisei explicar a minha situação pessoal e dizer que não, eu não estava disposto a voltar para São Paulo.

Além da Julia, eu também tinha me apaixonado por Recife. Tirando as calçadas, que infelizmente não eram um problema específico de Pernambuco, mas do Brasil como um todo, a cidade conseguia unir tudo de que eu gostava. Eu caminhava pelas ruas, observava as pessoas indo e vindo, ia à praia de bicicleta, praticava esportes, isso sem contar a facilidade de chegar ao trabalho apenas contornando o quarteirão da minha casa.

Em São Paulo, morando em Alphaville, eu precisava pegar carro para tudo e, mesmo compreendendo a preferência dos moradores por estar perto da natureza e unir segurança e qualidade de vida, percebia também como os condomínios fechados acabavam criando uma bolha, que impedia o contato com o resto da cidade. Em Barcelona, eu havia tido a oportunidade de interagir ao máximo com a cidade e seus moradores, movendo-me de bicicleta, ônibus, metrô, ou com meus próprios pés. Agora, era Recife que me dava um pouco daquele gostinho catalão em pleno Brasil.

Na cidade espanhola, eu havia cursado duas pós-graduações, um mestrado em Sustentabilidade na Universidade Politécnica da Catalunha (UPC) e um MBA Executivo na Universidade de Barcelona (UB). Pela manhã, para ir e voltar das aulas, eu pedalava e, à tarde, nadava e fazia musculação no clube universitário da UB. Durante a noite, três vezes por semana, eu frequentava as aulas do mestrado em Terrassa, uma cidade ao lado de Barcelona. Para chegar lá, eu pedalava seis quarteirões em uma subida íngreme até a estação, acomodava a bicicleta dentro do trem e seguia viagem até o final da linha, quando pedalava mais dois quilômetros até o campus universitário, em uma região muito aprazível, com ruas para pedestres e uma praça cheia de crianças brincando. Com a possibilidade de colocar a bicicleta no vagão, a viagem ficava mais agradável e cerca de meia hora mais rápida. Dessa forma, durante dois anos e meio, eu havia tido uma incrível experiência de integração modal, algo desde então muito almejado em meus sonhos de mobilidade urbana. Sem contar a saúde e o bom preparo físico que adquiri durante aquele período, caminhando, nadando e pedalando pela cidade.

E agora, com apenas dois meses em Recife, eu já havia conseguido recriar o mesmo estilo de vida, junto a uma intensa rotina de atividades físicas. Acordava às seis horas, tomava um café da manhã saudável, pedalava cerca de vinte minutos pela ciclovia à beira-mar até chegar às quadras de tênis, esporte que praticava três vezes por semana. A sensação de andar de bicicleta logo cedo, vendo o sol refletido no mar, me nutria para todo um dia de trabalho. Quando voltava para casa, tomava um banho e ia caminhando superdisposto para a empresa. Depois do expediente, trocava de roupa e ia praticar corrida na orla, já que o apartamento ficava a cinco quarteirões curtos da praia. Dentro daquela rotina, eu simplesmente não precisava mais de carro. Por isso mesmo, tive que dar uma resposta negativa para o novo diretor de Sustentabilidade a respeito da minha volta para São Paulo.

UMA VIDA SEM CARRO E SEM RUMO

Desde que vendi meu Golf para ir morar em Barcelona, não tive mais automóvel. A minha decisão se baseava em dois motivos, sendo o primeiro e mais importante, a filosofia de vida. Depois da experiência fora do país, queria seguir tendo o mesmo dia a dia, movendo-me de forma livre, vendo e convivendo com pessoas diferentes todos os dias, interagindo com os lugares, caminhando e sentindo que pertencia à cidade. O carro me dava a sensação de isolamento, atrás de vidro fechado, com a música alta, vivendo em um mundo particular. Além do mais, eu me sentia muito bem

MOVIDO PELA MENTE

quando não usava o carro, ao perceber que estava sem ocupar espaço público, poluir e congestionar a cidade.

O segundo motivo pelo qual eu não queria um automóvel era econômico. Quando cheguei a Recife, anotei todos os gastos mensais que teria ao comprar um carro, contando as prestações, o seguro, a gasolina, a limpeza, a manutenção e o estacionamento. Percebi que sairia muito mais barato pegar táxi algumas vezes e, caso precisasse ir a algum lugar mais longe, como Olinda, podia pegar ônibus ou ir de carona. Quando fosse realizar pequenas viagens para praias próximas, nos fins de semana, bastava alugar um carro. Pondo tudo no papel, saía muito mais em conta não possuir um automóvel e, colocando os prós e contras da minha própria vida na balança, valia muito a pena continuar morando em Recife.

Assim, naquela tarde em que me recusei a voltar para São Paulo, segui para a rotineira corrida na praia. Fui até meu apartamento, calcei o tênis e corri por cinco quilômetros no calçadão da praia, vendo o sol se pôr atrás dos prédios da orla. Quando voltava para casa, recebi um telefonema da Julia, dizendo que não poderia vir me encontrar, mais uma vez. A noite já descia sobre a Boa Viagem e eu caminhei pelos quarteirões que me levavam de volta ao edifício. As luzes se acendiam nas janelas dos prédios e nos postes, mas, desta vez, não fui pensando em calçadas iluminadas para os pedestres, nem em semáforos ou faixas de trânsito com boa visibilidade. Pensava sobre as minhas escolhas. Sim, eu adorava a minha rotina em Recife, mas, ao mesmo tempo, sentia uma saudade enorme da minha ONG, a Abaporu. Esperava um dia poder voltar a trabalhar nela, a associação em que eu havia depositado os meus sonhos. É claro que tinha uma vida fluida e saudável como eu gostaria, e sentia que estava fazendo a minha pequena parte ao optar por não ter automóvel, andar a pé e de bicicleta. Mas, ao mesmo tempo,

PARTE 1 - MOVIMENTO ASCENDENTE: DA CAMINHADA AO FOGUETE

algo me faltava, a vontade de realizar um projeto social e fazer a diferença neste mundo, influenciar pessoas e transformar o impacto do homem sobre a Terra, isso me perseguia naquelas ruas escuras, a cada esquina por onde passava.

Já nas proximidades do prédio, passei de novo pela calçada esburacada e, como estava com a cabeça na lua, desta vez tropecei. Simplesmente me levantei e não refleti sobre cadeirantes, pavimentos públicos ou sobre índices de qualidade de desenvolvimento humano. Na entrada do edifício, lá estavam os vizinhos gaúchos, conversando e tomando chimarrão. Eu os cumprimentei e peguei o elevador. Quem sabe outro dia eu ficava para o mate? No pequeno apartamento vazio, acendi a lâmpada e tirei os tênis, esfolados na ponta por causa do tropicão. Eu os limpei com um pano, sentado no banco da cozinha, desanimado com a ausência da Julia, porém tranquilo, ainda sem saber que muito em breve eu aprenderia uma lição. Nem toda queda acontece por causa de um buraco na calçada. Nem todo tombo é para nos derrubar; pelo contrário. Quando queremos caminhar na exata trilha que escolhemos para a nossa vida, às vezes caímos justamente para voltar ao curso do próprio caminho.

2 CORRENDO

"Meu mundo é hoje, não existe amanhã pra mim
Eu sou assim, assim morrerei um dia."

Paulinho da Viola

UMA VIDA CONTADA POR ESTÁDIOS

"*Prefiro viver vinte anos a cem por hora do que cem anos a vinte por hora.*" Com frequência repetia esta frase, o que fazia parecer que meu subconsciente já previa o que aconteceria comigo. Talvez por isso mesmo sempre tenha gostado de correr. Aliás, desde o dia em que nasci. Minha mãe dizia que eu não nasci, fui "espirrado". Naquela noite, meu pai preparava em casa uma palestra para um congresso médico que apresentaria no dia seguinte e, ao escutar minha mãe inquieta, foi até o quarto e ouviu-a dizer que estava com um pressentimento de que o bebê iria nascer. Ela, então, lhe pediu que ligasse para o médico, Dr. Paulo Goffi, chefe de Obstetrícia na faculdade de Medicina da USP. Antes de telefonar, porém, meu pai perguntou se ela sentia alguma dor, ao que minha mãe respondeu negativamente.

PARTE 1 - MOVIMENTO ASCENDENTE: DA CAMINHADA AO FOGUETE

— E como eu vou ligar para o meu professor por causa de um pressentimento? — quis saber meu pai.

Assim, eles foram dormir e, às duas da manhã, como minha mãe não parava de se virar de um lado para o outro, meu pai perguntou mais uma vez se ela sentia dor ou se havia perdido água, sinais de trabalho de parto. Como a resposta foi novamente de que se tratava apenas de um pressentimento, ele insistiu para que ela tentasse dormir, pois precisava acordar cedo para dar a palestra na manhã seguinte. Até que, antes das cinco da manhã, diante da inquietação da minha mãe, ele não pôde mais descansar. Resolveu colocar uma luva estéril para fazer um exame de toque e descobriu que a minha cabeça já estava coroando. Aflito, ligou para o Dr. Goffi, que morava em frente à Maternidade São Paulo, na rua Frei Caneca.

Dessa forma, meus pais saíram de casa às pressas e, ao chegarem à maternidade, pouco depois das cinco, minha mãe foi direto para a sala de parto, onde eu nasci em poucos minutos. No final daquela mesma manhã, como bebê e mãe passavam bem, o médico deu alta para os dois. Minha mãe ficou surpresa porque nunca tinha visto alguém permanecer menos de seis horas na maternidade. E no fim das contas, ela gostaria de aproveitar pelo menos uma noite no quarto descansando e recebendo visitas, pois em casa, minha irmã Liliana, outro bebê com apenas um ano e treze dias de vida, aguardava a mamãe e seu mais novo irmãozinho com a Maria José, que cuidava de toda a família.

Nosso apartamento ficava na rua Padre João Manoel, quase esquina com a rua Estados Unidos. Assim, após aquela primeira noite na maternidade da Frei Caneca, minha primeira experiência de vida foi escutar os sons da cidade, ao atravessar a avenida Paulista e descer a rua Augusta, em direção à nossa casa. Naquela região movimentada, com pessoas andando de um lado para o outro, eu dei os meus primeiros passinhos, no chão de madeira da sala, coberto de tapetes, enquanto minha mãe lia livros de histórias infantis e meu pai tocava piano. Ali eu frequentava a pré-escolinha no Clube Paulistano, passava as tardes brincando com minha irmã Lili e assistia ao pôr do sol da janela do apartamento, por trás das casas do Jardim Europa. E foi ali também que aprendi a gostar de futebol.

Na Antiguidade, contavam-se as grandes distâncias pelo tamanho dos estádios. Para se ter uma ideia, o grego Eratóstenes, astrônomo e diretor da Biblioteca de Alexandria, conseguiu, em pleno século III a.C., definir uma medida aproximada do diâmetro da Terra, que equivalia a 252.000 estádios na época. De certa forma, a minha vida também pode ser contada por estádios de futebol. Naquele início dos anos 1980, mal comecei a brincar e já jogava futebol de botão. Depois, aprendi a ler rápido só para me sentar com meu pai aos domingos e acompanhar o Caderno de Esportes do jornal. Fui ao estádio pela primeira vez aos seis anos com meu tio Renato e, desde que me entendo por gente, assisti à maioria dos jogos do Corinthians, meu time do coração. A partir dos doze anos, fiquei viciado em jogar em campo. Pratiquei futebol *society* quando fiz graduação em Administração Pública, na Fundação Getulio Vargas, onde também organizei os campeonatos pela Atlética da GV. Até mesmo a minha vivência em Barcelona pode ser contada pelos estádios.

Quando cheguei à cidade catalã, descobri que podia assistir às partidas de graça, indo para a entrada do estádio Camp Nou e ganhando ingressos que as famílias compravam para o ano inteiro, mas não utilizavam. Foram muitos jogos do Barcelona assistidos com os amigos. Também durante o MBA, disputávamos futsal contra os colegas de outros países e sempre ganhávamos a rodada de cerveja. Agora, em Recife, eu jogava futebol na quadra do prédio do pai da Julia todos os domingos. Logo que me mudei para a cidade, também fui a pé até o Estádio dos Aflitos, para assistir ao

PARTE 1 - MOVIMENTO ASCENDENTE: DA CAMINHADA AO FOGUETE

jogo do Corinthians contra o Náutico, pelo Campeonato Brasileiro. E como não poderia ser diferente, aquela nova e desafiadora etapa da minha vida que estava prestes a chegar também se iniciaria com um jogo de futebol.

PERNAS QUE BAMBEIAM

Era mais um dia de janeiro em Recife. Depois de resolvidas algumas questões burocráticas, eu tinha finalmente começado a atuar na área de Sustentabilidade da EY, e logo fui alocado para trabalhar em um projeto de auditoria do Relatório de Sustentabilidade de um dos maiores bancos do país. Embora não tivesse aceitado a transferência para o escritório da capital paulista, o trabalho na área iria requerer que eu voasse com frequência para a cidade. Assim, naquela manhã, eu me preparava para pegar um avião para São Paulo de onde, depois de alguns dias, seguiria para o interior paulista, com o intuito de participar de um projeto de responsabilidade social em uma usina de cana-de-açúcar. Antes de embarcar, dei uma corridinha logo cedo, vendo o sol se levantar no mar do Recife. Uma rápida corrida na praia que, de certa forma, foi uma das últimas.

Durante o trabalho em São Paulo, passei a semana na casa dos meus pais em Alphaville e alguns dias no apartamento dos meus avós, nos Jardins. Assim, eu podia curtir a família e, ao mesmo tempo, encontrar os amigos. Minha vida na capital paulistana sempre tinha sido muito movimentada, com festas de família, atividades e baladas, sobretudo com os colegas de Alphaville e da faculdade na Fundação Getulio Vargas. Conseguia, em apenas um fim de semana, aproveitar a vida ao máximo e fazer todos os tipos de programa, desde conversar com meus avós, até churrasco, teatro, festa de casamento, praticar esporte, fazer pequenas viagens e tomar cerveja com os amigos. Parecia mesmo que havia um relógio atrás dos meus ouvidos com os ponteiros correndo e dizendo: *depressa*.

MOVIDO PELA MENTE

Nessa gama de atividades, um dos programas que eu sempre fazia era o futebol toda quinta à noite, com uma turma de bairro do meu amigo Renato Miralla. Assim, estando em São Paulo, aproveitei para encontrá-los e jogar uma bola. Antes da partida começar, eu me sentei para amarrar as chuteiras em uma pequena arquibancada de concreto, ao lado do campo de *society*. Ao terminar, saltei do primeiro lance da arquibancada para o campo, mas minhas duas pernas bambearam, de modo inexplicável. E eu caí para frente, de joelhos. Durante o jogo, percebi que meus chutes saíam fracos e que tinha algo estranho com meu corpo. Ele, simplesmente, não respondia a meus comandos. Não era falta de forma. Praticando tantos exercícios em Recife, eu definitivamente estava com bom preparo físico. Também não se tratava de fadiga muscular ou algo parecido. Era, de algum modo, uma sensação diferente de tudo que eu já havia experimentado até então. Diante das dificuldades para correr, pedi para ficar como goleiro.

Depois da partida, tomando uma cerveja com o pessoal, comentei que não me considerava um craque de bola, mas também não era tão ruim como tinha sido naquele dia. "Acho que nunca joguei tão mal", arrematei, antes de tomar mais um gole e mudar de assunto, sem pensar mais na questão.

Até a semana seguinte.

De volta a Recife, dei continuidade ao meu projeto de atividades físicas e me matriculei na mesma academia da Julia. Assim, em vez de correr na praia, passei a frequentar a esteira da academia. De certa maneira, era também uma forma de estar mais perto dela. Naqueles dias começaria o Carnaval, e pensei que poderíamos aproveitar o feriado juntos. Mas Julia disse que precisava ficar em casa para estudar, e não ligaria se eu me divertisse sozinho. Até brincou que, em Recife, todo mundo se conhecia e as notícias se espalhavam rápido. Quanto a isso, ela nem precisava falar nada,

PARTE 1 - MOVIMENTO ASCENDENTE: DA CAMINHADA AO FOGUETE

pois o nosso relacionamento tinha se firmado na confiança e não havia muito espaço para ciúme de nenhum dos lados.

Eu queria curtir o Carnaval na rua, ver pessoas, trafegar, fluir, conversar e correr em sintonia com o ritmo da festa, coisas que sempre fiz e adoraria continuar fazendo. Melhor ainda se pudesse fazer isso com a Julia ao meu lado. Mas acabei saindo com meus amigos que estavam na cidade e, apenas na última noite, nós nos vimos. Fomos ao Recife Antigo, assistir ao show do bloco Quanta Ladeira, conhecido por reunir músicos pernambucanos, como Lenine e Lula Queiroga.

Julia parecia cansada por ter passado o feriado todo estudando. Eu me sentia superempolgado com o Carnaval e cheio de energia, mas, por algum motivo que desconhecia, rendi muito pouco na aula de tênis na orla da Boa Viagem na manhã seguinte. O professor brincou e disse ser por causa da ressaca de Carnaval, mas não era, até porque eu tinha bebido, no máximo, uma cerveja na véspera. Minhas pernas pareciam pesadas e meus movimentos mais lentos, com menor amplitude. Não conseguia alcançar algumas bolinhas que tinha certeza de que alcançaria. Estranho, havia algo de errado com meu corpo. E, é claro, também com meu relacionamento. Duas coisas difíceis de detectar.

Desde que eu havia chegado a Recife, sempre jogava tênis com a Julia. Ela era uma pessoa privilegiada fisicamente e com grande habilidade para os esportes. No tênis, ela vinha evoluindo de forma fantástica, enquanto eu, sem saber o motivo, começava a piorar. Eu havia me mudado para a cidade em outubro e, nos dois primeiros meses, tinha ganhado todas as partidas que jogamos. Mas já na primeira disputa daquele novo ano, Julia ganhou de mim pela primeira vez e, a partir de então, eu jamais voltaria a vencê-la.

Passado o Carnaval e de volta ao trabalho, comentei no escritório com os meus colegas Armando e Alexandre que meu rendimento no tênis não ia bem, e que minha namorada ganhava todas as partidas. Os dois riram de mim. Mas, no sábado seguinte, quando combinamos de jogar todos juntos no prédio do Armando, a Julia também foi e nós dois ganhamos juntos o primeiro set. Mudamos as duplas e, dessa vez, Alexandre e Julia venceram. Por fim, Julia e Armando saíram vitoriosos, ou seja, só ganhou quem fez dupla com a Julia. Depois, ela e Alexandre jogaram entre eles, e ela venceu mais uma vez. Agora, era a minha vez de tirar sarro. Eu já não me preocupava tanto com meu baixo rendimento no tênis, pois passei a acreditar que o problema não era comigo, e sim que a parceira era realmente muito boa. Porém, essa autoilusão não durou tanto assim.

UM POUCO DESAFINADO

Três semanas após aquela primeira queda no campo de futebol em São Paulo, fui alocado em um novo projeto fora de Recife, dessa vez no Mato Grosso do Sul. Peguei um voo para Campo Grande, passei uma noite em Dourados e, em seguida, alguns dias na pequena cidade de Rio Brilhante. Foi ali que comemorei meu aniversário de vinte e oito anos. Era a primeira vez que eu passava aquela data completamente sozinho.

Desde que me entendia por gente, estava sempre rodeado de pessoas, sobretudo em Barcelona, quando eu e meu amigo Pipo celebrávamos o nosso aniversário em festas tão memoráveis que, certa vez, um catalão nos disse que nunca conseguiria juntar tanta gente, mesmo tendo nascido na cidade. Naquela solidão toda no hotel em Rio Brilhante, a única coisa que me animava era pensar que compensaria comemorando duas semanas mais tarde, quando voltasse para Pernambuco, em um fim de semana com a Julia nas praias de Maragogi.

Entretanto, em uma tentativa de aproveitar pelo menos um pouco daquela noite, resolvi dar uma volta e ver se havia algo acontecendo na

PARTE 1 - MOVIMENTO ASCENDENTE: DA CAMINHADA AO FOGUETE

pequena Rio Brilhante. Na hora em que eu trocava de roupa, meu celular tocou e, ao correr para atender, escorreguei e caí no banheiro, cortando o cotovelo. O telefone ainda ficou lá, vibrando por um tempo, enquanto eu fazia certo esforço para me levantar e responder à chamada. Era Higor, um dos meus melhores amigos e vizinho de Alphaville, que considero um irmão. Ele me deu os parabéns e eu contei para ele o que tinha acabado de acontecer, sem nem eu mesmo entender o motivo daquela queda. Depois de desligar, saí caminhando com o cotovelo cortado pela cidadezinha. Ao encontrar os portões fechados e constatar que não havia ninguém andando pelas ruas vermelhas de asfalto com terra, voltei para o hotel um pouco desanimado. E com o corpo também um pouco desafinado.

Não foi apenas a queda no banheiro do hotel. De Rio Brilhante, segui para trabalhar por uma semana em Ponta Porã, onde ao menos tive a companhia de um carioca culto e divertido, que trabalhava no mesmo projeto que eu. Com ele, pude conversar sobre todos os assuntos e, o principal, ganhei um companheiro de corrida após o trabalho. Assim, depois das tardes de auditoria na empresa, eu tirava o jeans e a camiseta polo, calçava o tênis e saía para correr ao lado do amigo carioca.

Mesmo em trânsito, eu mantinha o hábito do esporte, já que bater os pés na calçada e fluir de forma veloz pelas ruas ou pelos parques das cidades, até o suor escorrer pelas têmporas, me dava uma sensação de alegria, bem-estar e o sentimento de estar vivo, com o corpo e a mente revigorados. Entretanto, ali em Ponta Porã, algo em minha corrida estava fora do ritmo. Não era apenas o cotovelo cortado, era alguma coisa mais sutil, que eu quase não conseguia perceber, um detalhe que fazia a prática fugir ao escopo. Um desequilíbrio tão tênue que não parecia algo físico, mas sim um pressentimento, como minha mãe havia sentido no dia do meu nascimento.

MOVIDO PELA MENTE

Por estar na região do Mato Grosso do Sul, aproveitei para ir a um posto de saúde tomar a vacina contra a febre amarela, seguindo a recomendação da empresa, mas me esquecendo de que eu já havia tomado aquela vacina por duas vezes nos últimos anos. A primeira, na ocasião de uma viagem que fiz para o Pantanal, e a segunda, antes de ir morar em Barcelona. Podia parecer um dado sem maior importância, mas aquela informação faria toda a diferença em minha vida alguns meses depois. Em Ponta Porã, aproveitei também o carro alugado pela empresa para dirigir pelas localidades vizinhas, ver as pessoas nas portas de suas casas pelo Brasil afora, observando e aprendendo com nosso país, enquanto a tarde caía e eu levantava poeira naquelas pequenas estradas de terra.

Certo dia, fui até o lado paraguaio, na cidade Pedro Juan Caballero, para conhecer o Shopping China, um galpão enorme, no estilo loja de departamentos, só que maior e lotado de produtos com a metade do preço do Brasil. Não era muito de gastar dinheiro e fazer compras, mas aproveitei a oportunidade e adquiri umas caixinhas de som para colocar no meu computador e escutar música de noite no meu apartamento pernambucano. A embalagem dizia que eram bivolt e, quando testei no hotel, funcionaram com perfeição, mas quando voltei para casa, elas queimaram. Só então descobri que tinha uma pequena chave para mudar de 110 para 220 volts. De certa forma, a cada dia, eu também me sentia como aquelas caixinhas de som. Era como se estivesse cheio de energia, mas minhas pernas não correspondessem à intenção real dos meus movimentos.

Sem as caixas de som, o melhor presente daquela viagem acabou sendo a cuia e a erva para fazer tererê, o mate com água gelada. Eu gostava da bebida desde Barcelona, por influência de um amigo paraguaio do MBA que a tomava diariamente. Naqueles dias no Mato Grosso do Sul, várias pessoas me ofereceram e acabei comprando para tomar em casa. E, quem

PARTE 1 - MOVIMENTO ASCENDENTE: DA CAMINHADA AO FOGUETE

sabe, para me socializar com os vizinhos do Sul e seu chimarrão, quando retornasse a Recife.

De volta à capital pernambucana, logo retomei a minha intensa rotina de atividades físicas. Ia de bicicleta para a praia cedo, jogava tênis e, à tarde, fazia musculação e esteira na academia. Até o dia em que, correndo no aparelho a uma velocidade moderada, pisei em falso e caí. Alguns dias depois, o instrutor me passou um exercício no qual eu deveria correr na ida em uma pista, levantando bastante o joelho e, na volta, continuar correndo, dessa vez dobrando a perna para trás. Foi então que reparei que não conseguia mais realizar aquele ato tão elementar. Por toda a minha vida, eu havia conseguido encostar o calcanhar no quadril com facilidade, mas agora, simplesmente, a perna não ia. Aquilo me marcou profundamente. Apesar de ter caído no futebol em São Paulo e no hotel em Rio Brilhante, foi ali, na academia em Recife, onde cogitei pela primeira vez que aquilo podia ser algum problema de saúde.

PROBLEMA LINFÁTICO

Nasci correndo e cresci correndo, seja nos campos de futebol ou nas cidades e paisagens por onde passei. Corri também para aproveitar a vida ao máximo, nas pequenas viagens que fiz, nas saídas com os amigos, nos encontros com a família. Correr fazia parte da minha forma de ser e da minha essência. Mas agora, a simples prática daquela ação, tão cotidiana, sofria uma abrupta interferência.

Quando chegou o final de semana, comentei o que tinha acontecido na academia com o pai da Julia, médico como meu pai. Pedi a indicação de um ortopedista em Recife, mas ele perguntou se eu sentia alguma dor, assim como meu pai havia perguntado à minha mãe na ocasião do meu nascimento, 28 anos atrás. E assim como minha mãe, respondi que não, eu não sentia nenhuma dor, parecia mais um pressentimento de que algo não ia bem. Fui então aconselhado a procurar um neurologista. Logo pensei se não teria a ver com o problema linfático, que havia me custado uma internação na época em que eu morava em Barcelona, quando tive uma erisipela na perna esquerda.

De fato, o problema linfático vinha desde antes. Certa vez, durante o período da faculdade, minha perna esquerda e meu pé de repente começaram a inchar. Depois de um tempo, como os sintomas não regrediam, meu pai me levou a um médico vascular, que explicou que meus vasos linfáticos não acompanharam meu crescimento. Na época, ele prescreveu um remédio e recomendou o uso de meia elástica. Como eu comia muito, mesmo já praticando esportes, estava um pouco gordo, o que era um fator agravante. Passei a usar sempre as tais meias elásticas até os joelhos, mesmo tendo vinte e um anos, vestindo bermudas e indo para festas. Embora não solucionasse o problema, amenizava o inchaço.

Quando terminei a faculdade, passei a trabalhar em consultoria, viajar toda semana de avião e a levar uma vida sedentária. Meu estilo de vida contribuía para manter o problema linfático, que piorava ainda mais nas viagens aéreas. Por isso também, ao deixar o trabalho e me mudar para Barcelona, emagreci e fiz tanta questão de levar uma vida saudável, hábito que mantinha até então. Dessa forma, a minha perna parou de inchar, embora meu tornozelo esquerdo ainda permanecesse mais volumoso que o direito. Mesmo sem inchaço e sem meias elásticas, tive dois problemas de saúde quando morava fora do Brasil.

Da primeira vez, passei mal de manhã na Universidade de Barcelona, sentindo tremores e tontura, mas, assim como os sintomas vieram, eles se foram. Já da segunda vez, eu estava com a minha namorada na época, a Fabi, fazendo uma viagem pelo sul da França. Pegamos um ônibus de

PARTE 1 - MOVIMENTO ASCENDENTE: DA CAMINHADA AO FOGUETE

Barcelona até Nice e de lá fomos a Antibes, onde comecei a passar mal, tremendo, suando frio e com a pressão baixa. Os sintomas pareciam com os que eu havia sentido na Universidade de Barcelona, seis meses antes, só que mais intensos. Eu não tinha mais forças nem para me levantar e já estava perdendo os sentidos quando a Fabi chegou com ajuda e fui de perua até o hospital mais próximo.

Depois de horas deitado em uma maca, numa sala cheia de pacientes, fui levado para um quarto. Quando comecei a me sentir melhor, percebi que minha perna esquerda estava vermelha e muito inchada. Fui diagnosticado com erisipela, uma doença infecciosa aguda, causada por estreptococos e caracterizada por uma inflamação da pele. O quadro tinha se desenvolvido, possivelmente, em decorrência do problema linfático. Dois dias depois, Fabi teve que ir embora para trabalhar e eu fiquei mais seis dias internado. O grande problema no hospital era a comunicação, pois todos ali falavam apenas francês, língua que eu não entendia. As enfermeiras, ao entrarem no quarto, diziam *antibiotics* e, ao saírem, *à tout à l'heure*.

Assim, minha mãe ligava do Brasil para o hospital e conversava em francês com o médico que me atendia. Depois, telefonava para meu quarto e me atualizava sobre minha internação. Eu aproveitava e pedia para ela ler as notícias do Brasil e do Corinthians, pois não tinha absolutamente nada para fazer, a não ser jogar paciência com um baralho guardado na mochila. Em um dia, li inteiro o único livro que eu tinha levado, *Crónica de una muerte anunciada*, do Gabriel García Márquez. A televisão, eu teria que pagar à parte e não adiantaria, pois só passava programas em francês. Não estava com computador, os celulares da época só serviam para fazer ligação, e não tinha ninguém para eu pedir algum favor, como comprar algo para eu ler em inglês ou espanhol. Fiquei assim até o dia em que pessoas que eu nunca tinha visto entraram no quarto e disseram, em francês e com mímicas, que eu deveria ir embora para dar lugar a outro paciente. Dessa forma, depois de oito dias internado, peguei minha mochila e saí do hospital, sem saber onde eu estava, para onde ir e sem falar o idioma local.

Desde aquele estranho acontecimento no sul da França, segui levando uma vida saudável e não havia tido mais nenhuma preocupação com a questão linfática, até começarem as quedas. Por isso, precisava com urgência visitar um médico vascular. O pai da Julia recomendou um ótimo especialista, e eu logo consegui marcar um horário. Apesar de a consulta ter sido boa, ele descartou qualquer relação entre o problema linfático e a perda de movimentos na perna. O próximo passo, então, seria marcar um neurologista. Mas isso teria que ser adiado, já que mais uma vez eu viajaria a trabalho, agora para Maceió, Rio e Curitiba. Para quem gostava de percorrer as ruas a pé, correndo ou de bicicleta, eu agora cortava o céu, sentado em assentos de aviões.

Ainda assim, tentava como podia manter a minha rotina de atividades físicas. Por isso mesmo, antes de embarcar para a capital alagoana, saí cedo para uma corrida na praia. Dessa vez, entretanto, não pude correr. Por mais que eu fizesse força, conseguia apenas trotar a uma velocidade abaixo do habitual. Desisti da corrida e andei por uma distância curta. Enquanto caminhava pela orla da Boa Viagem, vendo os esportistas matinais correndo e pedalando em meio às placas de alerta sobre tubarões, eu refletia sobre o que tinha acontecido comigo. Havia perdido força nas pernas de forma muito rápida.

Há exatos trinta dias, quando tinha ido correr na praia antes de ir para Mato Grosso do Sul, não suspeitava que havia algo de errado com meu corpo. Depois, na corrida em Ponta Porã, mesmo com o cotovelo cortado pela queda no hotel, o que eu sentia não passava de um pressentimento. Agora, um mês depois, eu havia parado completamente de correr. Simples-

PARTE 1 - MOVIMENTO ASCENDENTE: DA CAMINHADA AO FOGUETE

mente, não conseguia mais. Apesar disso, não imaginava que fosse nada grave. Cheguei a comentar sobre essa questão com meu pai por telefone, mas sem dar muita importância. Um olhar clínico mais aguçado, entretanto, podia afirmar que havia algo de errado com meu corpo, ainda mais sendo o olhar clínico de um pai. Em poucos dias, ele viria a atestar que não, infelizmente não se tratava apenas de um pressentimento.

3 NADANDO

"A vida vem em ondas como um mar
num indo e vindo infinito."
Lulu Santos e Nelson Motta

DE COSTAS PARA O RIO

Certa vez, estive no pequeno povoado de Batateira, no interior de Pernambuco e, ao caminhar pela rua principal, de repente me deparei com uma ponte. Só então notei que passava um rio por trás daquelas casas. E me lembrei de que o mesmo acontecia em Alphaville, onde os condomínios foram construídos com os fundos para o rio. Naquele momento, entendi com pesar aquela dura realidade: nós matamos e escondemos os corpos dos nossos rios.

Na janela de um ônibus que me levava de Recife para Maceió, eu atravessava a região do rio Manguaba e me lembrava desse dia em que tive aquela triste constatação. Sempre senti uma atração especial pelos rios, desde os quatro anos de idade. Na época, meu pai foi participar de um programa de intercâmbio de pesquisas científicas com raio laser pelo

PARTE 1 - MOVIMENTO ASCENDENTE: DA CAMINHADA AO FOGUETE

Instituto do Coração na França, e nós fomos com ele. A cada cidadezinha em que passávamos de carro, eu abria o mapa na cama do hotel e reconhecia o local onde estava a igreja, a praça e os parques. Normalmente, todos de frente para o rio.

Com o passar dos anos, fui percebendo que em cidades europeias e norte-americanas, como Paris, Londres, Budapeste, Chicago e Montreal, só para citar algumas, o rio é a alma da cidade. Em suas margens, situam-se alguns dos equipamentos e construções mais importantes da região e, no seu leito, passeios de barco costumam ser as grandes atrações turísticas. No Brasil, até existem exemplos relativamente positivos, como trechos de Recife, Porto Alegre, Belém e Cabo Frio, mas, via de regra, nossas cidades maltratam suas águas.

Um dos meus locais preferidos em Recife era o Capibar, um bar todo construído com os objetos encontrados no rio Capibaribe. Tinha enfeites com latas, garrafas, CDs e lâmpadas, até uma parede feita com todos os aparelhos de televisão encontrados no rio. Era inacreditável pensar que, o que era motivo de passeio e contemplação para algumas localidades, infelizmente, era uma lata de lixo para outras.

Apesar dessas tristes reflexões sobre a poluição ambiental de nossos rios, as águas de março tinham fechado o verão e, como de costume, havia promessa de vida em meu coração. Sempre fui adepto a olhar a vida de forma positiva, fluindo pelos acontecimentos sem me deter nos obstáculos, como um peixe nadando nas águas. Da mesma forma que gostava de transitar sem barreiras pelas ruas das cidades, direcionava também a minha mente para se mover de maneira constante no fluxo da felicidade. E daquela vez, não seria diferente. Mesmo com as limitações impostas pelas minhas pernas, eu me sentia tranquilo e realizado, sentado no assento de um ônibus, descendo o meu tão querido Nordeste brasileiro.

A VIDA, UMA PERIGOSA TRAVESSIA

Desde que me mudei para Recife, a minha relação com aquela região havia se estreitado ainda mais e, nos fins de semana, sempre fazia pequenas viagens para praias próximas e paradisíacas, em Pernambuco, na Paraíba ou em Alagoas. De certa forma, o contato com a natureza contribuía para gerir aquele sistema de felicidade no qual minha mente operava, quando os sons, as cores e os ritmos da paisagem faziam com que eu me sentisse parte do todo. E quando nos sentimos parte de algo, nós, simplesmente, confiamos. Naquele pequeno trajeto de estrada, nas proximidades do município de Japaratinga, lembrei exatamente um episódio que vivi ali com a Julia, um desafio que exigiu toda a minha confiança.

Nós tínhamos viajado para aquela pequena vila litorânea e, na ocasião, atravessamos a nado o rio Manguaba para irmos até a cidade vizinha, Porto de Pedras. Lá nós passeamos pelo centro histórico, subimos até o mirante e ficamos contemplando a magnífica paisagem. Como o dia estava lindo e a ida tinha sido tranquila, decidimos voltar também a nado, apesar de, àquela hora, a maré já estar subindo. Mesmo sabendo que a travessia seria mais longa, seguimos de forma serena até dois terços do trajeto. Então, a correnteza ficou muito forte e nos puxou para um trecho largo do rio, depois de uma curva. Diante do perigo, tiramos força sei lá de onde para conseguirmos chegar até a praia. Lembro que, no momento mais árduo da travessia, em meio a águas caudalosas que nos puxavam para baixo, eu, simplesmente, continuei a nadar.

Se tivesse parado para me desesperar, provavelmente teria engolido água e não estaria mais aqui, contando esta história. Tudo o que fiz foi continuar desempenhando meu pequeno papel de nadador, sem interromper o fluxo do rio com meu desespero. Julia também havia tido um ótimo desempenho físico e, assim que pisamos na areia, nos sentamos exaustos

PARTE 1 - MOVIMENTO ASCENDENTE: DA CAMINHADA AO FOGUETE

e ofegantes, porém vivos e vitoriosos. Aquela tinha sido uma aventura e tanto. Ainda bem que havia acontecido alguns meses atrás, pois, se fosse naqueles dias, talvez eu já não conseguiria nadar com tanta firmeza por conta da fraqueza nas pernas. Mesmo assim, acredito que sobreviveria.

Naquela ocasião, eu já sabia que a força se encontrava na minha mente, e não nas pernas. E por algum motivo que eu desconhecia, desde que me entendia por gente, minha cabeça mantinha ligada vinte e quatro horas aquela chave que dizia "vai dar certo". Até mesmo porque, das travessias, a mais perigosa é a própria vida. Apesar de ainda não ter parado para refletir sobre a questão da fraqueza dos membros inferiores, naquela viagem para Maceió, em meio a tantas reflexões, meu pensamento se ateve um pouco mais nisso. Eu esperava descobrir logo o que tinha, para voltar a correr, nadar e enfrentar todas as correntezas que fosse preciso, para continuar a viver intensamente, a cem quilômetros por hora, no ritmo de um peixe espada, perfurando as águas em alta velocidade.

FAMÍLIA É FAMÍLIA

Depois de trabalhar por dois dias em Maceió, parti para o Rio de Janeiro, onde participei de uma integração da área de consultoria, com pessoas de vários escritórios da EY. Curti o domingo na cidade maravilhosa, hospedado no apartamento de um amigo da GV que morava no Flamengo e, de lá, segui para um projeto em Curitiba. O trabalho na capital paranaense duraria, no mínimo, duas semanas e, por isso, me planejei para passar o fim de semana em São Paulo.

Mas, infelizmente, precisei antecipar minha passagem. Na sexta-feira de manhã, quando estava em um táxi indo para a empresa com mais dois colegas, meu primo Thiago telefonou dizendo que seu pai havia falecido. O velório aconteceria no mesmo dia. Eu havia visto o tio Zizi menos de quatro meses antes, quando fui passar o Natal em São Paulo. Na época, ele ainda nem tinha sido diagnosticado com câncer, mas a doença evoluiu de forma assustadora, culminando em sua morte. No táxi, o pessoal do trabalho ouviu a conversa e disse achar melhor eu já seguir para o aeroporto e ir ao velório.

A relação com a minha família sempre foi muito boa, entremeada por um espírito conciliador, tranquilo e participativo. Pelo lado da minha mãe, eu havia morado por um período no Canadá com meu tio Murilo e Sonia, desde que me entendia por gente, ia para Aguaí, visitar tio Fábio e tia Inesinha, que morava em uma fazenda. Também sempre tive uma ótima relação com tio Júnior, sua esposa Vera, meus primos Lucas, Lívia e, principalmente, a Flávia, que além de prima sempre foi uma das minhas melhores amigas. Com muita frequência, visitava meus avós e dormia na casa deles, inclusive tendo uma cópia da chave do apartamento.

Mesmo quando morava em Barcelona, eu falava com todos da família por telefone, e até escrevia cartas. Da parte do meu pai, também sempre mantive contato com todo mundo, mesmo com primos mais distantes, que moravam em outros estados. Meus padrinhos, tio João e tia Magaly, e minhas primas Patrícia e Danielle foram sempre presentes em minha vida. E toda vez que ia a São Sebastião, fazia questão de visitar tio Renato, o outro irmão do meu pai, tia Silvia e meus primos Cássio e Fúlvia, que tinham se mudado para a praia.

Além dos irmãos, meu pai tinha muitos primos próximos, filhos das irmãs da minha avó Olandya. Por curiosidade, todas com o nome iniciado pela letra O — Oneida, Oraide, Odila, Olinda e Otília, que todos chamavam de tia Negra. O tio Zizi, filho da Oneida, era um primo muito próximo do meu pai. Eu e seu filho Thiago herdamos a amizade deles. Durante a adolescência, éramos companheiros inseparáveis de viagens e baladas, tão

PARTE 1 - MOVIMENTO ASCENDENTE: DA CAMINHADA AO FOGUETE

unidos que, em uma festa de 15 anos, quando não pude dançar a valsa com uma amiga por conta de uma escarlatina que me acometeu bem no dia do baile, minha mãe levou Thiago para dançar em meu lugar.

Assim, não poderia deixar de comparecer ao enterro de um tio tão querido e estar ao lado do Thiago, das irmãs dele, Giuliana e Carol, e da tia Fátima. Por isso, antecipei minha passagem e embarquei para São Paulo. Chegando lá, fui direto para o cemitério do Morumbi. Na entrada, telefonei para meu pai e pedi a ele que me encontrasse no estacionamento, para guardar a mala no carro. Quando meu pai me viu, se assustou com meu jeito de andar. Logo notou que havia algo de errado comigo. Nós nos abraçamos e ele me pediu para ficar mais alguns dias na cidade, antes de voltar ao trabalho. Queria que eu passasse por consultas e fizesse exames médicos.

APRENDENDO COM UM GOLFINHO

Antes de falar do Tião, o golfinho, preciso contar sobre aquele fim de semana em São Paulo. Os dois dias de descanso acabaram se tornando três semanas de corrida a médicos. Fiz inúmeros exames laboratoriais, além de ressonância magnética, tomografia, radiografia e eletroneuromiografia. O procedimento mais dolorido de todos foi a punção lombar para coleta do líquor da espinha. Também fui a algumas consultas, sendo a principal delas com o Dr. Daniele Riva, um renomado neurologista.

Mas como nem só de visitas ao médico pode viver um homem, aproveitei aqueles dias para receber os chilenos Rodrigo e Tereza, que estudaram comigo em Barcelona. Nós havíamos construído uma sólida amizade no tempo em que moramos na Espanha e, naquele fim de semana em São Paulo, pudemos pôr a conversa em dia e passear bastante. Levei-os em um tour pelo Parque Ibirapuera, Avenida Paulista, praça do Pôr do Sol, e também à casa do nosso amigo Pipo, na rua Pedro Taques — região do baixo Augusta —, que estava sendo reformada para virar um bar.

E, mais uma vez, só para provar que, assim como o grego Eratóstenes, também posso contar minha vida por estádios, depois que os chilenos foram embora, fui ao jogo do Corinthians, no Morumbi. Na ocasião, o Pipo inventou de pular uma grade e, quando fui saltar, meu pé ficou preso. E eu já não conseguia mais levantar a perna para sair dali. Para registrar aquele momento engraçado, e trágico, Pipo tirou uma foto, captando para todo sempre uma primeira imagem daquela misteriosa limitação, o primeiro retrato de uma longa fase.

Apesar de darmos risada da situação, não apenas Pipo, mas todos os meus amigos e familiares já percebiam que eu mancava. E quando perguntavam o motivo, eu não sabia responder. Aguardava os exames, sem ansiedade, com a certeza de que, assim como aquela travessia na correnteza do rio em Japaratinga, tudo daria certo. Talvez por ser médico, meu pai era quem mais parecia se preocupar com a situação. Bastava apenas um olhar para que eu compreendesse seu estado de espírito quanto à minha perda de mobilidade. Também podia ver a apreensão da minha mãe, sempre muito intuitiva. Quando fui internado na França com a erisipela, ela pressentiu que alguma coisa não estava bem comigo. Mesmo antes de saber da minha internação, uma preocupação se materializou em suas costas na forma de uma grande mancha melânica, que ela brinca ser uma tatuagem involuntária, devido a ligações telepáticas entre mãe e filho.

Mesmo assim, por algum motivo, eu confiava nas águas da vida, como havia sido no dia em que encontrei o golfinho. Durante a infância, sempre ia para a casa de praia dos meus avós em São Sebastião. Certa época, apareceu por lá um golfinho, logo apelidado de Tião. Ele não tinha medo de gente, pelo

PARTE 1 - MOVIMENTO ASCENDENTE: DA CAMINHADA AO FOGUETE

contrário, era dócil e gostava de interagir, mas como alguns banhistas o maltrataram, chegou a atacar umas pessoas para se defender. Enquanto alguns temiam a sua visita, eu sonhava acordado com a possibilidade de vê-lo.

Às vezes, meu amigo Sérgio se levantava bem cedo e conseguia brincar com o golfinho. Uma vez fomos juntos cedinho para a praia, mas Tião não apareceu. Meu desânimo, porém, durou pouco. Alguns dias depois, eu caminhava por uma praia bem pequena, cercada de pedras, quando ouvi uma mulher desesperada, gritando "tubarão". Na hora, vi que era Tião. Fui em direção à senhora, que me pediu chorando para salvar seus filhos. Entrei na água, peguei as crianças petrificadas de medo e as levei para a areia. Depois, com o coração repleto de ansiedade, entrei de novo no mar e, finalmente, comecei a brincar com Tião. E se ele me atacasse, como havia feito com outros banhistas? Mas percebi que meu coração disparava não de medo e, sim, de alegria.

Tião veio por trás e cutucou meu joelho, eu levantei a perna, ele passou por baixo. Depois se virou e eu fiquei fazendo carinho em sua barriga. Naquele momento, eu me desliguei de tudo, apenas curtindo o instante mágico de me fundir à beleza do mundo. Fui obrigado a voltar à dura realidade de forma abrupta, quando chegaram dois barcos do IBAMA, com fiscais gritando para eu sair imediatamente da água. Tião se assustou na hora e sumiu nadando. Também fiquei chateado. Queria sair nadando com ele.

Desde aquela época, aprendi como os homens lidavam com a natureza em si e com os próprios seres humanos, interrompendo de forma brusca a harmonia da vida. Carros parados no trânsito, preocupações bloqueando a mente e guardas rompendo de forma súbita a conexão entre um garoto e um golfinho, em uma manhã ensolarada. Foi também naquela época que aprendi, definitivamente, que não era nisso que eu acreditava.

4 A CAVALO

"Seguia como num sonho, e boiadeiro era um rei
Mas o mundo foi rodando nas patas do meu cavalo
E nos sonhos que fui sonhando, as visões se clareando
As visões se clareando, até que um dia acordei."
Geraldo Vandré e Théofilo de Barros

APRENDIZ DA NATUREZA

"A natureza não faz nada em vão". Essa frase de Aristóteles resume bem as minhas primeiras descobertas da infância. Apesar de ter crescido em um apartamento na região da Avenida Paulista, o contato com a natureza sempre foi considerado um valor importante em nossa criação. Por isso, desde a mais tenra idade, passava praticamente todos os fins de semana no sítio Luizlândia, ou "Terra do Luiz", batizado assim a partir da junção dos nomes dos meus avós, Luiz e Olandya. A chácara, herança dos meus avós paternos, ficava no município de Juquitiba, região sul do estado de São Paulo, incrustada na Serra do Mar, em uma área de preservação ambiental, com muitas árvores nativas e mata densa.

PARTE 1 - MOVIMENTO ASCENDENTE: DA CAMINHADA AO FOGUETE

Depois das tentativas infrutíferas dos meus tios de transformar a propriedade em algo rentável, com produção de leite e uma granja de frangos, meu pai acabou sugerindo que ela tivesse um único destino: o lazer.

Assim, nas sextas-feiras, saíamos do Colégio Santa Marcelina, onde estudávamos e minha mãe lecionava inglês, almoçávamos em casa e partíamos. Meu pai ia dirigindo a Kombi, já carregada com ração, adubo, materiais de construção, plantas, alimentação e tudo o mais que fosse necessário em um sítio que ficava a quatorze quilômetros de distância do asfalto, em uma estrada de terra sinuosa e malconservada, bem longe da civilização.

A casa de Luizlândia, que ficava a quinhentos metros da porteira de entrada, era ampla, com cinco dormitórios, uma sala grande com lareira e terraço em volta. Situava-se em uma esplanada cercada por pinheiros, sobre um vale com três lagos. Acima da colina, ficava o pomar e o curral, com apenas uma vaca, para nosso consumo do leite. Ao redor da casa, havia um amplo gramado com um quiosque e redes penduradas, além de um brinquedo de madeira com balanços, escorregador, casinha de bonecas e um tanque de areia, para as crianças brincarem. Bem nesse clima de diversão, na churrasqueira com fogão a lenha que ficava nos fundos da casa, havia um "boteiro", uma espécie de sapateira com todos os tamanhos de botas de borracha, para a criançada andar pelo mato e escorregar na lama nos dias de chuva.

Levávamos sempre primos e amigos. Houve uma ocasião em que comemorei meu aniversário no sítio e todos os amiguinhos do prédio viajaram com a gente. É claro que a festa já principiou ali, na estrada, com uma Kombi bege lotada de crianças, em plena década de 1980. Na época, não existia limite de passageiros nem obrigação com relação a cintos de segurança, e o veículo chegou a transportar quinze crianças.

Em Luizlândia, bebíamos leite no curral, comíamos verduras da horta e pegávamos frutas direto no pomar. Ali, aprendemos a observar os passarinhos, conhecemos pequenos animais silvestres, subimos e descemos morro, nos sujamos de terra dos pés à cabeça. De dia, explorávamos o sítio, acompanhados por nossas primas Pati e Dani e pela Cristiane, filha de 13 anos da caseira, que conhecia todos os recantos e nos levava para novas aventuras. Íamos até a nascente do riacho, onde ficava a roda d'água, a um quilômetro da casa, no meio da mata fechada, em que o caseiro tinha sempre que abrir uma picada para passarmos. Bebíamos daquela água cristalina, que provia todo o sítio e, nas noites frias e úmidas, típicas da Mata Atlântica, ficávamos olhando o céu repleto de estrelas. Em volta da lareira, meu pai tocava violão e nós cantávamos noite adentro. Passávamos assim os finais de semana sentindo cheiro de mato, gastando bastante energia e voltando para São Paulo com arranhões pelo corpo e a sensação de que a natureza era a melhor mestra que podíamos ter.

Naquela época, fruía tudo de forma natural, como uma criança integrada ao entorno. Mas apenas depois que estudei Sustentabilidade, no mestrado em Barcelona, ficou claro para mim o funcionamento sistêmico vivo da natureza, e percebi de que forma ele poderia nos ensinar. Tudo que aprendemos em nossa sociedade é voltado para a economia. Mas a economia é apenas um subconjunto da sociedade, que por sua vez é um subconjunto do ecossistema. Durante muito tempo, o meio ambiente do planeta existiu perfeitamente sem a presença dos seres humanos, e pode muito bem voltar a fazer isso. Ele se rege sozinho. No entanto, com a inversão de valores de nossa sociedade, construímos uma visão equivocada de que praticamente tudo é subjugado à economia. Essa prática, de que todos os recursos naturais devem servir economicamente ao homem, põe em risco a nossa sobrevivência como espécie.

PARTE 1 - MOVIMENTO ASCENDENTE: DA CAMINHADA AO FOGUETE

Livros como *A Vingança de Gaia*, do cientista inglês James Lovelock, me fizeram compreender a Terra como um organismo vivo, que trabalha para manter o equilíbrio e a própria saúde, como todos os seres vivos. No entanto, esse equilíbrio está ameaçado por ações do homem, como micróbios que infestam um corpo. A vivência da infância e os posteriores estudos despertaram em mim uma consciência muito profunda a respeito da disponibilidade limitada dos recursos naturais do planeta. Percebi que os recursos inesgotáveis, como o sol e o vento, podem ser usados de forma abundante, sem grandes problemas. Passei a acreditar que todas as edificações deveriam possuir sistemas para obter energia solar, além de captar água da chuva. Aprendi também que recursos esgotáveis renováveis, como a madeira das árvores, devem ser utilizados até o limite de sua capacidade de renovação. Mas os recursos esgotáveis não renováveis, como petróleo, devem ser evitados, pois sua utilização significa a diminuição não recuperável de patrimônio do planeta Terra. Atualmente estamos consumindo mais recursos do que a capacidade de renovação do meio ambiente. Como diz um provérbio masai: "A Terra não é uma herança de nossos pais, e sim um empréstimo de nossos filhos".

Fico pensando se, quando me levavam aos fins de semana para escorregar na lama do sítio, sentir o cheiro dos pinheiros e tomar água pura da nascente, meus pais sabiam quão determinante essas experiências seriam para as escolhas que eu faria no futuro.

SEM VIOLÊNCIA

Além de Luizlândia, passava todas as férias de julho no sítio do meu tio Fábio, em Aguaí, um município com vocação agrícola, a duzentos e quarenta quilômetros de São Paulo. Durante boa parte da infância e adolescência, curti aquela pequena propriedade rural, ouvindo o apito do trem e desfrutando da vista de 360 graus das cidades mais próximas e das fazendas vizinhas. A casa do meu tio ficava perto do curral e, no meio do pomar, havia também a casa dos meus avós. Eu fruía o passar dos dias na tranquila companhia do meu tio, irmão da minha mãe, da tia Inesinha, sua esposa, e dos meus primos Juliana, Rafael e Gabriel, que nasceram ao longo desses anos.

Como nunca fui de ficar parado, acordava todos os dias às cinco da manhã para acompanhar a rotina do sítio com Joãozinho, um garoto alguns anos mais velho do que eu, que trabalhava para meu tio. Logo ele assumiu no papel de líder e eu, de seu assistente. Apesar de ser meu amigo, na hora do trabalho se mantinha firme e dava bronca quando eu não fazia algo direito. Naquela época, muitas vezes dormi em uma pequena cama montada no corredor da casa para não acordar ninguém na hora de me levantar. Ainda estava escuro quando eu saía para tomar café na casa de baixo, com o leite do curral que, para a minha frustração, eu não podia tirar. Joãozinho dizia que eu não tinha prática e a vaca iria esconder o leite com a demora. O jeito era ficar olhando, passear entre os bezerros recém-nascidos e esperar que ele me deixasse tirar o que restava do leite de uma vaca que ele já havia ordenhado.

Depois da ordenha no curral, uma atividade rotineira era encher a caçamba do trator no silo, onde se armazenava a ração, e alimentar o gado no confinamento. Eu me sentava no trator e ficava observando o comportamento dos bois. Sempre tinha os mais bravos, e uns tão bonzinhos que os outros não os deixavam se aproximar do coxo para comer. Naquele mesmo período, minha mãe foi chamada pela professora na escola que lhe disse que havia algo de estranho comigo. Nas palavras dela, eu era uma criança sem violência. Assim como entre os bois, também parecia haver na sociedade humana um consenso de que não ser dotado de violência era um problema.

PARTE 1 - MOVIMENTO ASCENDENTE: DA CAMINHADA AO FOGUETE

Lembro também quando aprendi sobre violência em Luizlândia. Eu tinha uns sete anos, e meu pai fez para mim um carrinho de rolimã. Um dia, resolvi descer uma ladeira nele e, no meio do caminho, o cachorro Rhodes, que sempre ia correndo ao meu lado, entrou na frente, provocando um acidente. Eu caí, saí rolando e me ralei todo. Levantei-me enfurecido, fui até o Rhodes e lhe dei um chute. Ele se abaixou, enfiou o focinho no meio das patas e ganiu, como se estivesse pedindo desculpas. A cena me comoveu e, ao mesmo tempo, me tranquilizou. Foi a minha vez de pedir desculpas. Definitivamente, violência não era a melhor resposta para resolver conflitos e acidentes de percurso.

Já em Aguaí, com Joãozinho, toquei muita boiada a cavalo e era repreendido quando deixava algum animal escapar. Acompanhei os bichos serem castrados e marcados com ferro quente, algo que para mim foi difícil de ver, talvez por não possuir a tal da violência que a professora havia mencionado. Também vi um boi ser abatido, lembrança que me faz mal até hoje. Mesmo tendo presenciado aquela cena, foi só quando morei em Barcelona que passei a comer menos carne vermelha. Nos estudos sobre Sustentabilidade, aprendi que a criação de gado era uma das atividades mais nocivas para o meio ambiente pela demanda de grandes áreas para a criação, destruindo habitats naturais, provocando desmatamentos e produzindo gás metano. Consciente disso, acabei por tomar aquela decisão.

Mas, de tudo, o que me atraía especialmente no sítio da minha infância em Aguaí era a rotina de atividades, a inteligência que percorria aquele sistema e fazia a fazendinha funcionar com harmonia e perfeição. Depois das atividades da manhã, a tia Inesinha nos oferecia o almoço que ela mesma havia preparado, com arroz, um feijão com caldo delicioso, feito no forno à lenha, bife e, o mais importante, ovo frito com gema mole, que se misturava com a comida. Tudo ficava ainda mais saboroso quando era levado por minha tia para comermos na roça, na marmita de alumínio.

À tarde, a gente cortava a cana e colocava na máquina, que já a triturava e despejava no trator. No canavial, eu observava a velocidade com que os trabalhadores cortavam o talo, como seu Geraldo, um senhor de 80 anos, mas que, devido à sua força e ao seu espírito jovem, não aparentava a idade que tinha. Certo dia, com sol a pino, passamos muitas horas montando uma nova cerca e, no final do dia, era ele quem menos aparentava cansaço. Mais do que isso, continuava sorrindo e fazendo brincadeiras. Ali no campo, as pessoas eram boas e sem violência. Por isso eu me sentia em casa. Gostava de estar perto das pessoas simples, que tinham o coração grande, o riso fácil e uma vocação para a paz. De alguma forma, eu já sabia que tinha muito a aprender com elas.

Às vezes, a gente nadava no açude, jogava partidas de buraco com a vovó Milza e o vovô Arnaldo e fazia uma festa, quando juntavam todos os primos. Também íamos até a cooperativa da cidade, para onde levávamos os latões de leite, e depois passávamos na casa dos pais da tia Inesinha. Uma atração à parte eram os vidros com pimentas, coloridos e chamativos, que o pai dela, Sr. Tonico, fazia e mandava de presente para meu pai. Durante o resto do ano, gostava de ficar admirando aqueles vidros coloridos de pimenta na prateleira, um pedacinho de Aguaí no meu apartamento em São Paulo.

UM GAROTO E O GAROTO

Além do contato com a natureza e do convívio com as pessoas pacíficas, andar a cavalo foi uma das atividades mais determinantes daquela época da minha vida. Em Luizlândia havia o Tornado e a Jamaica. Mesmo sendo criança, era eu quem colocava a sela nos cavalos para

PARTE 1 - MOVIMENTO ASCENDENTE: DA CAMINHADA AO FOGUETE

montar. Uma vez, no entanto, durante um passeio solitário pelo sítio, o arreio virou de cabeça para baixo e eu caí pela primeira vez. Como não tinha muita força, não havia apertado a barrigueira o suficiente e, por pouco, o Tornado não passou por cima de mim. Mas isso não me impediu de continuar andando a cavalo.

Já em Aguaí, eu cavalgava por horas com o Garoto, um animal tão bonzinho que, para pequenos trajetos, eu chegava a montar sem nada, nem cabresto. Comandava a direção com minha mão em seu focinho e, com a outra, segurava a crina. O Garoto foi um companheiro durante muito tempo. Dos seis aos treze anos, depois de ajudar meu tio na roça, passeava com ele pela estrada de terra, percorrendo os quatro quilômetros que separavam o sítio da cidade. Como era bom sentir o vento ali do alto, em harmonia com a marcha do cavalo, escutando o casco bater no chão de poeira. Aqueles momentos de conexão com o animal faziam com que eu me sentisse vivo e completo. Talvez eu não tivesse mesmo violência. E talvez isso não fosse um problema, como acreditava a professora.

Fluindo no galope do cavalo, um garoto no lombo do Garoto, eu já compreendia que o que eu gostava mesmo era de estar em movimento, ao ar livre, em contato com o meio ambiente e com as pessoas que faziam parte dele. Naqueles passeios pelos campos, observava os ventos nas árvores anunciando a chuva, como os animais percebiam a mudança do tempo antes mesmo de as nuvens aparecerem na linha do horizonte, e como tudo se encontrava no exato lugar onde deveria estar. Se o ser humano era pródigo, a natureza era prodigiosa e, também, pedagógica.

Além do cavalo, às vezes eu também percorria o caminho que levava do sítio até Aguaí, de charrete ou bicicleta. Em uma daquelas pedaladas, aconteceu um acidente. Eu voltava da cidade com a minha irmã Lili e, ao pedalar em falso quando a corrente saiu, caí da bicicleta e bati a cabeça no chão, no acesso à estrada de terra. Minha primeira lembrança após o acidente foi já no sítio, deitado na cama, com a Lili chorando e eu sem entender o porquê.

Nas horas seguintes à queda, eu tinha sofrido amnésia e, só mais tarde, me contaram o que aconteceu. Quando bati a cabeça, desmaiei na estrada e o sangue começou a escorrer pela minha testa. Minha irmã, em total desespero, conseguiu parar uma caminhonete e pegar carona até o hospital, colocando as bicicletas na caçamba e me deitando em seu colo. Assim que souberam do acontecido, meu tio e minha tia foram nos encontrar e, já no sítio, me deram banho, coisa de que não me lembro, me alimentaram, também não me lembro disso, e durante o resto do dia, não consegui memorizar nada do que diziam, fazendo as mesmas perguntas repetidamente.

Eu não conseguia me recordar do acidente e, toda vez que passava a mão na cabeça e sentia os pontos, ia até o espelho do banheiro e perguntava o que tinha acontecido. Por isso a minha irmã chorava tanto. E por isso eu não entendia por que estava no sítio, pois acreditava ser período de aulas, indagava qual era o ano a cada cinco minutos e, quando via o relógio, perguntava se era dia 6 do mês 7, ou 7 do mês 6.

Foi então que, no meio da madrugada, eu me levantei e resolvi andar a cavalo. Ninguém conseguia me convencer, de forma racional, que não era a hora adequada de sair de casa e montar no Garoto. No dia seguinte, acordei me sentindo melhor, mas ainda meio perdido. De toda forma, desmemoriado ou não, com pontos na cabeça e alguns arranhões, consegui convencer meu tio a me deixar fazer o que eu tanto queria. Trotei com o Garoto pelas terras, na estrada, em meio às árvores, tocando a boiada. Aproveitei ao máximo aquela parceria

PARTE 1 - MOVIMENTO ASCENDENTE: DA CAMINHADA AO FOGUETE

de movimento e conexão. Até que veio a adolescência e eu troquei os passeios a cavalo pelas festas da cidade. Ficava na praça principal, onde havia movimento de gente andando pelas ruas próximas, indo a bailes de peão boiadeiro com rodeios, shows e parques de diversão. Dormia e acordava tarde e já não ajudava mais na roça.

Até que o Garoto morreu e se passaram os anos.

5 BICICLETA

"Sou eu que te levo pelos parques a correr,
Te ajudo a crescer e em duas rodas deslizar.
Em cima de mim o mundo fica à sua mercê.
Você roda em mim e o mundo embaixo de você.
Corpo ao vento, pensamento solto pelo ar,
Pra isso acontecer basta você me pedalar."

Toquinho

UM AMOR PARA A VIDA TODA

Adotar a bicicleta em minha vida foi como voltar a andar a cavalo. Pedalar me fazia trotar de novo pelos campos. E minha *bike* passou a ser o meu novo Garoto. Depois da longa bateria de exames em São Paulo, eu já estava de volta a Recife, fazendo mover os pedais pelas ruas do bairro onde morava. A capital pernambucana é uma cidade relativamente plana e com uma área urbana pequena, em comparação a outras capitais do Brasil. Esses fatores facilitavam o uso da bicicleta, e podia se ver muitas pessoas pedalando, mas quase todas de baixa renda. Enquanto

PARTE 1 - MOVIMENTO ASCENDENTE: DA CAMINHADA AO FOGUETE

eu percorria a orla da praia sobre minha *bike*, pensava que, se a cidade dispusesse de uma estrutura cicloviária e uma campanha para o uso desse meio de transporte, certamente haveria muito mais gente pedalando nas ruas, simplesmente pela facilidade que a cidade oferecia. E isso, é claro, me lembrava Barcelona.

Já na primeira semana na cidade catalã, eu havia comprado uma bicicleta usada. Acredito que esse pequeno ato tenha sido o início de uma nova vida, em todos os sentidos. Morando há anos em Alphaville, fazendo tudo de carro, indo e voltando motorizado todos os dias da faculdade, agora eu podia me locomover para onde eu quisesse, fluindo por Barcelona sem trânsito e sem limitações, aproveitando a boa estrutura da cidade. A bicicleta representou ali toda uma mudança sistêmica em minha vida, a pedra inaugural de uma nova forma de estar no mundo. Uma forma que, mesmo sem saber, eu sempre havia sonhado.

Neste novo jeito de viver, adotei outras atitudes, como comer menos carne vermelha, comprar produtos reciclados e produtos de empresas responsáveis, levar mochila no mercado para não usar sacolinha plástica, economizar água e energia, e seguir o lema dos três R's (Reduzir, Reutilizar e Reciclar). Cada uma dessas ações estimulava as outras e oficializava a bicicleta como meu principal meio de transporte.

No fim da minha vivência de dois anos em Barcelona, a bicicleta já fazia tão parte da minha vida que fui pedalando até o porto, coloquei a *bike* em um navio até a ilha de Maiorca e pedalei até a cidade de Pollença, onde Julia estava trabalhando em um bar. Na garupa da bicicleta, eu tinha levado barraca, colchão, saco de dormir, mochila e o computador para fazer minha tese. Chegando lá, fizemos juntos uma viagem de bicicleta, contornando metade da ilha, e pedalamos mais de cinquenta quilômetros, só no primeiro dia.

MOVIDO PELA MENTE

Certamente, eu já tinha contato com a bicicleta antes, não apenas no episódio da amnésia no sítio em Aguaí, quando caí e dei com a cabeça no chão, mas também em todas as vezes que ia para a praia em São Sebastião. Durante as férias na adolescência, ali no litoral, eu havia descoberto um jeito novo de ter mais liberdade e ampliar os horizontes, para além das três ruas da vila, onde ficava a casa dos meus avós. Era uma casa de madeira, com um gramado imenso, rodeada por jardins e com o muro coberto de trepadeiras, em uma rua perpendicular à pequena e tranquila praia Portal da Olaria. Além dos primos e amigos, havia também os vizinhos das outras poucas casas, que transformavam aquelas três ruas em uma verdadeira festa de sol, pedaladas e diversão. Certa vez, cheguei a pedalar com Adriano, meu vizinho de praia, até o centrinho da Ilhabela. Sem contar a balsa, o centro da ilha ficava a uns quinze quilômetros de distância.

Pedalei também muito em Campos do Jordão, aonde ia ora para a casa do tio Nando e da tia Nívia, ora para a casa do tio Zizi e tia Fátima. Como esta ficava um pouco afastada do centro da cidade, no alto da montanha, eu e meu primo Thiago descíamos com frequência até a vila de Capivari de bicicleta. Na volta, com a subida puxada, a gente emparelhava a bicicleta ao lado de algum carro que estivesse indo no mesmo sentido e pegava uma carona. O condutor abria um pouco o vidro, eu segurava de um lado e o Thiago do outro, cada um com uma mão no guidão e a outra na janela do carro. A estradinha era estreita, cheia de curvas tortuosas e, quando passava algum veículo na direção contrária, muitas vezes tínhamos que nos desgarrar e pedalar enfileirados, o que dava uma pitada de adrenalina e aquela deliciosa sensação de liberdade, que só a bicicleta proporciona.

Depois dessas experiências deliciosas da infância e adolescência, acabei sendo engolido pela rotina casa + faculdade + trabalho = carro e, só ali em Barcelona, passei a incorporar a bicicleta definitivamente como meu meio

PARTE 1 - MOVIMENTO ASCENDENTE: DA CAMINHADA AO FOGUETE

de transporte oficial. Com ela, eu estudava, trabalhava e muito mais; fazia atividade física, não poluía o meio ambiente e economizava, pois, como dizem os ciclistas, meu combustível não era mais gasolina e, sim, arroz com feijão. O melhor de tudo era poder circular pela cidade, ver como ela funcionava e conhecer seus habitantes.

PEDALAR = PENSAR A CIDADE

Desde aquela primeira semana em Barcelona com a bicicleta usada, eu a utilizava praticamente em todos os meus deslocamentos. No início, senti dores na bunda e nas pernas, além de cansaço físico, mas logo fui me acostumando. Em pouco tempo, o veículo já tinha se transformado em uma das minhas maiores paixões e, também, no principal símbolo de um estilo de vida que eu pretendia adotar dali em diante, "na rua, na chuva, na fazenda" e, é claro, na cidade, bem próximo das pessoas.

Não à toa, quando meu amigo Renato Miralla chegou para morar em Barcelona, fui buscá-lo e, no trajeto de volta do aeroporto, pegando trem, metrô e caminhando por um trecho, encontramos três pessoas diferentes que eu havia conhecido, uma em cada forma de transporte. Na ocasião, Renato comentou impressionado que, com apenas três semanas na cidade, eu já conhecia todo mundo. Na verdade, era a própria Barcelona que tinha muita vida e reunia as pessoas em suas ruas e seus espaços públicos. E era a bicicleta que me fazia compreender a cidade como um sistema vivo, com o próprio ritmo e características únicas, que passavam por seus moradores, meios de transporte e comércio, determinando sua forma de ser e estar no mundo.

Eu nunca antes tinha pensado no conceito de cidade como um sistema inteligente em si mesmo. De acordo com Salvador Rueda, diretor da Agência de Ecologia Urbana de Barcelona, as cidades são ecossistemas e, assim como ocorre na natureza, quanto maior sua diversidade e complexidade organizacional, mais desenvolvidas elas são. Dessa forma, um sistema urbano mais sustentável seria aquele que fosse capaz de conseguir um grau máximo de complexidade organizacional com um consumo mínimo de recursos. Aquilo fazia muito sentido para mim. O sistema da cidade funcionava como o da própria Terra. E, pelo visto, eram as mesmas escolhas do homem prejudiciais às cidades que traziam efeitos nocivos ao planeta. Então, para melhorar o mundo, precisávamos transformar a forma como funcionavam nossos aglomerados urbanos.

Aquele pensamento era o início de uma semente que cresceria dentro de mim, regada pelos estudos de Sustentabilidade e por minhas reflexões, sentado no selim da bicicleta, enquanto perambulava pelas ruas de Barcelona. Albert Einstein dizia que a vida é igual a andar de bicicleta e que, para preservar o equilíbrio, é preciso se manter em movimento. Eu experimentava na pele aquela sensação, pois percebia que, quanto mais eu pedalava, mais refletia sobre os assuntos de que gostava e, assim, mais me sentia feliz e equilibrado.

Certamente, depois de dois anos e meio pedalando todos os dias na cidade catalã, minha vida na capital pernambucana também seria assim. Já no primeiro dia em Recife, eu quis explorar bastante a cidade com a bicicleta que tinha ganhado de presente de Julia. Certa vez, tomei uma bronca dela, quando contei o percurso que tinha feito. Sem saber, eu havia passado pela favela mais perigosa de Recife.

Desde o início, eu já tinha notado grandes diferenças entre pedalar no Brasil e na Europa. Além do perigo de ser abordado e ter a bicicleta roubada em plena luz do dia, as pessoas em Recife faziam um olhar inusitado ao ver alguém pedalando pela cidade. Isso foi mudando aos poucos, mas, naquela época, andar de *bike* pelas ruas era quase igual a ter uma melancia pendurada no pescoço. E já que eu não podia ser invisível, ao menos deveria ser

PARTE 1 - MOVIMENTO ASCENDENTE: DA CAMINHADA AO FOGUETE

mais cuidadoso. Evitava percursos em lugares arriscados e horários noturnos. Mas continuava a pedalar, e muito, indo até locais distantes, como o Parque Estadual Dois Irmãos, o zoológico e a Universidade Federal Rural de Pernambuco. Eu havia realmente modificado meu estilo de vida e, por isso, não cogitava deixar de pedalar, muito menos sair de Recife, mesmo que o motivo da minha mudança para a cidade estivesse prestes a ruir.

O VELHO RICKY

Nas semanas em que passei realizando uma bateria de exames em São Paulo, além de aguardar os resultados, tive algumas conversas não muito agradáveis por telefone com Julia. Na ocasião, ela me escreveu um e-mail relembrando os bons momentos que vivemos desde Barcelona, enumerando muitas de nossas afinidades, mas dizendo que algo havia mudado, e que precisávamos conversar. Dessa forma, voltei para Recife já prevendo o fim do namoro. Agora, eu teria que mudar minha atitude de uma vez por todas. Desde a adolescência, fazia boas amizades com facilidade por todos os lugares em que passava. Menos em Recife, onde, de certa forma, eu vivia a minha vida em torno da vida de Julia, que tinha nascido e crescido ali. Mas, agora, o antigo Ricky precisava ressurgir. E quando eu tomava uma decisão, nada me impedia de fazê-la acontecer. Não que eu fosse ambicioso, nem cabeça-dura. Eu apenas possuía uma vocação enorme para a felicidade.

Assim, na mesma noite em que cheguei de São Paulo, finalmente desci para conversar com os vizinhos do Sul. Eles continuavam ali, como sempre, sentados na mureta, tomando chimarrão e batendo papo. Contaram que todos eram gaúchos e moravam na cidade a trabalho, cada um atuando em uma área diferente. Tinha até um jogador de futebol, atacante titular do Náutico. De cara, me dei muito bem com Daniel, que eu havia visto atravéssando a rua, na manhã em que refletia sobre as calçadas urbanas brasileiras. Tínhamos a mesma idade e interesses parecidos. No dia seguinte, fui com ele a um bar e, no outro, à UK, a balada pernambucana que seria uma constante nos próximos meses da minha vida.

Nos dois primeiros dias daquela semana, além de beber e conversar, fiquei me perguntando por que não tinha ido falar com eles antes. Teria sido bom, inclusive, para meu relacionamento com Julia. No terceiro dia, como combinado, ela foi ao meu apartamento para conversarmos. Era o término de um namoro intenso, que me ensinou muito ao longo daqueles dois anos, mas que agora chegava ao fim.

Assim, eu precisava reinventar as razões para continuar morando em Recife. Não queria nem imaginar voltar para Alphaville e precisar de carro para tudo. Tinha pavor só de me ver preso em um congestionamento. Além disso, olhar o mar era a minha bênção diária, algo que por si só já colocava um sorriso em meu rosto. Também não cogitava sair da EY, pela experiência profissional e pelos desafios do trabalho que me deixavam cada vez mais envolvido. Por isso, não pensava em voltar atrás na minha decisão, pois sabia que, por si só, a vida encontrava uma forma de ajeitar as coisas.

O que acabou realmente acontecendo. No quarto dia após minha volta de São Paulo, Armando, meu colega da empresa, perguntou como andava o namoro. Eu então contei que meu relacionamento tinha terminado na noite anterior. Nascido e criado em Recife, ele sabia que eu conhecia pouca gente na cidade e, a partir daquele momento, passou a me levar em sua casa, apresentou sua família, me inseriu no seu círculo de amigos e me chamou para sair e viajar.

Em pouco tempo, Armando passou de um ótimo colega de trabalho a um grande amigo, até se tornar um verdadeiro irmão. Não apenas ele, mas outras pessoas da empresa diziam-se agora felizes por conhecerem o Ricky

PARTE 1 - MOVIMENTO ASCENDENTE: DA CAMINHADA AO FOGUETE

de verdade. Segundo eles, a impressão que eu passava era a de uma pessoa mais reservada, sem muita abertura para conversa, ao contrário do que revelava agora. De fato, nem eu mesmo tinha reparado como podia ter ficado tão diferente de mim mesmo, e por tanto tempo. Armando também tinha terminado um namoro naquela mesma época e, assim, vivíamos uma fase parecida, saindo à noite, indo a *happy hours* depois do trabalho e emendando com festas e baladas. Nesse período, não era incomum eu chegar às três da madrugada e acordar às sete da manhã.

Pouco a pouco, parte do meu programa intenso de exercícios físicos foi sendo substituída pela cerveja com os amigos e pelas noitadas. Vivi intensamente aquele período. Conheci muita gente. Logo me adaptei à nova rotina e, sem dúvida, o velho Ricky havia voltado. Apenas uma coisa, definitivamente, não estava como antes, algo que eu prezava muito: meu movimento.

MINHA FIEL COMPANHEIRA

Naquela época, já não podia mais correr e arrastava bastante a perna direita para caminhar. Os exames em São Paulo não haviam detectado absolutamente nada de anormal com meu corpo. Eu esperava que, assim como aqueles sintomas vieram, eles fossem embora. Enquanto isso, saí bastante por Recife, ora com Armando, ora com os gaúchos. Também mantinha contato com Bela, uma amiga artista plástica que me levava para conhecer os lugares mais alternativos da cidade. Eu frequentava desde as festas mais elitizadas até os bares na rua do Lima, forró no Pátio de São Pedro, e os locais mais *underground*, como o Garagem, borracharia que virava balada *after hour*. Gostava de conversar com todo tipo de gente, circular por lugares bem diferentes e ser feliz em todos eles.

Uma vez, estava na UK batendo papo em uma roda de amigos quando, de repente, minha perna ficou bamba e eu caí. Em outra ocasião, a perna falhou no banheiro de uma balada e fui para o chão de uma vez só. Nessa noite, comentei brincando com Armando que o rapaz ao meu lado no banheiro devia ter me achado muito bêbado. Mas, dessa vez, Armando ficou sério. Daniel, o amigo gaúcho do prédio que estava na mesma roda, também não achou graça. Acabou dizendo que, até então, não havia dado muita importância para os problemas físicos que vinham acontecendo comigo, mas, depois de me ver caindo do nada, igual fruta madura, passou a ficar preocupado.

Àquela altura, eu já andava mancando e mal conseguia levantar a perna direita. Mesmo assim, continuava firme nas noites pernambucanas. Além de Daniel, também fiz amizade com outras pessoas do meu prédio, entre elas a Anna Karina, que também trabalhava na cidade. Fui com ela e suas amigas a uma festa famosa, chamada São João da Carvalheira, na qual encontrei outros amigos e colegas da EY. A festa estava fantástica, provavelmente a melhor que já fui em Recife, mas não consegui me divertir muito. Era a primeira vez que encontrava Julia, depois do fim da nossa relação. Eu apenas a vi de longe com as amigas, nem sequer nos falamos. O namoro havia terminado e ponto final.

Durante aquele período, eu não tinha ficado sozinho. Conheci algumas garotas, umas com quem fiquei várias vezes e outras de quem acabei me tornando amigo. Mas, sem dúvida, a minha fiel companheira, com quem eu saía para todos os cantos, antes do trabalho, depois do expediente, nos fins de semana, em passeios curtos ou longos, continuava sendo ela, a bicicleta.

Mesmo com a fraqueza das pernas, eu podia continuar pedalando perfeitamente, e era com ela que eu mais curtia Recife, fosse para explorar praias distantes ou ir à farmácia do bairro. Logo pela manhã, íamos juntos até a orla da praia ver os primeiros raios do sol incidirem sobre o mar. Até nos assuntos mais domésticos, era ela quem estava ao meu lado,

PARTE 1 - MOVIMENTO ASCENDENTE: DA CAMINHADA AO FOGUETE

indo comigo ao supermercado e me ajudando a carregar as compras com o guidão. Estávamos juntos na alegria e na tristeza, na saúde e na doença e, sem dúvida, nos momentos mais difíceis.

Em um fim de tarde, poucos dias após a queda na balada que deixou meus amigos preocupados, eu voltava do trabalho quando caí naquela terrível calçada ao lado do prédio. Como eu mal levantava a perna direita, um pequeno desnível entre os blocos de concreto já era suficiente para me fazer tropeçar e ir parar no chão. Eu sabia que, cedo ou tarde, a minha hora de tombar naquele pavimento esburacado chegaria. Mas, naquele momento, não tive muito tempo para refletir sobre a má condição das calçadas, nem sobre os problemas da mobilidade urbana brasileira. Com a queda, eu tinha machucado a mão esquerda, e a dor me fez perceber que a lesão poderia ser um pouco mais séria.

Voltei para o prédio, peguei a minha querida bicicleta e pedalei até um hospital, a dez quadras de distância. Lá descobri que a lesão tinha sido, aliás, bem mais séria do que eu imaginava. Precisei engessar a mão e parte do braço. Somente ao sair do hospital e ver a minha bicicleta amarrada no portão, percebi a sorte que eu tinha tido. A mão quebrada havia sido a esquerda e, como sou destro, pude voltar pedalando, tranquilamente, para casa.

É claro que, andando de *bike* com o braço engessado, provoquei olhares ainda mais espantados dos recifenses. Só não superou a vez em que comprei um varal bem grande para o apartamento. Na ocasião, eu tinha ido a uma loja distante e voltei pedalando com o varal por vinte quarteirões, apoiando-o no guidão com a mão esquerda e guiando a bicicleta com a mão direita. Realmente, éramos companheiros para qualquer aventura.

6 BARCO

"Não sou eu quem me navega
Quem me navega é o mar
É ele quem me carrega
Como nem fosse levar."
**Wilson Batista
(por Paulinho da Viola e
Hermínio Bello de Carvalho)**

ESTRADAS LÍQUIDAS

Antes de virarmos as costas, é preciso lembrar que a maioria das grandes cidades nasceu às margens dos rios e os reverenciou, justamente por oferecerem transporte, água e possibilidade de pesca. Mais tarde, com a motorização e a expansão urbana, as águas passaram a ser vistas como obstáculo ao crescimento. De um lado, por conta das inundações que ocorriam em suas várzeas e, de outro, por serem barreiras naturais à ocupação urbana e imobiliária. Foi a partir daí que demos as costas aos nossos rios. Mais do que isso, mudamos

PARTE 1 - MOVIMENTO ASCENDENTE: DA CAMINHADA AO FOGUETE

os cursos, canalizamos e cobrimos suas águas, e os transformamos em rodovias de asfalto.

Algumas cidades da Europa e metrópoles americanas, como Nova York, mas também latino-americanas, como Buenos Aires, souberam apropriar-se dos cursos d'água e mantê-los como verdadeiras estradas líquidas. No caso de Nova York, que está localizada na foz do rio Hudson, o sistema hidroviário é tão expressivo, e motivo de tamanho desenvolvimento estratégico, que a autoridade local responsável pelos portos, a Port Authority, chega a ser mais importante que o prefeito. Infelizmente, a realidade na cidade onde nasci e cresci é bem diferente. Até o século XVIII, o Tietê, maior rio do estado de São Paulo, havia sido seu principal canal de transporte e abastecimento. Meu vô Luiz contava, inclusive, que na década de 1940 praticava regata no Tietê. Hoje vemos que a realidade é bem diferente. Todos os rios da cidade são poluídos e leito de resíduos e dejetos. Fica difícil imaginar barcos de carga e transporte de pessoas passando por ali.

Entretanto, há um projeto para reconstituir o sistema hidroviário da cidade. O plano da "metrópole fluvial" é a constituição de uma série de canais ligando os rios e represas existentes no entorno da região, com cento e setenta quilômetros de hidrovias, vários portos de mercadorias e vinte e quatro estações para barcas de passageiros. A ideia seria viabilizar uma bacia fluvial repleta de barcos transportando cargas diversas e até ecoportos, com usinas de reciclagem de lixo, fazendo uma cidade habitada por pessoas que utilizam os rios como meio de transporte ou fonte de lazer, com piscinas flutuantes, caiaques e até pedalinhos na paisagem. O projeto, coordenado por Alexandre Delijaicov, da Faculdade de Arquitetura e Urbanismo da USP, acredita que falar de uma São Paulo fluvial é falar do futuro da maior cidade da América Latina.

MOVIDO PELA MENTE

A ideia, no entanto, não é pensada apenas em terras paulistas. Há iniciativas semelhantes em Porto Alegre, Joinville, Rio de Janeiro, Vitória, Salvador, Aracaju, Belém, Brasília e Manaus, mas todas ainda muito incipientes. De forma geral, infelizmente, nosso país ainda permanece de costas para seus rios. Ali em Recife também havia uma iniciativa para restituir o Capibaribe. Havia um trecho navegável, com catamarãs descendo o rio de frente para os prédios históricos, onde eu adorava levar os amigos que iam me visitar na cidade. Sempre que ia por lá, ficava sonhando com essa nova realidade, em que as águas das cidades brasileiras pudessem ser motivo de orgulho, transporte e diversão para seus moradores.

De fato, sempre gostei de navegar sobre as águas. E quando andei pela primeira vez na barca Rio-Niterói, no estado do Rio de Janeiro, me encantei com aquela opção de trajeto muito mais agradável e sustentável de ser feita do que com carro ou ônibus. Mas, sem dúvida, a experiência hidroviária que mais me marcou foi a viagem que fiz pela Europa, nos dois meses antes de morar em Barcelona.

Na ocasião, peguei um voo do Brasil para a Holanda, deixei minha mala na casa de um amigo em Roterdã e de lá fui de ônibus para Paris, onde encontrei meus amigos Pipo e Renato Miralla. Alugamos um carro e viajamos por vários países, França, Bélgica, Holanda, Dinamarca, Suécia, Noruega e Alemanha. Nesse ponto, nosso outro amigo, Renato Zanoni, mais conhecido como Renatão, veio se juntar a nós. Fomos ainda para a República Tcheca, Hungria, Croácia e Itália, onde entregamos o carro e tomamos o barco até Corfu, na Grécia, e de lá seguimos para Atenas, a fim de ver a abertura das Olimpíadas no próprio berço dos jogos. Fizemos uma última parada na ilha de Ios, e lá me despedi desse período intenso e viajei com destino a Barcelona para arrumar a documentação referente à minha bolsa de estudos.

PARTE 1 - MOVIMENTO ASCENDENTE: DA CAMINHADA AO FOGUETE

Essa viagem, além de ser uma vivência inesquecível de um jovem aproveitando a vida com amigos pela Europa, foi muito marcante por me fazer aprender novas formas de locomoção pelas cidades. Logo de cara, fiquei fascinado pelas ciclovias de Roterdã e pelas alternativas de transporte, como o bonde, a balsa, o metrô, o trem e as caminhadas a pé. Mesmo depois que alugamos o carro na França, pegamos muitas balsas, em que colocávamos o automóvel e atravessávamos de um país a outro.

De fato, a água estava presente em toda a nossa viagem. Pipo e eu entramos numa cachoeira de degelo nos fiordes noruegueses, a quase zero grau, a despeito do verão europeu. Sem contar o frio, o visual ao redor era impressionante, com abismos, estradas estreitas, túneis e braços de mar. Em Budapeste, íamos todo dia ao Banho Turco, com as águas termais. Na Alemanha, pegamos um navio para a cidade de Kiel, com nove andares, discoteca, restaurante, cassino e cinema. Isso sem contar os barcos nos canais de Amsterdã e o prático *vaporetto* de Veneza, onde vivemos realmente a experiência de ruas e avenidas líquidas. O *vaporetto* é uma espécie de metrô da cidade italiana desde o século XIX, com suas barcas muito eficientes, sempre lotadas de passageiros e acessíveis a pessoas com mobilidade reduzida, funcionando vinte e quatro horas por dia. De certa forma, conhecendo de perto aqueles lugares, eu aprendia mais sobre mobilidade urbana do que nos livros que viria a ler.

Visitamos também as ilhas gregas em barcos enormes de passageiros, onde dormíamos no *deck*, em cadeiras ou em sofás. Por fim, paramos em Ios, descansando em meio às típicas casinhas gregas, com as paredes brancas e os telhados azuis. Durante toda a viagem, tínhamos tomado sol, nadado, andado de quadriciclo, ido a praias e baladas, visitado castelos e museus, conhecido dezenas de pessoas e jogado futebol com gente do mundo inteiro. Mas, como tudo na vida, aquele bom tempo acabou. Por isso, ali na ilha de Ios, fiquei boiando nas águas calmas e cristalinas do Mediterrâneo para me despedir, enquanto me lembrava da música "O Tempo e o Rio", interpretada por Maria Bethânia.

"Mas o tempo é como um rio
Que caminha para o mar
Passa, como passa o passarinho"

Aquela intensa experiência da minha juventude também havia desaguado no oceano. E já que navegar é preciso, mas viver não é preciso, apesar das delícias de se viajar pelos rios e mares do mundo, eu agora precisava enfrentar as imprecisões da minha vida, ou melhor dizendo, a inconstância dos próprios passos.

HISTÓRIAS DE PESCADOR, ESQUIADOR E DE UM QUASE SURFISTA

Depois de ter levado aquele tombo na calçada pernambucana, segui para uma viagem a trabalho no Suriname, com a perna arrastando e, agora, com a mão engessada. No país vizinho à região Norte do Brasil, eu faria a auditoria do Relatório de Sustentabilidade de uma grande mineradora internacional. Além da mala e da tipoia para o braço, eu levava aquela mesma pressa que parecia soprar atrás dos meus ouvidos. Meu pé atravessava devagar o saguão do aeroporto, enquanto meu coração dizia: depressa. Meu corpo demorava um pouco mais para entrar no táxi, enquanto meus olhos devoravam o mundo pela janela do carro, repetindo: depressa. A casa em que me hospedei, no meio da floresta, me pedia para sair e percorrer as ruas da vila lá fora, dizendo: depressa, depressa.

Apesar de estar no ramo empresarial, algo que inicialmente não fazia parte de meus planos, eu me sentia feliz trabalhando com Sustentabili-

PARTE 1 - MOVIMENTO ASCENDENTE: DA CAMINHADA AO FOGUETE

dade e tentava aproveitar as oportunidades que o ofício me trazia, para conhecer gente nova em lugares diversos, como o Andy, do Zimbábue, um homem cheio de histórias para contar. Enquanto tomávamos a Parbo Bier, uma cerveja local, e comíamos um prato típico surinamês, Andy narrava seus planos de voltar para a África, pegar seu barco, ir para o Suriname e morar ali por um tempo, no rio por onde as embarcações entravam.

Eu estava no Village of Dorp West, uma vila próxima à capital, que um dia já foi povoada e bem-cuidada, mas agora carregava ares de abandono. A quadra de tênis se encontrava coberta de folhas secas e a piscina sempre vazia, mesmo com o calor extremo do Suriname. As diversas espécies de aves que ali voavam logo se revelaram as verdadeiras proprietárias da vila. Levando com esforço as minhas pernas para uma lenta caminhada pelas ruas calmas e arborizadas daquele bairro vazio, eu quase não via outro ser humano para conversar.

Por isso, além do trabalho naqueles dias surinameses, eu ia sempre para o clube da vila, bater papo com um holandês que morava no Suriname há muitos anos, e um surinamês com namorada brasileira manauara, que por sua vez morava na Holanda. Na minha última noite no país, fui com um gerente americano da EY para a capital Paramaribo, onde rodamos de bar em bar à beira-mar, aprendemos algumas palavras em taki taki — o idioma local do Suriname, e conhecemos pessoas diversas de vários lugares do mundo. Andy, o viajante de barco do Zimbábue, foi uma delas. Estar perto do mar e ouvir histórias de gente que vem, gente que vai, foi algo que sempre me agradou.

Como meus avós tiveram a casa de veraneio por mais de vinte anos em São Sebastião, passávamos ao menos dois meses ali por ano, durante as férias de verão, sem contar alguns finais de semana e feriados. Foi ali que meu pai teve dois barcos, o Anarcus e o Vikings. O Vikings, eu, Lili e minha mãe também ajudamos a escolher o nome, por votação da família. Já o Anarcus tinha vindo com esse nome de batismo do antigo proprietário, um grego que viajava o mundo, mas conheceu uma brasileira de São Paulo e decidiu por ali ficar.

Navegávamos por diferentes praias da região, até Ilhabela, conhecendo pessoas de outros barcos e ouvindo muitas histórias. Às vezes, eu também saía no barco de outras pessoas, como quando fui pescar com os vizinhos Renan, Sérgio e Rogério. Na ocasião, consegui pegar um polvo, mas como era um pescador inexperiente, antes de conseguir tirá-lo do anzol, ele caiu, bateu na quina e voltou ao mar. Sorte que todos no barco viram, se não ia parecer literalmente história de pescador.

Sem dúvida, uma atração à parte dos nossos passeios era o esqui. Foi ali que senti pela primeira vez o gosto da velocidade. A minha irmã Lili, mais velha do que eu, sempre vinha esquiando atrás do barco e, para eu não ficar frustrado, meu pai esquiava me levando de cavalinho, com meus braços em seu pescoço e minhas pernas entrelaçadas na sua cintura. A força do vento, as manobras do corpo e as gotas d'água voando velozes em nossa direção me causaram uma sensação de liberdade sem igual. A partir daí, minha ansiedade para aprender o esporte se tornou tamanha que, com seis ou sete anos de idade, me tornei um dos esquiadores mais jovens e mais assíduos de São Sebastião. Um dia, fomos até a praia de Guaecá, bem distante de Portal da Olaria, a nossa praia, e eu pedi para voltar o caminho todo esquiando. Meu pai consentiu, mesmo dizendo ser uma loucura, afinal, era quase uma hora de esqui, com o mar movimentado. Aquela era o tipo de aventura que só aguentei por ser criança. Se fosse adulto, provavelmente ficaria alguns dias sem mexer as costas.

Fora isso, só de estar no barco, ancorando com liberdade na praia que bem quiséssemos, pulando no mar, ora de cabeça, ora de cambalhota,

PARTE 1 - MOVIMENTO ASCENDENTE: DA CAMINHADA AO FOGUETE

mergulhando em diferentes águas e conhecendo novas regiões, fazia com que eu me sentisse um verdadeiro explorador de aventuras. Também ia muito para a chácara do amigo Marcel ao lado da represa de Nazaré Paulista, onde andávamos bastante de barco na água doce, além de esquiar e andar de *wakeboard*. Naquelas experiências aquáticas, eu pensava nos primeiros viajantes que tiveram a coragem de amarrar um bambu no outro e desbravar o mar desconhecido, em embarcações precárias, sem saber o que os aguardava. Naqueles passeios de barco, a vida me apresentava mais uma forma de fazer o que eu mais amava, mesmo sem ainda ter consciência disso: estar em movimento pelo mundo.

Além de velejar, esquiar, pedalar e jogar tênis, também nadava escondido na piscina do Vadinho e Ana, nossos vizinhos e grandes amigos da família. Eles sempre nos convidavam, mas, quando não estavam, eu e a Lili jogávamos uma bolinha em seu quintal, com a desculpa de pular o muro, buscar a bola e pular na piscina. De vez em quando, eu também jogava futebol e taco com os amigos na areia da praia em São Sebastião. Era incansável. Por isso mesmo, um dia alguém me emprestou um caiaque e eu, na ânsia de ir cada vez mais rápido e mais longe, decidi remar de Portal da Olaria até a praia de São Francisco, uma vila de pescadores ao lado. Subestimei a distância e acabei voltando exausto. Naquela época, o "depressa, depressa" já vinha soprando pelas ondas do mar até meus ouvidos, fazendo com que eu, às vezes, me esquecesse de que era apenas uma criança.

Para somar ainda mais à gama de atividades litorâneas, também saía muito à noite, tocava violão, fazia luau e brincava de jogos de tabuleiro na casa dos amigos. Somente quando fiz dezoito anos, fui deixando aos poucos de ir à casa dos meus avós para frequentar cada vez mais as casas de praia de amigos da faculdade, indo sempre à casa de Marcelo Ortega na

Praia do Félix, em Ubatuba, que tinha ondas para surfar. Por fim, não consegui aprender este outro esporte aquático, que tanto me fascinava.

Mas agora, em Recife, eu surfava. No *Couch Surfing,* o surfe do sofá.

AMIGOS DO MUNDO, OU UM MUNDO DE AMIGOS

Quando minha irmã Lili foi morar na Irlanda, sempre falava dos amigos que tinha conhecido na Europa pelo *Couch Surfing,* comunidade internacional de viajantes, em que pessoas cedem um sofá ou cama em suas casas para outras. Por isso, assim que voltei do Suriname, tomado mais uma vez pela vontade de fazer amizades com pessoas de outros lugares do mundo, decidi me inscrever no programa. Por coincidência, no dia seguinte aconteceria um encontro dos membros de Recife, em um bar.

Peguei o contato de um participante que morava perto da minha casa para tentar descolar uma carona, já que eu não tinha carro e mantinha meu lema de não me arriscar de bicicleta à noite. Para minha surpresa, descobri que o *couch surfista* vivia exatamente no prédio em frente ao meu. Assim, em pouco tempo, eu ganhava mais um bom amigo e companheiro de baladas, Almir, cearense que havia se mudado sozinho para fazer faculdade no Recife, e sempre recebia estrangeiros em sua casa, pelo *Couch Surfing*. Até aquele momento, ele já havia hospedado aproximadamente oitenta pessoas, fazendo com que seu inglês melhorasse de forma considerável.

Além da amizade, acabei também me tornando seu parceiro em hospedar estrangeiros. Uma vez, ele se comprometeu a receber dois noruegueses, mas como iria hospedar outras pessoas, eles acabaram dormindo na sala do meu pequeno apartamento. Eu os levei para almoçar em um *self-service* e, como nunca tinham visto um restaurante a quilo, foram misturando tudo no prato, que é grande de propósito, para que se coloque mais comida do que o necessário. Um pegou um quilo e oitocentos gramas e, o outro, um quilo

PARTE 1 - MOVIMENTO ASCENDENTE: DA CAMINHADA AO FOGUETE

e seiscentos. É claro que ficaram passando mal. Assim, além de fazer cada vez mais novos amigos, eu também ia acumulando histórias divertidas para contar, no "surfe do sofá", que mais pareciam causos de pescador.

Sem dúvida, aquele era um momento da minha vida em que, além de receber pessoas, eu também tentava viajar o máximo que podia. Já no caminho para o Suriname, havia passado um dia conhecendo Belém, com um casal de amigos. Em um feriado, fui para Natal e me hospedei na casa do ex-namorado da minha irmã. Pelo caminho, ia conhecendo tantas pessoas que nem podia me lembrar dos nomes. Pelo visto, o velho Ricky tinha mesmo voltado e, àquela altura, a fama de conversador já ia longe. Na minha família, diziam que eu havia puxado meu avô Arnaldo, que sempre foi muito bem-humorado, cheio de histórias para contar.

Desde que eu me lembrava por gente, tinha sido assim. Em uma viagem ao Rio, por exemplo, pela empresa que trabalhava antes de ir para Barcelona, fiquei batendo papo com o taxista. A conversa no trajeto do aeroporto até o hotel foi tão boa que ele me chamou para tomar uma cerveja. Paramos no bar ao lado do hotel, o mesmo que o pessoal da ICTS, minha empresa, entrou para jantar. Vendo o bate-papo animado, como se fôssemos velhos conhecidos, eles mal puderam acreditar que se tratava do motorista do táxi que eu tinha acabado de conhecer.

Agora, além dos novos amigos, os antigos reapareciam, e cada vez mais. Naqueles meses em Recife, havia recebido visita de todos os quatro amigos paulistas que tinham morado comigo em Barcelona. Primeiro, Renatão, depois Junqueira e, por fim, Renato Miralla e Pipo. Sem contar tantos outros que acabaram passando um ou mais dias no meu pequeno apartamento pernambucano. Nos fins de semana, eu os levava para conhecer meus lugares preferidos na cidade, o Recife Antigo, o Marco Zero, o Capibar, aquele bar feito com objetos encontrados nas águas do rio... E, é claro, eu os levava também naquele passeio que tanto gostava, descer o rio Capibaribe de catamarã, navegando pelos canais, passando sob as pontes e admirando os casarões históricos se acendendo quando chegava a noite.

Aquele barco ia leve como eu gostaria que fosse a minha vida, no fluxo, sem impedimentos. Como eu acreditava que deveria ser. Mas uma voz dentro de mim continuava clamando por mais velocidade, insistindo para que eu fosse cada vez mais rápido, "depressa!", ela repetia, preferindo viver vinte anos a cem por hora, do que cem anos a vinte por hora. Uma voz que gostaria de estar lá atrás do barco, esquiando, levantando a água com máxima potência e aproveitando a vida ao extremo, antes que meu destino fosse selado. Uma voz tão alta, que ficava cada vez mais difícil de ignorar.

7 MOTO

"Minha vida é andar por este país
Pra ver se um dia descanso feliz
Guardando as recordações
Das terras onde passei
Andando pelos sertões
E dos amigos que lá deixei."
Luiz Gonzaga e Hervé Cordovil

SEMPRE UMA AVENTURA

Eu tinha apenas 28 anos e mancava como um velho. O inverno já vinha chegando, as fogueiras de São João se acendiam por todo o Nordeste e estava mais do que na hora de eu voltar a São Paulo e realizar uma nova bateria de exames. Precisava descobrir, afinal de contas, qual a causa da minha limitação motora. Até mesmo porque, naquela época, a dificuldade de locomoção não impedia apenas a minha corrida na orla da praia, mas me atrapalhava em pequenas tarefas do dia a dia, como, por exemplo, vestir uma roupa. Agora, eu precisava me apoiar na parede para colocar a calça e gastava bem mais tempo para, simplesmente, me abaixar e amarrar o tênis. Mas antes de embarcar para terras paulistanas, eu precisava fazer uma coisa também muito importante: conhecer o maior São João do mundo, a festa junina de Campina Grande.

Queria aproveitar que estava morando no Nordeste para conhecer alguma das famosas festas juninas do interior do Brasil. Outro norueguês que tinha se hospedado na casa do Almir estava indo para Campina Grande, onde ficaria na casa da família que havia abrigado sua irmã durante um ano de programa de intercâmbio. Chegando lá, ele falou de mim para seus anfitriões e, depois de uma conversa comigo por telefone, o pai da família também me convidou para passar uns dias em sua casa. Peguei um ônibus até a cidade e, ao chegar à rodoviária, subi em um mototáxi que me levaria até o endereço.

Foi a primeira vez na vida que peguei um mototáxi. Claro que já tinha andado de moto antes. Na casa de São Sebastião, Lili e eu éramos loucos para ter uma mobilete, como as outras crianças da praia. Mas meus pais disseram, na época, que só poderíamos ganhar uma quando minha irmã pesasse 30 quilos. Assim, na noite de Natal, quando eu tinha nove anos e Lili dez anos e vinte e nove quilos, meus pais apareceram com uma caixa escrito "Lili e Ricky". Nós a desembalamos e, dentro dela, havia outra caixa menor, que continha outra e, assim, sucessivamente, até abrirmos várias caixas e encontrarmos uma bem pequena. Dentro dela, havia uma chave com os seguintes dizeres "Para bom entendedor, uma chave basta". Eu não fui um bom entendedor e fiquei parado, até que alguém nos disse para procurar.

Saí pelo corredor da casa dos meus avós, atrás de algo que nem sabia o que era, quando ouvi a voz da Lili, vinda da cozinha, dizer empolgada que havíamos ganhado uma mobilete. Aquele delicioso ciclomotor acompa-

PARTE 1 - MOVIMENTO ASCENDENTE: DA CAMINHADA AO FOGUETE

nhou nossa adolescência por quatro anos, percorrendo as ruas de areia da praia. Havia também meu primo Cássio, filho do tio Renato, irmão do meu pai, conhecido na vila como Punk. Ele tinha tatuagens em todo o corpo, andava sempre empinando a moto, e suas histórias de motoqueiro causavam sucesso entre meus amigos.

Além disso, houve também o episódio da moto no sítio em Aguaí, com o Carlinhos, irmão da minha tia Inesinha. Assim como meu tio Fábio, Carlinhos também era meu ídolo, mas por motivos diferentes. Se Fábio, irmão da minha mãe, tinha minha admiração pelo trabalho que realizava no sítio, sua postura ética e o respeito de todos, Carlinhos era aquele tipo de tio jovial e meio irresponsável, mas que proporcionava pura adrenalina. Sempre que eu ia para Aguaí, Carlinhos me levava para andar de moto pela cidade. Ele corria muito e, como naquela época não se usava tanto o capacete, o passeio sempre gerava um frio na barriga, principalmente nos lombadões da estrada.

Uma vez, quando eu tinha uns oito anos, ele foi pintar as portas e janelas da casa do sítio com uma máquina que soltava um jato forte de tinta. Como eu gostava de ajudar e me divertia perto dele, logo me ofereci para ser seu assistente. Não faço ideia se mais ajudei ou atrapalhei, lembro apenas que, ao terminarmos uma parte do trabalho, minha roupa estava quase toda pintada de azul. Quando minha mãe me viu naquele estado, me colocou de castigo, sem poder sair de casa. Eu me sentei cabisbaixo em um canto, quando Carlinhos se aproximou e falou algo do tipo: "Que castigo, que nada, vamos sair de moto! Você não vai ficar preso em casa, depois eu me entendo com sua mãe".

Sem ninguém perceber, nós saímos de moto e, para um garoto obediente que nunca desafiava os pais, aquilo significava uma grande transgressão. Eu sentia um misto de medo e alegria por pensar o que poderia acontecer ao voltar para o sítio e, ao mesmo tempo, por me sentir um fugitivo a estar fazendo algo muito prazeroso, na garupa daquela moto veloz pelas estradas de terra.

Depois disso, viajei também uma vez para Santos na garupa do meu primo Thiago. A experiência sobre duas rodas motorizadas em uma estrada de asfalto foi tão boa que acabei comprando uma, quando terminei a faculdade e fui trabalhar na empresa ICTS. Apesar de estar no dia a dia da empresa, andar de moto me dava sempre aquele gosto de aventura. Passei a ir de moto com frequência aos centros de distribuição que precisava visitar em Osasco e na rodovia Anhanguera. Nunca entrei na cidade de São Paulo por achar as marginais muito perigosas, porém fiz com a moto duas viagens para o interior paulista. Viagens deliciosas, aliás, mas ínfimas se comparadas à grande aventura que foi andar de moto no meio da selva amazônica.

PERTO DA SELVA, DAS PESSOAS E DO MUNDO

Desde a adolescência, eu tinha um Guia de Turismo Ecológico no Brasil e ficava encantado com os destinos com cachoeiras, grutas e muita natureza espalhados por nosso território. Um dos lugares que mais me fascinava, pelas fotos e descrição, era Presidente Figueiredo, um povoado no meio da floresta amazônica. Então, quando comecei a ir para Manaus a trabalho, não tive dúvida de que finalmente conheceria aquele paraíso. Passei duas semanas na capital do Amazonas e, em vez de voltar para São Paulo no final de semana, decidi ir até a vila.

Cheguei no final da tarde de sexta-feira e comecei a pesquisar as alternativas de transporte para visitar, no dia seguinte, as famosas cachoeiras da cidade, espalhadas ao longo dos setenta quilômetros da estrada que liga a sede do município ao distrito de Balbina, com represa e usina hidrelé-

PARTE 1 - MOVIMENTO ASCENDENTE: DA CAMINHADA AO FOGUETE

trica. Não havia ônibus de linha e táxi era absurdamente caro. Enquanto conversava com várias pessoas em um posto de gasolina para encontrar uma solução, um rapaz me perguntou se eu sabia dirigir moto. Respondi que sim e ele falou que poderia alugar a dele pelo valor de um almoço. Topei na hora. Fomos até sua casa, dei o dinheiro e peguei a moto com o capacete, nos votos de confiança e sem nenhum papel ou formalidade.

Já sobre o veículo, com mochila nas costas, encontrei uma pousada e me hospedei. Passei o sábado inteiro visitando cachoeiras, nadando e saltando nas águas cristalinas que se desprendiam das antigas pedras da floresta. No fim da tarde, percebi que estava com pouca gasolina. Achei melhor arriscar e andar mais vinte quilômetros até o distrito de Balbina, mesmo sem saber se ali havia posto, do que voltar para o centro de Presidente Figueiredo, que já estava a cinquenta quilômetros de distância. Chegando ao vilarejo, vi um posto de gasolina bem pequeno, sem nenhuma pessoa, e com ares de abandonado. Parei a moto perto da bomba, olhei para os lados e notei um homem vindo em minha direção. Era o frentista. Ufa! Abasteci a moto, troquei uma conversa e dei uma volta para conhecer a represa. Dirigi de volta os 70 quilômetros até Presidente Figueiredo, já no escuro, sem cruzar com nenhum veículo. Apenas os vaga-lumes me acompanhavam.

Naquela noite, ainda tive pique para ir a uma balada na rua da pousada. No dia seguinte, fiz uma trilha e, num momento em que estava praticamente parado, a moto deslizou e caiu em cima da minha perna, queimando a pele com o escapamento. No começo, não senti muita dor, mas, com o tempo, o ardor foi aumentando e as queimaduras ficando mais feias. Acabei indo ao hospital da cidade, fui atendido por um simpático médico boliviano, segui as recomendações e voltei para a pousada.

Quando estava no quarto, o dono do estabelecimento bateu na porta e disse que era telefone para mim. Como assim, uma ligação para mim?

Ninguém sabia onde eu estava. Fui até a recepção atender, achando que seria engano, mas era uma menina que eu tinha conhecido na noite anterior. Ela estava preocupada, pois pessoas haviam lhe dito que eu tinha ido ao hospital. Sem dúvida, as relações interpessoais são bem mais próximas e humanas em uma cidade pequena, mesmo com um desconhecido. No fim da tarde, levei a moto e a devolvi para o dono, que me aguardava tranquilamente em sua casa. Depois, embarquei em um ônibus para Manaus, deixando para trás uma paisagem linda e um tempo totalmente diferente, como se fosse outro mundo.

DESCOBRINDO A REALIDADE

Aquela vivência na Amazônia me lembrou de outra da adolescência, quando eu e minha irmã Lili nos mudamos para o Colégio Objetivo, que também tinha cursinho preparatório para o vestibular. Como ficava perto de casa, nós dois íamos com a mobilete que tínhamos trazido da praia em São Sebastião. Minha mãe trabalhava o dia todo na TV Alphaville e sempre me pedia para ir ao banco e ao supermercado fazer pequenas compras com a mobilete. Eu gostava disso, mas precisava tomar cuidado redobrado quando comprava os ovos. Felizmente, nunca quebrei nenhum.

Uma vez, fui com vários amigos do condomínio fazer trilha de mobilete na mata que tinha logo em frente. Pegamos algumas estradas de terra, cercadas de árvores por todos os lados, até que chegamos a um descampado e nos deparamos com uma pequena plantação, em frente a uma casa humilde. Paramos para conversar com o dono da casa, vimos sua esposa e os filhos, que ficaram enfileirados do lado de fora, perto da porta. Ele nos contou que tinha quarenta anos e morava ali desde pequeno. Nisso, outro homem com uma vara de pescar passou pela estrada e parou um instante para conversar com o dono da casa. Fiquei

PARTE 1 - MOVIMENTO ASCENDENTE: DA CAMINHADA AO FOGUETE

impressionado como eles levavam uma vida de pessoas do campo ali, tão perto da civilização.

Na realidade, eles haviam chegado naquele lugar bem antes da civilização, quando ainda nem existia Alphaville. Com a popularização do automóvel, a especulação imobiliária e a falta de planejamento, a mancha urbana tinha se espalhado rapidamente em torno da cidade de São Paulo, destruindo florestas, campos e estilos de vida. Logo, aquela mata e aquela família também seriam engolidas, vítimas da expansão urbana. Por isso mesmo, poucos anos depois daquele memorável dia da trilha, fiquei com o coração cortado quando vi máquinas derrubarem todas as árvores daquela área enorme, para construir novas avenidas, condomínios e muitos prédios. Até hoje, me pergunto que fim levou aquela família. Gostaria de saber se a empresa que loteou a área teve uma atitude digna, e se eles conseguiram se adaptar à nova vida.

Aquela foi uma primeira experiência de compreensão da lógica expansionista, tão prejudicial à natureza, em que o dinheiro fala mais alto. Percebi como ela é sempre movida por um pensamento de curto prazo, visando ao benefício monetário imediato, sem considerar as consequências futuras à saúde das pessoas. Isso sem contar que passa por cima dos valores imensuráveis que a natureza nos provém gratuitamente, imprescindíveis para a vida na Terra. Uma atitude que, no fim das contas, prejudica a sociedade como um todo, com as mudanças climáticas, aquecimento global e a perda da diversidade natural.

IMPEDIDO DE SE MOVER

Agora, minha experiência com motos era apenas vê-las ziguezagueando em meio aos carros, nas avenidas movimentadas das grandes cidades. Por causa do perigo que elas geravam ao cortar o trânsito em alta velocidade, não era muito a favor desse meio de transporte, a não ser em lugares específicos, como nas favelas situadas em morros, com vielas e ruas estreitas, ou em cidades menores, onde o trânsito não era tão agressivo.

Ali em Campina Grande, a proposta do mototáxi me pareceu uma boa opção, contanto, é claro, que o motorista não corresse e respeitasse a legislação do trânsito. De toda forma, como sempre diz meu pai, "em cima de uma moto, o para-choque é a nossa testa". Então, eu coloquei o capacete e me segurei bem na traseira, para ver se sentia de novo aquele frio prazeroso na barriga, o mesmo que experimentava na infância, na garupa do tio Carlinhos em Aguaí. Não passou nem perto. Sem dúvida, o meu meio de locomoção favorito continuava mesmo sendo a bicicleta.

Ao chegar à casa dos meus anfitriões, fui muito bem recebido pelo casal e por seus três filhos, um com a minha idade e os outros dois um pouco mais novos que eu. Além do norueguês, que tinha me chamado para ir junto, também estava na casa um primo de longe, que havia morado muitos anos na Europa. Dessa forma, tive ainda o presente de ser agraciado pelas boas conversas daquela incrível família campinense. Isso sem contar o quão impressionado fiquei com a superestrutura da festa de Campina Grande. O evento realmente fazia jus à fama que tinha de maior São João do mundo. Naqueles quatro dias, andei bastante pela cidade e me perdi em suas ruas, conversando com moradores e turistas. Eu continuava caminhando, mesmo com a ressalva das pessoas, que insistiam em me ajudar ou ofereciam carona. Na época, minha perna já fraquejava bastante e era mais do que visível para qualquer um que eu tinha algum tipo de deficiência motora.

Meus pais haviam marcado uma nova consulta com o neurologista Dr. Daniele Riva. Assim, depois de curtir bastante as fogueiras de São João, peguei outro mototáxi, fui para a rodoviária, de lá tomei um ônibus para Recife e um avião para São Paulo, onde dessa vez não me aguardava outro

PARTE 1 - MOVIMENTO ASCENDENTE: DA CAMINHADA AO FOGUETE

mototáxi, mas, sim, um táxi de quatro rodas, em meio a milhões de outros carros que circulam diariamente pela cidade.

Demorei mais de uma hora no trânsito até chegar à casa dos meus pais, em Alphaville, vendo no trajeto os *motoboys* cruzarem as avenidas em alta velocidade e buzinando a cada passagem, naquele terrível engarrafamento. Eu me lembrei do conto "A Autoestrada do Sul", do Julio Cortázar, sobre um interminável congestionamento. Fiquei pensando por que a raça humana tinha escolhido aquele sistema de se aglomerar em determinada região, com automóveis congestionados e motoqueiros tentando ultrapassar a todos para levar encomendas. Na época, ainda não havia tanto o serviço de entregas por bicicleta pelos *bikeboys*, certamente uma opção mais saudável para as cidades e o planeta do que o modelo baseado em motos.

Sem dúvida, aquele tipo de organização havia partido de uma escolha consciente, mesmo que boa parte de seus problemas houvesse surgido de forma inconsciente e inesperada. Para resolvê-los, portanto, não adiantava combater os resultados e tentar substituí-los por outros, mas repensar todo o sistema, perceber o fluxo de causa e efeito e recriar a cidade. Seria necessário planejar uma nova realidade urbana e gerar uma forma menos hostil de se viver em grandes grupos, desde a base. Algo nada fácil de se fazer. Porém, muito simples de perceber. O homem, nascido para fluir, estava impedido de se mover. Circular havia deixado de ser algo prazeroso para se tornar tortuoso e quase impossível. Fato era que: havia algo de errado na cidade, havia algo de estranho comigo.

8 TREM

"Lá vai o trem com o menino
Lá vai a vida a rodar
Lá vai ciranda e destino
Cidade e noite a girar
Lá vai o trem sem destino
Pro dia novo encontrar
Correndo vai pela terra
Vai pela serra
Vai pelo mar."
Ferreira Gullar
(sobre a música de Heitor Villa-Lobos)

TRENZINHO ELÉTRICO

Desci do táxi na porta da minha casa, em Alphaville. O condomínio fazia parte de um complexo de residenciais fechados, em Santana de Parnaíba, município da região metropolitana de São Paulo. Eu já me sentia em casa só de estar ali, de frente para aquele chalé em estilo inglês,

PARTE 1 - MOVIMENTO ASCENDENTE: DA CAMINHADA AO FOGUETE

com telhados inclinados e *bay-windows*, em uma esquina aberta e sem muro, rodeado pelo gramado bem aparado, por pinheiros e tuias. Nossa casa, diferente das demais, parecia aquelas que os paulistanos costumavam ver em suas viagens para Campos de Jordão. Como havíamos morado em Cleveland, norte dos Estados Unidos, quando eu tinha dez anos, meus pais decidiram construir aquele estilo de casa para manter o gosto da incrível experiência que tivemos ali por um ano e meio. Naquela região fria dos grandes lagos americanos, esse tipo de arquitetura com o telhado inclinado é bem comum, para evitar o acúmulo de neve durante o rigoroso inverno.

A experiência em Cleveland havia sido, realmente, transformadora para toda a família. De certa forma, era a continuidade de uma forma de viver que sempre nutrimos. Quando eu tinha apenas quatro anos, meu pai participou de um intercâmbio científico para troca de experiências em aplicação de raio laser em cirurgias cardíacas, técnica inovadora para a época, em uma parceria do governo francês com o INCOR, Instituto do Coração da USP, onde trabalhou por 37 anos, até se aposentar. Assim, ele nos levou para uma experiência de três meses na Europa.

Ficamos por um mês em Paris e, todos os dias pela manhã, quando meu pai saía para trabalhar nos hospitais, Lili, minha mãe e eu tomávamos o metrô e íamos passear pela cidade. Visitávamos museus, igrejas e parques, a Torre Eiffel, e nos divertíamos repetindo palavras em francês. No final do dia, meu pai nos encontrava em algum ponto da cidade para mais passeios. Depois, fomos para Toulouse e Cassis, na região do mediterrâneo, onde seguimos a mesma rotina e, no final do intercâmbio do meu pai, viajamos um mês pela Europa conhecendo Portugal, Espanha, Suíça, Itália, Áustria, Alemanha, Holanda, Bélgica e Inglaterra.

Mesmo sendo muito novo, lembro com detalhes a alegria de chegar a cada nova cidade, em cada novo hotel e pegar vários mapas, enquanto meus pais faziam o registro. Em cima da cama do quarto, eu abria os mapas e, com Lili, localizava primeiro o rio, depois os parques, igrejas e estações de trem. Em seguida, saíamos para visitar esses lugares, sempre com os mapas a tiracolo. Foi ali a minha primeira experiência com mapeamento de cidades, uma lembrança afetiva que, com o passar dos anos, cresceu cada vez mais dentro de mim.

Na época, visitamos o Museu de Tecnologia na Alemanha, em Munique, e fiquei fascinado pela sala dos trens em miniaturas. Era uma verdadeira cidade, recortada por trens de todos os tipos, com faróis e cancelas que abriam e fechavam, de acordo com o fluxo e a velocidade das máquinas. Nunca tinha visto nada igual, uma cidade sem carros, feita só de trens. Meus pais tinham combinado que eu e Lili poderíamos escolher um brinquedo para levar de volta ao Brasil. Lili escolheu uma boneca na Suíça e, como eu não tinha escolhido o meu até aquele momento, ali decidi o que queria: um trenzinho elétrico.

Fomos a uma loja de brinquedos de muitos andares e eu escolhi o que mais gostei. A partir de então, aquele pequeno trem sobre os trilhos passou a fazer parte da nossa viagem e, sempre que chegávamos a um hotel, eu o montava no chão e brincava por horas. Minha dedicação ao novo brinquedo foi tanta que, quando retornamos para São Paulo, meus pais foram fazer uma reforma no apartamento e projetaram uma tábua móvel na parede, que abria em cima da minha cama, já com o trilho do trem fixado sobre um gramado sintético. Eu brincava de montar as cidades da Europa com as miniaturas que havíamos trazido da viagem — a Torre Eiffel, a Torre de Pisa, uma Gôndola de Veneza, um Double Deck Bus de Londres, uma barca da Holanda — em meio a casinhas, parques e praças construídas de Lego. Dessa forma, assim que chegava da escola, ficava por horas me divertindo com a minha pequenina cidade, com os colegas do prédio e nossas amigas inseparáveis, Sabrina, Vanessa e Dione. Enquanto isso, o trenzinho elétrico fazia seu percurso.

Aquela viagem de três meses pela Europa havia despertado em mim e em minha irmã Lili uma nova forma de aprendizado, pela experiência de estar em diferentes locais, ir a museus, ver paisagens distintas, ampliando nosso conhecimento de mundo e nos ensinando muito mais do que a escola tradicional. Uma vez, quando minha mãe e minha irmã foram a uma loja de papel de parede, Lili reparou na paisagem montanhosa do pôster fotográfico pendurado na parede atrás do vendedor. "Mamãe, aqueles são os Alpes ou os Pirineus?", indagou ela, deixando o vendedor ficar atônito com o fato de uma menina de cinco anos fazer aquele tipo de pergunta. Era o início da semente que vinha crescendo, com a vontade de estar em diferentes lugares e conhecer o mundo, não apenas em mim e na Lili, mas também nos meus pais.

Por isso, seis anos depois, quando meu pai recebeu uma nova proposta de morar fora do Brasil, dessa vez em Cleveland, nos Estados Unidos, onde seu amigo de residência, José Mauro Brum, trabalhava na Cleveland Clinic, não pensamos duas vezes. Quer dizer, meu pai literalmente não pensou duas vezes, tanto que recusou o convite. A proposta seria para embarcar em trinta dias. Como na época ele estava trabalhando em São Paulo, e nós de férias em São Sebastião, não daria tempo para tamanha mudança. Mas ao ligar para a minha mãe contando sobre a recusa do convite, ela não se conformou. Disse que, com certeza, daria tempo sim. Mais do que depressa, voltamos para São Paulo e começamos a maratona para vencer os entraves burocráticos de tantos papéis e documentação necessários para um afastamento de longo prazo. Por fim, conseguimos arrumar as malas, nos despedimos dos familiares e amigos, fechamos nosso apartamento e, em trinta e cinco dias, pegamos um avião rumo a Cleveland.

UM PORÃO NA NEVE (OU MELHOR, REPLETO DE TRENS EM MINIATURA)

O nosso apartamento em Richmond Heights, nos arredores de Cleveland, fazia parte de um conjunto de quatro prédios de seis andares, em formato da letra "H", com uma ampla área coberta de serviços e recreação, interligada por longos corredores. A sensação que tínhamos era a de estar em um navio. Achávamos aquela estrutura curiosa, até chegar o inverno e entendermos a necessidade daqueles corredores cobertos e aquecidos. Os apartamentos ficavam dentro de um parque imenso, a perder de vista, onde também ficavam as escolas *elementary, middle e high school,* quadras poliesportivas, campos de futebol, piscina pública, *playground*, área de churrasqueiras, prefeitura, corpo de bombeiros, departamento de polícia e até um aeroporto para aviões de pequeno porte. Ao redor, as casas eram todas parecidas entre si, construídas de madeira, com telhados inclinados e janelas bem vedadas, sem muros ou cercas divisórias, no meio de gramados bem verdes.

No início, tive um choque cultural, afinal, se trocar de escola dentro da mesma cidade pode ser difícil para uma criança, imagine entrar no meio do ano letivo, em outra escola de outro país, com língua e cultura diferentes. Como o ano letivo é diferente no hemisfério norte, a princípio, nós nos atrasamos seis meses em relação ao Brasil. Eu, que havia começado a quarta série, acabei indo para o final da terceira série, e Lili voltou da quinta para a quarta.

O inglês que havíamos estudado no Brasil não era suficiente para nos comunicarmos, mas aprendemos rapidamente, porque a escola providenciava um curso especial de inglês para estrangeiros, *English as a Second Language*. Tivemos a sorte de ter uma professora voluntária excelente, Donna Warner, que se tornaria amiga da minha mãe e, sua filha Karen, minha amiga e da Lili. Quando chegávamos em casa, minha mãe, que havia se

PARTE 1 - MOVIMENTO ASCENDENTE: DA CAMINHADA AO FOGUETE

formado em Letras e era fluente em inglês, também reforçava tudo que havíamos aprendido. No dia seguinte, passávamos para a nova lição, já que tínhamos assimilado a anterior. Alunos da Rússia e da China que estudavam na escola não tinham a mesma facilidade.

Por conta disso, um pouco antes de terminar o ano letivo, chamaram minha mãe na escola. Queriam entender como dois alunos do Brasil estavam mais adiantados que os americanos, e tinham aprendido inglês tão rápido. Em dois meses e meio, já conseguíamos nos virar tão bem na língua, que decidiram que deveríamos saltar uma série. Dessa forma, em setembro, eu pulei para a quinta série e Lili para a sexta. Até hoje, no meu histórico escolar brasileiro, aparece o termo "passado por decreto".

Mas antes de o ano letivo começar, nas férias de verão, minha mãe também nos colocou nas atividades de recreação que aconteciam na própria escola, e foi lá que aprendi pela primeira vez sobre reciclagem de lixo e compreendi sua importância, tanto que me esforcei ao máximo para conseguir muitas latinhas para reciclar. Além da maior consciência ecológica, o *summer camp*, como era chamado, também serviu para aperfeiçoar nosso inglês e, finalmente, nos integrar tanto social quanto culturalmente.

Depois das férias, voltei aos estudos muito mais adaptado e à vontade na quinta série, conversando com todos e fazendo boas amizades. Mesmo pulando um ano, eu me dedicava para ser um bom aluno, tinha ótima memória e fiquei no quadro de honra, o *Honor Roll*, nos quatro trimestres em que lá estive. Fui, inclusive, escolhido com mais três estudantes para representar a escola no campeonato de Matemática da grande Cleveland. Também me destacava em História, matéria na qual aprendíamos sobre todos os presidentes dos Estados Unidos. Em Geografia, tirei a maior nota da classe, 99%, escrevendo na prova, sem errar, os nomes dos 50 estados americanos com as respectivas capitais, siglas e apelidos. Cheguei, inclusive, a ser representante de classe no segundo semestre.

Na época, fiquei muito amigo do Andy, que tinha sido o representante da classe no primeiro semestre, e de toda sua família, dormindo com frequência em sua casa. Também fiz mais três grandes amigos e três grandes amigas na turma da escola. No meu aniversário de 11 anos, meus colegas foram até nosso apartamento e, ao se apresentarem para a câmera, na filmagem que meu pai fazia, todos disseram serem meu melhor amigo, repetindo *"I'm Ricky's best friend"*.

Mesmo sem a presença dos colegas, nossa casa para mim era uma diversão à parte. O apartamento possuía três dormitórios grandes, mesmo assim eu e Lili resolvemos dormir no mesmo quarto, para podermos conversar à noite, antes de dormir. Desde sempre nos dávamos muito bem e, quando mais novos, já deixamos outras crianças a ver navios, de tanto que gostávamos de brincar um com o outro. Só tivemos uma briga, quando eu tinha três e Lili, quatro anos.

Na época, ela mandava e desmandava e tinha certeza de que eu havia vindo ao mundo para ser seu boneco vivo. Eu, que era apaixonado pela minha irmã mais velha, aceitei aquela situação durante bastante tempo, até que um dia me rebelei e descontei minha raiva pelos anos de opressão. Esse dia ficou conhecido como "o dia em que eu sangrei minha irmã do nariz até a boca", como se a distância entre nariz e boca de uma criança de quatro anos fosse algo gigantesco. Aquela tinha sido nossa primeira e última briga. Agora, com dez e onze anos, aproveitávamos para compartilhar o dormitório na casa de Cleveland e deixar o outro quarto para guardar roupas, brinquedos e, é claro, um trenzinho elétrico.

PARTE 1 - MOVIMENTO ASCENDENTE: DA CAMINHADA AO FOGUETE

Depois daquele trem comprado na Alemanha, vieram muitos outros. Mesmo com o passar dos anos, continuava a ser meu brinquedo preferido. Passei a gostar muito também de brincar de Lego, construindo desde robôs até navios, que navegavam no carpete de casa como se fosse o mar e, sobretudo, cidades com muitos parques e praças, para o pequeno trem circular. Bud, marido da nossa professora de inglês Donna, tinha uma coleção enorme de trens elétricos em miniatura em seu *basement*, o porão da casa. Toda vez que eu ia visitá-los, Bud me mostrava aquele lugar especial e ficava me contando histórias sobre sua incrível coleção com locomotivas e vagões, e a origem das réplicas de trens verdadeiros que ele tinha. Ele entendia muito sobre a história do transporte ferroviário nos EUA e, sem dúvida, aquelas conversas em um pequeno mundo mágico, no porão aquecido pela calefação sob a neve dos Estados Unidos, de alguma forma, influenciaram o que eu viria a fazer no futuro.

E por falar em inverno, também brincávamos muito na neve, esquiando e descendo os morros com *sledding*, uma espécie de trenó do Papai Noel. Já no verão, aproveitávamos o parque em volta do nosso prédio, jogando tênis, andando de patins e fazendo churrasco ao som das bandas que se apresentavam no coreto do parque. Na época, escurecia às dez da noite. Ali, todas as quartas-feiras, reuníamos os brasileiros que moravam na região, como Almir, Bete e família, mas também os americanos, como a família da professora Donna e do meu colega Andy. Eu andava pelo parque como se fosse o quintal da minha casa, jogava bocha, tênis, futebol e falava com todos. Um dia, fiz amizade com um menino um pouco mais velho que eu e, enquanto jogávamos futebol e conversávamos, comentei que era brasileiro e ele não acreditou que eu não fosse americano, pois disse que eu não tinha nenhum sotaque. Pelo visto, eu tinha realmente me adaptado. Havia sido apenas um ano e meio da minha vida, mas que valeu por muitos.

QUE TREM É ESSE?

Por isso, sempre que ficava muito tempo sem ir para a minha casa em Alphaville, ao ver a construção em estilo inglês de telhados inclinados, eu me lembrava dos tempos vividos em Cleveland. Naquele dia em que cheguei de Recife, após a viagem para o São João de Campina Grande, sentei-me na sala de casa com meu pai e minha mãe. Meu pai analisou meu quadro motor e perguntou como eu me sentia. Apesar de estar visivelmente mancando, eu não sentia nenhuma dor. Juntos, aventamos diversas possibilidades do que poderia estar acontecendo com meu corpo. Consideramos desde tênia do peixe, no caso de eu ter consumido algum peixe cru e mal preparado, contendo cistos da tênia, até reação à vacina contra febre amarela, que eu havia tomado pela terceira vez em nove anos, sendo que o recomendado é um intervalo de dez anos entre uma aplicação e outra.

Imersos no completo desconhecido, eu e meus pais começávamos ali a longa jornada para tentar descobrir, afinal de contas, qual a razão daquele misterioso sintoma. A esperança, naquele momento, residia na nova consulta que faria com o Dr. Daniele Riva. Somente ele poderia nos livrar da angústia de ver o problema, mas não saber a causa nem a solução. Além da consulta com o renomado neurologista, refiz alguns exames e, como eu e minha família não somos de ficar parados, comecei um trabalho diário com uma fisioterapeuta, que me passou alguns exercícios para fazer em casa.

Se por um lado as minhas razões para estar em São Paulo me causavam desconforto, por outro me deixavam animado, já que eu havia aproveitado para marcar a viagem na época em que chegaria a francesa Emilie. Ela tinha sido minha colega na Universidade Politécnica da Catalunha, no mestrado em Sustentabilidade, e estava vindo para o Brasil me visitar, na companhia de sua irmã Elise. Assim, eu as busquei no aeroporto de Guarulhos e, naquela semana na capital paulista, fiquei intercalando obrigações médicas

PARTE 1 - MOVIMENTO ASCENDENTE: DA CAMINHADA AO FOGUETE

com *tours* pela cidade. Fomos à praça do Pôr do Sol, ao Parque do Ibirapuera, ao museu do Ipiranga, visitamos o centro histórico, o convento São Bento, a Avenida Paulista, o MASP, o bar Brahma, o restaurante Sky e assistimos ao jogo do Corinthians no Pacaembu. Além disso, fomos ao bar Kabul, que meu amigo Pipo tinha inaugurado em sua antiga casa, próximo à rua Augusta.

Enquanto passeava com as francesas, fui levar o resultado dos novos exames que havia feito para o Dr. Daniele Riva. Ele ficou intrigado, pois o laudo se encontrava praticamente inalterado, em comparação com os exames que eu tinha realizado da primeira vez. Mas como não tinha nada, se víamos claramente que havia algo? Como diziam as pessoas de Minas Gerais, terra onde nasceu meu avô, que "trem" é esse? De toda forma, como sempre fomos de olhar a vida pelo lado positivo, minha família e eu aproveitamos aquele resultado para continuar esperançosos, torcendo para não ser nada grave e os sintomas do problema se tornassem invisíveis, até desaparecerem de vez.

Dessa maneira, depois de uma semana sem nenhum diagnóstico e em companhia das francesas, voltei para Recife. Emilie e Elise ficaram hospedadas em meu pequeno apartamento, dormindo no sofá-cama da sala. Passados alguns dias na cidade, enquanto eu trabalhava e elas visitavam os pontos turísticos da região, emendei um feriado com o fim de semana e, então, com mais duas garotas que conhecemos no *Couch Surfing,* fomos viajar.

Alugamos um carro e, primeiro, fomos conhecer a Feira de Caruaru e o bairro Alto do Moura, polo de artesanato onde morou o famoso artesão Mestre Vitalino. Naquele dia, dormimos na cidade de Bonito. De lá, seguimos por estradas vicinais do agreste pernambucano, em direção a Alagoas. Enquanto atravessávamos aquelas vias, muitas vezes esburacadas e sem as mínimas condições de passagem, conversávamos sobre a diferença entre Brasil e Europa, onde podia-se viajar de trem por todo o continente.

De fato, quando eu morava lá, fiz uma longa viagem de trem. Lili e eu havíamos sido convidados para o casamento da nossa amiga Lindy, que aconteceria na parte alemã da Suíça. Eu sempre achei muito interessante o fato da Lindy ser uma cidadã do mundo e falar tantos idiomas com fluência. Ela havia nascido no Brasil, onde estudava em colégio francês, seu pai, Ashley, era suíço francês e a mãe, Irène, suíça alemã. Além disso, morava nos Estados Unidos e estava se casando com um mexicano.

Para ir ao casamento, saí de Barcelona, fui até a Suíça e cruzei o país de trem a fim de assistir a uma celebração que incluiu: cerimônia em uma capela ao lado da Alemanha, ao som de uma trompa alpina, instrumento típico dos Alpes, almoço com música ao vivo em restaurante com cachoeira, passeio de barco pelo rio Reno, *tour* pela cidade histórica Stein am Rhein e um longo jantar em outro restaurante. Na ocasião, a simpática avó da Lindy sentou-se ao meu lado e disse que falava francês e alemão. Eu respondi dizendo que falava português, inglês e espanhol. Juntos, falávamos pelo menos cinco idiomas, mas nenhum coincidia. Diante do impasse, o diálogo pouco avançou, mas foi um momento mágico, como havia sido toda a cerimônia.

Essa proximidade entre os países na Europa facilitava e muito as viagens internacionais de trem. Você podia acordar em um país, passar a tarde em outro e dormir em um terceiro. Inclusive se casar em um e fazer a festa no país vizinho. Já no Brasil, as distâncias eram imensas. Mesmo assim, contei para as francesas que, no passado, Brasil também teve uma grande malha ferroviária que levava do Nordeste até o sul, mesmo sendo um território tão vasto. Mas que, depois do *boom* do automóvel nos Estados Unidos, na década de 1950, nosso país, durante o governo de Juscelino Kubitschek, havia comprado o sonho americano das estradas, em detrimento às ferrovias, que acabaram se enchendo de mato, à beira de tantas pequenas vilas abandonadas pelo tempo.

PARTE 1 - MOVIMENTO ASCENDENTE: DA CAMINHADA AO FOGUETE

TREM DE MINAS A VITÓRIA

A conversa com as francesas fez com que eu me lembrasse de outra viagem. Sempre fui tão fascinado por trens que, na época em que trabalhava na empresa ICTS, após concluir a faculdade, decidi que viajaria dessa forma pelo Brasil, onde quer que eles ainda existissem. Pesquisei onde havia transporte ferroviário de passageiros e descobri que um dos poucos serviços que ainda existiam no país ligava as cidades de Belo Horizonte a Vitória. Programei uma semana de férias, antes do trabalho que faria no Espírito Santo. Na época, estava trabalhando em Manaus e, em vez de pegar um voo para a capital capixaba, voei para a capital mineira, só para poder viajar de trem, mesmo sabendo que o trajeto seria muito mais demorado.

Dormi uma noite em Belo Horizonte, na casa da Fabi, minha namorada na época. E no dia seguinte, nós dois fomos bem cedo para a estação, pois o trem sairia antes das sete da manhã. No entanto, a partida atrasou quase três horas, pois o ar-condicionado não funcionava e eles tentaram arrumar, sem sucesso. Por volta de 9h45, desistiram do conserto e disseram que a viagem seria feita sem refrigeração mesmo. Assim, fomos o tempo todo com a janela aberta, o que não nos incomodou em nada, pois ficamos apreciando a linda vista do Rio Doce e as paisagens mineiras. O único problema foi que nossa pele ficou preta por causa da extração de minério. Chegamos a Vitória às onze da noite e, apesar do cansaço, eu me sentia realizado. Finalmente tinha feito uma viagem de trem em terras brasileiras.

LÁ VAI O TREM COM O MENINO

Em nossa pequena *trip* pelo Nordeste, eu e as francesas fomos a Japaratinga, chegando no final da tarde à beira do rio Manguaba, aquele mesmo que eu havia atravessado com Julia, a nado, alguns meses antes. Naquelas alturas, com a fraqueza dos meus braços e pernas, teria sido impossível lutar contra a correnteza do rio. Por isso, em vez de nadar, fizemos um passeio de barco pelo rio e, depois de curtir a região, voltamos dirigindo pelo litoral, em direção a Recife.

Nos dias que se seguiram, fizemos passeios por praias próximas da capital, como Gaibu, Calhetas, Maracaípe e Pipa, no Rio Grande do Norte. Como eu estava levando muito a sério os exercícios que a fisioterapeuta de São Paulo havia me passado, eu os fazia diariamente, praticando o equilíbrio, fortalecimento e amplitude dos meus movimentos. Para me estimular, muitas vezes, Emilie e Elise faziam os exercícios comigo, principalmente durante aquelas viagens. Na praia de Gaibu, como sempre fazia todas as manhãs, fui caminhar um pouco na areia e fazer a fisioterapia, mas, quando voltei, encontrei Elise pálida, abatida e em choque. Ela contou que tinha ido nadar, mas foi levada pela correnteza e começou a se afogar, quando um caiçara percebeu e a salvou. Em seguida, um pouco mais recuperada, falou que, se não fosse aquele homem ter aparecido, ela teria morrido.

É claro que esse episódio mexeu com todos nós. Na volta, subindo a estrada para o Recife, todos íamos calados, sobretudo Elise. Fiquei pensando mais uma vez naquele dia em que quase me afoguei com Julia, e senti que havia sido a força do meu pensamento, não das minhas pernas, que tinha me salvado. Havia um aprendizado naquilo tudo. E, também, uma espécie de poesia. Quando estamos em uma situação de risco, a vida nos compensa em seguida com algum tipo de visão, beleza e aprendizado. Sem dúvida, acabamos por repensar toda a nossa história e relembrar a nossa infância, mesmo que seja por um átimo de segundo.

Por termos conversado sobre os antigos trens do Brasil, eu agora me lembrava do "Poema Sujo", que o poeta e ensaísta Ferreira Gullar havia

PARTE 1 - MOVIMENTO ASCENDENTE: DA CAMINHADA AO FOGUETE

escrito enquanto estava exilado na Argentina, achando que sua morte aconteceria a qualquer momento. No texto, ele narra sua infância no Maranhão e relembra a viagem de trem que fez com o pai na década de 1940, ali no Nordeste, indo da sua cidade natal, São Luís, até Teresina. Um trecho daquele poema havia ficado célebre por ter sido tocado, a pedido do autor, com a música "Trenzinho Caipira", do maestro Villa-Lobos. Enquanto seguíamos pela estrada e a noite caía sobre o litoral nordestino, eu cantarolava aquela música, "Lá vai o trem com o menino, lá vai a vida a rodar...", lembrando a minha infância no sítio em Aguaí, em São Sebastião, em Cleveland, pensando se o fato de agora minhas pernas irem tão curto, é que fazia minha memória ir tão longe.

9 ÔNIBUS

"Todos os dias é um vai-e-vem
A vida se repete na estação
Tem gente que chega pra ficar
Tem gente que vai pra nunca mais
Tem gente que vem e quer voltar
Tem gente que vai e quer ficar
Tem gente que veio só olhar
Tem gente a sorrir e a chorar
E assim, chegar e partir."
Milton Nascimento

TRANSPORTE ESCOLAR

Nos Estados Unidos, as crianças vão para a escola naquele ônibus amarelo com o letreiro *School Bus*", exatamente como nos filmes da Sessão da Tarde. Apesar de parecer divertido, posso afirmar que fugir do ônibus era muito mais prazeroso do que andar nele. Em Cleveland, eu, Lili e nossos vizinhos do prédio, com frequência, nos escondíamos

PARTE 1 - MOVIMENTO ASCENDENTE: DA CAMINHADA AO FOGUETE

do transporte escolar para poder ir caminhando pelo parque até a escola. O ônibus dava uma volta enorme e pegava inúmeras crianças em suas casas, enquanto, pelo parque, fechávamos o zíper do casaco e corríamos pelo caminho entre os gramados, enfrentando o frio com coragem e chegando cheio de energia na sala de aula.

Aquela realidade de residenciais com gramados, cortados na borda por autopistas que levavam de um bairro a outro, e de uma cidade a outra, constituía boa parte do país norte-americano. Com o ideário do automóvel e as cidades funcionando ao redor dele, o ônibus acabou vindo de carona nas rodovias, sendo usado em viagens interestaduais e no transporte escolar de crianças. Além do imaginário do *school bus*, o ônibus de passageiros se tornou célebre no cinema americano com *Forrest Gump*. No filme, o personagem vivido por Tom Hanks conta sua história e, paralelamente, parte da história do século XX nos Estados Unidos, sentado em um ponto de ônibus para os passageiros que esperam o coletivo.

Mesmo assim, o transporte de passageiros em ônibus nos Estados Unidos representa apenas três por cento da totalidade dos deslocamentos, enquanto no Brasil, este número chega a trinta por cento. Em nosso país, o coletivo sobre rodas foi priorizado para levar os trabalhadores a seus locais de emprego, em detrimento ao trem e ao metrô. Assim, o ônibus logo passou a ser uma alternativa de locomoção para quem não possuía o automóvel, tornando-se uma verdadeira extensão do próprio carro. Até hoje, o que mais vemos nas cidades são ônibus em meio aos carros, muitas vezes apinhados de gente, circulando por vias que foram feitas para quatro rodas.

Eu me lembro de que, em Barcelona, muitas vezes eu preferia andar de ônibus que pegar o metrô para realizar o mesmo trajeto, quando havia as duas opções. Eles eram confortáveis, silenciosos, com ar-condicionado, piso baixo e sempre circulavam por faixas exclusivas, atingindo uma velocidade média acima dos automóveis. Além disso, havia uma rede de ônibus noturnos e todas as paradas continham informações sobre as linhas, trajetos, horários e intervalos. Dessa forma, contando com uma boa estrutura e geralmente tendo assentos disponíveis para sentar-se, os ônibus eram atrativos. Em vez de andar no subsolo da cidade, muitas vezes eu gostava mais de tomar um ônibus para poder me sentar do lado da janela e ver o movimento, observar as pessoas e acompanhar o dia a dia daquela cidade cheia de vida. Isso só era possível porque Barcelona dispunha de ampla rede de transporte coletivo de grande capacidade, como metrô e trem, o que não sobrecarregava o sistema de ônibus, ao contrário do Brasil. Os ônibus transportam uma quantidade muito maior de passageiros por metro quadrado que os automóveis, otimizando o uso de espaço público. Por isso, deveriam sempre ter prioridade e trafegar por faixas e corredores exclusivos.

Entretanto, ao contrário dos *school buses* americanos, nas escolas particulares brasileiras, muitos pais preferem usar o automóvel para buscar seus filhos, causando o famoso problema da "fila dupla" na saída da escola. Antes de morar em Cleveland, quando eu estudava no Colégio São Luís, na região da Paulista, como a maioria dos alunos, era nossa mãe quem nos buscava. Mas como o colégio fica bem na Avenida Paulista, a fila dupla de pais na porta com certeza atravancaria ainda mais o trânsito naquela região. Assim, os pais entravam com seu carro por uma rua, pegavam o filho dentro da escola mesmo e saíam por outra, e isso já era assim desde a época em que minha mãe estudava no colégio.

Eu pensava que esta era a única forma de voltar da escola, até descobrir que um colega de sala retornava caminhando sozinho para casa. Fiquei encantado com aquela ideia. Como o prédio dele ficava perto do meu, mas a dez quarteirões da escola, precisei pedir várias vezes até a minha mãe permitir que eu também voltasse a pé. A primeira vez foi inesquecível.

PARTE 1 - MOVIMENTO ASCENDENTE: DA CAMINHADA AO FOGUETE

Adorei voltar caminhando com a minha mochila nas costas, observando as pessoas, os semáforos, com o sentimento de também fazer parte daquele espaço. Se eu pudesse, voltaria caminhando todos os dias, mas minha mãe só deixava de vez em quando. E nos dias que eu podia, ficava a manhã toda ansioso, sonhando com a hora de voltar para casa.

Já em Alphaville, quando voltamos dos Estados Unidos, voltar da escola a pé deixou de ser uma opção. Seguindo a linha americana, a estrutura do bairro foi toda pensada para a utilização do automóvel e as distâncias entre um ponto e outro eram quase sempre longas. Fomos estudar no Colégio Mackenzie e nossos pais faziam rodízio com vizinhos para nos buscarem. Para as atividades à tarde de esporte, música e lazer, pegávamos muita carona, uma prática simpática e corriqueira dos moradores em Alphaville naquela época, e não havia nenhum perigo. Não pegávamos ônibus até mesmo porque não os havia em grande número. Mas uma vez, eu estava pedindo carona para voltar da aula de piano, quando o motorista de um ônibus que estava vazio parou. Falei que estava sem dinheiro e ele respondeu que não tinha problema, que o próprio ônibus me daria carona.

ADORO UMA RODOVIÁRIA

Em Alphaville, fiz grandes amigos que me acompanhariam por toda a vida. Higor, Daniel, Akabane, Buiu, Mariana Guerra, Marcel, Chris Basso, Genaro, Lauter, Gustavo, Kelly, Luiz... Uma lista tão grande como são os residenciais de Alphaville. Higor foi o primeiro deles. Nossa amizade se deu graças ao famoso "caso da pipoquinha". Na hora do recreio, ele me pediu para comprar uma pipoquinha, já que eu ia para a cantina. Eu a abri e entrei na sala comendo. Higor ficou bravo, queria brigar, mas eu respondi que não brigaria com ele por causa de uma pipoquinha. A partir de então, estabeleceu-se uma amizade que se revelaria em seu máximo nos períodos mais difíceis da minha vida.

Na escola, também conheci Mariana Guerra. Tínhamos vários assuntos em comum. Já havíamos morado na cidade de São Paulo e, agora, vivíamos a realidade bem diferente de Alphaville. Com o passar dos anos, Mariana também se interessaria cada vez mais por urbanismo e mobilidade urbana, tanto que foi estudar Arquitetura e Urbanismo na USP. Por causa de tantas afinidades, nossa amizade duraria muito além do colégio.

Já Luiz se mudou para Alphaville mais tarde, quando estávamos na faculdade, e viríamos a construir uma longa amizade. Fizemos cursinho juntos, entramos para a FGV juntos, trabalhamos juntos na ICTS e fundamos a Associação Abaporu juntos. Fomos e voltamos da faculdade algumas vezes de Urubupungá, o ônibus executivo de Alphaville, aproveitando a distância e as horas para tecer ideias em comum, que viriam a resultar na ONG que gostaríamos de criar.

Como eu e Luiz ficamos bem próximos nessa época, uma vez eu o chamei para ir comigo até Aguaí. Apesar de os dois terem carro, decidimos viajar de ônibus. Logo que entramos no veículo, ainda na rodoviária do Tietê, começamos a conversar com a menina que estava sentada na nossa frente. Ela era de Aguaí, mas fazia faculdade de Direito em São Paulo. Conversamos durante a viagem praticamente toda, parecia que nos conhecíamos há muito tempo.

Como era sexta-feira à noite, ela nos convenceu de, em vez de irmos para o sítio, irmos primeiro para a casa dela, tomar banho lá e depois sairmos à noite. Afinal, já eram onze horas e não daria tempo de ir ao sítio e voltar para a cidade. Fizemos isso, curtimos a balada na cidade, mas, como estávamos sem carro, foi uma via-sacra chegar até o sítio. Eu lembrava que tinha um telefone de taxista anotado no orelhão da rodo-

PARTE 1 - MOVIMENTO ASCENDENTE: DA CAMINHADA AO FOGUETE

viária. No entanto, quando chegamos lá, não havia mais. Sem nenhuma alma viva na rua, precisamos esperar até oito da manhã, quando vimos um táxi e, finalmente, chegamos ao sítio. E é claro que meu tio não estava muito feliz com o que havíamos aprontado, já que o ônibus estava previsto para chegar na noite do dia anterior.

Naquela época, eu viajava muito de ônibus. Simplesmente, adorava o clima de rodoviária, com pessoas de diversos lugares chegando e partindo, pelos mais variados motivos. Uma vez, viajei de ônibus com o pessoal da Atlética por trinta horas, até Porto Seguro. Depois, em um Carnaval, conheci uma menina na praia, Vívian. Foi amor à primeira vista. Mas havia um problema, ela era de Rio Claro e fazia faculdade de fisioterapia em Ribeirão Preto, duas cidades no interior paulista e relativamente distantes de São Paulo. A primeira vez, fui de carro visitá-la. Mas todas as demais vezes fui de ônibus, ora para Rio Claro, ora para Ribeirão Preto. Namoramos um ano e meio e, durante esse período, duas vezes por mês eu seguia a rotina casa – ônibus da rodoviária – casa da namorada. E me divertia. O namoro por fim acabou, mas não as viagens de ônibus. Alguns anos depois, quando comecei a namorar a mineira Fabi, voltei a viajar de *bus*. Como Belo Horizonte era muito longe para passar o final de semana, combinávamos de nos encontrar no meio do caminho. Dessa forma, descíamos em pequenas rodoviárias do Sul de Minas e eu, por fim, conheci diversas cidades charmosas da região.

Agora, em Recife, lá estava eu, andando de ônibus de viagem, acompanhado mais uma vez pelo meu grande amigo Luiz. O nosso companheirismo havia ultrapassado de longe o período da faculdade e continuava o mesmo. Dessa forma, no dia em que as francesas foram embora, ele chegou para passar duas semanas de suas férias comigo. Eu o levei a praticamente todos os meus lugares e programas favoritos, incluindo o passeio noturno de catamarã pelos canais, o maracatu à noite nas ruas do Recife Antigo e tapioca no Alto da Sé em Olinda. Como eu não tinha automóvel, fazíamos tudo de transporte coletivo. Além dos passeios, realizávamos também pequenas viagens, como a do Festival de Inverno de Garanhuns, na companhia de Armando e amigos, com direito a um incrível show da Beth Carvalho, e a da Praia da Pipa, no Rio Grande do Norte. Fomos até lá de ônibus interestadual, sentados lado a lado, e com muitas histórias para contar.

O SALTO DO SAPATO

No período em que Luiz esteve em meu apartamento, eu trabalhava durante o dia e, à noite, íamos para bares do bairro mesmo. Em uma dessas saídas, andando nas redondezas do prédio, tropecei em um degrau na calçada e caí mais uma vez, ralando a mão e um pouco do joelho. Luiz ficou preocupado. Não apenas ele, mas Armando, o gaúcho Daniel, as francesas e qualquer amigo que convivesse um pouco mais comigo podia notar a evolução da minha deficiência motora a cada dia. Mas, se não havia diagnóstico, o que fazer? Eu cumpria a minha parte, realizando diariamente os exercícios de fisioterapia e, no mais, levava tudo com bom humor. Sempre tinha sido assim e, agora, não seria diferente. A cada queda, uma piada, a cada mancada, uma risada. E isso me fez lembrar aquele dia inesquecível do sapato, no Canadá.

Quando eu estava no segundo ano do Ensino Médio, decidi fazer um intercâmbio e ampliar minha experiência de morar fora, já que tinha gostado tanto da vivência em Cleveland. A ideia inicial era voltar para os Estados Unidos, no entanto, devido a um empecilho burocrático do consulado americano no Brasil, vi a minha vontade de morar fora ir por água abaixo. Até que minha mãe, que não é de ficar de braços cruzados, ainda

PARTE 1 - MOVIMENTO ASCENDENTE: DA CAMINHADA AO FOGUETE

mais vendo o plano do filho ser frustrado, ligou para meu tio que morava no Canadá, e ele concordou em me receber por seis meses em sua casa.

Meus tios Murilo e Sônia e meu primo Denis moravam em um apartamento de dois andares na cidade de Mississauga, região metropolitana de Toronto. Apesar de ser intercambista, eu era mais um dos estrangeiros na *Iona Catholic School*, com muitos imigrantes, como o angolano Admir, de quem fiquei logo amigo. Poucas semanas depois que cheguei, Admir me convidou para uma festa e avisou que era obrigatório o uso de sapato social. O problema era que o único sapato que eu tinha estava preso no *locker* da escola, meus tios tinham saído de casa e, na época, ainda não tinham celular. Então decidi procurar um sapato no armário do meu tio e, para minha surpresa, a primeira coisa que vi foi um sapato social preto, que cabia perfeitamente.

Assim, fui para a festa feliz da vida, mas, pouco depois que cheguei, virei para falar com alguém e pisei em falso, sentindo uma perna ficar mais baixa que a outra. Era a primeira vez que minha perna falhava na vida, só que daquela vez foi por um motivo bem diferente. Quando olhei para o chão, vi uma borracha quadrada preta, perto do meu pé. Logo percebi que era o salto do sapato. Antes que alguém visse, abaixei rapidamente, peguei o salto, guardei no bolso e contei para o angolano Admir, que riu bastante. Depois, saí para buscar uma bebida e vi que seria impossível andar com salto em apenas um dos pés. Além de incomodar, parecia que eu estava mancando. Sem outra alternativa, peguei uma faca de pão, fui até o banheiro e, com o Admir, serramos o salto do outro pé. Aquilo nos rendeu umas boas risadas e eu pude continuar na festa até o fim. O problema ficou para o dia seguinte, quando fui apreensivo contar para meu tio que havia passado a faca no sapato dele. Mas meu tio Murilo não se importou e contou que o sapato estava na frente de tudo no armário, justamente porque seria levado ao conserto.

FROZEN, A AVENTURA CONGELANTE DO ÔNIBUS QUE NÃO PASSA

Além de histórias divertidas, o Canadá me rendeu muitas experiências, sobretudo futebolísticas. Apesar de nunca ter sido um craque, felizmente eu havia sido selecionado para o time de futebol da escola. Dessa forma, minha tia me levava todas as manhãs e, no turno da tarde, eu ficava por mais duas horas no treino, quando voltava de ônibus para casa.

Como eu havia chegado no inverno, tivemos uma pré-temporada de dois meses com muito condicionamento físico e musculação em uma academia superequipada, além de treinos com a bola no ginásio da escola, enquanto o frio nos impedia de praticar do lado de fora. A temperatura era tão baixa que, já no início da primavera, no primeiro dia em que saímos para treinar no campo de futebol, chegou a dez graus negativos. E eu, que sempre fui calorento, senti doer os ossos de frio, enquanto dava oito voltas correndo ao redor do campo. Mas nada se compara ao frio daquele dia, quando fui pegar o ônibus para voltar da escola.

Após o treino, fui para o ponto, como de costume, mas logo vi que não havia ninguém. O clima estava literalmente de congelar. Depois de esperar por um bom tempo pelo ônibus, sem ver ninguém na rua, decidi começar a caminhar para casa. Passados alguns minutos, tiritando de frio, toquei a campainha em uma casa no caminho e pedi para usar o telefone. Ao ligar para minha tia, ela contou que os ônibus estavam suspensos e o comércio fechado devido à baixa temperatura. Disse ainda que meu tio havia ido para outra cidade com o carro e só chegaria à noite. Cheguei a ligar para um táxi, que nunca apareceu. O jeito foi agradecer a gentileza da senhora que me abriu as portas e voltar para casa a pé, enfrentando o frio.

No caminho, parei na varanda de uma casa desconhecida e fiquei esfregando por muito tempo minhas orelhas, para não congelarem. Chegando em casa, minha tia abriu a porta me dando uma taça de vinho para me

PARTE 1 - MOVIMENTO ASCENDENTE: DA CAMINHADA AO FOGUETE

aquecer, me relaxar e, ao mesmo tempo, me parabenizar. Aquela havia sido realmente uma aventura congelante. Mais tarde, soube que a temperatura tinha chegado a 26 graus negativos.

No Canadá, além da escola e do treino, passei também a trabalhar em uma escolinha de futebol para crianças, como assistente do Galo, técnico uruguaio e ex-jogador profissional. Como acabou ficando corrido sair da aula, treinar futebol por duas horas, ir para a casa dos meus tios para um rápido almoço e trabalhar por mais três horas, meu amigo da escola, o português David, me emprestou uma bicicleta. Assim, passei a ir para todos os lugares pedalando, deixando de lado a carona com minha tia e o ônibus coletivo, sentindo pela primeira vez os benefícios de ter a bicicleta como principal meio de transporte.

A partir de então, a única coisa que eu não fazia com a bicicleta era viajar. Não ainda naquela época. Nos fins de semana e feriados, íamos sempre de carro ao *cottage*, casa de campo dos meus tios na beira de um lago, no município de Huntsville. A primeira vez que fui, ainda no inverno, a neve acumulada na porta do chalé tinha quase dois metros de altura e era possível caminhar sobre o lago, totalmente congelado na superfície, apenas com um e outro buraco na camada de gelo, que as pessoas faziam para pescar. Ali, eu pratiquei muitos esportes, desde o esqui na neve até a canoagem e o esqui aquático durante o verão. Gostava também de explorar o lago de barco, conhecer as pequenas ilhas inabitadas, fazer fogueira e piquenique, observando a lua e as estrelas.

Fora essas pequenas viagens de carro, também realizei viagens de ônibus. Fui de *bus* internacional para os Estados Unidos, até a casa da nossa amiga Karen, na cidade de Toledo. Foi também a bordo de um ônibus de viagem que fui duas vezes para Cincinnati, ainda em terras americanas, visitar a minha amiga Bia Brum. Quando eu estava hospedado pela segunda vez na casa da família Brum, meus pais, avós e minha irmã também foram me encontrar. De lá, seguimos para Cleveland, para relembrar os tempos em que moramos na cidade e voltamos para Toronto, com direito a alguns dias no *cottage* do tio Murilo, onde eu me despedi da família que me acolheu tão bem por seis meses.

Com meus pais, irmã e avós, cruzamos o Canadá sentido costa oeste, quando conhecemos Vancouver, a cidade de Victoria e Seattle, nos Estados Unidos. Depois, descemos para São Francisco e fomos pela costa californiana até Los Angeles. De lá, tomamos um avião rumo a Las Vegas. Ali findei aquela deliciosa *road trip* na companhia da minha família, inclusive meus avós, e encerrei com chave de ouro o meu período de intercâmbio.

Voltando para o Brasil, cursei o segundo semestre do terceiro colegial e depois fiz cursinho preparatório para entrar na faculdade de Administração Pública, na Fundação Getulio Vargas, em São Paulo. Naquela época, eu seguia em direção aos meus 18 anos de idade e ao meio de transporte que me proporcionou tantos sentimentos contraditórios, desde a maior adrenalina, passando por mera utilidade diária, até me causar certa aversão: o automóvel.

10 AUTOMÓVEL

"Pra ver
Os olhos vão de bicicleta até enxergar
Pra ouvir
As orelhas dão os talheres de escutar
Pra dizer
Os lábios são duas almofadas de falar
Pra sentir
As narinas não viram chaminés sem respirar
Pra ir
As pernas estão no automóvel sem andar."
Herbert Vianna, Marcelo Fromer e Nando Reis

UM SÍMBOLO DE LIBERDADE

Como foi contado no início desta história, em Recife, eu não tinha carro por opção. Havia passado por vivências, estudos e reflexões que, por fim, me fizeram tomar essa decisão. Entretanto, quando eu tinha dezoito anos, era bem diferente. Como quase todo garoto dessa idade, considerava o carro um sinônimo de liberdade e autonomia, ainda mais morando em Alphaville, longe do agito jovem e cultural de São Paulo. De fato, antes mesmo de me tornar maior de idade, o carro já me proporcionava verdadeira adrenalina e muitas aventuras para contar.

Para comemorar meu aniversário de dezoito anos, passaria o Carnaval na casa de São Sebastião com meus amigos, mas alguns dias antes da viagem, tive uma discussão severa com minha mãe e, como punição, ela me deixou de castigo e proibiu a minha ida à praia. Na sexta-feira de Carnaval, tudo que ela me deixou fazer foi ir ao cinema com a minha irmã assistir a *Titanic*, o que era melancólico para quem estaria curtindo o feriado na praia com amigos e muita festa.

No sábado, meu primo Thiago foi para a minha casa passar os dias seguintes comigo. Eu havia avisado meus amigos sobre o castigo e eles arrumaram outros lugares para viajar, mas meu primo não tinha um plano B. Minha mãe consentiu que ele viesse para a minha casa, mas com uma condição: não sairíamos à noite. Entretanto, bolamos um plano. Depois que meus pais foram se deitar, percebi que a porta do quarto deles estava aberta. Então, fui perguntar à minha mãe sobre a roupa de cama para Thiago e, na saída, aproveitei para fechar a porta. Esperamos mais uma hora para que dormissem e, com o tênis na mão, descemos a escada de meias, abrimos a porta de casa bem devagar e saímos com todo o cuidado.

Na garagem, colocamos os nossos sapatos e fomos em direção ao carro Logus, que ficava na rua, em frente de casa. Eu entrei, sentei-me no banco do motorista, soltei o freio de mão e meu primo empurrou o carro em direção à descida. Não queríamos fazer barulho perto da janela do quarto dos meus pais. Na rua de baixo, Thiago entrou no veículo, eu dei a partida, e saímos felizes da vida. Já em São Paulo, passamos por uma *blitz* policial. Fiquei apavorado quando vi o guarda fazer sinal para eu parar, mas logo

PARTE 1 - MOVIMENTO ASCENDENTE: DA CAMINHADA AO FOGUETE

me tranquilizei, ao perceber que era apenas para diminuir a velocidade. Passei pelo policial tentando aparentar certa normalidade, mas meu coração estava disparado, afinal, eu tinha dezessete anos, não tinha habilitação, estava de castigo e meus pais achavam que nós estávamos dormindo em casa. Como eles sempre diziam que eu estava na fase de "frango metido a galo", não podia nem imaginar o que fariam comigo se descobrissem, por um telefonema da polícia, o que eu estava aprontando.

Passado o susto, fomos ao baile de Carnaval do clube Círculo Militar. Voltamos para casa às cinco da manhã, empurramos o carro até seu devido lugar, tiramos os tênis e subimos para o quarto, sem fazer barulho. Como o plano tinha dado certo, repetimos a tática no domingo, na segunda e na terça-feira, quando Higor, meu amigo "da pipoquinha" que tinha voltado de viagem, se juntou a nós na aventura. Só muitos anos mais tarde, eu e meu primo contamos a meus pais o que havia acontecido naquele Carnaval.

Aquele episódio marcou o início do trio que, por algum tempo, andaria junto em minha vida: automóvel + liberdade + festa. De fato, o sentimento de estar livre tinha acompanhado a história do carro desde seu nascimento. Na década de 1920, a General Motors havia desmontado o sistema de bondes da cidade de Los Angeles, numa política a favor do automóvel. Na época, acreditava-se mesmo que o automóvel seria uma solução para o homem, uma extensão do cavalo, que proporcionava conforto e individualidade, permitindo ir para qualquer canto do mundo. De uma solução, o carro passou a ser uma ostentação do *American Way of Life*". Criou-se o desejo, multiplicado por tantas canções de *blues*, tantas músicas de *rock'n'roll*, e tantos filmes de *Hollywood*, falando sobre a liberdade extrema de se correr na *highway* sobre quatro rodas. Com o ideário do automóvel construído pela cultura, nosso modo de vida também passou a girar ao redor do motor.

123

E o Brasil copiou *ipsis litteris* o modelo americano. Tanto que, aqui também nos anos vinte, os modernistas de São Paulo, grupo oriundo da elite, formado em boa parte por filhos de fazendeiros de café, possuíam automóveis, viajando pelas estradas paulistas e fazendo piqueniques no meio do caminho. Dessa forma, o carro ganhou ares de "supermóvel", caindo cada vez mais no gosto da população e sendo incentivado por presidentes, primeiro por Getúlio Vargas, que criou uma fábrica de caminhões, a Fábrica Nacional de Motores (FNM), associada à Alfa Romeo italiana, e depois por Juscelino Kubitschek, que construiu Brasília, a futura capital do Brasil, toda pensada para o automóvel. Lúcio Costa, o arquiteto que ganhou o concurso para a construção da cidade, enxergava o automóvel como algo que vencia a natureza e agigantava o homem.

Hoje, entretanto, vemos que, apesar de sua praticidade, o automóvel e os equipamentos motorizados em geral, como motosserras, máquinas de emissão de inseticidas etc. são os maiores agressores da natureza, tornando-se verdadeiras armas na mão de pessoas inconsequentes. Isso sem contar os malefícios relacionados à saúde que o carro causa, como o estresse, ao travar o homem nos engarrafamentos das grandes cidades.

PERIGO!

A cultura do automóvel perpassou os anos e, na virada do século, lá estava eu, fazendo parte dessa realidade. Antes de morar no Canadá, ia para o colégio, que ficava a apenas quinhentos metros da minha casa, com a boa e velha mobilete. Quando voltei do intercâmbio, ia de carona. À noite, passei a fazer cursinho no Centro Comercial de Alphaville e, como era relativamente perto, muitas vezes meus pais me deixavam ir dirigindo. Ainda com dezessete anos, eu me beneficiei do fato de ser homem naquela

PARTE 1 - MOVIMENTO ASCENDENTE: DA CAMINHADA AO FOGUETE

época, dentro de uma cultura machista, pois com minha irmã havia sido totalmente diferente. Ela só pôde sair sozinha de carro depois de ter frequentado as aulas na autoescola, tirado a carta de motorista e aprendido efetivamente a dirigir com meus pais. Mesmo com a habilitação, durante um longo período, ela só saía de carro acompanhada de um deles. Quando chegou a minha vez, talvez pelo trabalho que tinha dado com Lili, meus pais preferiram deixar que eu aprendesse a dirigir em Alphaville mesmo. Assim, já estaria mais habituado com o volante quando tirasse habilitação e precisasse conduzir para São Paulo.

Por isso, quando completei dezoito anos, logo tirei minha habilitação. Busquei a carta numa sexta-feira, fiz o seguro do antigo Logus do meu pai na terça e, na quinta, bati o carro na avenida Alphaville, a menos de dois quilômetros de casa. Foi uma sensação péssima, mas havia acontecido na hora certa. Se tivesse ocorrido uma semana antes, eu estaria sem documentação e o automóvel, sem seguro. Serviu também para redobrar minha responsabilidade sobre a direção.

Essa consciência sobre os perigos de dirigir já vinha desde as últimas férias em São Sebastião, quando costumava ir de carona até o *point* dos jovens na Vila em Ilhabela. Como ficava longe, eu pegava um ônibus até o ponto da balsa e, dentro dela, passava de carro em carro perguntando quem podia nos oferecer uma carona até a Vila. Eu sempre ia com alguém, meu vizinho de praia Adriano, meu amigo Higor, meu primo Thiago, minha prima Flávia ou minha irmã Lili. Ora dávamos sorte, ora nem tanto.

Uma vez, eu e Adriano pegamos carona com duas meninas, ficamos amigos delas e ainda garantimos a carona da volta. Já com meu primo Thiago, a situação tinha sido o oposto. Pegamos carona na caçamba de uma picape e o motorista corria tanto, varando todas as lombadas, que parecia que o carro ia partir ao meio. Thiago, brincando com a situação, disse que só estava segurando na grade da cabine para a caçamba não se soltar. Mas, na verdade, era para não voarmos para fora do carro.

No entanto, o dia mais tenso foi uma vez que eu estava com Higor. Já era madrugada e ficamos no início da estradinha que ligava a Vila de Ilhabela à balsa, fazendo sinal de carona. Vimos, então, uma menina cambaleando em direção ao carro estacionado, tão bêbada que demorou um bom tempo para conseguir encaixar a chave no buraco da porta. Mesmo assim, saiu dirigindo de repente, em alta velocidade. Menos de um minuto depois, conseguimos carona com um rapaz. Não havíamos andado nem um quilômetro, quando o motorista freou e saiu do carro correndo. Descemos também e vimos um automóvel batido no poste. O motorista abriu a porta do veículo e nós nos deparamos com a menina bêbada, desacordada e sangrando, embaixo do volante. Como ela estava sem cinto de segurança, havia escorregado para frente com a batida. O rapaz a tirou de lá, pegou no colo, colocou em seu carro e a levou para o hospital. Perdemos nossa carona e eu, que estava prestes a completar dezoito anos e tirar minha habilitação, vi de perto a bomba desastrosa de se misturar álcool e volante.

Com essas lições na mente e a habilitação nas mãos, passei a ir de carro para São Paulo praticamente todos os dias. Apesar de eu usar direto o Logus do meu pai, ele havia deixado claro que o carro não era meu, e que eu só ganharia um se passasse no vestibular da GV. Assim que entrei na faculdade, a conversa sobre ganhar um carro veio à tona. Naquela época, devido à cultura motorizada, eu achava normal uma família com quatro pessoas maiores de idade possuir quatro automóveis, principalmente morando em Alphaville. Mas gastar dinheiro em um carro zero, aí já era um pouco demais. Falei então para meu pai que não precisava de um carro novo, mas sim de uma mesa de sinuca.

PARTE 1 - MOVIMENTO ASCENDENTE: DA CAMINHADA AO FOGUETE

Desde o Canadá, eu tinha passado a adorar o esporte de mesa, em jogos no *cottage* de inverno com meu tio Murilo, meu primo Denis e seus convidados. Diante do olhar atônito do meu pai, completei que tanto fazia carro velho ou novo, os dois me levariam para os mesmos lugares, mas ter uma mesa de sinuca em casa faria uma grande diferença. Ganhei assim o presente que, realmente, fez toda a diferença nos próximos anos da minha vida.

AUTOMÓVEL + LIBERDADE + FESTA + SINUCA + VIOLÃO

Se eu pudesse somar algo mais ao trio que movimentou meus vinte e poucos anos, seria automóvel + liberdade + festa + sinuca. Com os amigos de Alphaville, organizávamos campeonatos diários e semestrais de sinuca, o Minitorneio Ruzzle's, que durava algumas horas, e o Burry's, que era o torneio mais longo, com inscrição e troféu. A mesa de bilhar ficava no sótão, com a janela *bay-window* e o telhado inclinado, com clima de chalé da montanha, em plena noite dos dias da semana. Além da mesa, havia também televisão, karaokê e mesa de jogos. Minha mãe e meu pai diziam que, já que era para se divertir, melhor que fosse dentro de casa. Assim também evitavam a famosa dupla álcool e direção, que tanto amedrontava os pais dos jovens de Alphaville. Por isso, sempre tinha cerveja na geladeira e, para não deixar a rapaziada beber de estômago vazio, havia várias comidinhas, um pote de balas de caramelo, um tabuleiro de bolo e brigadeiro de colher, devorado em questão de minutos.

Meu gosto por encontrar amigos tinha sido herdado dos meus pais, que, por sua vez, tinha sido herdado dos meus avós, que sempre receberam parentes e amigos de braços abertos. Mas é claro que, durante a adolescência, minha predileção por festas tinha crescido em boas proporções. Na primeira vez que saí na rua da Praia em São Sebastião, voltei às quatro da manhã e, a partir de então, descobri aquele quinto elemento que se juntaria ao meu conjunto da alegria na época: automóvel + liberdade + festa + sinuca + violão. Dali em diante, passamos a fazer luau na praia e nos reunirmos na casa das pessoas, só para tocar o instrumento. Eu tinha quinze anos e ficava encantado ao ver os amigos mais velhos tocando Legião Urbana e fazendo vários solos. Dessa forma, retornei para Alphaville decidido a aprender violão e, como sempre fui muito disciplinado e estudava piano desde criança, nas férias seguintes, voltei para a praia já sabendo tocar.

Eu tinha mostrado os primeiros acordes que aprendi para meu primo Thiago, que logo ficou muito interessado. Assim como cresci ouvindo meu pai tocar piano, ele também tinha uma forte influência musical dentro de casa, já que seu pai, o tio Zizi, sempre tocava teclado e animava as festas da família. Thiago, então, logo se tornou um exímio autodidata, aprendendo rapidamente a tocar e a cantar muito bem. Assim, levávamos o violão para todos os lados e ficamos bem entrosados, tocando durante horas seguidas, nos churrascos e nas festas dos amigos e da família. Uma vez, fomos para Santos e, nas noites quentes de verão, saíamos andando com o violão pelos quiosques da orla, fazendo amizades. Às vezes, juntava bastante gente na roda em nossa volta. De Santos, pegamos um ônibus para São Sebastião e ele ficou tocando no saguão da rodoviária. Quando começou a viagem, foi para frente do ônibus com o violão e sua habitual ousadia e falou: "galera, vamos fazer um som".

Fazíamos muitos churrascos e pizzadas no terraço e no jardim, reunindo meus pais, familiares, amigos e os amigos da Lili, avançando madrugada adentro e sempre terminando com uma roda de violão. Àquelas horas, evitávamos fazer muito barulho para não incomodar os vizinhos. Mas como sempre fomos da política de boa vizinhança, eles não reclamavam e ainda participavam de algumas festas fazendo coro ao redor do violão. Também

PARTE 1 - MOVIMENTO ASCENDENTE: DA CAMINHADA AO FOGUETE

realizamos festas temáticas, como mexicana e árabe, aproveitando que eu e Lili fazíamos aniversário no mesmo mês e reuníamos os amigos dos dois. Nossas festas eram tão memoráveis que foram citadas no discurso de formatura da minha turma da GV.

UM POUCO SOBRE GESTÃO

Além do meu primo e dos amigos de Alphaville, durante a faculdade, a turma da FGV também se juntou à galera da sinuca no sótão. Na época, ficamos muito unidos, sobretudo durante o ano em que fazíamos parte da Diretoria da Associação Atlética Acadêmica Getulio Vargas. Os campeonatos não eram somente no sótão da minha casa. Na faculdade, também organizávamos campeonatos, eventos e festas, e acabamos conhecendo muita gente, de todos os semestres. Por isso mesmo, dois grandes amigos, Thiago Triani e Renato Miralla, tiveram a ideia de criar uma chapa e concorrer às eleições da Atlética.

Começamos a nos reunir para conversar sobre o assunto e definimos que Thiago deveria ser o presidente, eu o secretário-geral, Renato, o vice-administrativo, Pipo ficaria no financeiro e Raphinha seria responsável pelo patrimônio. Quanto aos esportes, estariam a cargo de Junqueira, Fabinho e Lê, sendo este último o vice-esportivo. Mais tarde se juntariam Dani Costa e Camila, que ficariam responsáveis pela parte de comunicação. Sugeri, então, que o nome da chapa fosse Jacaré 2000, unindo um ano marcante com a mascote da faculdade. Foi assim que dei início a um período de grande importância em minha vida, com o qual aprendi na prática sobre gestão e criação de programas voltados para uma comunidade. No caso, a acadêmica.

Registrada a chapa, começamos a elaborar as propostas, conversar com o pessoal da gestão vigente e fazer campanha. Passamos a nos reunir direto no sótão da minha casa, agora não apenas para jogar sinuca, mas também para discutir ideias, fazer cartazes e folhetos com nossas propostas. Como nos preparamos muito, nos inteirando de todos os assuntos relacionados à gestão atual, vencemos a chapa concorrente com o dobro de votos e conquistamos a possibilidade de gerir a Atlética GV, pelo mandato de um ano.

Na ocasião, passamos boa parte das férias, em dezembro e janeiro, na faculdade. No início do ano letivo, organizamos a tradicional Calouríadas, evento com churrasco e futebol, para recepcionar os calouros. Com a faculdade ESPM, também realizamos o famoso Jacaré Vai à Praia, com competições esportivas durante um final de semana, na praia de Paúba, litoral norte de São Paulo. Conseguimos um ótimo patrocínio para o Torneio de Futebol Society e melhoramos o já bem-conceituado campeonato. Teve até um Coquetel de Abertura com discurso do presidente da FGV e a presença de nossos pais.

Demos também um *upgrade* no campeonato de futsal e, além das atividades já tradicionalmente realizadas, fizemos diversas outras iniciativas, resgatando também a festa da Atlética, que não acontecia há dois anos, assim como um evento de premiação para os alunos que se destacaram nos esportes, o Jacaré Awards. De todas as atividades, a principal foi a Economíadas, maior competição entre as faculdades de Administração e Economia de São Paulo, reunindo cerca de dez mil estudantes em uma cidade do interior paulista, durante quatro dias de competições e festas, que envolveram inúmeras reuniões, viagens e conversas com secretários de esportes e até prefeitos.

Naquela época, aproveitei também a minha experiência em organizar os campeonatos de sinuca no sótão, e fiquei responsável pelos torneios internos da associação. Por isso, naquele ano a GV teve campeonato organizado de tudo quanto é atividade, desde vôlei, basquete e pingue-pongue,

PARTE 1 - MOVIMENTO ASCENDENTE: DA CAMINHADA AO FOGUETE

até sinuca, pebolim e truco. Mas dentre todos eles, o que mais me gerou satisfação foi organizar o Inter GV, pois ali coloquei a influência da minha personalidade e dos valores que tinha aprendido com meus pais e avós. Naqueles anos de faculdade, eu havia feito amizade com pessoas de todos os setores da comunidade acadêmica, do pessoal da limpeza à diretoria. Sempre pensava que seria muito bacana proporcionar maior integração entre alunos e funcionários da faculdade e, para tanto, organizei um churrasco com torneio de futsal entre entidades de alunos — como Atlética, Diretório Acadêmico e Empresa Júnior — e de funcionários — como Seguranças, Xerox e Lanchonete Rockafé.

Assim, podia imprimir também um pouco do trabalho que gostaria de fazer dali em diante, voltado para a comunidade. Durante o ano em que fomos da Atlética, vivi a faculdade de forma tão intensa que, quando tinha compromisso até tarde, dormia no sofá da Toca mesmo, a sede da nossa gestão, e tomava banho no vestiário. A GV se tornou minha segunda casa e eu passava mais tempo lá do que em Alphaville, convivendo pelo menos doze horas por dia com os demais integrantes. Isso tudo por um único motivo, um elemento novo que eu aprendia naquela ocasião e que nortearia toda a minha noção de trabalho dali em diante: a paixão pelo que se faz.

FINALMENTE, A ABAPORU

Nas férias de julho, durante o ano em que gerimos a Atlética, propus a meus amigos fazermos uma viagem por dez dias, para recarregar as baterias. Cinco deles toparam. Fomos até a Chapada dos Guimarães, dirigindo o carro do meu amigo Luiz sentido centro-oeste, em direção ao Mato Grosso e a uma paisagem fantástica, com muitos dias de trilhas por cachoeiras incríveis. Acordávamos às seis da manhã para aproveitar o dia e, às dez da noite, já íamos dormir. A viagem foi marcante não apenas no sentido da diversão e da aventura, mas também da construção de um sonho.

Durante aqueles dias, a minha amizade com Luiz, que vinha desde o cursinho, passando pelos trabalhos da faculdade às reuniões em minha casa, se estreitou cada vez mais. Olhávamos para o mesmo lado, com o desejo de criar uma ONG que realizasse trabalhos voltados para a comunidade. Mas ainda não sabíamos bem o que era. Em Alphaville, nos fins de semana, nós costumávamos fazer trilhas de jipe por Santana de Parnaíba e região, explorando lugares bonitos e fazendo amizades. Numa dessas aventuras, Luiz conheceu e me apresentou Robson, mecânico que morava em Barueri. Houve uma grande identificação entre nós e nasceu uma grande amizade com ele, que também se tornou amigo e mecânico de todos lá em casa. A mim, fazia um bem enorme conviver com pessoas de diferentes atividades, enriquecendo minha visão de mundo com diversas formas de cultura e conhecimento.

Após a inesquecível viagem para a Chapada dos Guimarães, gostaríamos de unir o nosso plano de trabalho com a vontade de também conhecer mais a fundo o Brasil. Dessa forma, nosso primeiro projeto foi a expedição "Brasil na Veia", em que sairíamos pelo país registrando as tradições populares e folclores locais. Para realizar esta ideia e angariar patrocínio com as empresas, percebemos que precisávamos primeiro criar a organização não governamental. Foi assim que nasceu oficialmente a Associação Abaporu, fundada por nós dois e pelo Edu Rossi, nosso colega de sala. O projeto da viagem acabou nunca acontecendo, mas a OSCIP (Organização da Sociedade Civil de Interesse Público), denominada assim por causa da célebre obra de Tarsila do Amaral, do movimento modernista brasileiro, acabou fazendo jus a seu nome.

Abaporu vem do tupi-guarani e significa "homem que come gente". O nome foi escolhido por Tarsila no sentido antropofágico de a cultura brasileira absorver a estrangeira e incorporá-la à nossa. De certa forma,

PARTE 1 - MOVIMENTO ASCENDENTE: DA CAMINHADA AO FOGUETE

era exatamente isso que eu gostaria de fazer. Tinha consciência da minha condição privilegiada, de um garoto que pôde viver em outros países, conhecer outras culturas e viajar para diversos lugares. Gostaria de absorver o que tinha visto de melhor no mundo e aplicar em nosso país.

Assim, nosso primeiro projeto a ser realmente efetivado foi o "Planeta Letras", baseado nas experiências que eu havia tido nos espaços de leitura das bibliotecas de Cleveland. Chegava a passar horas ali e sempre saía com a sensação de que gostaria de ter ficado mais tempo. Além de livros, havia vídeos, espaços lúdicos, jogos e brincadeiras, sempre em ambientes aconchegantes, como se fossem a continuação da sala da nossa casa.

De fato, a leitura fazia parte da minha vida desde os primeiros anos de idade. Minha mãe costuma usar o lema "Educação nunca é demais". Por isso, em minha casa, o hábito de leitura foi incentivado desde cedo. No final da tarde, eu e Lili encerrávamos as brincadeiras, guardávamos os brinquedos e, depois do banho, minha mãe lia uma história, enquanto esperávamos nosso pai chegar para o jantar. Uma vez por semana, também íamos à livraria para cada um escolher um livro novo. Era um momento aguardado com muita expectativa. Ficávamos horas folheando diversos livros, até escolher um. Na época, havia uma livraria muito aconchegante, chamada Mestre Jou, na rua Augusta. O simpático dono havia montado bem na entrada da loja um canto lúdico para as crianças, com estantes e banquinhos baixos.

Meus pais também estimulavam muito em nossa educação o despertar e a curiosidade para o novo. Desde pequeno, ouvíamos muitas histórias sobre todos os assuntos, desde ciência e fenômenos da natureza, até informações sobre outros países e culturas. Tudo isso, somado a uma biblioteca considerável em nossa casa e à experiência de Cleveland, me fez ter a certeza de querer desenvolver o "Planeta Letras", e proporcionar o prazer da leitura para outras crianças. Minha mãe, formada em Letras pela USP e sempre apaixonada por livros, passou a trabalhar comigo e com Luiz na criação do projeto. A partir daquele momento, ampliamos nossa relação de mãe e filho para uma grande parceira de realização para toda a vida.

No ano seguinte à gestão da Atlética, comecei a estagiar na prefeitura de Santana do Parnaíba e aproveitei a oportunidade para aprender sobre como funcionava o município. Em seguida, desenvolvemos um projeto para a biblioteca da cidade e, mais adiante, criamos uma metodologia de incentivo à leitura. Foi ali que nasceu o Planeta Letras. O objetivo do projeto como um todo era implantar bibliotecas lúdicas em entidades sociais da região e desenvolver um programa de incentivo à leitura, focado no prazer em ler, e não na leitura obrigatória de livros, como se faz nas escolas. Depois de desenvolvermos um bom projeto e algumas reuniões, obtivemos o patrocínio do Instituto C&A. Conseguimos assim implantar oito bibliotecas do Planeta Letras, além de diversas salas e pontos de leitura. Contratamos um educador e chegamos a ter oito pessoas trabalhando conosco, além de uma sede, biblioteca com milhares de livros doados e estrutura para a implantação dos projetos. Realizamos vários eventos em parceria com a Prefeitura de Santana de Parnaíba, e com a comunidade local. Que sensação boa era ver as crianças lendo e se divertindo com os livros, organizados em caixotes de madeira coloridos, que elas mesmas pintavam com nossa orientação. O sonho, finalmente, tinha começado a acontecer.

DE UM PASSO NA CALÇADA PARA O ASSENTO DO AUTOMÓVEL

Era também sobre os destinos da Abaporu que eu e Luiz conversávamos naqueles dias em que ele passou comigo em Recife. Agora, ele trabalhava em uma empresa e eu também. De fato, dois anos depois da implantação do Planeta Letras, minha mãe havia recebido uma proposta irrecusável de trabalho

PARTE 1 - MOVIMENTO ASCENDENTE: DA CAMINHADA AO FOGUETE

em uma grande empresa de planos de saúde. O mesmo tinha acontecido com Luiz, que foi trabalhar no Instituto C&A, nosso patrocinador, implantando projetos de leitura pelo Brasil afora. E eu, acabei indo trabalhar em uma empresa de auditoria e consultoria. O projeto seguia acontecendo, tendo à frente os educadores Paulo Vicente Reis e Sandra Benites, que havíamos contratado, além de vários colaboradores dedicados, como Ivanir Signorini, Alexsandra Pedro e Christina Cappelletti, essenciais para que a ONG se mantivesse viva. Mas nós mesmos, acompanhávamos a distância.

Os anos haviam se passado e, agora em Recife, eu refletia sobre minha trajetória até então: fiz faculdade, criei a ONG que tanto queria, fui para Barcelona, estudei o assunto que tanto amava e voltei para o Brasil com a ideia certa de investir meus melhores esforços na continuação da Associação Abaporu. Era estranho pensar que, em apenas um ano e meio, eu havia virado o volante do meu destino rumo a outra direção. Agora, trabalhava em uma nova empresa, morava em outra cidade, não tinha mais namorada e segurava nas mãos um futuro com algumas incertezas.

A principal delas residia na perda da minha força muscular. Na ocasião em que Luiz foi embora do Recife, os problemas físicos que eu vinha apresentando pioravam rapidamente. Cheguei a pensar em seguir para São Paulo com meu amigo e realizar uma nova bateria de exames, mas meus pais estavam com viagem marcada para visitar minha irmã Lili. Na época, ela morava Budapeste, na Hungria, e preferi que eles viajassem sem maiores preocupações. Assim que eles voltassem, eu iria para São Paulo e faria os exames.

Até porque agora, mesmo rindo nos tombos e contando piadas na hora dos tropeções, eu já estava preocupado. Via claramente que a minha situação se agravava a cada dia. Já não conseguia, por exemplo, levantar a perna para subir no meio-fio sem me apoiar em alguém. Mesmo assim, seguia tocando minha vida. Tanto que me mudei de apartamento. O meu amigo Cris Carioba da GV, que morava em frente à praia da Boa Viagem e com quem eu saía de vez em quando, foi transferido para o Rio de Janeiro e me chamou para morar em seu lugar, dividindo apartamento com outro amigo. Topei na hora. Da janela do meu novo quarto, eu via o mar, o que por si só já me dava uma grande alegria. Passei também a ir à praia praticamente todas as noites, quando chegava do trabalho, para fazer os exercícios de fisioterapia na areia, nadar um pouco no mar e fortalecer os músculos, mesmo a despeito das placas de "perigo: tubarão".

Meu amigo de trabalho, Armando, brincava que seu pai havia demorado quarenta e cinco anos para morar em frente à praia, ele, vinte anos, e eu, apenas dez meses. Este era o exato tempo que eu vivia em Recife. Durante aquele período, foram muitas caminhadas para o trabalho, mas agora, como eu morava a dois quilômetros de distância – não a dois quarteirões – e minhas pernas não permitiam mais, descartei a possibilidade de ir a pé. De bicicleta também não era possível, devido ao calor e à inexistência de vestiários no prédio da EY. Dessa forma, a minha única opção para ir ao trabalho voltou a ser o automóvel.

Como eu não possuía um, geralmente Armando passava em minha casa e me dava carona. Quando ele não podia, eu pegava um táxi e, no fim do expediente, sempre voltava com alguém do escritório. Assim, em um período de apenas dez meses, minha vida havia mudado mais uma vez. Poderia dizer que fui de um passo sobre uma calçada para o assento de um automóvel.

No entanto, em questão de duas semanas, tudo mudou de novo, e dessa vez de forma súbita. Armando saiu da EY e passou a trabalhar em negócios de sua família. O meu colega do apartamento em frente à praia foi transferido para trabalhar em outro estado e levou todos os móveis, deixando

PARTE 1 - MOVIMENTO ASCENDENTE: DA CAMINHADA AO FOGUETE

apenas a minha cama e o sofá do meu quarto. Por fim, fui alocado para um longo projeto no interior da Bahia. Nele, eu ficaria durante toda a semana, voltando apenas aos sábados para a capital pernambucana. Mas, de fato, já não era o mesmo Recife, com aquele apartamento vazio e um armário sem copos ou pratos. O vento da praia atravessa toda a sala, sem obstáculos. A casa tinha clima de mudança. E realmente era uma mudança. Só não imaginava que seria de estado, de rumo, de vida. E eu não chegaria a completar um ano morando em Recife.

11 CAMINHÃO

"A gente quer ter voz ativa
No nosso destino mandar
Mas eis que chega a roda-viva
E carrega o destino pra lá."
Chico Buarque

VINTE E DOIS ANOS E UMA ESCOLHA

O projeto no interior da Bahia, a duas horas de Petrolina, duraria quatro meses. Para realizá-lo, foi depositada em mim uma grande confiança. Depois de algumas semanas trabalhando parado no escritório de Recife, me dedicando à elaboração de propostas e prospecção de novos clientes, eu agora estava à frente de um projeto de gestão integral de riscos, envolvendo todas as áreas de uma grande mineradora. Tinha consciência da minha responsabilidade e achava uma ótima oportunidade para apresentar um trabalho de qualidade, me destacando na empresa. Pegava um avião todas as segundas-feiras até Petrolina e, de lá, um carro me levava pela estrada até o local de trabalho.

PARTE 1 - MOVIMENTO ASCENDENTE: DA CAMINHADA AO FOGUETE

No caminho, via as rodovias esburacadas pelo peso dos caminhões de carga, sobretudo de minério, o que refletia a escolha de décadas atrás do governo brasileiro pelas estradas, em prol das ferrovias. Como infelizmente no Brasil há muita corrupção e lavagem de dinheiro, isso se revelava em seu máximo na construção das rodovias, optando-se por um material mais barato, de baixa qualidade, que rapidamente se degradava, causando buracos no asfalto e colocando em risco a vida de tantos caminhoneiros e cidadãos que utilizavam seus automóveis na estrada.

Quando eu tinha 19 anos, fui para o Pantanal com a minha família e fizemos um safári em um caminhão aberto, com dois bancos de madeira ao longo da carroceria. Ficamos o dia todo pulando lá trás, sob o sol a pino, com muito vento e galhos das árvores batendo no rosto, mas nada disso tirava a imensa diversão que sentíamos, em busca de encontrar os animais. Também em Aguaí, eu adorava andar de caminhão com o tio Fábio e a tia Inesinha na estrutura montada lá trás para transportar o gado. Mas agora, os caminhões indo e vindo não me traziam nenhum prazer, pelo contrário. Me faziam fechar as janelas, para evitar o excesso de fumaça que desprendiam.

Chegando à sede da empresa, de calça e camisa social, eu passava o dia fazendo análises e pesquisas em todos os setores da mineradora. Dormia em um hotel durante todas as noites da semana e voltava para Recife apenas aos sábados pela manhã. Já havia tido uma vida bem parecida antes. Quando me formei na faculdade, seguia firme com o intuito de realizar um bem comum, desenvolvendo projetos voltados para a comunidade e, na época, me empenhava em viabilizar, com Luiz, os projetos da Associação Abaporu. Cogitava também ser efetivado na Prefeitura de Santana de Parnaíba, onde o Secretário de Cultura e Turismo, Oswaldo Boreli, vinha apreciando meu trabalho como estagiário. Havia também a terceira opção de tentar viabilizar a criação do Museu do Futebol, tema do meu trabalho de conclusão de curso. No projeto, unindo tudo o que eu gostava, esporte, lazer, cultura e movimento, havia criado um espaço interativo para compreender e apreciar a história do futebol. Mas, antes mesmo que eu tivesse tempo para tentar concretizar minhas ideias, minha vida tomou outro rumo.

Apesar de estar envolvido com tantas possibilidades interessantes, havia certa torcida em minha casa para eu buscar emprego em uma empresa, de preferência multinacional. Meus pais acreditavam que trabalhar para uma grande corporação seria importante pela experiência, qualidade, metodologia e bagagem profissional que proporciona. Consideravam também que o selo de qualidade de uma multinacional faria diferença em meu currículo.

Dessa forma, quando Luiz me indicou na consultoria ICTS Global para participar do processo seletivo, meus pais ficaram felizes e disseram que seria uma loucura eu recusar. E, para um jovem de vinte e poucos anos, recém-formado e sem saber exatamente o que o esperar "do mundo lá de fora", dizer *não* acabou não sendo uma opção. Luiz havia feito estágio na empresa durante a faculdade, acabava de ser efetivado e, como era meu melhor amigo que me indicava para o processo, não via muito como recusar. Aquela foi a única seleção empresarial de que topei participar na época e, por consequência, a única para a qual passei. Fiz a dinâmica de grupo, a entrevista em inglês e, quando menos vi, já estava efetivado na empresa.

A ICTS tinha, na verdade, um atrativo especial, que eram as amizades. Muitos grandes amigos da GV trabalhavam lá, sendo seis só da minha sala, incluindo Luiz, além dos companheiros da Atlética, como Leonardo Boscolo, Lê, e Renato Miralla. Assim, depois de documentos firmados e alguns dias de treinamento me familiarizando com as metodologias de prevenção de perdas, finalmente dei início aos trabalhos. Fui alocado no

PARTE 1 - MOVIMENTO ASCENDENTE: DA CAMINHADA AO FOGUETE

projeto de um dos maiores varejistas em atuação no Brasil. Três meses depois, a ICTS fechou com o mesmo cliente um projeto com escopo bem maior, abrangendo as lojas de todo o Brasil e, com isso, fui alocado para trabalhar em Belo Horizonte.

Toda segunda-feira bem cedo, eu e meu amigo Lê, que havia passado na mesma seleção que eu, íamos para o aeroporto de Congonhas e pegávamos um voo para a capital mineira. Lá ficávamos hospedados no Ouro Minas, um hotel cinco estrelas, único que havia na cidade na época. E todo final da tarde de sexta-feira, embarcávamos de volta para São Paulo. Durante a semana, eu trabalhava até aproximadamente seis da tarde, fazia academia no hotel, nadava um pouco e saía para algum bar ou balada com Lê. Às vezes, também me encontrava com Marcelo, um antigo amigo de Alphaville que havia se mudado para Belo Horizonte. Quando chegava de volta ao hotel, já de madrugada, muitas vezes ficava mais uma hora acordado, trabalhando em paralelo na Associação Abaporu. Mesmo assim, no dia seguinte, acordava cedo para ter tempo de saborear o delicioso e completo café da manhã do hotel. Mais do que nunca, eu colocava em prática o lema "vou dormir depois que morrer", meu preferido, ao lado do "prefiro viver vinte anos a cem por hora". Naquela época, eu tinha vinte e dois e estava em máxima aceleração.

UM CAMINHÃO DE SONHOS

Depois de três meses nesse ritmo, conhecendo praticamente todos os funcionários do hotel, pedi o telefone da Fabi, *hostess* do restaurante no café da manhã e uma das responsáveis pela área de Alimentos & Bebidas. Liguei para ela no fim da tarde e a convidei para sair. Fomos a um café na praça da Savassi e acabamos ficando juntos. Saímos novamente na quarta e fomos para uma balada na quinta. Como de costume, eu passaria o final

141

de semana em São Paulo, então combinamos de nos encontrar na semana seguinte. Eu estava muito empolgado, mas na sexta-feira mesmo recebi uma ligação da empresa dizendo que, em vez de voar para Belo Horizonte na segunda, deveria ir para a sede da empresa em São Paulo. Lá participei de uma reunião em que o gerente do projeto anunciou as mudanças na estratégia e na equipe. A partir de então, eu seria alocado em uma nova frente que estava sendo criada, a área de Logística.

Justo naquele momento em que eu começava a achar que as coisas estavam ficando boas, não voltaria a Belo Horizonte nem para me despedir das pessoas. Entretanto, mantive contato com a Fabi e, alguns meses depois, começamos a namorar. Ia para Minas algumas vezes a trabalho e aproveitava para vê-la. Ela também ia me ver sempre que podia. Enquanto isso, seguia trabalhando na empresa em São Paulo, conhecendo a fundo a área de logística do cliente, identificando situações que poderiam gerar perdas e desenvolvendo materiais e treinamentos.

Depois disso, fizemos um piloto nos dois centros de distribuição, localizados na região metropolitana de São Paulo, de onde saíam os caminhões com o escoamento dos produtos. Na sequência, comecei a replicar a metodologia nas demais seis cidades onde havia centros de distribuição: Belo Horizonte, Porto Alegre, Rio de Janeiro, Vitória, Brasília e Manaus. Por dezessete meses, intercalei viagens pelo Brasil com períodos fixos em São Paulo. Aprendi muito, mais do que qualquer experiência profissional que havia tido até então. Fiquei *expert* em metodologias, apresentações e, sobretudo, em planilhas Excel. E compreendi na pele o que minha mãe dizia sobre as experiências em multinacionais serem um aprendizado para o resto da vida.

Entretanto, enquanto geria os caminhões pelas estradas do Brasil afora, cruzando o céu de aviões e acumulando milhas, eu seguia trabalhando na

PARTE 1 - MOVIMENTO ASCENDENTE: DA CAMINHADA AO FOGUETE

Associação Abaporu nas madrugadas dos hotéis, pensando se havia alguma forma de sair daquele caminho e retomar o rumo do que eu realmente gostaria de realizar. O bem comunitário que tanto movia o meu coração.

Quando eu era adolescente e alguém perguntava o que eu gostaria de fazer quando crescesse, logo respondia: um bem público. Não era ser médico, como meu pai, nem empresário de multinacional, como os exemplos de sucesso que tanto víamos na GV. Promover alguma forma de melhoria e integração entre as pessoas na comunidade irradiava todo o meu ser, mas eu ainda não sabia como criar isso de maneira sustentável. A Associação Abaporu, infelizmente, ainda não havia se solidificado a ponto de gerar os frutos para minha subsistência. Tudo o que eu sabia era que, em um período de um ano pós-formado, havia ido da certeza de não querer trabalhar em empresa para uma vida trabalhando efetivamente em empresa.

Meus pais sempre foram muito realistas e ponderados e insistiam que, se eu quisesse realizar o sonho de viver da ONG, teria que lutar por isso. E nessa batalha, trabalhar em empresa por um período poderia constituir uma etapa importante e valiosa do processo. Mas para um jovem de vinte e dois anos que preferia viver a vida a cem por hora, assimilar aquele lema não era algo tão simples assim.

Dentro do escritório, eu padronizava todos os formulários de entrada e saída de caminhões dos centros de distribuição. E ficava pensando que, na vida, não acontecia da mesma forma. Às vezes, você planeja ir de um ponto a outro, mas o caminhão que leva seus sonhos também leva seus medos e o que a sociedade espera de você. Por isso, acaba pegando uma estrada diferente e nem sempre é fácil encontrar o retorno. Por mais que a nossa real intenção dirija o veículo, há muitos sentimentos contraditórios pesando na carroceria. É claro que eu valorizava, e muito, o conhecimento que adquiria trabalhando na empresa, mas haveria alguma forma de retomar o caminho da ONG como minha atividade principal, realizando o bem público que eu tanto almejava? Como poderia voltar ao meu verdadeiro propósito? Foi então que, em meio a questionamentos e crises existenciais, minha chance apareceu.

ESPANHA, AQUI VOU EU

Meu amigo Pipo, que havia estudado comigo na GV, possuía dupla cidadania, brasileira e espanhola, e planejava cursar mestrado em Gestão de Negócios em Barcelona, pois sua irmã estava vivendo na cidade. Numa roda de amigos, primeiro ele convenceu o Renato Miralla a ir junto. Depois, os dois vieram falar comigo. É claro que topei. Um mês depois, era Renato Zanoni, o Renatão, que embarcava na ideia. Por último, foi o Junqueira, fechando o time de brasileiros recém-formados que estavam prontos para invadir Barcelona. Mas para fazer isso, primeiro eu tinha que mexer algumas peças no tabuleiro da minha realidade.

Antes de tudo, precisava falar em casa sobre a minha decisão de trocar um trabalho em uma empresa conceituada por alguns anos de estudo na Espanha. Na mesma noite em que conversei com Pipo, sentei-me com meus pais na sala de jantar e falei dos meus planos. E como, além da leitura, dos estudos e do aprendizado de trabalho, morar fora e acumular vivências culturais também constituía um dos pilares da nossa educação, minha mãe topou na hora. Meu pai ficou meio reticente, mas logo compreendeu os ganhos que eu teria e, por fim, acompanhou de perto toda a preparação para mais uma grande mudança em minha vida.

Como sempre fui muito organizado, e auxiliado agora pelo bom manejo das planilhas, levantei todas as universidades em que poderia estudar e as bolsas de pós-graduação que existiam. Dessa forma, naquelas madrugadas, troquei o trabalho na Abaporu pelas planilhas de uma

PARTE 1 - MOVIMENTO ASCENDENTE: DA CAMINHADA AO FOGUETE

vida nova, planejando a retomada do meu próprio caminho. Assim, me candidatei para a Alban, um programa de bolsas para estudos superiores no continente europeu. Com a candidatura em mãos, me inscrevi no MBA em Gestão de Negócios na Universidade de Barcelona e, em paralelo, no mestrado em Sustentabilidade na Universidade Politécnica da Catalunha. Para este último, eu arcaria financeiramente com os próprios recursos que vinha juntando ao trabalhar em uma empresa. Estava de acordo com a minha mãe e sabia que era preciso que eu bancasse meus sonhos. Aproveitaria também a oportunidade de viver em Barcelona para estudar algo relacionado com o que realmente queria fazer. Ou seja, eu iria de todo jeito.

Por isso, precisava correr contra o relógio. *"Depressa, depressa",* aquelas palavras sopravam ainda mais forte em meus ouvidos. Além da escolha dos cursos, havia os processos seletivos, os inúmeros documentos necessários e o curso de espanhol, já que um bom domínio da língua era um pré-requisito para a aprovação.

Assim, fiquei tocando o trabalho na empresa durante o dia e os planos de mudança durante a noite. Faltava apenas comunicar a minha chefe sobre a decisão de me desligar da empresa para cursar o mestrado. Decisão que, felizmente, não apenas foi bem recebida, como também tive a oportunidade de continuar trabalhando até exatas vinte e quatro horas antes de embarcar para a Europa. Pelo visto, o caminhão com meus sonhos na carroceria tinha retomado a estrada certa. Melhor do que isso. Dessa vez, eu podia esquecer as rodovias, pois as próprias linhas de trem seriam recuperadas. Depois de dois anos trabalhando dez horas por dia de roupa social, agora, o metrô, a bicicleta e a rua me aguardavam.

12 METRÔ

"Todos os dias quando acordo
Não tenho mais o tempo que passou
Mas tenho muito tempo
Temos todo o tempo do mundo."

Renato Russo

ROTINA DOS SONHOS NA CIDADE DOS SONHOS

De segunda a sexta de manhã, eu ia para a Universidade de Barcelona, sempre de bicicleta pela avenida Diagonal, em um trajeto de uns quatro quilômetros. A Diagonal tinha ciclovia em todo seu percurso e, a partir da Praça Francesc Maciá, ficava em uma área segregada muito agradável, com bancos e árvores. Eu pedalava em um lugar tranquilo, mesmo estando em uma das principais avenidas de Barcelona. Confesso que via os automóveis parados no trânsito com certo olhar de superioridade, tendo certeza de que preferia mil vezes estar na bicicleta, tomando vento no rosto, vendo as pessoas e levando uma vida saudável, do que dentro de um carro.

PARTE 1 - MOVIMENTO ASCENDENTE: DA CAMINHADA AO FOGUETE

Seguindo a rotina, eu saía da sala de aula ao meio-dia e me encontrava com Pipo em frente à faculdade. Pedalávamos até o clube da UB, situado mais adiante na mesma avenida, fazíamos musculação e nadávamos. Depois, ao chegar em casa, era o tempo de cozinhar, almoçar, lavar a louça e partir para a Universidade Politécnica da Catalunha, nos três dias que eu tinha aula no mestrado em Sustentabilidade. De barriga cheia, pedalava seis quarteirões em uma subida íngreme até a estação de Muntaner, onde colocava a bicicleta dentro do trem e seguia viagem pela linha S1 até a última estação, em Terrassa. Chegando à cidade, na região metropolitana de Barcelona, eu ainda percorria dois quilômetros de bicicleta até a universidade, em uma região muito prazerosa, com ruas para pedestres e uma praça cheia de crianças brincando. A possibilidade de colocar a bicicleta no trem deixava a viagem deliciosa e cerca de meia hora mais rápida. Dessa forma, eu desfrutava de uma incrível experiência, que mudaria para sempre o meu destino.

Desde os primeiros dias, a cidade tinha me proporcionado uma experiência singular de acolhimento, fluxo e conexão. Enquanto eu estudava espanhol algumas horas por dia e me preparava para a entrevista de seleção da Universidade de Barcelona, sempre arrumava tempo para me divertir. Fui conhecer os lugares turísticos, as praias e alguns bares, como La Xampanyeria, L'Ovella Negra e La Marsella, também conhecido como Bar do Absinto, que funciona desde 1820 e já foi frequentado por Picasso, Dalí e Gaudí. Havia muitos colegas da GV e amigos de São Paulo morando em Barcelona. Quase sempre, o ponto de encontro era na Praça Real, tomando Paqui beer, latinha de cerveja vendida na rua por ambulantes paquistaneses, e ouvindo os argentinos tocarem música brasileira em castelhano.

Além das saídas noturnas, dos encontros com os amigos e dos passeios de turismo, eu gostava de pedalar ou simplesmente caminhar por Barcelona. A minha primeira hospedagem na cidade havia sido um quarto na casa do Sr. Antônio, um ex-dançarino de flamenco com mais de oitenta anos, que andava sempre com uma pomba no ombro. Toda vez que eu saía de bicicleta de seu apartamento, percorria as ruas do Raval, um bairro bem central e multicultural, na região da Cidade Velha, com imigrantes do mundo todo, sobretudo paquistaneses. A maioria das ruas era de uso exclusivo para pedestres e havia muitos becos, devido à urbanização antiga de cidade medieval. Os prédios eram baixos, não passando de quatro andares, geralmente sem garagem nem elevador e com a fachada ativa, ou seja, comércio no térreo e residência nos demais andares.

Essa mescla de atividades, muito comum em praticamente toda a cidade, fazia com que o bairro tivesse muita vida em qualquer horário do dia. Intercalando lugares charmosos com áreas degradadas, misturando imigrantes, turistas e espanhóis, o Raval era, sem dúvidas, um lugar interessante para eu aterrissar em Barcelona e tentar entender suas múltiplas facetas. Passar por La Rambla, a rua mais movimentada de Barcelona, era uma diversão à parte, com seus milhares de turistas e artistas de rua se fazendo de estátuas inusitadas. Muitas vezes, Pipo vinha ao meu encontro e dizia "vamos ver o que está acontecendo na cidade". E sempre havia algo de diferente. No mínimo, encontrávamos pessoas conhecidas que se juntavam ao grupo e nos apresentavam mais gente. E como saíamos em turma pela noite afora, é claro que não podia faltar aquele que corta com maestria muitas cidades da Europa e é, literalmente, uma mão na roda, ou melhor dizendo, nos trilhos: o metrô.

UM TREM VELOZ E PRATEADO QUE LEVA AO JAPÃO

A minha primeira experiência de andar de metrô havia sido durante a temporada que ficamos na França, quando eu tinha quatro anos, e Lili,

PARTE 1 - MOVIMENTO ASCENDENTE: DA CAMINHADA AO FOGUETE

cinco. Todos os dias, enquanto meu pai trabalhava, nossa mãe nos levava para tomar o metrô e ir a algum ponto turístico. Tudo era uma novidade mágica, desde as estações bonitas e arrumadas, com músicos tocando, até andar por baixo da terra naquele trem veloz, prateado e silencioso. Ali, o metrô deixava em nós uma sensação inesquecível. Depois, quando voltamos para o Brasil, nossos pais quiseram nos mostrar que em São Paulo também tinha metrô e nos levaram para um passeio no bairro japonês da Liberdade. Como éramos crianças, eles nos disseram que tínhamos ido do Brasil até o Japão. E nós realmente acreditamos, quando descemos do metrô e vimos toda aquela decoração característica nas ruas, e os comerciantes japoneses vendendo artefatos típicos e comidas japonesas. Depois, eles nos disseram se tratar de uma brincadeira, mas com essas experiências, ficamos com a sensação de que metrô era transporte de primeiro mundo, capaz de nos levar até o Japão.

Muitos anos depois, cursando o mestrado em Barcelona, fiquei impressionado com a quantidade de linhas e estações do metrô formando uma rede que cobre quase toda a cidade. Uma estrutura bem mais completa que São Paulo, mesmo que a cidade catalã tivesse apenas quinze por cento da população da capital paulista. Foram essas linhas de metrô que acompanharam tantos dos meus melhores momentos na cidade. Sempre que saía com meus amigos, depois de algumas bebidas no "esquenta" que fazíamos no apartamento, ficávamos cantando alegres no vagão e o Pipo, único com cidadania espanhola e que às vezes se sentia um pouco responsável por nós, toda vez dizia, "vamos tentar pelo menos uma vez não cantar no metrô?". Nunca adiantou. Com a bicicleta, a caminhada e os ônibus, este trem veloz e prateado também tinha seu lugar marcante no meu bom aproveitamento da cidade.

Entretanto, por mais que tudo parecesse uma festa, é claro que havia desafios. O primeiro deles tinha sido aguardar a aprovação na bolsa que me sustentaria nos próximos meses. Havia partido para a Europa sem o resultado e, só quando estava em Berlim, em um albergue no meio do mochilão com meus amigos, soube que tinha sido aprovado no processo de seleção da Bolsa Alban. Mas para receber o incentivo, eu precisaria ser aprovado também na Universidade de Barcelona.

No início, meu espanhol ainda não era bom o suficiente para uma entrevista, então precisava me preparar bem. Como a entrevista seria feita por telefone, escrevi todas as perguntas que imaginei que fariam e respondi cada uma delas em português. Depois, enviei por e-mail para minha mãe, que era fluente em quatro línguas diferentes. Ela transcreveu tudo para o espanhol e, no dia marcado, fui a um locutório, pedi uma cabine telefônica e liguei para o diretor da universidade. Realmente, eu havia previsto todas as perguntas que foram feitas e, aprovado e muito mais aliviado, comecei a desfrutar da minha nova rotina.

Providenciei tudo que eu precisava, como o *empadronamiento*, a inscrição municipal de habitantes, o N.I.E., número de identificação de estrangeiros, a carteira da seguridade social, um celular pré-pago e, é claro, ela, a bicicleta. Mas agora, faltava o principal: a casa. Assim, nós, os cinco amigos, nos juntamos e fizemos uma força-tarefa para encontrar um apartamento de que gostássemos.

Era uma escolha importante, pois ficaríamos no mínimo um ano em Barcelona, e tínhamos algumas preferências: bairro agradável, não muito longe da universidade, mobiliado, e com no mínimo quatro quartos. Depois de vasculhar anúncios em jornais, internet e buscar nos próprios prédios, Renato falou que tinha visitado um apartamento ótimo na rua Avenir, e que todos deveriam ver para decidir. Sem dúvida, era o melhor apartamento que tínhamos visto em relação a espaço, mobília, localização e custo-benefício. Ficava numa rua tranquila em Sarrià-Sant Gervasi, bairro

PARTE 1 - MOVIMENTO ASCENDENTE: DA CAMINHADA AO FOGUETE

tipicamente catalão e, apesar de o lugar ser bem silencioso, estava a dois pequenos quarteirões da Avenida Diagonal – uma das mais importantes de Barcelona, por cruzar a cidade toda.

O apartamento ficava no *entresuelo*, ou seja, no primeiro andar, de uma esquina, em cima de um bar, e a tranquilidade do bairro só acabava nas noites de quinta a sábado, quando os bares e as ruas da região ficavam repletos de catalães. Assim, levantamos logo a papelada e depois de fecharmos o contrato em nome do Pipo, nós nos mudamos para aquela que viria a ser conhecida como a Casa dos Artistas. Uma casa de jovens amigos brasileiros, estudiosos, sim, mas também muito festeiros, em uma cidade com ruas cheias de pessoas caminhando, músicos, ciclofaixas, e um trem veloz e prateado para levar os estudantes para as festas, ouvindo suas cantorias e serenatas. Realmente, só podia dar em uma boa experiência.

SUSTENTABILIDADE NA PRÁTICA

Durante aquele ano, a convivência foi excelente e se, por acaso, havia alguma discussão, alguém logo dizia "pega fogo na Casa dos Artistas", e levávamos tudo na brincadeira. Fizemos rodízio dos quartos, compartilhamos utensílios, compras de supermercado e dividimos tarefas de limpeza. Desde o começo, eu também instituí a reciclagem no apartamento, com isso nós separávamos todas as garrafas, embalagens e outros materiais em um canto da área de serviço, que logo ficou conhecido como o Ecoparque. Depois, levávamos os materiais para os *containers* de reciclados da prefeitura, a um quarteirão de distância.

Esses *containers* existiam por toda a cidade e, de quando em quando, um caminhão especial passava e os levantava, jogando seu conteúdo dentro da caçamba. Sem dúvida, era um método higiênico e prático, mas no Brasil geraria um grande problema de desemprego, pois com apenas dois motoristas treinados, um no caminhão de lixo e o outro no de reciclados, cobrindo uma grande área da cidade. Os materiais eram levados para o Ecoparc de Barcelona, onde eram separados e os resíduos sólidos tratados. Eu havia conhecido o Ecoparc com o pessoal do mestrado em Sustentabilidade. Uma realidade bem diferente da brasileira, como anos depois mostrou o emocionante documentário *Lixo extraordinário*, sobre o belo trabalho do artista plástico brasileiro Vik Muniz com catadores de material reciclável no aterro do Jardim Gramacho, região metropolitana do Rio de Janeiro.

As aulas aconteciam nas segundas, quartas e quintas à noite, no campus em Terrassa, e o curso era composto de seis módulos *postgrados*, com duração total de dois anos, além da tese. O primeiro *postgrado* do curso se chamava *Uma análise pluridisciplinar do estado do mundo*. Durante o módulo, fizemos uma viagem para Mas Vilartimó, no interior da Catalunha, um lugar muito bonito e rodeado de natureza, onde ficamos três dias tendo oficinas e conversas sobre pensamento sistêmico com um especialista no assunto. Foi um momento de muito aprendizado e reflexão. Ali, eu finalmente compreendi que a qualidade de vida das pessoas pode ser infinitamente maior em um sistema inclusivo e sustentável.

Pouco antes de viver essa experiência, eu havia participado do Fórum Universal das Culturas, e foi lá que eu presenciei aquela exposição chamada *Habitando o Mundo*, que tanto me marcou. Nela, eram abordados temas como a diversidade natural, o impacto da atividade humana sobre o meio ambiente e o consumismo excessivo nas sociedades ocidentais. Também eram apresentados problemas sociais decorrentes das diferentes formas de urbanização e a necessidade de se adotar critérios mais racionais no uso dos recursos naturais.

Com essas descobertas, fazia novos amigos que pensavam como eu. No primeiro dia de aula, conheci a brasileira Elaine, com quem já havia

PARTE 1 - MOVIMENTO ASCENDENTE: DA CAMINHADA AO FOGUETE

trocado e-mails e de quem me tornei amigo. Além dela, com o correr do curso, também fiquei muito amigo da francesa Emilie, que veio mais tarde me visitar com sua irmã Elise, quando eu estava morando no Recife. Isso sem contar a chilena Katia e os amigos do MBA, como os muitos mexicanos e os também chilenos Edu, Rodrigo e Teresa, que foram depois me visitar em São Paulo.

Estudando algo que eu acreditava, convivendo com pessoas de quem eu gostava e andando de bicicleta, a pé e de metrô, minha vida mudou. Além da reciclagem, em casa, nós cozinhávamos nossa comida. Normalmente, nos dias em que eu cozinhava, era o tempo de chegar das atividades do MBA pela manhã e do clube à tarde, fazer o almoço e partir para o mestrado da noite. Dividíamos entre nós quem iria cozinhar e, para sustentar cinco marmanjos com fome, a compra do supermercado era grande. Como não tínhamos carro, descobrimos na marra uma maneira sustentável de fazer as compras. Levando para o mercado nossos mochilões de viagem, e trazendo nas costas o equivalente a dois carrinhos cheios. Com o tempo, descobrimos uma maneira que, mais do que sustentável, era bem mais inteligente. Fazer as compras e recebê-las em casa.

DAS BALADAS AOS PERRENGUES

Como fazíamos cursos diferentes e morávamos em cinco amigos, conhecemos muita gente e nosso apartamento virou ponto de encontro para os "esquentas" antes das baladas. Chegamos a ter que barrar a entrada de mais gente, quando já estava cheio. Esse foi um dos motivos das reclamações que recebíamos da imobiliária. Certo mês, quando fomos acertar o aluguel e pegar as contas, a funcionária disse que estava recebendo muitas reclamações dos vizinhos. Achei que ela poderia estar blefando e perguntei quais andares. Ela então começou a ler uma lista de apartamentos do nosso prédio, dos prédios vizinhos, e até da rua de trás. Para piorar, falou que nossa casa tinha recebido o apelido de *camas calientes* na vizinhança. A partir desse dia, passamos a nos policiar mais e a tentar fazer menos barulho.

Além dos "esquentas", também saíamos muito para eventos e bares da cidade. Uma festa marcante foi o Carnaval de Sitges, cidade litorânea a meia hora de Barcelona. Pegamos o metrô e, depois, o trem, que seguiu lotado de foliões com fantasias, interagindo uns com os outros, tornando-se parte da festa. Sem dúvida, aquilo fazia o percurso tão divertido quanto a própria festa, e muito melhor do que ir de carro. Normalmente, a ida e a volta para a balada eram feitas de metrô. Se fosse para escolher um meio de transporte que definisse a festa ambulante que vivíamos naquela época, certamente seria o metrô. E é claro que cantávamos.

Fazíamos festas de boas-vindas, de despedidas e, na época do Natal, abrimos um armário alto no corredor do apartamento e encontramos uns enfeites natalinos. Decoramos a casa toda e, na noite de Natal, preparamos a nossa primeira ceia, longe das nossas famílias, mas com nosso amigo Mau Soares, que estava morando em Portugal na época. No Ano-Novo, fizemos o "esquenta" lá em casa, depois fomos a uma festa de amigos e, na sequência, a uma balada de frente para a praia. Apesar de estarmos no inverno, justo na virada do ano, o clima se encontrava muito agradável e vimos o dia clarear no Mar Mediterrâneo. Por volta das nove horas da manhã, resolvi voltar para casa a pé, sem pressa, contemplando a cidade que aprendi a amar.

Mesmo durante o inverno, eu continuava indo para os cursos de bicicleta e vi neve apenas uma vez, enquanto pegava o trem com a minha *bike*, a caminho da universidade em Terrassa. Os flocos cobriam as casas, que acendiam suas primeiras luzes da noite. Barcelona tinha tomado conta do meu coração e seria difícil deixá-la para trás.

PARTE 1 - MOVIMENTO ASCENDENTE: DA CAMINHADA AO FOGUETE

Mas logo passou o primeiro ano do curso e, como o MBA na Universidade de Barcelona durava apenas um ano, Renato, Renatão e Junqueira foram embora. Ali, também se iniciava uma nova fase para mim. Por receber o apoio financeiro da bolsa Alban naquele primeiro ano, pude ficar por conta dos estudos. Pipo também podia se dedicar exclusivamente ao seu curso e à estruturação da sua empresa, pois tinha cidadania espanhola e recebia seguro-desemprego. Como eu recebia dinheiro da União Europeia e o Pipo do governo espanhol, ele brincava que estávamos participando do projeto "Devolva nosso Ouro", em referência à exploração do metal no Brasil por países europeus nos séculos passados. Mas agora, o prazo da bolsa tinha findado e eu precisava encontrar uma forma alternativa de me sustentar no país e, também, pagar o segundo ano do meu mestrado em Sustentabilidade na Universidade da Catalunha.

Naquela época, eu ainda namorava a Fabi, que tinha conhecido no hotel em Belo Horizonte. Como o namoro a distância havia ficado insustentável, ela tinha ido viver por uns meses em Barcelona, morando em um apartamento próximo ao meu e trabalhando com distribuição de panfletos. Na época, também comecei a distribuí-los, além de trabalhar em vários outros empregos informais, como vendedor de pacotes de internet para uma empresa suspeita de Zaragoza, pesquisador de novos locais para franquias de uma loja de sucos e de "*mistery shop*", ou cliente misterioso. Nesse último, eu precisava usar algum tipo de serviço, como se fosse um cliente, e avaliar sua qualidade, como viagens de ônibus intermunicipais e promoções de telefonia celular. Eu localizava no mapa as trinta lojas de celular espalhadas pela cidade, colocava a *bike* no metrô e subia até o bairro mais alto, de onde traçava um roteiro para descer. Assim, conheci Barcelona inteira de bicicleta.

155

MOVIDO PELA MENTE

Mesmo com tantos empregos, meu almoço naquela época se resumia a arroz e salsicha. De vez em quando, um purê de batatas. Não ia a restaurantes, usava o metrô sem bilhete, bebia dos amigos na balada, trabalhava em subemprego e vivia com quinhentos euros por mês. Ainda assim, Barcelona me fazia imensamente feliz.

Na apresentação do meu trabalho final do MBA, depois de quinze meses sem nos vermos, meus pais vieram me visitar. Viajei com eles pelo sul da Espanha, sul da França e Itália. Naquela viagem, em Marbella, por mero acaso, minha mãe juntou as peças de um antigo quebra-cabeça e conseguiu o registro de nascimento de meu bisavô materno, José Gômara. Isso possibilitou que ela e meus primos tirassem a cidadania espanhola. Quando voltei a morar no Brasil, consegui tirar também a cidadania portuguesa, pelo lado do meu outro bisavô, Florindo. Pena que não tinha conseguido antes, o que teria facilitado muito a minha vida naquela temporada de perrengues na Espanha.

Seguindo os conselhos dos meus pais, decidi terminar o namoro com a Fabi somente quando ela já estivesse de volta ao Brasil, onde eu também iria passar as festas do fim daquele ano. Ela tinha viajado à revelia dos seus pais para ficarmos juntos, mas brigávamos muito. Então, quando fui de férias para Alphaville e encontrei meu grande amigo Higor na mesma situação, demos força um ao outro para terminarmos nossos namoros.

Seguimos para passar a virada do ano com amigos no Sul do Brasil, mas não sem antes eu precisar vender a minha guitarra, que havia comprado no Canadá. Precisava levantar o dinheiro para realizar aquela viagem e me preparar para um novo ano de apertos em Barcelona. Assim, sem dinheiro e sozinho, mas animado e disposto a viver minha vida de solteiro em grande estilo, embarquei para uma vida

PARTE 1 - MOVIMENTO ASCENDENTE: DA CAMINHADA AO FOGUETE

nova em meu segundo ano em Barcelona. Quando, totalmente fora dos planos, acabei conhecendo a Julia.

ENCONTROS E DESPEDIDAS

De volta à Espanha para concluir meu segundo ano do mestrado em Sustentabilidade e defender a minha tese, estava decidido a finalmente celebrar a minha vida de solteiro, já que havia passado meu primeiro um ano e meio namorando. Ainda no aeroporto, esperando a minha mala, conheci uma brasileira com quem dividi um táxi até Barcelona e, naquela mesma noite, acabamos ficando. Também comecei a sair com uma menina da minha sala do mestrado e, aproveitando a presença do meu primo também chamado Rick na cidade, caí forte nas baladas.

As festas na Casa dos Artistas continuavam, mas agora com um desenho bem diferente. Dos cinco integrantes da formação inicial, apenas eu continuava no apartamento, já que todos eles tinham voltado para o Brasil. Desde então, algumas pessoas compartilhavam comigo o apartamento para dividir a despesa do aluguel, uma alemã que só falava alemão e inglês, um casal de italianos que só falava italiano, duas francesas, ambas chamadas Celine, um austríaco e, também, Marcelo, um brasileiro divertido e carismático, excelente cozinheiro, e que sabia receber pessoas como poucos. Mesmo assim, colocou fogo na cozinha certa vez. O apartamento só voltaria a ter apenas brasileiros meses depois, quando os gringos deram lugar a meus compatriotas Daniel Setti, Anita e Gabi Neves, que logo se tornaram meus bons amigos, assim como Marcelo.

Poucos dias depois do meu retorno à Europa, meu primo Rick foi até a minha casa com uma amiga que conheceu no curso de espanhol. Julia era pernambucana e tinha trancado as duas faculdades que fazia em Recife, Jornalismo e Direito, para aprender castelhano em Barcelona. Como estava procurando um lugar para morar, acabou se mudando para o quarto pequeno da Casa dos Artistas. Nós nos tornamos amigos e, uma noite, depois de uma grande festa em nossa casa, acabamos ficando.

Com o tempo, fomos ficando cada vez mais e fazendo quase tudo juntos, desde o supermercado até baladas e passeios no parque. Certa vez, Julia foi viajar um final de semana com as amigas e, no sábado, sentado sozinho no sofá da Casa dos Artistas, sem minha companheira de todas as horas, caiu a minha ficha: eu estava apaixonado. Senti um frio na barriga e me perguntei se ela queria só curtir a vida ou um relacionamento mais sério. Minha ideia inicial de aproveitar a vida de solteiro em Barcelona já não fazia o menor sentido. Eu queria à Julia, só a ela.

Na época, eu fazia um estágio remunerado das nove da manhã às duas da tarde, de segunda a sexta-feira, para pagar o mestrado. Seguia tendo aulas três vezes por semana durante a noite, estudava para a minha tese, trabalhava como "cliente misterioso" algumas tardes e, também, numa loja de sanduíches e sucos naturais no fim de semana. No resto do tempo, ia com Julia para onde quer que a felicidade nos levasse. Passávamos horas deitados em um velho colchão do apartamento, conversando sobre música, livros, futebol, amenidades. Tínhamos vários assuntos em comum. Ambos éramos filhos de médicos, adorávamos Chico Buarque, e estávamos vivendo nossa juventude naquele exato momento em Barcelona.

O divertido Marcelo, que morava conosco, tinha um hábito engraçado. Quando recebia o salário, vivia como rei durante três dias, mas torrava tudo e passava o resto do mês duro. Com o aperto da minha situação, nem sequer podia viver como rei por alguns dias. Dessa forma, como não me sobrava dinheiro para as baladas, comprava cervejas no supermercado e entrava com elas, escondidas no bolso, no Harlem Jazz Club. Julia me acompanhava em todas essas aventuras.

PARTE 1 - MOVIMENTO ASCENDENTE: DA CAMINHADA AO FOGUETE

Jogávamos futebol no Ciutadela, andávamos juntos de bicicleta e, muitas vezes, ela vinha comigo no trabalho de cliente misterioso, recolhendo preços de telefonia celular nos bairros de Barcelona. Durante a semana, nas noites em que eu não tinha aula, jogávamos pingue-pongue no Parque Turó, que ficava a dois quarteirões do nosso apartamento. Nos feriados, fazíamos viagens para destinos como Paris e Cannes, onde dormíamos na casa de amigos, e para Mallorca, para onde viajamos de bicicleta. Mesmo sem morar mais com a turma da GV, a casa estava sempre cheia, até porque Marcelo conhecia muita gente. Eu também tinha ficado muito amigo dos colegas de trabalho da lanchonete Friss, da irmã do Pipo, Cati, e seu marido Beto, além do pessoal do mestrado.

Em paralelo a tudo isso, as aulas na UPC seguiam a todo vapor. Eu escrevia minha tese sobre a criação de um hotel, empregando conceitos de sustentabilidade e analisando os impactos ambientais, socioculturais e econômicos do turismo, sob a tutoria do professor brasileiro Andri. Na ocasião, ele me emprestou dois livros que me marcaram muito, *Ancient Futures: Learning from Ladakh** e *Cultura e Modernidade*.

Eu cursava o quinto e penúltimo módulo do mestrado, que tinha como tema "Perspectiva sistêmica e modelização de sistemas socionaturais". Nas aulas de dinâmica de sistemas, desenvolvi um modelo complexo, com diversas variáveis, para tentar calcular a pegada ecológica do hotel que eu criava virtualmente, em minha tese. Entre o estágio e as aulas, passava horas diárias na biblioteca, avançando na criação desse meu projeto. Eu estava perto, bem perto, do que queria realizar. E minha vida estava muito perto do meu ideal de felicidade. Estudava o que queria, namorava alguém que gostava, morava em uma cidade na qual acreditava. E, o principal, tinha sonhos, projetos, ideias e muita energia para finalmente investir

---

* *Futuros antigos: aprendendo com Ladakh.*

na Associação Abaporu e realizar trabalhos voltados para a comunidade, quando defendesse a minha tese e voltasse ao Brasil, no fim daquele ano.

No dia em que cheguei a Barcelona, uma amiga da faculdade na GV, a Dani Costa, me recebeu em sua casa, me ajudou com a documentação e me falou tudo sobre a cidade. Agora, na minha partida, eu também auxiliava outro colega da turma, o Raphinha, com orientações para ele cursar o mesmo MBA Executivo, que eu e os outros amigos da GV tínhamos feito. Ele se tornou um grande companheiro nos meus últimos meses na cidade e eu queria apresentar-lhe tudo, desde os benefícios da bicicleta até os lugares de que mais gostava. Foi ele quem assistiu ao meu lado o dia tão aguardado, a defesa da minha tese no mestrado em Sustentabilidade. E além de participar de todas as dez despedidas que organizei, Raphinha me levou no aeroporto, quando fui embora. Dessa forma, eu sentia que estava passando o bastão para ele continuar a saga da nossa turma de amigos em Barcelona, assim como a Dani Costa havia feito comigo, no primeiro dia naquela cidade tão amada que, como tudo nesta vida, agora também ficava para trás.

13 AVIÃO

"Hoje o tempo voa, amor
Escorre pelas mãos
Mesmo sem se sentir
Não há tempo que volte, amor
Vamos viver tudo que há pra viver
Vamos nos permitir."

Lulu Santos

ARES DE DESPEDIDA

Havia sido um longo caminho. Eu tinha me mudado para Recife alguns meses depois que retornei da Espanha. Eu mantinha uma vida saudável e ao ar livre. Morava próximo ao mar, como em Barcelona. Ia para festas e baladas com os amigos. Mas alguma coisa tinha ficado para trás. Agora, sozinho naquele apartamento sem móveis de frente para a praia da Boa Viagem, escutando o mar batendo na areia e ecoando pelas paredes vazias, eu percebia que havia me esquecido de muitas coisas.

MOVIDO PELA MENTE

Eu havia me esquecido do trabalho que gostaria de realizar, da Associação Abaporu, do que fui fazer em Recife, e até mesmo da Julia. Percebia como as coisas iam e vinham depressa naqueles últimos tempos, o namoro, a prática de tênis nas quadras da orla, a corrida na praia, a caminhada para o trabalho, meu antigo pequeno apartamento, onde eu recebia amigos e estrangeiros no sofá. Há exatos seis meses, eu já não podia mais jogar futebol. Mesmo fazendo fisioterapia, sentia muita falta de praticar esportes e, por isso, acabava depositando toda essa vontade no ato de pedalar. Andar de bicicleta havia se tornado quase uma obsessão, por ser a única atividade física que ainda não tinha sido afetada por aquela estranha perda de força muscular.

Nos dois primeiros finais de semana que voltei do trabalho na mineradora, no interior da Bahia, pedalei durante muitas horas. Em um deles, decidi pedalar a partir do Marco Zero, no centro de Recife, em direção ao sul, até onde aguentasse. Cruzei o litoral até Jaboatão dos Guararapes, parando para almoçar em frente à Ilha do Amor. Depois de comer, achei mais prudente voltar, pois, mesmo conseguindo encarar os pedais, precisava fazer muita força nas pernas quando estava contra o vento. E minha força, eu podia sentir, diminuía a cada dia, correndo contra o tempo, na mesma proporção com que eu pedalava contra aquele vento.

Além da bicicleta, ele também continuava fiel em minha vida: o avião. Eu ainda cortava o céu do Brasil em voos intermináveis que iam e voltavam, sem que eu soubesse ao certo o que fazia dentro deles. Acho que, de tudo, o que eu tinha mais me esquecido era daquela certeza de que eu queria fazer um bem público, ajudar o meu país e criar um modo de vida sustentável para as pessoas. Assim que defendi a minha tese e retornei ao Brasil, eu havia passado meses estruturando a Abaporu. Tinha estudado por ela e me tornado um mestre para fazê-la crescer.

PARTE 1 - MOVIMENTO ASCENDENTE: DA CAMINHADA AO FOGUETE

Mas aquela sensação de estar muito próximo do que eu queria realizar também tinha ficado para trás.

Eu refletia exatamente sobre a escolha que tinha feito há exatos dez meses, de me mudar para Recife, quando a Julia telefonou. Como eu estava envolvido em uma análise de dados trabalhosa, na mineradora no interior da Bahia, combinamos então de nos encontrarmos para conversar no fim de semana, quando eu chegasse em Recife.

No sábado à noite, ela foi até meu apartamento vazio em frente à praia da Boa Viagem e se assustou. Não com a ausência de móveis, mas comigo. Há muitos meses não nos víamos e ela perguntou: "Rapaz, o que aconteceu com você?". Eu arrastava as pernas e mancava bastante. Naquela noite, contei para ela tudo que tinha vivido até então. Tomamos vinho nas duas taças que eu havia comprado no supermercado, já que as prateleiras do armário da cozinha se encontravam vazias. Enquanto falávamos sobre diversos assuntos, desde campeonatos de futebol até as nossas novas músicas prediletas, passando por trabalho, viagens, planos, livros e o futuro, acabamos ficando juntos.

No fim de semana seguinte, quando aterrissei mais uma vez do voo de Petrolina, nós nos encontramos de novo e, no outro, foi só chegar no aeroporto em Recife e pegar a mala no apartamento para viajarmos juntos até uma pousada na Praia dos Carneiros. Parecia um reencontro, mas um reencontro diferente. Aquele tinha ares de despedida.

NA VELOCIDADE DE UM VOO

Durante a faculdade, minha amiga Fernanda Cagno, que era da minha turma e também morava em Alphaville, me chamou para viajar com sua família e passar dez dias em um acampamento, às margens do rio Araguaia, no estado de Goiás. O acampamento, montado na areia da praia que se formava naquela época do ano, ficava dentro de uma fazenda de amigos do seu pai. Havia uma grande estrutura, abrigava dezenas de pessoas e era alimentado por um gerador. Ali, eu andei de barco, nadei, esquiei, joguei futebol e, como na fazenda do tio Fábio em Aguaí, ajudei nas atividades do pessoal que trabalhava na fazenda. Fiz amizade com uma dupla sertaneja e ficávamos até de madrugada em volta da fogueira, tocando violão, cantando e tomando cerveja. Ou seja, um resumo de tudo que eu tinha experimentado e gostava de fazer até então. A não ser aquela nova descoberta.

Apesar de já ter explorado diversos esportes pela terra e pelas águas, os ares eram ainda um mistério para mim. Um dia, alguém chegou no acampamento com uma carreta trazendo um ultraleve. Depois de abaixarem as asas e ajeitarem tudo, levaram-no até o rio. Era um ultraleve aberto e pequeno, que flutuava e pegava velocidade para levantar voo. Eu estava com muita vontade de voar e, depois de ver algumas pessoas indo, me aproximei do simpático dono e perguntei se poderia dar uma volta. Foi uma sensação fantástica sobrevoar o rio, o acampamento, a fazenda e os arredores do Araguaia.

Apesar de ser leve e com motor de baixa potência, experimentar a velocidade de voar, impulsionado pelo vento, marcou para sempre em minha pele o gosto pelos ares. Tanto que, nos três anos seguintes àquele dia, voei de asa delta, *paraglider*, balão e ultraleve fechado. Mantive contato com o piloto do Araguaia e, por muito tempo, nutri o desejo de ter um ultraleve no futuro. Cheguei até a cogitar largar tudo e virar, eu mesmo, piloto de avião. Mas esta ideia também passou e voou...

Agora, naquele momento de minha vida em Recife, as coisas pareciam acontecer, literalmente, na velocidade de um voo. Eu mal tinha me mudado para o apartamento de frente para a praia, quando meu amigo avisou que seria transferido e levou os móveis, deixando a casa vazia. Cheguei até a pro-

PARTE 1 - MOVIMENTO ASCENDENTE: DA CAMINHADA AO FOGUETE

curar alguém para dividir o apê comigo e perguntei à Anna Karina, a amiga que morava no meu antigo prédio, se ela queria se mudar para lá. Mas ela não apenas recusou, como disse para eu fazer o contrário, me mudar para o apartamento dela e voltar para o antigo prédio. Como eu já tinha perdido a carona do Armando, que não trabalhava mais na empresa, pensei que se retornasse ao antigo prédio, poderia voltar a ir para o trabalho a pé. Por isso, topei na hora. Mesmo que tivesse que deixar a vista da Boa Viagem para trás.

Assim, no fim de agosto, voltei a morar no edifício Golden Home Service, agora dividindo apartamento com a Anna Karina. Entretanto, dormi poucas noites ali. Depois de três semanas trabalhando na mineradora, decidimos paralisar o projeto por quinze dias. Dessa vez, eu precisaria pegar um avião não para o interior da Bahia, mas para o Rio de Janeiro, onde passaria por uma semana de treinamento pela empresa. De lá, eu pegaria um voo para São Paulo, mais precisamente em direção à nova bateria de exames que me aguardava.

RUMO A UM DESFECHO

O meu colega de faculdade Thiago Duvernoy morava em um prédio em Copacabana, na rua Duvivier, cheio de discos, filmes e plantas. Por coincidência, eu havia me hospedado em um hotel exatamente em frente e, da janela do meu quarto, conseguia acompanhar toda a movimentação em seu apartamento. Nós nos encontramos diversas vezes e eu fiquei de retornar ao Rio em outra ocasião para me hospedar em sua casa. Naqueles dias, também fui ao Engenhão, que havia sido inaugurado um ano antes, para assistir a um jogo da seleção brasileira.

E como já disse antes que a minha vida poderia ser contada por estádios de futebol, quando eu estava na entrada do Engenhão, os três paulistas que conheci no treinamento da EY e me acompanhavam no jogo, passaram as catracas e começaram a correr em disparada, pois a partida já havia começado. Precisei gritar e pedir a eles que me esperassem, dizendo que eu não conseguia correr. Eles olharam para trás, sem entender. Era difícil explicar essa minha limitação para as pessoas, sem nenhum diagnóstico. Mas ela existia. No período de um ano, eu tinha ido de uma corrida no Estádio dos Aflitos, em Recife, quando eu dominava totalmente meus movimentos, passando pelos primeiros sintomas com as pernas presas na grade do Itaquerão, com Pipo e, agora, sozinho e lentamente, mancava pela rampa do Engenhão, impossibilitado de me locomover junto a meus colegas.

Aquela deficiência, fosse qual fosse seu nome, movia-se cada vez mais rápido, fazendo meu corpo se movimentar cada vez menos. Do Rio, fui para São Paulo na companhia agradável da Mari Baltar, a *trainee* que trabalhava comigo na EY. Conversamos sobre vários assuntos e descobrimos várias afinidades. Até então, não tínhamos nos tornado próximos e, agora, abríamos o campo para uma grande amizade. Chegando a São Paulo, meus pais foram me buscar em Congonhas e deixamos a Mari em seu hotel. Depois, seguimos para a nossa casa em Alphaville.

Já no saguão do aeroporto, meu pai tinha ficado assustado com a minha piora em relação à última vez que nos vimos. Minha situação se agravava rápido agora e, a cada dia, eu tinha mais dificuldade para andar. Havia feito bem em tê-los deixado viajar e visitar minha irmã Lili, em Budapeste, com a cabeça tranquila, pois agora seriam tempos de preocupações. Era a terceira ocasião que eu faria exames para tentar desvendar aquele mistério dos problemas físicos que, há pelo menos oito meses, aconteciam com meu corpo. Precisávamos descobrir o que era, mesmo que fosse por eliminação do que não poderia ser. Dessa vez, teríamos o tão aguardado desfecho.

14 FOGUETE

"Vou sair pra ver o céu
Vou me perder entre as estrelas
Ver d'aonde nasce o sol
Como se guiam os cometas pelo espaço
E os meus passos, nunca mais serão iguais
Se for mais veloz que a luz,
então escapo da tristeza
Deixo toda a dor pra trás,
perdida num planeta abandonado no espaço.
E volto sem olhar pra trás."
Arnaldo Antunes e Herbert Vianna

EM OUTRO PLANETA

Naquele início de setembro, fazia um frio de lascar em São Paulo. Fui ao consultório do neurologista, o Dr. Daniele Riva, logo no começo da semana. Como das outras vezes, ele repetiu que eu tinha os mesmos sintomas clínicos, só que ainda mais exacerbados. Pediu para eu realizar um último exame e voltar lá depois que tivesse o resultado. Na quarta-feira, fiz a eletroneuromiografia para os quatro membros. Não foi nada divertido, afinal, durante quatro horas, espetaram agulhas por todo o meu corpo e ficaram me dando choques. No dia seguinte, meus pais foram conversar com o Dr. Daniele Riva. Ele então pediu que eu fosse pessoalmente ao seu consultório. Assim, na manhã seguinte, com o resultado em mãos, finalmente escutei meu diagnóstico, o fator que vinha degenerando os movimentos do meu corpo durante todo aquele ano.

Eu estava com uma Doença do Neurônio Motor (DNM). Mais especificamente, esclerose lateral amiotrófica.

A ELA é uma doença degenerativa que afeta o neurônio motor e impede a transmissão de impulsos nervosos, por isso causa a fraqueza muscular involuntária. Ele havia chegado a este diagnóstico por exclusão de tudo que não poderia ser, já que os exames não detectavam nada de anormal. Falou sobre a doença e contou que não tinha cura, mas que existiam muitas pesquisas com células tronco em curso, o que significava uma esperança. O Dr. Daniele Riva, além de ser um excelente médico, teve uma grande sensibilidade para falar o que precisava, da melhor forma possível. Antes de irmos embora, nos deu um conselho que se tornou a nossa filosofia de vida a partir de então. Disse para não sofrermos por antecipação, pois teríamos a sabedoria para lidar com as situações a cada nova limitação que surgisse.

No carro, no banco de trás, eu orbitava na lua. Meus pais se sentiam muito tristes e pensativos, e choravam calados. Voltávamos do consultório para casa e eu tentava compreender o que tinha acabado de ouvir, sem a menor chance de assimilar seu significado naquele momento. Até então, a ELA era apenas uma expressão, uma sentença que não passava de um conjunto de palavras médicas complicadas.

PARTE 1 - MOVIMENTO ASCENDENTE: DA CAMINHADA AO FOGUETE

Assim que chegamos, eu me tranquei no quarto, liguei o computador e comecei a pesquisar sobre a doença na internet. Este sim foi o momento de maior tristeza. Até receber o diagnóstico, eu não tinha ouvido falar em esclerose lateral amiotrófica, nem conhecido alguém com essa patologia. Agora, tudo que eu lia sobre a doença era negativo. Sua evolução, devastadora. O estágio terminal com dificuldades respiratórias e sem nenhuma comunicação. Acredito que, de tudo, o mais difícil foi saber que a expectativa de vida de quem tem ELA era entre dois e, no máximo, cinco anos de vida. Quanta angústia! Chorei diversas vezes. Depois, chorei de novo. E acordei por toda a noite. Na manhã seguinte, fui à academia do condomínio em Alphaville. Enquanto fazia os exercícios nos aparelhos, as lágrimas não paravam de sair dos meus olhos e se misturavam ao suor.

Em meio a vaivéns doloridos da minha mente, eu pensava que nunca mais correria na orla da praia, não mais nadaria contra a correnteza de um rio, nem andaria a cavalo no sítio em Aguaí, não mais esquiaria no mar de São Sebastião, e nunca mais iria a Cleveland, rever os amigos da infância. Eu nunca mais esquiaria na neve, no *cottage* do meu tio no Canadá, não mais dirigiria um automóvel, e nunca mais andaria de bicicleta pelas ruas de Barcelona. Não caminharia de novo e jamais voltaria a jogar bola com meus amigos. Nunca mais tocaria violão. E não viajaria mais com Lili e meus pais, como daquela vez em Munique, quando ganhei o trenzinho elétrico. Era toda uma existência que tinha alterado seu rumo em tão poucas horas. Eu me sentia dentro de um foguete, na direção de um asteroide desconhecido. Ou de um planeta bem pequenino e apertado, como o do Pequeno Príncipe, da história de Antoine Saint-Exupéry, que minha mãe lia para nós, quando éramos crianças.

Em átimos de segundos, após aquele diagnóstico, eu havia sido lançado para fora da minha própria vida e, agora, minha cabeça gravitava como um satélite, girando ao redor de tudo o que eu tinha vivido até ali, apenas esperando o momento de, como um meteoro, cair cada vez mais, até tudo se acabar. A morte já se encontrava ali, me espreitando na próxima esquina. Haveria algo mais triste?

A FELICIDADE É UMA DECISÃO

No entanto, minha tristeza durou menos de vinte e quatro horas. A verdade é que sempre tive certa vocação para a felicidade. Naquela manhã, após a academia, ao ver o sol se levantando sobre as árvores, escutando os passarinhos cantando, melhorei meu ânimo e decidi que aproveitaria bastante a vida enquanto pudesse. Afinal, não é o destino de todos nós partirmos um dia? Cada hora que passa não volta mais e, de certa forma, estamos sempre nos despedindo daquilo que amamos. Enquanto isso, vivemos. E essa era a minha opção: viver. Eu buscaria todo o tipo de tratamento que houvesse. Além do mais, o fato de ter pai médico me tranquilizava um pouco para enfrentar aquela situação. Naquela tarde mesmo, meu amigo irmão Higor veio me visitar. Antes mesmo que eu soubesse do diagnóstico, meus pais o haviam contado, na esperança de que ele pudesse me ajudar naquela situação. Depois, fomos para sua casa e, sentados na varanda, vendo o pôr do sol, contei a ele sobre a minha decisão de enfrentar a doença da melhor forma possível. Era exatamente isso o que eu fazia naquele momento. Eu decidia pela minha própria felicidade.

Sem dúvida alguma, o que mais me ajudou a bancar essa escolha e a viver os dias seguintes ao diagnóstico com otimismo e perseverança foi a presença constante dos meus pais e dos amigos. Sempre cercado de pessoas queridas, pensava menos na doença e mais na vida. Durante duas semanas seguidas, Higor passou em minha casa todos os dias após o trabalho, além do Luiz, meu outro amigo irmão, da minha prima Flávia e

PARTE 1 - MOVIMENTO ASCENDENTE: DA CAMINHADA AO FOGUETE

dos amigos da faculdade, como Pipo, Raphinha e Renato Miralla, também meus grandes amigos irmãos.

Longe de mim, todos choravam. Ao meu lado, priorizavam rir, conversar e contar histórias. Como dizia meu pai, "se o Ricky não está chorando, quem somos nós para chorar?". Ao saber do diagnóstico, minha irmã Lili, morando na Hungria, caiu em prantos. Mas logo depois, seguindo a máxima da família de não ficar com os braços cruzados, enxugou as lágrimas e decidiu que voltaria ao Brasil de mudança até o final do ano, para viver cada minuto ao meu lado, como na infância.

Na EY avisei sobre o diagnóstico e tive um grande apoio por parte de todos. A responsável pelo RH no escritório de Recife ficou muito emocionada quando lhe contei sobre a doença. Disse a ela que minha vida mudaria muito e que eu ficaria em São Paulo, ao lado da minha família, buscando tratamentos. A empresa me deu todo o suporte necessário e me deixou à vontade para escolher o que fosse melhor para mim. Por fim, decidi pelo afastamento e demos início ao processo pelo INSS.

Começamos logo também a buscar uma fisioterapeuta e a desenvolver um programa de exercícios que retardasse a ação da doença. Gostamos muito da Adriana, que trabalhava na clínica SpaçoFisio, no Centro de Apoio de Alphaville, por ser uma profissional competente e uma pessoa com excelente coração. Passei a ir três vezes por semana em sua clínica e a realizar sessões com atividades variadas, frequentando também todos os dias a academia do condomínio. Além disso, nadava nos fins de tarde com a minha mãe, na unidade da ACM que havia no bairro. Mas as limitações já iam se revelando. O vestiário masculino ficava no andar de cima e eu sentia dificuldades para subir a escada sozinho. Depois de me trocar, precisava descer lentamente a escada do outro lado, segurando no corrimão, em direção à piscina. Embora estivesse com os movimentos bem mais lentos, ainda conseguia nadar. As atividades físicas, fisioterapia, academia e natação, não conseguiam barrar a evolução da ELA, mas contribuíam para retardá-la.

Dessa forma, dia após dia, eu travava uma luta silenciosa com a doença pela minha vida, uma luta na qual a disciplina era a minha arma e, meu escudo, a minha própria felicidade.

TODAS AS MEDIDAS POSSÍVEIS

No mesmo dia em que soube do diagnóstico, liguei para Recife e contei para Julia. Algumas semanas depois, ela aterrissou em São Paulo e veio me visitar. Naquela semana juntos, pude sentir a sua tristeza, mas quase não falamos da doença. Em vez disso, fomos ao Parque da Juventude, ao Skye e ao bar Kabul. Também fizemos uma viagem de três dias a Campos do Jordão, quando voamos de *paraglider* e fizemos uma trilha próxima à Pedra do Baú. Durante a trilha, Julia precisou me ajudar diversas vezes a passar por pequenos obstáculos, e quase teve que me carregar quando nos deparamos com uma árvore caída no meio do caminho.

Fomos também ao recém-inaugurado Museu do Futebol que, de certa forma, tinha se inspirado em meu trabalho de conclusão da faculdade, quando eu o mostrei para meu professor Caio de Carvalho, na época, Ministro do Esporte e Turismo. Caio se interessou muito pelo meu trabalho sobre a Cidade do Futebol e, alguns anos depois, quando veio a se tornar o presidente da SPTuris, responsável pelo turismo da cidade de São Paulo, conseguiu finalmente viabilizar o museu. Muitas das ideias que eu havia colocado no TCC, seis anos antes, estavam presentes no museu. De fato, tratava-se de um espaço interativo, com um rico acervo audiovisual, bar temático, loja, local para eventos, exposições temporárias e outros diversos equipamentos e recursos que

PARTE 1 - MOVIMENTO ASCENDENTE: DA CAMINHADA AO FOGUETE

eu havia sugerido no trabalho, aos vinte e dois anos de idade. Realmente, a máxima de viver vinte anos a cem por hora já mostrava seus primeiros resultados.

Naqueles dias, eu e a Julia ficamos juntos, mas eu já não nutria esperanças de retomar o namoro. Procurava curtir cada momento, desfrutando dos presentes e das presenças que a vida me trazia. No mais, seguia firme nas atividades físicas, fisioterapia e alternativas de tratamentos.

Na semana seguinte, comecei um tratamento ortomolecular. Ia com meu pai à tarde em uma clínica, tomar vitamina na veia, sentado em uma poltrona. Sempre levava um livro para ler, enquanto fazia o procedimento. O tratamento acabou não surtindo o efeito desejado e, assim, fizemos uma nova tentativa. Dessa vez, passamos a frequentar uma clínica na Vila Madalena, onde o médico fazia em mim o *O-Ring Test*, um tratamento não muito usual na medicina convencional. Afinal, para os médicos alopatas, a ELA era uma doença neurológica degenerativa, progressiva, sem cura, sem etiologia definida, portanto, sem nada a fazer, a não ser esperar que ela imobilizasse de uma vez por todas o paciente. Entretanto, para mim e minha família, ficar de braços cruzados, assistindo à evolução da doença, não era uma opção. Estávamos dispostos a buscar todos os tipos de respostas. E a tomar todas as medidas possíveis, que facilitassem ou, ao menos, acalentassem as nossas vidas.

Para este tratamento na Vila Madalena, eu ia de carro com meu pai, mas para lugares próximos como a clínica de fisioterapia, eu mesmo ia dirigindo. Entretanto, como estava cada vez mais perigoso e, em alguns lugares, impossível caminhar pelas ruas e calçadas, meu pai comprou um carro Honda Fit hidramático, para eu usar enquanto conseguisse dirigir. Assim, aos poucos, sem que eu escolhesse, fui trocando a caminhada pelo automóvel.

O QUE LEVAMOS SÃO OS AMIGOS

Como eu tinha ido a São Paulo apenas por uma semana para fazer exames, minhas roupas e pertences pessoais continuavam no Recife. No final de outubro, fiz uma viagem à capital pernambucana para buscar minhas coisas e, também, para me despedir dos amigos. Fiquei de terça a domingo, em uma semana de programação intensa com despedidas. No primeiro dia, eu, Armando, Julia e amigos da EY fomos jantar num restaurante japonês. Quarta-feira, passei no escritório e fui almoçar com toda a equipe de consultoria. Foram todos, inclusive a Cristiane Amaral, responsável pela área nos escritórios do Nordeste. Depois, ainda saímos à noite. Na quinta, Armando e uns amigos ficaram me esperando em um bar, mas não consegui ir, pois o jantar marcado na casa da Julia acabou tarde. Durante o dia, eu havia encontrado Almir, meu amigo cearense do *Couch Surfing*, e lhe dado de presente a minha bicicleta. Na sexta, fui para a balada UK, onde estavam os amigos da empresa e a turma de gaúchos que conheci no prédio. E o ponto alto da semana foi o sábado. Um dos amigos da EY, Marcelo, organizou uma feijoada em um condomínio de frente para a praia de Muro Alto. À noite, ainda fomos a uma balada em Porto de Galinhas e dormimos em Serrambi. Voltamos no domingo para Recife, onde peguei minha mala com todos os meus pertences no apartamento da Anna Karina, no meu já saudoso prédio da rua Faustino Porto. De lá, Armando me levou ao aeroporto.

Foi emocionante ver o carinho dos amigos que fiz naquela cidade, para onde eu tinha me mudado há um ano exato, e da qual agora eu me despedia. O pessoal da empresa tinha ficado em minha função por toda a semana, fazendo de tudo para eu curtir ao máximo meus últimos dias em Pernambuco. Meu amigo irmão Armando não sabia mais o que fazer para me ajudar e confortar. Ele tinha ido a todas as despedidas, sendo que eu mesmo faltei em uma. Voltei para São Paulo me sentindo privilegiado por

PARTE 1 - MOVIMENTO ASCENDENTE: DA CAMINHADA AO FOGUETE

ter vivido essa experiência incrível, que foi morar em Recife e conhecer pessoas tão especiais.

Durante aquele ano, eu tinha vivido apenas com uma mala e uma mochila. Assim, quando voltei para Alphaville e desfiz a minha bagagem, percebi que as coisas que eu precisei para viver por doze meses representavam menos de dez por cento de tudo que eu tinha em meu quarto. Isso gerou uma reflexão de como não precisamos de muito, principalmente numa época em que fotografias, músicas e arquivos são digitais. Fiquei pensando se eu realmente necessitava ter todos aqueles pertences do meu quarto, que fiquei sem usar e sequer havia sentido falta. Como alguém que nem sequer era consumista havia juntado tanta coisa ao longo da vida? Nos últimos quatro anos, de Barcelona a Recife, eu havia vivido com pouquíssimos bens materiais e priorizado acumular conhecimento e experiências junto às pessoas e amigos que fiz pelo caminho. E me sentia muito feliz assim.

Por isso, nos dias que se sucederam ao diagnóstico, eu me desfiz de coisas que não precisava e foquei em três metas: tratamentos, atividades físicas e lazer. Apesar de eu ser otimista, encarar bem o diagnóstico e nutrir uma esperança de ficar curado, não tinha certeza de quanto tempo viveria, nem até quando conseguiria andar e falar. Então, queria aproveitar ao máximo o encontro com as pessoas que amava.

Naquele fim de ano, a galera da faculdade organizou alguns churrascos, uma moquecada para relembrar a época da Atlética, além da já tradicional ceia de Natal, que comemorávamos desde que passamos os festejos de fim de ano juntos, na Casa dos Artistas, em Barcelona. O pessoal de Alphaville foi diversas vezes até a minha casa para jogar sinuca, retomar os campeonatos no sótão e fazer churrasco. Fizemos também uma rodada de pizzas tocando violão. Como antigamente, meu primo Thiago foi quem mais tocou e, agora, eu tentava acompanhá-lo em outro violão, mas já com a habilidade e os movimentos comprometidos. Além de encontrar os amigos, aproveitei para ler muito, assistir a muitos filmes e fazer viagens curtas.

Em uma delas, fui para Curitiba visitar Renatão, companheiro da faculdade e de Barcelona, agora casado e com um filho de onze meses, morando em terras paranaenses. No quintal da sua casa, ele se assustou ao ver que eu não conseguia mais jogar a bola para seu cachorro. Em outra viagem, fui com meu primo Sérgio Lemos e seus amigos a uma chácara no interior paulista. Na hora de dormir, pisei em falso e caí ao lado da cama, machucando o nariz. No dia seguinte, o pessoal viu a cicatriz e perguntou o que tinha acontecido. Eu falei brincando: "Vocês não viram a briga que teve ontem à noite?".

MOVIDO PELA MENTE

A forma que eu tinha escolhido para encarar a doença era aquela, de um jeito leve e sempre com muito bom humor. E eu não estava sozinho. Minha família acabou bancando comigo esta decisão, sobretudo depois daquele sábado quente do mês de dezembro. Apesar de estarmos totalmente satisfeitos com o Dr. Daniele Riva, muita gente nos aconselhava a marcar uma consulta com o médico que fundou a Associação Brasileira de ELA. Na consulta, fomos convidados para a reunião que acontecia aos sábados de manhã, na Escola Paulista de Medicina. Eu fiquei animado para ir e disse brincando que gostaria de conhecer meus novos amigos. Na manhã do sábado seguinte, fui com meus pais e, também, com a Lili, que já havia voltado ao Brasil, ao encontro de comemoração de Natal. Mas, infelizmente, não tive uma boa experiência.

Valorizo imensamente as ações que as associações de ELA fornecem para os pacientes. A vida de muitos que têm a doença, inclusive, depende

PARTE 1 - MOVIMENTO ASCENDENTE: DA CAMINHADA AO FOGUETE

da ajuda que essas organizações oferecem. Sem contar a informação valiosa que proporcionam. Entretanto, naquela época, não estava preparado para ver tantos com ELA em um estágio bem mais avançado que o meu. Muitos deles já não tinham mais movimentos e carregavam outras diversas limitações. A maioria já estava em cadeiras de roda e, inclusive, havia uma pessoa deitada em uma maca. Fiquei bastante chocado com um senhor que fazia um enorme esforço para respirar. Senti um nó na garganta quando me imaginei em seu lugar. Mas nada como a situação pela qual minha mãe passou. Ela foi abordada por uma senhora que disse: "Seu filho ainda está andando? O meu também andava há um ano, olha agora como está", e apontou para o rapaz cadeirante, sem mover nenhuma parte do corpo.

Ao chegarmos em casa, nós quatro nos sentamos à mesa para almoçar, desanimados e tristes. Minha mãe disse que aquele tinha sido o pior dia da vida dela. No entanto, mais uma vez, nossa tristeza durou apenas até a hora do jantar. Sentados à mesa naquela mesma noite, minha mãe disse algo determinante, que só afirmou a maneira como nós escolheríamos encarar a doença. Ela disse que o evento daquele sábado tinha transmitido uma mensagem de doença e morte, mas que, em casa, iríamos celebrar a saúde e a vida.

Assim fizemos.

Naquele mesmo mês de dezembro, meus tios e meu primo Denis vieram de férias do Canadá. Contando ainda com a volta definitiva da minha irmã Lili para o Brasil, foi um Natal e tanto. Que festa alegre e memorável. No Ano-Novo, fomos, a família toda, para Ubatuba, na casa da prima Mali na praia da Fortaleza. Passamos dias inesquecíveis, em que meus primos Denis e Gabriel me ajudavam a entrar no mar, devagar e com calma. Todos estavam sensibilizados com meu diagnóstico e, por isso, valorizavam o milagre da vida nas pequenas coisas, como ela merecia.

Parecia que o "*depressa, depressa*", a alta velocidade que me impelia a ir cada vez mais rápido, agora ia sendo substituído pelo "devagar, devagar...". Após o diagnóstico, a doença evoluía cada vez mais rápido, limitando os movimentos dos meus membros inferiores e, também, dos superiores. Além das atividades físicas, da fisioterapia e dos tratamentos, não havia muito o que eu pudesse fazer a não ser encarar a realidade da melhor forma possível. O limite a ser ultrapassado a partir de então não era uma calçada esburacada da cidade, mas a imobilidade do meu próprio corpo. Por isso mesmo, o pensamento positivo, impulsionado pela determinação em viver bem cada minuto que me restasse, seria meu principal meio de transporte. Agora, eu precisava ser movido não mais pela força das minhas pernas, mas pela força da minha mente.

PARTE 2

MOVIMENTO DESCENDENTE: DA CAMINHADA À CAMA

→

Quando o homem conseguiu ficar de pé, ele descobriu que cedo ou tarde precisaria voltar para a terra. Que os anos declinariam seu corpo, ceifado enfim pela doença ou a morte, e a natureza então o aguardaria mais uma vez. Ele deu passo a passo, rumo à lentidão. Mas à medida que seu corpo perdia velocidade, e as distâncias se tornavam mais difíceis de alcançar, o homem descobriu que sua mente poderia ir muito mais além, abarcando um novo tempo, com ideais e realizações que levavam ao futuro e ultrapassavam seu breve tempo de vida sobre o mundo.

15 A PÉ

"Quero assistir ao sol nascer
Ver as águas dos rios correr
Ouvir os pássaros cantar
Eu quero nascer
Quero viver
Deixe-me ir
Preciso andar
Vou por aí a procurar
Rir pra não chorar
Se alguém por mim perguntar
Diga que eu só vou voltar
Depois que me encontrar."

Cartola

DESCOBRINDO O BRASIL COM ELA

Uma viagem em que eu pudesse ver os lugares que gostava e encontrar os amigos que amava. Isso valia qualquer diagnóstico. Para ser mais exato, isso valia a vida. A segunda parte desta his-

PARTE 2 - MOVIMENTO DESCENDENTE: DA CAMINHADA À CAMA

tória começa de novo a pé, com as caminhadas nas areias quentes e macias das praias do Nordeste, em uma viagem que fiz durante dois meses, com a minha irmã Liliana, para nós Lili. Enterrando meus pés cada vez mais fundo na areia, já sem força para levantar as pernas, eu precisava ser escoltado por minha irmã, enquanto me alimentava a cada segundo da vista dos rios, das matas, do sol, do mar e, sobretudo, das pessoas que ia observando e conhecendo pelo Brasil afora.

No início daquele ano, depois de nossa viagem para Ubatuba com a família nas festas de Ano-Novo, eu e Lili passamos a organizar o sonho que havíamos planejado: uma jornada de dois meses pela costa brasileira, do Rio a Recife e de volta para casa. Iríamos apenas nós dois de carro, revezando a direção e parando nos locais que gostaríamos de conhecer. Meus pais, a princípio, ficaram preocupados, mas sabiam que, quando eu colocava uma ideia na cabeça, ia até o fim. Eles aceitaram e, inclusive, acataram a ideia com entusiasmo, tanto que se organizaram para pegar um voo em direção ao Recife e fazer a segunda metade da viagem com a gente, relembrando os bons tempos em que viajávamos juntos de Kombi para o sítio em Luizlândia, de carro pelas estradas da França e, também, pelas rodovias americanas.

Na sabedoria dos Vedas, as escrituras sagradas da Índia e as mais antigas do mundo, quando alguém parte para uma nova jornada, é importante ter três bênçãos: dos pais, dos mestres e de si próprio. Só assim o ciclo se completa. Como meus pais tiveram o apoio de seus próprios pais quando fizeram suas escolhas, naquele momento, eles nos davam a bênção para aquela longa jornada. E precisávamos, afinal, mais do que uma viagem de aventura, aquela era uma travessia em direção ao desconhecido, um mergulho no meu próprio tempo de vida, com as batidas daquele mesmo relógio invisível atrás dos meus ouvidos, agora avisando: aproveita, amigo, pois vai acabar.

MOVIDO PELA MENTE

Sabia que esta talvez fosse a última viagem longa da minha vida. Dessa forma, eu e Lili definimos a data de partida para aquela expedição, que denominamos "Descobrindo o Brasil com ELA". O nome brincava tanto com a questão da doença, quanto por eu estar com a minha irmã descobrindo os recantos do litoral nordestino. Criamos também um blog com o mesmo nome, para postar relatos diários da viagem, com fotos e nossas experiências pela estrada em direção a Recife.

Mais do que uma viagem, aquele era um encontro. Antes de tudo, um reencontro com a minha própria irmã, e minha melhor amiga de infância, já que há anos não passávamos tanto tempo juntos, com cada um de nós morando em um canto do mundo. Depois que voltei de Barcelona, Lili foi morar na Irlanda, indo em seguida para Budapeste e, assim, além dos e-mails e ligações via Skype, só nos víamos vez ou outra nas festas de Natal. Agora, era a oportunidade de tirarmos o atraso e dormirmos no mesmo quarto, compartilhando nossos sonhos, sentimentos e tudo que vimos e vivemos, como fazíamos quando crianças em Cleveland.

Também era um encontro com ELA, a doença, encarando as limitações que me aguardavam e me despedindo de cada um dos meus movimentos que, segundo os prognósticos, eu viria a perder. Porém, mais do que tudo, era um encontro com a vida. Uma oportunidade de ampliar ao máximo a alegria de cada experiência, desde a contemplação de um pôr do sol até as conversas sem pressa com as pessoas, nas portas das casas do nosso Brasil. O desejo de eternizar os momentos felizes era tanto que, na época, voltei a me jogar de braços abertos a um antigo *hobby*: a fotografia.

No período da Atlética, na GV, eu havia conseguido um curso gratuito de fotografia para os alunos, com duração de dois dias. Acabei participando também e, na ocasião, lembrei que meu pai tinha uma máquina fotográfica manual antiga e muito boa. Fiquei três anos fotografando com ela, principal-

PARTE 2 - MOVIMENTO DESCENDENTE: DA CAMINHADA À CAMA

mente nas viagens que fazia a lazer ou a trabalho, mas o *hobby* tinha ficado de lado, desde que eu havia me mudado para Barcelona. Naquele momento, ao sentir que minha vida poderia ser mais breve do que eu imaginava, a vontade havia voltado com força. Comprei então uma máquina digital Nikon semiprofissional e voltei a fotografar para que, como disse o teórico francês Roland Barthes, em seu livro *A câmara clara*, "[a fotografia pudesse repetir] mecanicamente o que nunca mais poderá repetir-se existencialmente*".

Assim, máquina e malas a postos, saímos de Alphaville na tarde do dia 15 de janeiro, em direção à nossa viagem de cinquenta dias pelo Nordeste.

DE FRENTE PARA O RIO

Os paulistanos começavam a voltar do trabalho para casa e a engarrafar as vias da grande metrópole, quando demos início à nossa viagem. Com isso, logo de cara, enfrentamos um longo congestionamento na marginal Tietê. Mas assim que pegamos a estrada, com a noite que chegava, pensei que até mesmo um engarrafamento servia para alguma coisa: valorizar a fluidez de um caminho livre.

Naquela viagem em direção ao Rio de Janeiro, o nosso primeiro destino, pegamos chuva forte e neblina. Mesmo assim, mantivemos o bom humor, o que sempre nutríamos juntos, até nas situações mais inusitadas, como quando caí de bicicleta e Lili me levou com amnésia e a cabeça quebrada para o hospital em Aguaí. Na companhia um do outro, já tínhamos nos divertido tanto, fugido do *school bus* em Cleveland, trocado confidências de perigos secretos que vivemos durante a adolescência e, mesmo quase aos trinta anos de idade, aquela era apenas mais uma aventura. Uma aventura de sete horas de viagem, na estrada, à noite, com chuva, para ser mais exato.

E para coroar nosso primeiro dia, chegamos ao Rio de Janeiro com a Lili, literalmente, pisando na merda. Assim que desceu do carro, ela enfiou seu tênis nas fezes de um cachorro, bem na entrada do prédio do meu amigo Thiago Duvernoy, onde iríamos nos hospedar, infestando o ar no caminho até o prédio. Mas nem sequer isso tirou a nossa alegria. Chegamos quase meia-noite na casa do Thiago e, mesmo assim, conversamos por mais de duas horas, nos entretendo com a quantidade de livros e músicas do seu apartamento. Era aquele mesmo apê que eu admirava da janela do hotel em Copacabana, quando fiz o treinamento da EY, uma semana antes de descobrir o diagnóstico. Naquela noite, ele nos perguntou bastante sobre a doença. Ali, eu já me acostumava a lidar da melhor forma possível com as perguntas sobre a minha nova companheira, a ELA, o que seria uma constante durante toda a viagem.

Na manhã seguinte, começamos o nosso *tour* pela Lagoa Rodrigo de Freitas, fazendo uma caminhada e fotografando os primeiros ciclistas que encontramos. Naquela época, a cidade maravilhosa tinha a maior e melhor estrutura cicloviária do país, e era uma delícia poder ver as pessoas trafegarem de bicicleta para seus compromissos, além de pedalar por lazer e esporte.

Almoçamos no Jóquei Clube, passeamos pelo Jardim Botânico e visitamos o Aloizio e a Clarinha, amiga da mãe da Julia, que acabou se tornando uma grande amiga. Em sua casa, tivemos dificuldade para ir embora, tanto pela deliciosa conversa como pela vista da varanda para a lagoa. Mas precisávamos seguir para Humaitá, onde jantamos com nosso primo Ronaldo e família; de lá, completamos com uma balada na Cinémathèque. Além dos parentes e dos meus amigos, havia ainda os amigos da Lili, o que fazia da nossa viagem uma festa ambulante.

No dia seguinte, fomos para Niterói, almoçar com uma amiga húngara da Lili e seu marido carioca, antes de pegarmos a estrada para a região dos Lagos. Passamos por Araruama, Cabo Frio e chegamos a Búzios no final da tarde. Ficamos três dias na cidade, numa pousada na rua da Linguiça, com

PARTE 2 - MOVIMENTO DESCENDENTE: DA CAMINHADA À CAMA

o colchão mais duro que o chão do quarto, além de baratas gigantes, que contrastavam com a quantidade de pessoas bonitas andando pela rua das Pedras e Manoel de Freitas, em pleno sábado de verão, em um feriado de São Sebastião, padroeiro do estado do Rio de Janeiro.

Em Búzios, visitamos praias, mirantes, comemos peixe com camarão, tomamos sorvete, cerveja, caipirinha e fizemos muito o *people watching*, num dos melhores lugares para isso. O bar Anexo disponibilizava sofás virados para a rua em diferentes níveis, quase como uma arquibancada, possibilitando ver e apreciar qualquer ser, veículo ou barco que passasse pela Orla Bardot, denominada assim em homenagem à atriz francesa Brigitte Bardot. Eu tirava fotos e gostava de observar como as pessoas andavam e o que faziam. Era um espectador assistindo ao próprio fenômeno da vida, que passava depressa, de um lado para o outro, enquanto minha câmera fazia tudo ficar lento, quase eterno.

Depois, em Arraial do Cabo, fizemos um passeio de barco e confirmamos o privilégio de conhecer um paraíso como aquele, com praias lindíssimas de águas transparentes, areia muito fina, pedras e morros cobertos pela vegetação. Visitamos também Cabo Frio, uma cidade relativamente grande, com muitos prédios e lotada de pessoas, mas que me agradou pelo ordenamento urbano, com todos os prédios baixos, unindo-se em harmonia com o mar, as dunas e o rio. Na beira do rio, cheio de barcos, havia uma orla agradável, com restaurantes e pequenas casas de comércio, o que fazia a cidade se voltar para as águas doces e apreciá-las, e não virar as suas costas, como faziam tantas cidades brasileiras.

Eu e Lili paramos ali para comer uma pizza, enquanto conversávamos sobre a formação das cidades que já tínhamos visto. Falamos de Barcelona, de Cleveland, de Toronto e, também, de Dublin e Budapeste, cidades que Lili tinha vivido. Pensamos em nossa juventude de carro em Alphaville, nossas pedaladas em ciclovias europeias e viagens de trem e metrô pelo continente. Percebemos que na Europa, por ser tudo tão histórico, por cada pedra dentro da cidade possuir seu valor, talvez houvesse uma consciência maior de circular pelo espaço urbano e zelar por ele, em vez de apenas entrar em um automóvel e chegar de um ponto a outro.

Refletimos também sobre como era boa aquela sensação de estar na rua, de frente para o rio, próximo às pessoas, falando com elas e desfrutando de uma cidade não hostil com seus cidadãos. Como eu gostava daquele assunto! Poderia falar dele por horas. Naquelas terras férteis da orla fluminense, naquele mês chuvoso de verão, com tempo e espaço para pensar, a semente de um sonho, que eu ainda nem sequer tinha consciência, encontrava espaço para finalmente começar a crescer. Eu me encontrava de frente para o rio e de frente para a vida, e estava disposto a mergulhar fundo nela, mesmo que o futuro do outro lado da margem se revelasse fatalmente nebuloso.

DEVAGAR, DEVAGAR

Enquanto fazíamos a viagem, a cada praia caminhada, eu ia perdendo a coordenação motora fina das mãos e, sobretudo, das pernas. Minha força, aos poucos, ia ficando pelas areias dos caminhos. Mesmo assim, eu continuava a caminhar e, também, a revezar a direção do carro com Lili. Se ela quisesse fazer uma caminhada mais veloz em alguma praia, eu ficava sentado em um canto, tirando fotos e contemplando a paisagem. Nada que nos impedisse de desfrutar a jornada e viver cada dia com harmonia.

Do estado do Rio, seguimos para Vila Velha, no Espírito Santo, onde ficamos no apartamento de um *couchsurfer* que havia se hospedado na casa de Lili, em Dublin. A estada em Vila Velha superou todas as nossas expectativas, principalmente pela acolhedora recepção do nosso anfitrião, de sua

PARTE 2 - MOVIMENTO DESCENDENTE: DA CAMINHADA À CAMA

família e de um holandês que vivia há dez meses intensos no Brasil, morando até em favela carioca e assimilando de forma incrível tanto o idioma quanto a nossa cultura. Na companhia deles, fizemos um *tour* gastronômico por Vitória e Vila Velha e, de lá, seguimos para o ponto alto da nossa viagem pelo Espírito Santo: Itaúnas. Foi ali que, além dos meus sonhos de mobilidade e urbanismo, plantei também uma segunda semente para meu destino, sem me importar muito com previsões e diagnósticos. Foi nas dunas de Itaúnas que conheci Clarissa, minha futura namorada.

Nas duas vezes em que eu havia estado na cidade, me hospedei na casa de uma família, que agora tomava conta de um estabelecimento, a Tapiocaria da Gabi. Logo de cara, reconheci Gabriela, filha de Alzira, que se lembrava em detalhes da minha última estada ali no vilarejo, há seis anos. Comemos umas tapiocas saborosas, mostramos fotos uns aos outros e conversamos bastante. Além de nós, havia apenas outra mesa ocupada no local.

Uma garota de Belo Horizonte, acompanhada de sua tia e sua afilhada, logo despertou a minha atenção. Ela também havia me notado, mas como pensou que eu e Lili fôssemos namorados, demoramos um pouco a conversar. Mas logo em seguida, estávamos batendo papo, rindo e descobrindo diversas coisas em comum. Clarissa me contou que estudava Medicina. E eu contei a ela, de forma muito natural, sobre a minha doença. Ela também recebeu a notícia de forma muito natural. Quando a Tapiocaria fechou, Lili foi para o hotel dormir, nós seguimos para a praça e, em frente à igrejinha da vila, demos o nosso primeiro beijo.

Desde o término do namoro com Julia, eu havia ficado com outras garotas, mas nada evoluiu para algo duradouro. Agora, eu acabava de conhecer alguém que realmente tinha mexido comigo de uma forma diferente. Clarissa era divertida, generosa e tão simples e natural, como era estar ali, naquela noite estrelada, na pracinha do vilarejo. Apesar de eu ter ficado envolvido, a viagem precisava continuar. Trocamos contato e, no dia seguinte, eu e Lili pegamos estrada para a Bahia. Combinei com Clarissa que voltaríamos a nos ver, no retorno da viagem, quando estivéssemos descendo a costa do Nordeste, com meus pais. Passei, então, a aguardar com ansiedade aquele momento.

De Itaúnas, pegamos estrada, almoçamos em Teixeira de Freitas e chegamos a Caraíva no começo da noite. Naquele dia, a viagem de carro havia sido especialmente puxada. Todas as pessoas com quem tínhamos conversado havia nos aterrorizado sobre as condições da estrada no sul da Bahia. No começo, nem achamos o asfalto tão ruim, a não ser nas pontes. Entretanto, pelo caminho, começaram a surgir pequenos buracos, que foram aumentando em quantidade, tamanho e profundidade, até o ponto em que os buracos se tornaram a regra e, a estrada, a exceção. Nessas alturas, seria mais prudente dirigir nos buracos e desviar de qualquer coisa que se parecesse com a estrada, do que tentar se equilibrar nos poucos pedaços que ainda sobravam de asfalto.

Quando chegamos, depois de um dia exaustivo, precisamos colocar todas as malas num barquinho e atravessar o rio, para chegar a Caraíva. Eu me sentia tão cansado que, quando coloquei o pé na areia fofa, não pude mais andar. Por mais força que eu fizesse, minha perna não saía do lugar. Lili precisou me carregar até um píer e me deixou ali com as malas, enquanto foi procurar uma pousada. Fiquei ali esperando, até vê-la chegar com dois meninos, dizendo que havia conseguido uma pequena casinha com um quarto e banheiro. Fui arrastando as pernas até a nossa hospedagem, nos fundos da casa do Seu Cosme e da Dona Rita. Era uma senhorinha que tinha nascido em Caraíva e viveu praticamente toda sua vida sem luz elétrica, já que a eletricidade só havia chegado ali há pouco mais de um ano.

PARTE 2 - MOVIMENTO DESCENDENTE: DA CAMINHADA À CAMA

Eu queria ficar horas a conversar com a Dona Rita, sair pela vila e brincar com os meninos, mas estava cansado e fui dormir cedo. Lili saiu para comer alguma coisa e acabou se divertindo bastante, terminando a noite no Forró do Pelé. Por mais que aquela voz continuasse a soprar *"depressa, depressa"*, meu corpo não podia mais. A frase que eu havia repetido durante a minha juventude, "vou dormir depois de morrer", tinha deixado de ser uma opção, ainda que eu quisesse ficar acordado. Agora, se eu não fosse devagar e com calma, simplesmente não iria.

Mesmo Adriana, a fisioterapeuta, já chamava a atenção sobre isso. Eu fazia os exercícios com muita intensidade, querendo colocar muito peso e atingir alta velocidade, até o limite que aguentasse. Mas ela repetia que, dessa forma, eu não protelava a evolução da doença, e sim chegava mais rápido à exaustão. Era um desafio abrir mão da velocidade que tanto me acompanhava desde a juventude, mas agora, o *"depressa, depressa"* precisaria ser substituído pelo *"devagar, devagar"*.

SENHORES DO TEMPO

Durante o dia, quando caminhávamos pela praia, havia uma hora em que Lili me pedia para ir fotografar, enquanto ela andava mais rápido, a fim de procurar um restaurante para almoçarmos ou um lugar para nos hospedarmos. Às vezes, eu já tinha passado horas fazendo isso, quando ela me pedia para tirar mais fotos. Aquele, inclusive, acabou se tornando um jargão da nossa viagem, "Ricky, vai fotografar". Imagino que não devia ser fácil para ela empreender uma viagem mochileira pelo Nordeste brasileiro, na companhia do seu irmão, agora uma pessoa com deficiência. Entretanto, tanto ela como eu não encarávamos assim. Víamos sempre a limitação como algo a ser superado e replanejado. Sabíamos que, mais do que aquele automóvel hidramático, era a nossa mente que nos levava para viajar e, em vez de olhar a doença, admirar a paisagem, que nos fazia focar mais nas conversas com as pessoas do que nas pernas que mancavam.

Uma vez, no carro, quando contávamos histórias dos nossos musicistas preferidos, comecei a ler a história do Charles Mingus, um jazzista que teve esclerose lateral amiotrófica e veio a falecer. Tivemos aquele minuto de silêncio fúnebre, mas logo depois voltamos a falar da alegria da música, da beleza e da poesia. Apesar de discordarmos em algumas coisas, era uma escolha clara para todos na família lidar com a vida dessa forma, em vez de olhar fixo para aquele neurônio motor que impedia a passagem dos estímulos do meu movimento. Por isso, com grande prazer, eu iria sim fotografar, toda vez que Lili me pedisse, tanto e quanto fosse preciso, a praia, a paisagem, as pessoas, correndo com meus olhos na velocidade com que as pernas já não podiam.

Ali em Caraíva, conhecemos vários senhores da região, como a Dona Rita e o Seu Cosme, e pudemos ficar por horas conversando com eles, na beira do rio. Eu me lembrava das longas férias em Aguaí na infância, em que passava as tardes conversando com Seu Geraldo e os senhores cortadores de cana. Eu desfrutava muito daqueles momentos, em que podia aprender com a sabedoria das pessoas mais velhas, sobretudo as que viviam no campo e em pequenas cidades. Ali havia outro ritmo de vida e eu me lembrava da música do Caetano Veloso: *"tempo, tempo, tempo, tempo / és um senhor tão bonito"*. Era como se aquelas pessoas mais velhas daqueles lugarejos fossem os próprios senhores do tempo, com muito a nos ensinar.

Em uma noite, voltando do forró, vimos uma cena triste: um senhor da vila teve um infarto e, no dia seguinte, ficamos sabendo que ele faleceu durante a travessia para o outro lado do rio, a caminho do hospital. Essa era, sem dúvida, uma desvantagem de se morar em um local afastado do mundo. Por outro lado, ali todos pareciam fazer parte da paisagem,

PARTE 2 - MOVIMENTO DESCENDENTE: DA CAMINHADA À CAMA

o tempo era mais dilatado e tinha mais qualidade. Assim, aquele senhor deixou sua vida atravessando o fluir do rio, e não preso na ambulância de uma grande cidade, cortando o trânsito para chegar ao hospital.

Pensando nessas coisas, eu me alegrava cada vez mais com a opção de ter decidido por fazer aquela viagem, pois, mesmo lento, eu, de fato, continuava a me movimentar, fluindo no rio da vida. Naqueles três dias em Caraíva, andamos por ruas de areia fofa que, de tão quentes, pareciam formar queimaduras em nossos pés e pernas. Lili, de chinelos de dedo, tentava me ajudar a caminhar com minhas sandálias, de sombra em sombra, mas quase não existiam árvores nas ruas. Até que chegávamos ao rio, um pouco antes de ele encontrar o mar, e podíamos ficar ali, esfriando os pés e olhando para o horizonte. Já nos sentíamos como "locais", pois sempre encontrávamos as pessoas que conhecemos na vila.

Fizemos passeio de caiaque, assistimos ao batismo da capoeira dos nativos, brincamos com a criançada... Foi ali também que tomei o primeiro tombo da viagem. Ao andar na praia de Caraíva, virei a cabeça para observar uma mulher bastante exótica e acabei tropeçando em um galho. Caí no meio de um campinho de futebol improvisado na areia e interrompi o jogo das crianças. A molecada só voltou a jogar depois que eu me levantei e segui minha caminhada. Não conseguia classificar a cena entre hilária ou patética, mas acredito que as duas na mesma proporção. Agora, como os senhores daquela vila, vivendo a cada momento seu dia a dia, a única coisa que eu precisava fazer era exatamente o que se deve fazer depois de cair: levantar e continuar a caminhar.

BIZARRICES

E foi o que fizemos. De Caraíva, seguimos em direção a Trancoso. Com tantos quilômetros rodados, imaginávamos que algo poderia acontecer com o carro, como um pneu furado, um atolamento ou coisas do tipo. O que não supúnhamos era que o grande problema seria seu cheiro. A partir do sul da Bahia, dois fatores contribuíram para piorar a qualidade do ar em nosso veículo. O primeiro deles surgiu em Caraíva. Sempre que colocávamos nossas roupas para secar no varal, era como a dança da chuva dos índios Pataxós. Podia não haver uma nuvem sequer que, em poucos minutos, o tempo mudava e começava a chover em nossas roupas. Esse molha e seca acabou fazendo com que as roupas ficassem com cheiro de cachorro molhado. As mais afetadas foram a toalha roxa da Lili e a minha bermuda azul.

O segundo motivo era por conta das caronas. Quando saímos de Caraíva, demos carona para cinco pessoas que tomaram chuva e carregavam malas e a feira da semana. Logo notamos que o aroma já contaminado do Honda ficou ainda mais prejudicado, nem o lava-rápido de duas horas em Trancoso deu solução ao problema. Quer dizer, depois de um tempo, já não sentíamos mais nada, mas não dava para saber se era porque o cheiro tinha ido embora, ou se nossas narinas ficaram totalmente adaptadas.

Eram essas e outras histórias que escrevíamos nas "Bizarrices do dia", a sessão do nosso blog "Descobrindo o Brasil com ELA", em que sempre contávamos as coisas inusitadas e divertidas que aconteciam pelo caminho. Na época, os amigos ficavam na expectativa para ler o *post* do dia seguinte. Dávamos boas risadas e, quase sempre, algo incômodo como as baratas da pousada de Búzios, ou inusitadas, como a placa escrita "rodovia sem saída", viravam uma bizarrice do blog, que acabava nos divertindo, e agora também nossos leitores. Além das histórias, eu selecionava as fotos mais significativas para postar, munido por uma grande vontade de compartilhar meu olhar sobre o mundo, com o mundo.

PARTE 2 - MOVIMENTO DESCENDENTE: DA CAMINHADA À CAMA

Ao chegar a Trancoso, nós nos encontramos com a Paty, amiga da Lili que iria viajar conosco por dez dias, e nos hospedamos na casa de um baiano que elas conheceram em Dublin. Em Arraial D'Ajuda, também nos encontramos com nossos primos Tuca, Stella, Dedé e Lulu, que moravam ali. Como dizia meu amigo Luiz, por onde eu passasse, encontrava meus primos. O que era, de certa forma, verdade. Meu tio Laerte Ribeiro, um genealogista, deu continuidade à árvore genealógica da família e publicou um livro. Nós conhecemos nossa ascendência por quinhentos anos. Eu sou da décima nona geração do português João Ramalho com a índia Bartira, filha do cacique Tibiriçá. No casarão da família, em Andrelândia, em Minas Gerais, uma das paredes da sala ostenta uma árvore genealógica completa, onde cada coluna é um ramo da família e cada folha um membro. Como sou das últimas gerações, preciso subir na escada para encontrar meu nome.

Assim, depois de ver nossos primos em Arraial, pegamos estrada para Ilhéus, seguimos para Itacaré e, depois, Barra Grande. Apesar de muitos dizerem que aquela estrada só poderia ser enfrentada por carros 4x4, encaramos o desafio. A aventura foi menor do que imaginávamos e chegamos sem muitas dificuldades à maravilhosa praia de Taipú de Fora, com fama justificada de ser uma das mais bonitas do Brasil. Além dos coqueiros e da areia fina, a praia tem piscinas naturais formadas por corais com mais de um quilômetro de extensão. Nadamos bastante naquelas águas calmas e protegidas pelos arrecifes, recarregando nossas energias por tantos dias na estrada.

Já estávamos a vinte dias na estrada e, agora, voltaríamos para Itacaré e tocaríamos viagem em direção a Salvador. No caminho, quando entramos no trecho mais deteriorado, caímos em um buraco e avariamos o carro, que começou a apresentar uns barulhos estranhos, entortando de leve a parte da frente. Perdemos um bocado de tempo em Itacaré analisando a situação do veículo e, de volta à estrada, as energias pareciam continuar contra. Havíamos conhecido uma menina, a Carol, em um passeio de barco que fizemos, e ela tinha pegado carona com a gente. Mas ficou passando mal, devido às curvas. Além disso, quase ficamos sem gasolina e não havia um posto sequer pelo caminho. Isso sem contar que a Paty perdeu o voo de volta para São Paulo, devido a apenas dois minutos de atraso.

Mas como tudo na vida, toda viagem tem momentos bons e ruins. Pequenos incidentes não atrapalhavam o conjunto de coisas maravilhosas que eu experimentava naqueles dias. Conversar com os nativos, assistir ao futebol na praia, ver crianças correndo, gringos, pescadores, comer peixe, escutar música ao vivo, andar de caiaque sobre um mar transparente de corais, mergulhar com óculos e *snorkel*, sentar-me na areia e tentar decifrar a claridade que se formava no horizonte, ver o pôr do sol, ficar no rio até escurecer... Como dizia a música, "tempo, tempo, tempo, tempo...". E eu precisava mesmo de tempo. Começava a gostar muito daquele novo ritmo que agora soprava em meus ouvidos.

De Itacaré, fomos para Morro de São Paulo, nos perdemos na grande cidade de Salvador, apreciamos a organização e limpeza da orla na capital sergipana, com diversas praças, ciclovias, calçadas largas e nenhuma sujeira na avenida Beira Rio. Mas, ao mesmo tempo, isso contrastava com a grande pobreza que víamos pelo interior do país. De Aracaju, seguimos para Maceió, atravessamos o rio São Francisco de balsa, entre Neópolis e Penedo e vimos muitos lugarejos pobres pelo caminho. Em uma cidadezinha, muitos meninos mascarados, como se fosse Carnaval, nos pediram dinheiro para enfeitar o boi. E dessa vez, eu me lembrei da música do Skank, "Uma esmola pelo amor de Deus, uma esmola, meu, por caridade, uma esmola pr'o ceguinho, pr'o menino, em toda esquina, tem gente só pedindo...". Junto ao Brasil das belas praias, havia também esse Brasil tão

PARTE 2 - MOVIMENTO DESCENDENTE: DA CAMINHADA À CAMA

carente, quando as pessoas se aproximavam de nós não pela troca ou encontro, mas pela necessidade. E essa bizarrice não tinha nenhuma graça.

ADEUS, RECIFE

Quando completamos exatos trinta dias da viagem, chegamos a Recife e buscamos nossos pais no aeroporto. Ali, findava um ciclo, meu com a minha irmã, e começava um novo, onde éramos quatro, de novo, todos juntos, como nas viagens que fizemos na infância. Na ocasião, levei minha família aos lugares que tanto amava quando vivia em Recife, como ao Capibar, para ver a decoração com as sucatas do rio Capibaribe, e ao passeio de catamarã pelos canais, em meio aos casarões do centro histórico. A minha época de viver na cidade já havia passado, mas a magia dos locais continuava a mesma.

Nessa mesma data, Lili comemorava exatos trinta anos de vida. Celebramos no tradicional Oficina do Sabor em Olinda, comendo um jerimum recheado de camarão, ao molho de manga, e outro ao molho de pitanga. À noite, decidimos de última hora ir a uma festa à fantasia, parte das famosas prévias de Carnaval do Recife e, em poucos minutos, tivemos que improvisar uma fantasia. Lili foi de Chiquinha, do programa Chaves, e eu passei numa farmácia para comprar faixas e curativos e fui de aleijado, inclusive com uma muleta improvisada. Incorporei muito bem meu personagem e brincava que ninguém poderia mancar e andar torto tão bem como eu fiz. A fantasia era tão boa que alguns podiam jurar que eu tinha realmente algum problema na perna. Aquela cena, com certeza, iria parar nas "bizarrices do dia" do nosso blog.

Revi os amigos naqueles dias em que estivemos em Recife. Na estrada para Pernambuco, vindo de Maceió, eu e Lili tínhamos escolhido Japaratinga como a nossa parada para entrar no mar. Ali, andamos na beira da praia em direção ao rio, o mesmo que eu tinha nadado contra a correnteza. Depois daquela aventura, eu havia voltado ali outra vez, com as francesas, ainda sem saber o que acontecia com a minha perna. Agora, pela terceira vez na região, eu já levava a certeza de que aquele tipo de aventura, atravessar um rio a nado, não voltaria a fazer parte da minha vida. Aproveitava agora somente os rios mansos, entrando nas beiras.

Fazia exatamente um ano que eu tinha nadado com Julia naquele rio. Quanta coisa havia acontecido desde então. Ela se sentia tocada com a situação que eu atravessava e queria aproveitar a minha presença fazendo vários programas com a minha família.

Na temporada na capital pernambucana, os pais do Armando convidaram a nossa família para um almoço em sua casa. Além da boa conversa, boa comida, bom vinho e excelente hospitalidade, fizemos uma sessão de piano, na qual todos tocaram. Aquela foi a última vez que eu consegui tocar piano, já com bastante dificuldade. Quando me virei, estavam todos emocionados. Armando e sua família ocupavam um lugar bem especial em minha vida, pois quando eu mais precisava, tinham me estendido a mão. Agora, abriam as portas da sua casa para receber toda a minha família. Revi também os amigos da EY; assim, fechei um ciclo da minha vida naquela cidade que me recebeu de braços abertos, com sua efervescência cultural, sua ciclovia na orla e seu clima festivo e oportunidade profissional. Eu nunca mais voltaria a Recife.

MAIS UM ANO DE VIDA

Fiquei deitado nas águas rasas da Praia de Carneiros, protegidas pelos muros de corais. Tínhamos parado ali, antes de seguirmos para Maceió. Os dias haviam se expandido. Com o céu sobre meu corpo e o mar abaixo, eu me sentia fundido à natureza. A cada dia, tinha mais dificuldade para

PARTE 2 - MOVIMENTO DESCENDENTE: DA CAMINHADA À CAMA

caminhar. Mas para que andar, se eu podia, simplesmente, boiar? Naquela viagem, eu experimentava na pele a famosa letra de samba do Zeca Pagodinho: "deixa a vida me levar...".

De Maceió, fomos para Aracajú, e de lá para o sul de Sergipe, divisa com a Bahia, onde pegamos um barco para Mangue Seco e fizemos um passeio de bugue pelas dunas. Depois, descemos para a Praia do Forte e, em vez de nos perdermos de novo no trânsito de Salvador, contornamos a Baía de Todos os Santos e pegamos a balsa para Itaparica. Seguimos em direção à Barra Grande, para passar o Carnaval naquela região tranquila. Durante o dia, íamos à praia com meus pais e, à noite, desfrutávamos o burburinho da vila de pescadores.

Depois de cinco dias no paraíso, enfrentamos muita estrada de chão até chegar à BR-101 e rumar para Arraial D'Ajuda, indo direto para a casa dos nossos primos, que nos esperavam com um churrasquinho. Ficamos ali alguns dias, aproveitando o encontro da nossa família, agora que meus pais também estavam conosco. Em nossa última manhã em Arraial, antes de viajarmos rumo ao Espírito Santo, os primos ainda nos fizeram uma visita surpresa na pousada, com direito a bolo e parabéns. Naquele dia, eu completava vinte e nove anos de vida.

Passamos a tarde toda na estrada e eu seguia animado para a noite, pois havia um plano de reencontrar Clarissa em Itaúnas, a garota de Belo Horizonte, que eu havia conhecido na ida. Mas como não conseguimos nos comunicar e eu não sabia ao certo se ela estaria na vila ou não, mudamos os planos decidindo conhecer um novo destino. Paramos, então, no balneário de Guriri.

Cadeiras de plástico quebradas, música brega e ter que fazer ola para o único garçom do recinto notar a nossa presença, não era exatamente o que eu imaginava para meu aniversário. O arrependimento aumentou ainda mais quando, pouco após entrarmos na pousada, recebi finalmente a mensagem da Clarissa dizendo que sim, ela estava em Itaúnas. Para piorar, o único quarto livre da pousada tinha uma barata malacafenta nos aguardando. Comecei a nutrir certa amargura por aquela noite. Mas me lembrei na mesma hora do ano anterior, quando eu havia celebrado a data sozinho num hotel, na pequena Rio Brilhante, no Mato Grosso do Sul, e tomado um tombo no banheiro. Muitas águas haviam rolado desde então e, agora, eu estava na companhia da minha família, viajando a lazer, conhecendo e revendo pessoas queridas e, o principal, comemorando mais um ano de vida sobre este incrível planeta Terra.

Por isso, deixei de lado a chateação e agradeci aos encontros e ao milagre da vida. O diagnóstico também tinha um lado positivo, agora eu conseguia mudar em um segundo a chave da minha mente, ao ampliar a consciência sobre cada pequeno momento de felicidade. De toda forma, meu encontro com a Clarissa já tinha um lugar marcado no futuro. Ali, eram tempos de celebrar o aniversário e o reencontro da família, mesmo com a cerveja quente. E como tudo passava rápido, no dia seguinte, em Vitória, deixamos minha mãe no aeroporto. Suas férias haviam terminado, ela precisava retornar ao trabalho.

SURVIVOR

Seguimos descendo o Brasil, pelo mesmo caminho que viemos, agora em direção a Búzios. Com a ajuda do nosso pai e o desejo de evitar ao máximo a pousada das baratas da ida, nos demos ao luxo de nos hospedar no Pérola Búzios, localizado próximo à Rua das Pedras. O hotel era tão bom que nem saímos para passear, ficamos na hidromassagem tomando *champagne* e pedimos para jantar no próprio quarto. Uma regalia que nos permitimos, depois de uma aventura *"on the road"* por cinquenta dias. A viagem, agora, ia che-

PARTE 2 - MOVIMENTO DESCENDENTE: DA CAMINHADA À CAMA

gando ao seu ponto final. A realidade de voltar para casa e decidir como seria a minha vida a partir de então estava prestes a acontecer.

Durante aqueles três dias de piscina no hotel chique, consegui finalmente voltar à rotina da fisioterapia, depois de falhar por diversas manhãs. Enquanto fazia os exercícios, nós ouvimos por duas vezes a música "A Tonga da Mironga do Kabuletê", de Vinicius de Moraes. Foi o suficiente para não conseguirmos mais tirá-la da cabeça. Sempre que um de nós, eu, Lili ou meu pai, conseguia esquecê-la, o outro fazia questão de cantarolar sem querer, assobiar ou bocejar a melodia e, assim, não conseguíamos mais nos livrar dela.

Aproveitamos bastante o hotel até o último minuto que nos foi permitido e pegamos a estrada para Teresópolis, onde nos aguardava um grande amigo da minha mãe, Zé Nunes, e sua esposa Lourdes. Achávamos que tínhamos vindo sozinhos de Búzios, mas não. Após convivência com a gente por dois dias, Zé Nunes, sem perceber, toda hora cantarolava aquela grudenta melodia "Na Tonga da Mironga do Kabuletê". Percebemos que, além de nunca mais nos livrarmos da canção, ainda havíamos começado um processo de contágio intermunicipal. Ainda bem que era por MPB.

Naqueles dias, visitamos o Parque Nacional da Serra dos Órgãos, o Alto do Soberbo, o Dedo de Deus, a Granja Comary, com o centro de treinamento da seleção brasileira, e passamos também por Petrópolis. Na beleza da serra fluminense, senti um contato profundo com a natureza, as montanhas, o azul do céu, o vento fresco, as águas descendo nas pedras das encostas. Eu estava vivo, e fazia parte do Todo. Tirei ali uma foto, de braços abertos, na frente do pico da montanha Dedo de Deus, com uma camiseta escrita *"Survivor"*, sobrevivente, em inglês. Sim, eu era um sobrevivente, no melhor sentido da palavra. Pois boiava sobre a vida, surfava sobre ela. E enquanto a onda estivesse sob meus pés, eu a surfaria.

Teresópolis foi o nosso último destino. De lá, seguimos para a nossa casa, em São Paulo. Durante a ida, quando avariamos nosso carro em um buraco na estrada em Barra Grande, a frente do veículo entortou, dando a impressão de o capô estar aberto. Desde então, escutamos durante toda a viagem, umas cinco vezes ao dia, alguém avisando, "o capô está aberto". Isso acontecia na estrada, nos postos de gasolina, nas pousadas, ou em qualquer paragem. Decidimos que, se mais de cinquenta pessoas falassem essa frase, dedicaríamos uma "bizarrice do dia" ao tema.

Em nossas bizarrices no blog "Descobrindo o Brasil com ELA", tínhamos colocado fatos surpreendentes, como a Lili meter a cabeça no ventilador da pousada e depois ficar louca por doces, também a conexão entre o ombro dela e sua memória. Pois era só colocar a bolsa para sair da pousada, não importa qual praia fosse, que ela se lembrava de ter esquecido os óculos, a canga, o protetor solar etc. Agora, era a vez de o capô do carro ganhar a honra de se tornar uma bizarrice.

Para dizer a verdade, nós já tínhamos nos acostumado com o carro assim e percebemos que, afinal de contas, o capô nos fez socializar muito mais em toda a costa do Brasil, já que toda a gente vinha nos avisar que ele estava aberto. Uma amiga, inclusive, nos aconselhou a, depois de consertar o capô, andar com a porta do carro aberta, que o efeito seria o mesmo. E agora que íamos chegando em casa, pela marginal Tietê, com todos em seus carros de vidro fechado, eu brincava que realmente teríamos que fazer isso.

Assim, depois de quase dois meses viajando, finalmente desligamos o motor do carro na porta de nossa casa. Mas não pudemos entrar. Não sabíamos se tínhamos levado a chave para a viagem, ou se a perdemos em algum lugar, ou se ficou enterrada em alguma mala, ou mesmo na areia de alguma praia. O fato é que ficamos trancados para

PARTE 2 - MOVIMENTO DESCENDENTE: DA CAMINHADA À CAMA

fora, e tivemos que esperar por duas horas na garagem até que minha mãe chegasse do trabalho. Parecia que não queríamos mesmo voltar para casa. Eu, pelo menos, me sentia receoso.

A partir dali, o incerto me aguardava. Esse Ricky que tinha um diagnóstico e uma licença do trabalho pelo INSS, esse Ricky eu ainda não conhecia. Esse rapaz de vinte e nove anos com uma sentença de morte e o tempo de vida contado no relógio, eu não podia dizer quem era. Esse rapaz que andava tão lento e que, segundo os prognósticos médicos, em breve nem sequer andaria, eu ainda estava para conhecer. Mas seguindo o conselho do Dr. Daniele Riva, eu viveria cada dia dando um passo após o outro e, a cada limitação, aprenderia a lidar com ela. Aliás, nós nos alfabetizaríamos. Agora, toda a minha família se mobilizava para persistir comigo, em casa, na viagem e para o meu resto de vida.

16 BENGALA

→

"Quero chorar o seu choro
Quero sorrir seu sorriso
Valeu por você existir, amigo."
Fundo de Quintal

EDIFÍCIO MANDARIM

Quando Lili decidiu voltar ao Brasil por causa do meu diagnóstico, traçamos um plano que, além da viagem pela costa brasileira, incluía também encontrar um apartamento para morarmos juntos. Já em São Paulo, fomos visitar um imóvel para alugar no Brooklin e, olhando pela janela, Lili ficou encantada com o prédio vizinho. Tratava-se do Edifício Mandarim, que contava com grande estrutura para os moradores, academia bem equipada, piscina, sauna, hidromassagem, sala de reunião, salões de festas e até uma pequena limpeza diária nos apartamentos. Como eu pretendia seguir fazendo exercícios e nadando, para tentar retardar a perda muscular, o suporte que o prédio oferecia se tornou um grande atrativo. Lili também se sentia empolgada. Assim, em março, no mesmo mês que chegamos, agilizamos a papelada o mais rápido

PARTE 2 - MOVIMENTO DESCENDENTE: DA CAMINHADA À CAMA

possível e, em abril, já nos mudamos. O apartamento tinha setenta e cinco metros quadrados, contando os quinze metros de varanda. Não era muito grande, mas suficiente para nós dois.

Dessa forma, dei início à minha rotina pós-viagem e pós-diagnóstico. Eu acordava, tomava café da manhã com a Lili e, quando ela precisava sair mais cedo, já deixava tudo pronto e separado, inclusive as vitaminas e os remédios. Na sequência, eu fazia os exercícios físicos e, duas vezes por semana, a sessão com a Adriana, que agora me atendia em São Paulo, além de atender às sextas-feiras em Alphaville. O início de uma grande amizade com ela e toda sua família. No resto do dia, eu fazia o que gostava. Com a doença evoluindo rapidamente e um prognóstico assustador para o futuro, queria aproveitar a vida ao máximo. Isso incluía realizar viagens, receber visitas, encontrar os amigos, fotografar, circular pela cidade e adquirir conhecimento, por meio de livros, filmes e cursos.

Ainda em Alphaville, eu havia começado um curso de História do Urbanismo na USP, com a Mari Guerra, minha amiga de colégio, com quem acabei nutrindo uma longa amizade, sobretudo por nossa paixão em comum pelos mesmos temas relacionados ao urbanismo e à mobilidade urbana. Em São Paulo, iniciei também um curso de francês, à noite, no bairro do Butantã, zona oeste da cidade. Eu ia sozinho de carro e precisava estacioná-lo na rua. Àquelas alturas, eu tinha bastante dificuldade para andar, mesmo de forma lenta, por isso tomava um cuidado enorme no trajeto, caminhando a passo de tartaruga. Para dificultar ainda mais, precisava subir um lance de escada.

Uma vez, eu me desequilibrei na descida e caí para trás, sentado no degrau. Segurei no corrimão e me levantei, agradecendo que a queda não havia sido na rua, pois seria mais difícil encontrar algum transeunte para ajudar a me colocar de pé, no escuro e em uma rua deserta. Comecei também um curso de Fotografia no próprio bairro do Brooklin, que me dava a facilidade de estacionar bem em frente à escola, mas, por outro lado, precisava enfrentar também a dificuldade para acessar a sala no andar de cima.

Eu sabia que me colocava em situações com grande risco de quedas, mas não desistia. Havia criado para mim mesmo uma meta interna de só deixar de fazer algo quando aquilo se tornasse impossível, e estava disposto a buscar meus limites. Algumas quedas, de fato, aconteceram. Uma vez, fui com a Mari Guerra ao bar Drosophyla, próximo à Augusta. Tomei duas cervejas e isso fez meu equilíbrio piorar sensivelmente, sem que eu percebesse. Quando saí de lá, andando pela calçada, caí reto para trás, batendo a cabeça direto no chão. Por algum motivo que até hoje desconheço, acabei não me machucando.

Outra vez, caminhava com a minha prima Flávia no Parque do Ibirapuera, quando uma mulher passou correndo e esbarrou em mim de forma leve, mas o suficiente para me derrubar. A mulher me viu cair e voltou por um instante, perguntando se eu estava bem, sem entender como um homem jovem, do meu tamanho, caiu feito fruta madura, com um simples esbarrão. Na época, caí também uma vez com o meu pai, quando estava na praça de alimentação de um shopping, derrubando a bandeja com a comida que havia acabado de pegar.

Algum tempo depois, no Mandarim, uma nova queda aconteceu. Eu tombei na área da piscina e não consegui me levantar sozinho. Fiquei esperando alguém passar para me ajudar, até que vi um rapaz, mais ou menos da minha idade. Eu o chamei e falei que precisava de ajuda e ele, já na porta do recinto, disse que não poderia pois estava atrasado. E saiu às pressas. Penso que ele não imaginava que um marmanjo feito eu não teria forças para se levantar. Por outro lado, ao me ver caído, deveria, no mínimo, ter perguntado o que eu precisava. Saiu tão rápido que nem deu tempo de

PARTE 2 - MOVIMENTO DESCENDENTE: DA CAMINHADA À CAMA

ouvir que eu não conseguia me colocar de pé sozinho. Esta cena me fez questionar, mais uma vez, todo o sistema de vida que criamos, a pressa, o engarrafamento, a falta de olho no olho e de solidariedade. Esperei mais uns cinco minutos, até aparecer um funcionário do prédio e finalmente me ajudar. Mas nenhuma dessas quedas me marcou tanto como aquela, quando recebi a visita da minha amiga pernambucana Mari Baltar.

Eu e Mari havíamos ficado próximos desde o avião que pegamos juntos no Rio, logo antes de eu receber o diagnóstico. Durante a sua visita a São Paulo, assistimos à peça da Mari Guerra, que também estudava Teatro. Fomos a shows, exposições, restaurantes e, também, ao bar Kabul, do meu amigo Pipo. Em um desses passeios, fomos ao Parque do Ibirapuera andar de bicicleta. Quando fui andar, eu me desequilibrei e tomei um tombo. Mari se assustou com o barulho da queda e ficou olhando, algumas vezes, eu tentar voltar a montar na bicicleta, sem sucesso. Acabei desistindo. Aquela seria a última vez que eu pedalaria. Ou melhor, tentaria pedalar. De tudo, talvez esta tenha sido a primeira vez que senti na pele como era difícil deixar de fazer algo que se gosta tanto.

Passei a descontar a frustração na bicicleta estática da academia do Mandarim. Conseguia pedalar mais de uma hora e, quando não estava fazendo os exercícios, continuava a tentar viver a vida intensamente, com meus cursos, amigos, visitas e viagens. Naquele mês de abril, fui para Florianópolis com a Fernanda Cagno e o Rob, fui padrinho de casamento do Daniel, amigo de Alphaville, e realizei aquela que viria a ser a minha primeira ida para Abadiânia.

TRATAMENTO ESPIRITUAL

Abadiânia é uma pequena cidade do estado de Goiás, com média de quinze a vinte mil habitantes, que ficou mundialmente conhecida pelo trabalho do médium João. Desde a década de 1970, o médium realiza cirurgias espirituais na Casa Dom Inácio de forma gratuita, e pessoas de todo o mundo vão para Goiás em busca de tratamentos espirituais para suas mazelas de saúde. Embora tenha sido batizado, crismado e estudado em colégio católico, nunca havia me dedicado a assuntos religiosos e espirituais.

Religião para mim sempre foi lidar com perguntas que não têm respostas. Como cada uma dá diferentes respostas, impossível saber qual está certa. Infelizmente, muitas vezes, quem segue uma religião acha que só a dele está certa, e se fecha para todo o resto. Sempre respeitei as religiões, inclusive quem é ateu, mas percebia que pessoas muito fanáticas geralmente tinham preconceitos e muita dificuldade para aceitar qualquer visão ou opinião diferente da dela. E esse preconceito podia levar à intolerância e até mesmo às guerras. Além disso, sentia que o fanatismo não dava espaço para um debate maduro e com argumentos consistentes e técnicos sobre políticas de saúde pública, por exemplo, que somente visavam ao bem-estar da população, como questões envolvendo aborto e drogas.

Em meus estudos, acabei me identificando com muitos valores do Budismo, relacionados à simplicidade e tranquilidade, em que cada um busca seu caminho, apesar de não ter jeito nem paciência para meditar. De fato, nos países com população budista, a violência, o consumismo e o apego a bens materiais e às futilidades se revelavam menores que nos países de maioria cristã ou muçulmana. Mesmo nos países nórdicos, em que grande parte da população é ateia, os índices de criminalidade são baixíssimos e existe muito respeito entre as pessoas. De certa forma, acreditava em energia, aura, pensamentos positivos e, até mesmo, em espíritos. Mas de tudo, o que importava mesmo era o respeito a todos os seres humanos, os animais e a todas as coisas e ao Universo.

Dentro desse contexto, e ainda estando doente, fiquei bem interessado quando a Clarinha nos contou sobre o trabalho da Casa, na ocasião

PARTE 2 - MOVIMENTO DESCENDENTE: DA CAMINHADA À CAMA

em que eu e Lili estivemos em sua casa no Jardim Botânico, no Rio, logo no início da nossa viagem. Ela havia comentado que frequentava o local, e que gostaria de me levar até lá. Depois que voltei da viagem, combinamos de irmos juntos. Assim, naquele mês de abril, nos encontramos em Brasília e, de lá fomos à Abadiânia.

A cidadezinha ficava a uma hora do Distrito Federal. Chegamos na Casa Dom Inácio, que se encontrava a uns oito quarteirões da rodovia, no final de uma rua estreita da vila, cheia de pousadas e lojinhas que vendiam roupas brancas. O lugar era amplo, com construções simples pintadas de azul e branco, e rodeado de jardins, com vista de 360 graus para o serrado goiano. O ambiente silencioso tinha um clima diferente, de paz espiritual. Na entrada, havia um amplo galpão com inúmeros bancos para a espera do atendimento; na parede, imagens de líderes espirituais de diferentes religiões, o que mostrava ser um local com tolerância e respeito. Ao chegar, as pessoas pegavam uma senha e aguardavam a sua vez. O médium, que incorporava diferentes entidades, atendia a todos, sem discriminação e sem custo. Em média, eram atendidas mil e quinhentas a três mil pessoas por dia, três vezes por semana, durante o ano todo. A única coisa que se pedia era para todos usarem roupas brancas.

No primeiro atendimento, era preciso pegar a senha de primeira vez. Quem já estava em tratamento, pegava a senha da segunda e, quem quisesse participar da corrente de oração e ajudar nos trabalhos, precisava chegar cedo e entrar nas grandes salas, com capacidade para duzentas pessoas. Na corrente, todos ficavam sentados, sem cruzar braços ou pernas, e o tempo todo de olhos fechados, até o término dos trabalhos, em geral, quatro a cinco horas depois. Para quem participava da corrente, os voluntários orientavam para pedir pela cura dos entes queridos e dos demais. Uma das coisas que gostei de saber era que a casa funcionava por intermédio de centenas de voluntários, que dedicavam a vida para este trabalho. No final do atendimento, era servida uma sopa para todos, como parte do tratamento espiritual.

Chegando lá, envolto por todo este ambiente até então desconhecido para mim, sentei-me para aguardar a minha avaliação e presenciei uma cena bem forte: o próprio Médium saiu até a sala de espera e fez uma cirurgia visível na frente de todos os presentes, cortando e costurando as costas de um homem. Por isso, quando chamaram a fila de quem estava indo pela primeira vez, senti um frio na barriga. Mas logo fiquei tranquilo diante da presença da entidade, que transmite uma sensação de paz e simplicidade. A maioria das cirurgias é invisível, não interferindo diretamente no corpo físico da pessoa, como aquela que eu tinha visto. E a minha seria também realizada de forma invisível.

Voltei naquela tarde para realizar a cirurgia espiritual, vestindo a roupa branca, sentado e com os olhos fechados, conforme havia sido indicado pelo Médium. Depois da cirurgia, as pessoas são orientadas a ficarem dois dias de repouso. Assim, fui para o quarto descansar e fiquei lendo o livro *Leite derramado*, do Chico Buarque, que terminei na manhã seguinte. Durante aquele período, aproveitava para ler muito e, além de literatura, passei também a ler muitos livros de cura espiritual, muitos deles indicados por minha mãe ou pela Adriana, que tinha uma vida bem espiritualizada. Aos poucos, eu ia me abrindo para esse novo tipo de saber, que até então não fazia parte das minhas leituras. Um dos livros mais importantes para entender aquilo que se passava em Abadiânia foi *Mãos de Luz – Um Guia Para a Cura Através do Campo de Energia Humana*, da cientista americana Barbara Ann Brennan, um dos livros de cabeceira da minha mãe. Como ela sempre havia dito em casa, se meu pai era médico de homens, ela era médica de alma, citando o livro

PARTE 2 - MOVIMENTO DESCENDENTE: DA CAMINHADA À CAMA

Médico de Homens e de Almas, de Taylor Caldwell, que conta a vida de São Lucas. Por isso também, naquele momento, ela se encontrava mais presente do que nunca em minha vida, utilizando todo o seu conhecimento de alma em busca da minha cura.

Voltei à Casa na segunda tarde em Goiás, participei da corrente de oração e fui orientado a não ingerir bebida alcoólica durante o período de tratamento espiritual. Na verdade, esta era uma decisão que eu já vinha buscando tomar, pois sempre que bebia algo, mesmo em pouca quantidade, os sintomas da doença se agravavam bastante, principalmente o equilíbrio e a coordenação motora. Ali, eu abandonava também algo que, de certa forma, tinha feito parte da minha juventude, nas festas e encontro com os amigos. Nunca mais bebi.

Após a visita a Abadiânia, aproveitei para passear por Brasília e vivenciar aquela cidade de contrastes extremos, como a própria realidade brasileira. No coração do Brasil, as construções governamentais e os grandes monumentos se opunham às cidades satélites, que orbitavam secas e áridas, no entorno do serrado. Pensei que, além de mim, era o Brasil que também precisava de um tratamento de cura.

AMIGOS: O MELHOR DOS TRATAMENTOS

De volta a São Paulo, além da fisioterapia e o tratamento com passiflora — o remédio floral indicado para os pacientes — seguia também tentando diferentes tratamentos médicos e alternativos. No início de maio, soubemos de um tratamento com imunoglobulina para reposição de anticorpos em pacientes com imunodeficiência. O Dr. Ricardo Oliveira e a Dra. Lorena Faro se entusiasmaram pelos resultados positivos observados em pacientes com esclerose múltipla. Ninguém afirmava que ELA também pudesse ser uma doença autoimune. Eu me sentia confiante que obteria alguma resposta positiva. Cada novo tratamento soprava uma esperança de que eu conseguiria me curar ou, pelo menos, reverter parte da força muscular. As infusões de imunoglobulina eram feitas no hospital, quinzenalmente, e pagas pelo seguro saúde. De tão caras, depois das sessões, eu brincava que estava correndo risco de sequestro.

Além das infusões, eu precisava tomar injeções diárias de heparina, um poderoso anti-inflamatório que evita a formação de trombos venosos. A aplicação era no subcutâneo do abdome, o que me causava certo medo. Quem aplicava era Lili, que havia sido treinada por nosso pai.

Uma vez, fui passar o dia todo fora de casa, com o pessoal da FGV, e levei a injeção na mochila. Eu tinha pensado em pedir a aplicação em alguma farmácia, mas quando expliquei a situação para meus amigos, Renato Miralla falou que nunca tinha feito aquilo antes, mas podia tentar. Senti um pouco de receio, mas no fim deu tudo certo. Alguns dias depois, Lili foi viajar e fiquei sozinho no apartamento. Sem saber o que fazer, enrolei até bem tarde pensando em acionar algum vizinho ou pedir para o porteiro, pois morria de medo de me autoaplicar. Nunca havia sequer cogitado fazer isso. Mas naquela noite, devido às altas horas da madrugada, não sobrou outra alternativa. Mesmo já tendo muita dificuldade na coordenação das mãos, apliquei a injeção na minha própria barriga. E vi que não tinha segredo. Venci meu medo e passei a autoaplicar diariamente.

No mais, continuei com minha rotina. Fui padrinho de casamento do grande amigo Renato Miralla, quando recebi em minha casa mais uma vez os chilenos Rodrigo e Tereza. Também fui à celebração de união do Luiz com a Teresa. Desde o diagnóstico, alguns amigos haviam se tornado ainda mais próximos, e Luiz era um deles. Mesmo com ele morando em Santana de Parnaíba e eu em São Paulo, nos víamos com frequência. Quando contei a ele sobre a minha vontade de

PARTE 2 - MOVIMENTO DESCENDENTE: DA CAMINHADA À CAMA

ir à Virada Cultural, no centro de São Paulo, ele alugou uma cadeira de rodas para me levar.

Aquela era a minha segunda experiência com este meio de transporte. Quando desembarquei em Brasília, no saguão do aeroporto, a companhia aérea já havia achado melhor que eu me locomovesse dessa forma. Eu e Luiz fomos de metrô para a Virada Cultural e, já na primeira estação, um funcionário treinado conduziu a cadeira pela escada rolante. Quando chegou na segunda estação, Luiz já foi me levando em direção à escada rolante, sem acionar um profissional do metrô. No início, senti medo, pois ele nunca havia feito isso antes, mas depois curti a adrenalina. Naquela noite, fomos a diversos lugares, encontramos amigos e a galera da FGV no Parque da Luz, comigo sentado, Luiz me empurrando e nós dois rindo.

Nessa época, sua esposa Teresa estava grávida e eles haviam me convidado para ser padrinho do seu primeiro filho. O garoto se chamaria Henrique em minha homenagem, mas diferente de Ricky, o apelido seria Kike. Fiquei muito feliz e honrado com o convite, no entanto, depois que passou o casamento, vendo a doença progredir rapidamente, fiquei preocupado com qual seria meu papel como padrinho.

Um dia, Teresa foi me levar em casa de carro e expus para ela a minha apreensão. Falei que a doença avançava em uma velocidade assustadora, que meu futuro era uma incógnita e que, talvez, eu não estaria aqui para acompanhar o crescimento do Kike. Por fim, disse que entenderia perfeitamente se eles quisessem escolher outro padrinho. Teresa respondeu com jeito, falando que eles tinham muita confiança que eu ficaria bem, mas que, independentemente do que acontecesse, eu sempre seria um grande exemplo para o Kike, por isso sentiam-se convictos na escolha. Fiquei aliviado ao ouvir aquela resposta, principalmente pela forma como foi dita. Assim, naquele ano, tive a alegria de ver meu primeiro afilhado, o Henrique, nascer. Entre tratamentos médicos e alternativos, eu não tinha dúvida. Aqueles momentos próximos a meus amigos era o que me trazia verdadeiro conforto e vontade imediata de continuar a viver.

E RUIM DA CABEÇA, OU DOENTE DO PÉ

Outro amigo com quem eu havia estreitado os laços de forma intensa era Higor. Claro que, desde o episódio da pipoquinha, no colegial, quando eu abri o saco de pipocas dele, a nossa amizade já era presente no dia a dia, muito pelo fato de termos os gostos parecidos e sermos vizinhos em Alphaville. Mesmo quando eu estava morando em Barcelona, sempre nos falávamos e fazíamos "cervejas virtuais", pela câmera do Skype. Na época do diagnóstico, ele passou a ir até a minha casa todos os dias após o trabalho. Depois que fui para São Paulo, ele também me visitava com frequência. A minha doença havia o deixado visivelmente abalado, mas ele se manteve forte para estar ao meu lado e aproveitar a minha companhia o máximo que podia. Mas agora, nove meses depois, ele havia desabado. Foi diagnosticado com Síndrome do Pânico.

Higor não conseguia mais se levantar da cama de manhã e, quando ligava o carro para ir trabalhar, começava a chorar, com a cabeça apoiada no volante. Precisou ser afastado temporariamente do trabalho. E assim como na época do diagnóstico ele foi muito presente, me distraindo e animando, agora era a minha vez de colocá-lo para cima. Eu o convidei para passar uma semana comigo no apartamento do Edifício Mandarim. Ali, frequentávamos a academia, a sauna e a piscina. A trilha sonora daqueles dias era *Get up, Stand up*, do Bob Marley, e músicas como *Positive Vibration*, *Lively Up Yourself* e *Keep on Moving* [*].

Enquanto fazíamos a bicicleta ergométrica na academia do prédio, a música que mais cantávamos era "Samba da Minha Terra", de Dorival

---

[*] Erga-se, levante-se, Vibração positiva, Anime-se e Vá em frente.

PARTE 2 - MOVIMENTO DESCENDENTE: DA CAMINHADA À CAMA

Caymmi, em especial o trecho "é ruim da cabeça, ou doente do pé". Brincávamos que se referia a nós dois. No fim daquela semana, eu e Nara, noiva do Higor, organizamos uma festa de aniversário para ele, surpresa que por pouco não foi estragada por eu deixar a minha caixa de e-mails aberta. Mas ele, sempre gentil, acabou fingindo que não viu. Surpresa ou não, o importante é que lá estavam todos os seus amigos e familiares, ele parecia feliz e se recuperando. Para completar, na semana seguinte, combinamos de passar alguns dias em seu apartamento na praia, na cidade de Mongaguá. O que acabou gerando uma briga entre eu e meu pai.

Higor foi na segunda-feira, mas eu conseguiria ir somente na terça. Apesar de já estar com bastante dificuldade para andar, continuava dirigindo por São Paulo. Como eu havia passado o fim de semana em Alphaville, fiz uma mochila e avisei meu pai que estava indo viajar. Ele falou que era perigoso pegar estrada na condição em que eu me encontrava e me proibiu de ir. Na época, eu tinha muito clara em minha mente a meta de que seguiria fazendo tudo que conseguisse até o fim, ou seja, até o ponto em que aquela atividade fosse impossível de ser executada. Sabia que nunca mais voltaria a fazer as coisas que estava deixando de fazer. Apesar das dificuldades, dirigir ainda era uma atividade possível e não havia qualquer possibilidade de eu desistir da viagem.

Falei para meu pai que conhecia meus limites, era adulto e continuaria decidindo o que faria com a minha própria vida. Com a mochila nas costas, comecei a descer lentamente a escada de casa. Meu pai tentou me impedir, convencendo-me a não ir, mas eu continuei descendo no meu ritmo. Chegando lá embaixo, ele então pegou a chave do carro e fechou dentro da mão. Fiquei tentando abrir a mão dele, apesar de saber que seria impossível. Naquele dia, eu me inspirei na política de Gandhi e estava disposto a ir até o fim com seu lema de não obediência, porém de forma não violenta.

Ao perceber que eu não iria desistir, meu pai disse que, por fim, me levaria até Mongaguá. Assim, entramos no carro e fomos em direção à praia. Apesar de continuar dirigindo, nunca mais peguei a estrada sozinho.

Em Mongaguá, eu e Higor fizemos academia e passamos os dias conversando, assistindo a filmes e jogando videogame. Na minha busca em conhecer diferentes religiões, lia sobre espiritismo e, por coincidência, Higor estava fazendo o mesmo. Tinha ido, inclusive, a um centro espírita. Diante disso, falamos e vimos muitos filmes sobre o assunto.

Na época, eu já perdia boa parte dos movimentos das mãos e dos dedos. Assim, encarava o videogame também como uma forma de fisioterapia. Já não possuía tanta agilidade para vencer, mas o importante é que eu me divertia. E se a perda muscular na mão ainda não me impedia de jogar futebol no *Playstation*, já não me permitia mais cortar a comida. Por isso, Higor, além de preparar as refeições, deixava tudo cortado no prato para mim. Quando eu acordava de manhã e demorava longos minutos para me sentar na cama, e muitos outros para levantar e me vestir, ele perguntava se eu queria ajuda, mas eu recusava. Enquanto eu pudesse executar sozinho as tarefas do dia a dia, eu as faria, por menor que fossem. Higor aguardava com paciência cada um dos meus passos, em harmonia com aquele meu novo ritmo de vida, revelando-se mais uma vez um verdadeiro irmão em uma época de nossas vidas em que tudo que fizemos foi ajudar um ao outro.

PREVISÃO PARA O FUTURO

A doença avançava de forma avassaladora e a minha vontade de aproveitar a vida crescia na mesma proporção. Sem dúvida, estar próximo dos amigos fazia parte primordial dessa escolha. O apartamento do Mandarim virou ponto de encontro da galera todas as quartas-feiras, juntando até trinta pessoas por vez. Desde que havia chegado da viagem pela costa

PARTE 2 - MOVIMENTO DESCENDENTE: DA CAMINHADA À CAMA

brasileira com Lili, eu já vinha fazendo isso, agora com mais intensidade. Nos primeiros encontros, eu havia mostrado as fotos da viagem para meus amigos e Pipo, que tinha acabado de inaugurar seu bar Kabul, gostou bastante. Ele comentou com seus sócios e, em seguida, eles me convidaram para expor as fotos da viagem naquele espaço.

No começo de junho, realizamos a exposição chamada "Mar à Vista". O local ficou lotado de amigos, familiares e pessoas queridas que eu havia conhecido durante toda a minha vida, tanto para verem as fotos, quanto para me verem, afinal, minha coordenação motora já se encontrava bem debilitada e ninguém sabia ao certo como eu estaria no dia de amanhã. Da mesma forma, as fotografias selecionadas para a exposição também visavam passar isso, mostrar as belezas naturais do litoral brasileiro, mas sobretudo perpetuar momentos mágicos das pessoas no cotidiano de sua vida costeira. Afinal, tinham sido oito mil e quinhentos quilômetros de viagem com este único objetivo: captar com o coração, os olhos, a mente e o espírito esse fenômeno único da vida que só acontece agora.

Eu havia destacado dois temas para a exposição: o comércio informal dos vendedores de praia e as pessoas que utilizam a bicicleta como meio de transporte nas cidades e vilas litorâneas. O primeiro, pela criatividade dos ambulantes e sua oferta diversa de alimentos, bebidas, produtos e serviços, que vão mudando de perfil cultural quanto mais se ruma para o norte, ao tempo que movimentam um comércio informal com impacto direto na economia local. O tradicional mate gelado e o biscoito globo, do Rio de Janeiro, iam dando lugar aos sabores nordestinos, como o caldinho quente de feijão e o sururu. Assim, mesmo sem ter podido andar muito pelas areias das praias com Lili, percebi que o *"Ricky, vai fotografar"* da minha irmã acabou aguçando meu olhar sobre o que acontecia naquele exato momento, e enriqueceu meu conhecimento sobre cada região por onde passei.

Já o olhar sobre a bicicleta dialogava de forma ainda mais direta com a minha paixão em repensar as cidades e a forma como as pessoas se movem por elas. Percebi como esse meio de transporte se encontrava presente na vida de moradores do litoral brasileiro, tanto como opção de esporte e lazer, como também forma de locomoção. Com frequência, ela era o único veículo da família, às vezes levando até três ou quatro pessoas. Mas também vi bicicletas como ferramenta de trabalho para entrega de alimentos, policiamento, segurança, transporte de gás e distribuição de água, até mesmo como "bicitáxi".

O clima e a topografia da maioria das vilas e municípios costeiros facilitavam a utilização deste meio de transporte, no entanto nem sempre a estrutura viária das cidades era a mais adequada. Percebi que, muitas vezes, os condutores se deparavam com condições adversas como ausência de ciclovias, falta de segurança, ruas esburacadas, estradas movimentadas e imprudência dos motoristas de carro. Ao tempo em que eu mesmo não podia mais pedalar, naquela época, já olhava para a bicicleta como um meio de transporte a ser priorizado, por se tratar de uma locomoção saudável, econômica, que ocupa menos espaço e não polui. Acreditava que uma verdadeira política de mobilidade urbana deveria ter a bicicleta como símbolo de uma nova forma de estar no mundo. De certa forma, fazia uma previsão para o futuro, não apenas com relação às cidades, mas também no que diz respeito a meu destino.

MONTANHA-RUSSA

Além dos amigos, viajar também continuava a fazer parte do meu plano de desfrutar a vida de forma intensa. Só no mês de julho, foram quatro viagens, sendo duas delas para Abadiânia. Na primeira vez, fui acompanhado pela minha mãe e pela Lili. O trabalho foi mais intenso

PARTE 2 - MOVIMENTO DESCENDENTE: DA CAMINHADA À CAMA

nessa ocasião e fui bastante paparicado pelo Tião, um dos assistentes que trabalhava na Casa Dom Inácio. Ele me colocava deitado na maca da sala de cirurgia espiritual durante as horas de atendimento, já que era difícil ficar muito tempo sentado no banco de madeira. Na vez seguinte que fomos, Armando viajou de Recife especialmente para encontrar comigo. A Casa Dom Inácio era sempre uma caixinha de surpresas e nunca aconteciam duas coisas iguais. Dessa vez, o Médium me chamou na sala dele. Foi um momento muito impactante, pois ele só fazia isso com algumas pessoas. Ele olhou bem dentro dos meus olhos, com o semblante sereno e confiante, e me falou que eu seria curado.

Confesso que levei um susto e fiquei desconcertado. Não me sentia preparado para ouvir uma mensagem dessas, até porque não me via como uma pessoa que tinha uma preocupação espiritual. De qualquer forma, foi uma luz que se acendeu dentro de mim e despertou um desejo de buscar esse conhecimento. O Médium também pediu que, da próxima vez, eu voltasse com a família completa, ou seja, que meu pai também participasse do tratamento.

Daquela vez, aproveitei o repouso da cirurgia espiritual para ler alguns livros como *O tao da física*, de Fritjof Capra, e *A cabeça do eleitor*. Essa diversidade em minha leitura revelava bem como eu me sentia; de um lado, aberto para conhecer um novo mundo invisível e espiritual, que poderia proporcionar a cura e a longevidade da minha vida e, de outro, faminto para ler livros sobre assuntos que me interessavam no pouco tempo que me restava. Leituras sobretudo com relação às políticas públicas.

Naquela época, a dificuldade para andar tinha aumentado tanto, que passei a usar uma bengala. Ela tinha quatro apoios em sua base, o que dava certa firmeza. Mesmo assim, não sentia muita segurança e, na maioria das vezes, preferia me apoiar nas pessoas e usá-las como muleta. Isso era real tanto no mundo físico quanto no simbólico. Ter entes queridos por perto se revelava cada vez mais como o principal antídoto contra a evolução feroz da doença. Dessa forma, eu aproveitava para segurar nos braços dos meus amigos e familiares, enquanto íamos conversando e caminhando, agora de forma bem lenta, pelos mesmos locais em que um dia eu corri.

A terceira viagem que fiz naquele mês foi para o sítio em Aguaí, o mesmo que na infância eu brinquei, andei a cavalo e aprendi a trabalhar. Fomos eu, minha mãe e minha prima Flávia, com quem eu havia crescido junto, e agora aproveitávamos aqueles dias para ficarmos bem próximos. No sítio, o piso era todo irregular, feito de terra, pedra ou grama, e apoiar nos outros para andar tornava-se mais do que necessário.

Quando fomos a São João da Boa Vista no recinto da EAPIC, festa que reúne rodeio, shows, comida e outras atrações, precisei de duas pessoas para me escorar, no caso, duas primas, a Flávia de um lado e a Juliana, filha do meu tio Fábio, de outro. Nós andávamos entre barracas de lanches e brinquedos de parque de diversões, enquanto eu olhava para uma pequena montanha-russa na ponta do recinto. Queria muito andar nela, mas, se eu falasse isso, todos diriam que era uma loucura e tentariam me fazer desistir da ideia. Como eu não conseguiria caminhar até lá sem ajuda, falei apenas que queria dar uma volta, e fui aos poucos conduzindo as minhas primas até o lugar desejado. Minha mãe e as outras pessoas foram nos seguindo, enquanto conversavam distraídas.

Quando chegamos exatamente na entrada do brinquedo, eu falei, "Pronto, agora é só entrar na montanha-russa". Houve um zunzunzum entre a família, mas no final todos concordaram, até porque estávamos bem na porta. Precisei de ajuda para entrar no carrinho, já que não conseguia mais levantar a perna. E como tantas coisas que eu ia deixando para trás, aproveitei bastante o momento, pois provavelmente aquela seria a

PARTE 2 - MOVIMENTO DESCENDENTE: DA CAMINHADA À CAMA

última vez que eu andaria em um brinquedo de um parque de diversão. E foi. A partir daquele momento, minha descida pela montanha-russa chamada ELA seria vertiginosa.

VIKINGS

Minha rotina no Mandarim havia mudado bastante. Lili continuava a sair cedo para o trabalho e Adriana continuava a fisioterapia duas vezes por semana, mas as quedas se tornavam cada vez mais frequentes e era cada dia mais perigoso ficar sozinho no apartamento. Por fim, minha mãe acabou deixando seu ótimo emprego como diretora de uma empresa de seguro saúde para cuidar de mim.

De alguma forma, parecia que o destino vinha preparando a minha mãe para aquele momento. Quando morávamos em Cleveland, ela trabalhou como voluntária na Ronald McDonald House Charities, casa de apoio à criança com câncer. Em outras duas ocasiões, contratou pessoas com deficiência para trabalharem a distância e, depois, presencialmente. Um deles era o Christian Matsuy, um tetraplégico incrível, a quem inclusive recorremos em busca de informações nas minhas primeiras limitações da doença. Agora, nos últimos anos trabalhando em uma empresa de seguro saúde, minha mãe havia conhecido de perto os trâmites de liberação dos processos médicos que seriam essenciais em momentos críticos da minha vida.

Entretanto, aquela vida tinha ficado para trás. Agora, sua rotina era outra. Deixava Alphaville todas as manhãs e ia para São Paulo cuidar de mim. De uma vida frenética dentro de uma corporação, passou de forma drástica a uma rotina lenta, em que cada uma das minhas colheradas de comida, do prato em direção à boca, levava bons segundos. Cada passo meu, da cama em direção ao banheiro, longos minutos. E cada saída minha para algum tratamento podia levar horas.

Além da minha mãe, desde o diagnóstico, toda a minha família havia se envolvido de forma intensa com a doença e seus desdobramentos. Minha irmã, trabalhando em Budapeste como expatriada em uma importante consultoria internacional, não hesitou em encerrar um ciclo de vida profissional de sucesso para, de uma hora para outra, voltar para o Brasil e morar com um irmão doente. Lili, sempre minha companheira de brincadeiras, passeios, viagens e farras, amiga e confidente, agora vivia comigo, cuidava de mim e assumia o leme da minha luta, como se fosse seu próprio barco.

Meu pai, por sua vez, mostrava-se incansável em pesquisar tudo sobre a doença, contatando colegas em diferentes países e acompanhando diversos protocolos científicos. Era ele quem segurava firme no leme do barco e dizia com cautela: todos de colete, com o mar não se brinca! Acredito que, de todos nós, era ele quem mais sofria. Como médico, havia dedicado a sua vida à pesquisa científica, mas, como pai, não podia fazer nada para salvar a vida do próprio filho.

Como nos tempos de São Sebastião, estávamos todos juntos dentro do nosso barco Viking. Mas agora não era mais uma família em uma lancha de passeios, e sim os Vikings, nórdicos guerreiros, lutando por suas conquistas. No caso, a conquista de uma cura pouco provável. Mesmo assim, precisávamos continuar lutando, ainda sem nem sequer imaginar as dimensões dos novos desafios que nos aguardavam.

Minha mãe, como a guerreira mais forte do barco, lutava ao meu lado em tempo integral. Durante a criação da Associação Abaporu e a minha ida para Barcelona, foi ela quem tinha assumido a ONG, com o Luiz. Agora, ao dedicar todo o seu tempo para meus cuidados, falava que desafios sempre foram seu prato predileto. Que gostava de trabalhar com novos projetos, gestão de mudanças e, finalmente, a vida tinha apresentado a ela o maior de todos os desafios: cuidar do seu filho no momento que ele mais precisava.

PARTE 2 - MOVIMENTO DESCENDENTE: DA CAMINHADA À CAMA

Passou a dizer que aquele era seu verdadeiro trabalho, sua missão de vida, mesmo sendo tão lento, tão dispendioso, tão agoniante, ver um filho marmanjo de 29 anos se sujar todo para comer, e precisar de ajuda para se limpar, como se fosse um bebê. Enquanto isso, eu me apoiava nela como a minha mais forte bengala, até mesmo porque aquela outra, de metal, com quatro apoios, já não mais me sustentava. E assim como um bebê, se eu quisesse continuar me locomovendo pela vida, agora era o andador que me aguardava.

17 ANDADOR

"Penso que cumprir a vida
Seja simplesmente
Compreender a marcha
E ir tocando em frente."
Almir Sater

CARRINHO DE MALAS

Desde a viagem de carro pelo Nordeste com Lili, eu havia mantido contato com a mineira Clarissa, que conheci em Itaúnas. Tínhamos muitas afinidades em nosso jeito positivo de encarar a vida e ela acompanhava passo a passo a evolução da minha doença, mesmo por e-mail ou telefone. Por ser estudante de medicina, compreendia de forma muito natural e tranquila o que vinha acontecendo comigo. Quando nos conhecemos, ela pesquisou tudo sobre o assunto na internet. No seu aniversário em maio, me chamou para ir até a sua casa em Belo Horizonte, mas eu fiz o contrário: mandei uma passagem aérea de aniversário para ela vir me visitar em São Paulo no mês de

PARTE 2 - MOVIMENTO DESCENDENTE: DA CAMINHADA À CAMA

junho. Queria que ela visse de perto a minha realidade e como a ELA tinha avançado desde o verão.

Aquela era apenas a segunda vez que nos víamos. Mas o nosso relacionamento começou tão natural quanto o nosso primeiro encontro. Lili estava viajando e Clarissa passou uma semana inteira comigo no apartamento do Mandarim. Como eu já não tinha muita mobilidade, ficávamos bastante em casa, lendo juntos algum livro, conversando e assistindo a filmes. Mas também fomos a vários museus e parques, onde eu ficava tirando fotos e ela, deitada na grama. A forma de lidar com meu diagnóstico era tão natural, que Clarissa dizia que a minha mancada de perna era a mais charmosa de todas. Quando sentimos que ela sabia bem como era meu quadro de saúde, comprei uma passagem para, finalmente, ir visitá-la em Belo Horizonte.

Em lugares totalmente planos, eu ainda conseguia andar sem bengala, ou me apoiar em alguém, só que bem devagar e com a atenção redobrada. Dessa forma, embarquei sozinho de avião para Minas e, chegando ao aeroporto de Confins, peguei um carrinho de malas, para carregar a mochila. Um simples ato corriqueiro, mas que acabou se revelando um momento bem importante. Ao andar me apoiando no carrinho de bagagens, senti muita segurança e firmeza, como há meses não sentia. Era incrível, conseguia até caminhar rápido como antes. Fiquei encantado com a funcionalidade do carrinho de malas para as minhas limitações.

Clarissa havia mobilizado seus irmãos para me buscarem no aeroporto e, como bons mineiros, me receberam com pão de queijo para o lanche da tarde. Conheci toda a sua família, fizemos um *tour* pela cidade, saímos à noite, fomos ao samba e, por coincidência, o Corinthians jogava contra o Cruzeiro, no domingo em Belo Horizonte. Como boa atleticana, ela me acompanhou ao estádio para vermos o meu time jogar contra o adversário número 1 do seu time. Chegamos ao Mineirão pela entrada das pessoas com deficiência e acabamos assistindo à partida na área da cadeira especial, apesar de termos pago o ingresso mais barato, para a geral.

Naquela tarde, vi ao vivo Ronaldo dar o passe para um gol e marcar o outro. Depois do jogo, ainda deu tempo de comer pão de queijo, goiabada cascão e me despedir de toda a família da Clarissa antes de seguir para o aeroporto. De volta a São Paulo, comentei com meus pais sobre o "carrinho do aeroporto". Em poucos dias, eles encontraram um andador com quatro rodas, guidão e breque como uma bicicleta, com lugar para guardar coisas e, ainda por cima, com uma plataforma estofada, que servia como assento ou local de apoio. Eu a usava, por exemplo, para levar o prato, o copo e os talheres da mesa até a pia quando terminava de tomar o café da manhã. Dessa forma, o andador virou quase uma extensão do meu corpo. Ficava ao lado da minha cama e eu o usava para qualquer percurso, desde que acordava até a hora de dormir.

Na mesma época, Julia veio de Recife me visitar durante um fim de semana. Levei-a ao Kabul, almoçamos com uns amigos pernambucanos que também estavam em São Paulo, entre eles o Armando, e fizemos alguns passeios. Eu já tinha bem claro que agora éramos apenas amigos e, como as duas vezes que nos separamos haviam sido duras para nós dois, não toquei no assunto sobre relacionamento. Também não quis saber se ela estava ou não namorando.

Na última noite, depois de um final de semana muito agradável, nós nos sentamos no sofá da sala do meu apartamento e ficamos conversando. Desde que havíamos nos conhecido em Barcelona, assunto nunca faltava. No meio da conversa, Julia começou a chorar e perguntou, para mim e para ela mesma, por que não havia dado certo. A resposta para essa pergunta eu não sabia dizer. Foi a última vez que nos vimos. Aquele ano ainda estava pela metade, mas, sem dúvida, já se mostrava um ano de despedidas.

PARTE 2 - MOVIMENTO DESCENDENTE: DA CAMINHADA À CAMA

A FAMÍLIA URUGUAIA

Três dias depois, eu e meus pais iniciamos outra longa viagem. Dessa vez, em direção ao sul do Brasil, com destino ao Uruguai. Queríamos visitar parte da nossa família uruguaia, como a tia Mercedes, irmã da minha bisavó Esperança, que estava com 103 anos e morava com suas filhas gêmeas, de 81 anos. Fomos parando em Lages, Gramado, Porto Alegre, até chegarmos a Montevidéu.

Na cidade, ficamos hospedados na casa da Gogó, uma prima do meu pai que morava com seu filho caçula, Federico, então com 19 anos. A família já estava toda reunida, aguardando a nossa chegada. Nós nos sentamos à mesa e conversamos até bem tarde da noite, bebendo e comendo pizzas feitas pela Gogó. Como eu já não tinha mais força para cortar a pizza, antes mesmo de pedir ajuda, tia Mercedes, do alto dos 103 anos de idade e totalmente lúcida, cortou tudo no meu prato.

Aquela foi uma semana de sol e viagens pelo Uruguai, quando percorremos toda Montevidéu, de Carrasco a Ciudad Vieja. Fomos também à Colônia, Punta del Este e Punta Negra, nos deliciando com a comida típica e escutando *cumbia*. As cinco gerações de nossa família tiraram fotos: Mercedes, as gêmeas Mimi e Coca, Gogó, Magali, e seu pequeno Tiago, de cinco anos. Ao se despedir, tia Mercedes, toda vaidosa, de cabelo arrumado, colar, brincos e salto alto, me disse: *"Te vás a partir y dejar un vacío en mi corazón"*.* Além de tudo, ainda fazia poesia.

Sem dúvida, nós poderíamos dizer o mesmo. Naqueles dias, fiquei muito próximo de Federico, filho da Gogó, no auge da sua energia e juventude, com seus dezenove anos. Essa amizade acabaria atravessando fronteiras, e ele viria passar uns meses comigo, no apartamento do Mandarim.

---

* Você vai embora deixando um vazio no meu coração.

Depois de subirmos o sul do Brasil de volta, com fôlego para acordar em Cambará do Sul (RS), conhecer o parque Aparados da Serra, almoçar em Torres (RS), jantar em Camboriú (SC), dormir em Curitiba (PR) e ainda almoçar com os primos na casa da Denise, chegamos em Alphaville, com a Lili e seu namorado, o Alê, nos aguardando com uma pizza e os ouvidos atentos para escutar as alegres histórias da família uruguaia.

VIAGEM PARA FORA E PARA DENTRO

Foi o tempo de descansar alguns dias e partir para uma nova viagem, dessa vez para Goiás, em direção a Abadiânia, agora na companhia do meu pai e da minha mãe. Dormimos em São José do Rio Preto, para encontrar nosso amigo Emerson, o marceneiro que havia feito os móveis da nossa casa, e sua esposa Lilian. Em uma recepção calorosa, fomos conhecer sua marcenaria, que meus pais tinham ajudado a montar; depois, saímos para brindar esse momento. Passamos por Goiânia e Anápolis, almoçamos em Pirenópolis e seguimos para Abadiânia, direto para a conhecida Pousada Dom Ingrid, na qual os donos, voluntários da Casa Dom Inácio, haviam de certa forma me adotado. Sempre muito atenciosos, vinham conversar comigo e me ajudar no que fosse possível.

Aquela era a primeira vez do meu pai em Abadiânia e ele fez questão de dizer que se encontrava ali como pai, não como médico e, portanto, não queria que ninguém soubesse da sua profissão. Assim fizemos. Mais uma vez, fui paparicado pelos voluntários e passei os três dias de atendimento na maca, na sala de cirurgia, enquanto meu pai e minha mãe foram para a corrente de oração.

No terceiro dia, ao iniciar o atendimento da tarde, meu pai já havia se acomodado no final de um dos bancos da corrente, de olhos fechados e concentrado, quando percebeu que o próprio Médium, incorporando alguma

PARTE 2 - MOVIMENTO DESCENDENTE: DA CAMINHADA À CAMA

entidade, bateu no seu ombro e disse: "Eu te vejo de branco, você é médico ou médium?". Meu pai levou um susto e, ao responder que era médico, a entidade incorporada comentou que já sabia, e que estava cuidando do seu filho. Pediu então que se sentasse ao lado dele, na sala de cirurgia.

Um tempo depois, chegou a minha vez de fazer a cirurgia espiritual. Para procedimentos invisíveis, normalmente, o Médium não toca nos pacientes, mas daquela vez, tocou em mim diversas vezes e eu, inclusive, senti dor e gemi um pouco. Experimentei também um enorme calor e uma espécie de fluxo de energia. O procedimento não demorou mais do que cinco minutos, mas meu pai, ao meu lado, percebeu que o médium pingava suor e estava extenuado, o que demonstrava que havia sido um trabalho intenso. Ao final, voltou-se para meu pai e disse: "agora você termina". E ele, médico, pesquisador e cientista, não fazia ideia de como poderia ajudar em uma cirurgia espiritual. Mas se lembrou dos tempos de residência, quando seu professor, um renomado cirurgião cardíaco, dizia esta mesma frase aos estudantes. Portanto, iniciou seu trabalho de fechar o paciente, costurando-o, dessa vez apenas com a visualização da sua mente.

De todas as idas a Abadiânia, aquela foi a mais marcante. Havia sido uma viagem para fora e para dentro. Meu pai, sempre o mais cético de todos nós, passou a ver o trabalho espiritual com outro olhar. Eu também começava a me abrir mais para aquele mundo, até então desconhecido para mim. Desde a leitura do livro *Mãos de luz* e das conversas com a minha mãe, buscava abrir a minha mente para o pensamento filosófico oriental, em que o homem não é somente corpo físico, mas também energético, mental e espiritual. Em Brasília, passamos três dias na casa da minha prima Patrícia, que também é médica, e seu marido Thawyo, quando fiquei de cama, sem energia para sequer me levantar, literalmente em recuperação cirúrgica. De lá, meu pai voltou para São Paulo e eu e minha mãe retornamos a Abadiânia, para mais uma semana de tratamento intensivo. Dessa vez, colocaram minha mãe sentada ao lado da minha maca, na sala de cirurgia. Em um dos atendimentos, o Médium colocou uma mão no meu peito e a outra na cabeça dela, gerando um fluxo de energia singular. Eu percebia aquelas sensações de maneira sutil, e torcia para que elas viessem mesmo a se tornar a minha cura.

Ainda naquele ano, no mês de outubro, fui mais uma vez visitar Clarissa em Belo Horizonte. Dessa vez, levei o andador que, agora, além de sua função primordial, eu usava como base para apoiar a câmera e fotografar pontos especiais, como a Praça do Papa, no alto da cidade. Àquelas alturas, o andador tinha se tornado meu principal meio de transporte e a única forma de eu continuar fazendo o que gostava, viajando e, literalmente, andando pelo mundo.

Em Belo Horizonte, fomos a Inhotim, um museu incrível a céu aberto, próximo à capital. Nos trechos mais complicados, o irmão da Clarissa me empurrava em uma cadeira de rodas. Volta e meia, eu me deparava com aqueles momentos, em que nem mais o andador podia me ajudar a mover com os próprios pés. Fomos também ao Museu de Artes e Ofícios, na Praça da Estação, região central da cidade, onde precisei mais uma vez usar uma cadeira de rodas.

Na ocasião, passamos por um túnel que atravessava a estação do trem e, como era muito escuro, Clarissa brincou de me empurrar com velocidade máxima na cadeira. No final do túnel, eu caí e ela caiu comigo. Ficamos no chão, juntos, rindo. Cair era uma máxima do nosso relacionamento. Já havíamos caído de andador no Parque do Ibirapuera, em sua casa, quando eu me apoiava em seus braços... E tudo sempre virava uma festa. Como aqueles encontros me faziam bem. Estar com as pessoas que eu gostava, em sintonia, continuava a ser a minha forma principal de cura. Aquele relacionamento com Clarissa tinha tudo para durar muito tempo. Pena que tempo era algo que quase não me restava... Os ponteiros do relógio da ELA marcavam, atentos, cada compasso das minhas últimas ações.

18
CADEIRA DE RODAS

"Mesmo quando tudo pede
um pouco mais de calma
Até quando o corpo pede
um pouco mais de alma
A vida não para."
Lenine

O ANJO DO URUGUAI

Quando viajamos para Montevidéu, tive uma grande identificação com meu primo Federico, apesar de ele ser dez anos mais novo. Seguimos em contato depois que voltei ao Brasil, e ele decidiu vir passar um tempo comigo no apartamento em São Paulo. Seria ótimo, pois além de uma grande companhia, tiraria a obrigação da minha mãe de ter que ir diariamente ao Edifício Mandarim.

No fim daquele ano, além de cortar a comida, eu também já não tinha mais força para fazer outras coisas, como calçar o tênis e fechar o zíper da calça até o fim. Quando Federico chegou, passou a me ajudar com essas pequenas atividades de forma muito tranquila. Sempre atento e esperto, ele percebia na hora qualquer dificuldade que eu apresentasse. De tudo, o principal foi que Federico se tornou um exímio piloto de cadeira de rodas. Eu seguia usando o andador dentro do apartamento e no prédio, quando ia para a academia, mas para ir à rua, devido sobretudo aos desníveis das calçadas, precisava usar a cadeira. Federico também era um bom motorista de automóveis e ficou bastante ágil em me ajudar a entrar no carro e colocar a cadeira no porta-malas, o que não se mostrava uma tarefa simples.

Eu precisava ser levantado da cadeira e carregado até o assento, com todo o peso de um marmanjo com setenta quilos e um metro e oitenta e um de altura. Na época em que minha mãe precisava fazer isso sozinha, ela, com seus cinquenta quilos e um metro e sessenta e dois, passava sempre um sufoco, mas acabou percebendo que, nessas horas, sempre apareciam uns "anjos" para ajudar. Eles geralmente se aproximavam com um largo sorriso no rosto e ofereciam auxílio. Simplesmente apareciam, estendiam a mão, ajudavam e iam embora. Nós agradecíamos e, quase sempre, ouvíamos a resposta de que estavam acostumados, pois cuidavam do pai, da mãe, ou tinham um parente cadeirante. Interessante notar como as pessoas ficam mais sensíveis a uma realidade, que talvez nunca tenham dado atenção, quando começam a vivenciá-la com alguém próximo. Desse modo, a rede de ajuda se ampliava por onde passávamos. E nós agradecíamos.

O fim daquele ano junto ao primo Federico foi um período intenso, pois agora eu tinha companhia vinte e quatro horas para curtir a vida, enquanto minhas limitações ainda permitissem. Eu também queria levá-lo para todos os lados, inclusive fazer pequenas viagens, como forma de retribuir a sua ajuda e sua receptividade em Montevidéu, época em que largou o emprego e pode nos ciceronear.

PARTE 2 - MOVIMENTO DESCENDENTE: DA CAMINHADA À CAMA

Fomos dois finais de semana para o Guarujá. Na primeira vez, ficamos na casa da minha prima Flávia e sua mãe Valéria, amiga de infância da minha mãe. Na segunda, no apartamento dos meus padrinhos. Também viajamos para a casa que o Alê, namorado da minha irmã, tinha na praia da Boraceia, entre Bertioga e São Sebastião, e para a casa do amigo Chris Basso, na Praia do Engenho. Nesta última, Clarissa veio para São Paulo e me acompanhou na viagem, com meus pais.

Em São Paulo, íamos para a casa dos meus amigos, a parques, ao centro e ao Mercado Municipal comer o tradicional sanduíche de mortadela. Uma vez, reuni mais de trinta amigos no bar Salve Jorge, na Vila Madalena, para Federico conhecer. Apesar de ser bastante responsável nos meus cuidados, ele tinha um jeito de moleque, com seus dezenove anos, que me divertia muito. Falava besteira e me levava para correr com a cadeira de rodas empinada.

Certa vez, fomos encontrar nossa prima Lorrana, que trabalhava no shopping Cidade Jardim. Apesar de eu não ser muito fã de shoppings, gostava de ir até lá, pois a administração disponibilizava cadeiras de rodas motorizadas para pessoas com deficiência. A cadeira tinha motor elétrico e um *joystick* no apoio de braço, do lado direito. Como não precisava fazer força e tinha uma boa sensibilidade, eu conseguia conduzir a cadeira tranquilamente sozinho, o que me trazia liberdade.

Naquele dia, parei a cadeira um instante para ver alguma coisa e, quando eu não estava olhando, Federico girou o botão e colocou a cadeira na velocidade máxima. Quando movi o *joystick* para frente, a cadeira saiu com tudo e precisei fazer ziguezague, desviando das pessoas para não as atropelar. Soube que era arte do Federico ao ouvir sua risada.

Outra vantagem de estar com ele era que a minha voz continuava a sair normal, e mais rápida, quando eu falava em espanhol. Naquela época, apesar de fazer sessões semanais de fonoaudiologia com a Betty Nulman, que me atendia no apartamento, minha voz já começava a ser afetada pela doença, tornando-se lenta e pastosa. Mas por algum motivo, ficava bem mais fácil me comunicar em espanhol do que em português. Acredito que isso acontecia por conta do uso de músculos diferentes, e pelo fato de o castelhano não ter fonemas abertos, como "é" e "ó", diminuindo assim a necessidade de abrir muito a boca para falar.

Por essas e outras, o primo uruguaio se revelava a cada dia um verdadeiro anjo em minha vida. Anos mais tarde, quando assisti ao filme francês *Intocáveis*, me lembrei muito dele. A narrativa fala de um tetraplégico que contrata um rapaz inexperiente para cuidar dele, e os dois acabam desenvolvendo uma grande amizade e muitas aventuras inesquecíveis. Mas assim como os filmes duram pouco, a nossa história também chegaria ao fim.

DE VOLTA A ALPHAVILLE

Apesar de estar feliz com a companhia do meu primo, sentia por ele viver apenas a minha vida. Federico se encontrava no auge da juventude, enquanto meus amigos começavam a se casar. Queria que ele curtisse o Brasil, conhecesse pessoas da sua idade e saísse com alguma menina brasileira. Uma noite, fomos a um bar com mesas na calçada, no bucólico centro histórico de Santana de Parnaíba. Havia uma mesa com duas meninas, sendo que uma delas aparentava ter a idade do meu primo. Pedi uma caneta para o garçom e comecei a ditar uma mensagem para Federico escrever. Por causa da doença, eu já não conseguia mais escrever.

No bilhete, eu as convidava para se juntarem a nós. Federico então se levantou, passou por elas e deixou o papel escrito. As meninas responderam com gestos, dizendo que nós que deveríamos nos mudar para a mesa delas. Pedi para Federico ir até lá e explicar que eu estava com um "probleminha", que me trazia dificuldade para caminhar. Elas toparam e sen-

PARTE 2 - MOVIMENTO DESCENDENTE: DA CAMINHADA À CAMA

taram-se conosco. Conversamos bastante e, como não tinha acontecido nada, sugeri que fôssemos a um mirante, que dava para ver toda a cidade de cima. Lá, Federico acabou ficando com a menina. Depois, eles se encontraram por várias vezes. Bastou apenas um empurrãozinho inicial.

Sem dúvida, foi uma época de muita diversão. Minha amiga francesa Emilie também veio da Europa para passar alguns meses no país com seu namorado brasileiro Markito. O casal foi uma grande companhia durante esse período. Um dia, eles fizeram um jantar japonês em meu apartamento, pois Markito havia trabalhado como *sushi man*. Também levei Federico a um jogo de futebol. Mas quando chegamos ao Pacaembu, caiu um temporal.

Alguns meses antes, no mesmo estádio, com os amigos da GV, eu havia precisado subir uma escadaria enorme, sem corrimão. Como agora eu tinha o cartão da pessoa com deficiência, podia estacionar o carro na vaga bem em frente ao acesso do setor laranja, onde ficavam os cadeirantes, e entrar sem pagar o ingresso. Assim, fiquei aguardando no carro, enquanto Federico comprava o ingresso e duas capas de chuva. Ele voltou, vestiu a capa em mim, me colocou na cadeira e assistimos ao Ronaldo Fenômeno jogar, naquele que seria o último jogo do ano do Corinthians em São Paulo.

E como o ano terminava e a data de partida do primo uruguaio se aproximava, eu queria muito levá-lo para conhecer o Rio de Janeiro. Combinamos de ir um final de semana com meus pais, que acabou não dando certo. Assim, comecei a planejar uma alternativa e, para deixar meus pais tranquilos, chamei Pipo para ir conosco. No dia 11 de dezembro, partimos de carro para a Cidade Maravilhosa e nos hospedamos no apartamento da Clarinha, no Jardim Botânico.

No dia seguinte, fomos ao Cristo Redentor e experimentei mais uma vez a sensação de andar de cadeira de rodas numa escada rolante, a mesma que eu havia tido com Luiz no metrô, durante a Virada Cultural.

Almoçamos feijoada em Santa Tereza e demos uma volta pela cidade. À noite, nos juntamos ao Cris Carioba, meu amigo que havia se mudado de Recife para o Rio de Janeiro, e fomos a uma balada no Rio Scenarium, na Lapa. Mas todos eles ficaram bêbados e, como eu era o único sóbrio, precisei voltar dirigindo.

Eu ainda conseguia dirigir com dificuldade, mas não podia soltar as mãos do volante nem virar a direção de maneira rápida. Mesmo assim, encontrava-me melhor que os três juntos. Como Cris morava no Rio, foi explicando o caminho e me disse para entrar em uma avenida. Logo eu vi um carro vir no sentido contrário e, depois, mais dois. Avisei que tínhamos pegado a contramão e ele, bêbado, respondeu que todos os outros carros que estavam errados. Mesmo sem a coordenação motora ideal para a direção, meu bom senso continuava a funcionar perfeitamente e, por isso, resolvi não mais escutá-lo e saí da contramão.

No domingo, acordamos cedo e começamos nossa volta para São Paulo, dessa vez curtindo o litoral pela estrada Rio-Santos. Aquela foi a última vez que fui ao Rio de Janeiro, cidade que tanto gosto. Lá eu tirei algumas fotos, fazendo um enorme esforço para conseguir levantar o braço e segurar a câmera. Também foi a última vez que eu fotografei.

Federico foi embora três dias antes do Natal. Eu e meus pais havíamos conversado sobre a possibilidade de fazer uma proposta para ele voltar no ano seguinte e ajudar nos meus cuidados. Apesar de adorar sua companhia, fiquei preocupado. A doença evoluía tão rápido, que já não era mais possível realizar as mesmas coisas que eu fazia dois meses antes, período em que ele havia chegado. Naquelas últimas semanas, eu havia ficado mais tempo em Alphaville, pois as dificuldades para realizar atividades simples do dia a dia só aumentavam, como comer, tomar um remédio e ir ao banheiro. Agora, era impraticável continuar

PARTE 2 - MOVIMENTO DESCENDENTE: DA CAMINHADA À CAMA

morando no apartamento do Edifício Mandarim, ficando sozinho, com Lili trabalhando o dia todo.

Assim, com a partida do primo uruguaio, voltei a morar definitivamente em Alphaville. Alguns meses depois da minha saída, Lili passou a alugar o meu quarto para estrangeiras, entre elas uma amiga húngara. Foi daí que, tempos depois, ela teve a ideia de criar a empresa Sampa Housing, para alugar moradias para estrangeiros sem burocracia, que acabou se tornando uma das *startups* mais promissoras do país.

AS BATIDAS DO RELÓGIO

Eu estava na cadeira de rodas e agora tinha uma namorada. Clarissa veio de Minas Gerais passar o Ano-Novo comigo e fizemos diversos passeios. Apesar de já nos vermos há bastante tempo, ainda não tínhamos oficializado a nossa relação. Uma vez, fomos ao shopping e eu a pedi em namoro, como fazem os adolescentes. Não porque eu ou ela gostássemos de shoppings, mas porque era um local com estacionamento e fácil acessibilidade para um cadeirante.

Na ocasião, também fomos para a casa de praia do Alê, namorado da minha irmã, na companhia deles e outro casal de amigos. A viagem foi muito gostosa e aproveitamos bastante, mas houve momentos constrangedores, em que eu precisava pedir ajuda para Clarissa em situações íntimas, que nunca havia imaginado dividir com outra pessoa.

Desde a vez que fomos ao Mineirão assistir ao Corinthians x Cruzeiro, em Belo Horizonte, já tínhamos passado por situações embaraçosas, como quando ela precisou entrar comigo no banheiro masculino do estádio para me ajudar a abrir a calça e, depois, fechar o zíper. Agora, eu precisava do seu auxílio até mesmo para tomar banho, já que não podia mais me abaixar. Clarissa fazia tudo com carinho e alegria, sem demonstrar nenhum acanhamento. Eu que ficava incomodado por depender da sua ajuda para atividades tão pessoais em pleno início de namoro, mas não tinha outra alternativa. Depois que voltamos da praia, Clarissa ainda passou alguns dias comigo em Alphaville, quando eu a levei para ir ao cinema e me defrontei com mais uma grande limitação: eu não conseguia mais dirigir.

Já há algum tempo, minha insistência em dirigir ficava cada vez mais perigosa. Precisava fazer um esforço enorme e, mesmo assim, tinha dificuldade para virar o volante. Era hora de parar. Continuei saindo de carro com Clarissa, mas agora com ela dirigindo. Na verdade, ela precisava fazer praticamente tudo e, mesmo sendo magrinha, dava um jeito de me tirar do carro e me colocar na cadeira de rodas. Também cortava a comida e, com a limitação extra de não conseguir mais levantar o braço, passou a me dar na boca. Por essas e outras, minha mãe dizia que Clarissa era uma "anja" em minha vida.

E por falar em levantar o braço, agora também não conseguia mais tirar a franja dos olhos. Nunca tive cabelo curto, a não ser quando passei na faculdade, mas não podia mais realizar essa simples atividade de levantar os braços para tirar a franja da testa. Dessa forma, fui ao barbeiro e pedi para Domingos cortar curto. E meus cabelos escorridos também se foram.

Em Alphaville, Adriana passou a vir em casa todos os dias. Eu via muita importância na fisioterapia, mas assim como em todas as outras atividades, ela também não era capaz de impedir o avanço feroz da doença. No verão anterior, eu viajava com Lili pelo Nordeste brasileiro e, agora, eu praticamente não conseguia andar, além de precisar de ajuda para realizar as ações mais cotidianas. Lembrei o encontro que havia participado em uma associação daqueles que têm ELA no Natal, logo após o diagnóstico. Aquela cena da mãe descrevendo o filho imóvel na cadeira de rodas em apenas um ano me veio à mente. A mesma coisa havia acontecido comigo. Por mais que eu me esforçasse, o relógio da ELA continuava a bater, em direção à

PARTE 2 - MOVIMENTO DESCENDENTE: DA CAMINHADA À CAMA

meia-noite daquela previsão de, no máximo, dois a cinco anos de vida. O *tique-taque* dos seus ponteiros rondava, em silêncio, os pequenos afazeres do meu dia a dia. Muitas coisas que eu realizava para aproveitar cada momento ao máximo, agora já tinham se tornado impraticáveis.

Minha rotina consistia em me levantar da cama, agora com um colchão extra para facilitar este ato, pegar o andador que ficava ao lado, circular dentro do meu quarto, ir até a bancada onde ficava o *computador e caminhar até o banheiro*. Quando muito, conseguia circular pela sala de televisão e pelo escritório, cômodos que ficavam no mesmo andar. Mesmo assim, para realizar essas tarefas, eu precisava de uma mão extra.

Continuava a usar o computador, porém, quando precisava digitar um e-mail mais extenso, ditava para a minha mãe o texto que queria enviar. Para tomar banho, eu ia com o andador até o banheiro, estacionava-o em frente ao boxe e me apoiava nas barras que meu pai havia fixado nas paredes. Dentro do boxe, eu ligava a água, me molhava e chamava a minha mãe para esfregar as partes que eu não alcançava mais, além de lavar minha cabeça. Com quase trinta anos de idade, eu voltava a precisar da ajuda integral da minha mãe para tomar banho, comer ou qualquer outra ação corriqueira. Ela passou a ser a extensão dos meus braços, ou melhor, meus tentáculos, porque só dois não bastavam.

Dessa forma, com o tempo derretendo, como os relógios nos quadros de Salvador Dalí, Adriana me filmou fazendo alguns exercícios e circulando pelo quarto com o andador. Não sabíamos ao certo qual seria a última vez que eu faria aquela ação tão simples: colocar meus pés no chão para caminhar.

TRATAMENTOS ALTERNATIVOS

Diante de tantas tentativas infrutíferas de tratamentos médicos, o trabalho que mais nos dava força para seguir em frente era o de cura espiritual. Minha mãe e eu decidimos passar mais duas semanas em Goiás e, dessa vez, levei meu computador, mesmo com minha mãe me aconselhando a usar o tempo livre para pensar na cura e meditar. Logo na primeira vez que tentei ligá-lo, a máquina acusou algum erro e não consegui. Tentei novamente, e nada. Insisti diversas vezes até que, no fim, resolvi desencanar e ficar sem o computador, focando nas minhas leituras e na recuperação da cirurgia.

Voltei para casa preocupado, com medo de ter perdido minhas informações, afinal, todos os arquivos de trabalho, da Abaporu, fotos e escritos da minha vida estavam lá dentro. Pensei em chamar um técnico de informática, mas, quando liguei o computador no meu quarto, para minha surpresa, ele voltou a funcionar normalmente. Realmente, em Abadiânia, a energia parecia ser outra.

Naquela semana, meu amigo Luiz fez uma surpresa e foi me encontrar. Empurrando minha cadeira de rodas, ficou impressionado com o sorriso do Médium ao me encontrar, quando chegou a minha vez na fila. Com um olhar sereno, ele disse: "estou cuidando de você". Com o tempo, percebi que me lembrar daquela frase me confortava e me dava confiança para seguir.

Na segunda semana, recebi ainda mais surpresas. Armando, de Recife, Clarinha e Aloísio, do Rio de Janeiro, também haviam pegado voos para irem ao meu encontro. Era emocionante sentir o carinho dos amigos próximos, que se moviam pelos céus e estradas afora para me apoiar em minha dura jornada contra o tempo.

Com a familiaridade com a doença, eu agora conseguia identificar, em questão de segundos, os movimentos desconjuntados de uma pessoa com ELA. Antes do diagnóstico, conhecíamos somente o caso do astrofísico inglês, Stephen Hawking, com sua imobilidade em uma cadeira de rodas, cada vez mais familiar para nós. Foi assim que conheci João

PARTE 2 - MOVIMENTO DESCENDENTE: DA CAMINHADA À CAMA

Gilberto, sentado de forma desajeitada na lanchonete Frutti's. Companheiro da mesma trilha, que tem ELA assim como eu, ele se tornou um amigo e alguém para trocar ideias e dicas sobre a evolução da doença.

Além do tratamento espiritual, eu havia começado um tratamento de acupuntura duas vezes por semana com o Dr. Wu Kwang, renomado médico de medicina chinesa no Brasil. Ele, que chegou ao Brasil com doze anos, sem falar português, havia entrado em primeiro lugar na Faculdade de Medicina da USP. Com seu jeito simples e comedido, logo detectou que eu tinha excesso de metal pesado no corpo e nos recomendou a Dra. Maria Emília Gadelha Serra. Ela fazia um tratamento de desintoxicação, chamado Homotoxicologia, embasado na medicina biológica alemã.

O tratamento consistia em uma série de procedimentos, desde infusão de vitaminas na veia, auto-hemoterapia, ozonioterapia, até enema de café e imersão dos pés para desintoxicação de metais pesados. Com isso, passava de cinco a seis horas, três vezes por semana, dentro da clínica. Além disso, fiz uma série de exames de intolerância alimentar e, sob orientação de uma nutricionista, realizei uma mudança significativa na minha dieta, deixando de lado tudo que tivesse glúten e lactose, e tomando suco verde diariamente.

Aquela era mais uma nova e complexa rotina, no atribulado ritmo da família. Minha mãe passou a pesquisar todas essas novidades alimentares e a trazer para casa, toda semana, uma feira orgânica completa. Cabia à Tereza, que há anos cuidava da nossa família, transformar todo o tratamento alimentar em quitutes saborosos e nutritivos.

Como estávamos dispostos a tudo, os tratamentos holísticos abriam novas possibilidades, já que a resposta para os tratamentos convencionais eram sempre as mesmas: de dois a cinco anos de vida. E esta não queríamos mais ouvir. Foi então que, fazendo conexões com os altos índices de metais pesados no meu corpo, detectados pelo Dr. Wu, a Dra. Maria Emília levantou a hipótese de Doença de Lyme crônico, provocada por picada de carrapato infectado com a bactéria de nome *Borrelia burgdorferi*. Aquela simples informação faria um clarão e acenderia um lampejo de esperança em meu tenebroso futuro.

DOENÇA DE LYME

Em Goiás, havíamos conhecido uma americana que estava tratando *Lyme* Crônico. Ela havia estudado tudo sobre a doença e, por coincidência, tinha nos dado uma aula sobre o assunto. Na ocasião, nos aconselhou a assistir ao documentário *Under Our Skin*. Aquele, sem dúvida, foi um ponto de mudança na trajetória da doença. Até então, pensávamos que a ELA era uma fatalidade, mas agora, talvez, ela poderia não ser um mero acaso.

Lembramos que a nossa cachorrinha yorkshire Muffin, quando eu tinha vinte anos, havia sido picada por vários carrapatos em São Sebastião e teria morrido se não tivesse sido atendida por um veterinário a tempo. Dez dias após o incidente, minha mãe arrancou um carrapato grudado nas minhas costas, que eu coçava e achava se tratar de um machucado. Ao refletir sobre aquele episódio, lembramos também que meu problema linfático e as dores na perna haviam acontecido logo depois disso. E relacionando também com o episódio da internação por erisipela na perna esquerda, na França, tudo fazia sentido, se relacionado à doença de Lyme.

A *Borrelia*, que causa a doença de Lyme, trata-se de uma bactéria espiroqueta, o que significa que ela se move girando dentro do organismo, similar ao movimento de uma hélice. Quanto mais tempo ela

PARTE 2 - MOVIMENTO DESCENDENTE: DA CAMINHADA À CAMA

permanece no corpo, mais chances ela tem de ir perfurando o organismo, como uma furadeira, até atingir o sistema nervoso. O filme *Under Our Skin* explicava exatamente sobre a contaminação pela bactéria e como, nos estágios crônicos, ela poderia ocasionar doenças do neurônio motor, como a ELA, além de outras doenças, como Parkinson, Alzheimer, Síndrome de Fadiga Crônica etc.

Na Europa, Canadá e Austrália, a doença de Lyme é reconhecida em humanos como endêmica em certas regiões, e até epidêmica no verão, sendo monitorada de perto pelos órgãos de saúde pública. Assim que uma pessoa é picada pelo carrapato infectado, eles agem de imediato, para que a doença silenciosa possa ser evitada em sua fase crônica. Já nos Estados Unidos, o Lyme causa polêmica. Os protocolos oficiais não reconhecem a forma crônica da doença, chamada "borreliose". Segundo algumas sociedades que estudam a doença de Lyme, existiria um interesse velado governamental para que o assunto não viesse à tona. Afinal, alguns pesquisadores chegaram a afirmar que a própria *Borrelia* tinha sido utilizada como arma química em guerras.

Não sabíamos se isso era verdade ou teoria conspiratória. Até mesmo porque, no Brasil, pouco se fala em doença do carrapato em humanos e as informações em português são praticamente inexistentes. Mas quanto mais pesquisávamos em artigos estrangeiros, mais a tese fazia sentido. Juntando os estudos com memórias do passado, e pensando nos dez dias que eu havia ficado com o carrapato no corpo, poderia sim ter sido contaminado. As peças do quebra-cabeça começavam a se encaixar. Mas para saber a resposta, era preciso fazer um exame laboratorial inexistente no Brasil, que detectasse ou não a presença da *Borrelia* no meu corpo. Em caso de resposta positiva, isso significaria algo bem impactante: poderia haver uma chance de cura.

TEMPOS DE CELEBRAR

Enquanto os resultados não chegavam, Clarissa veio passar o Carnaval comigo e vivenciei uma experiência incrível de acessibilidade como cadeirante. Agora, seria complicado viajar no feriado, algo que sempre tinha feito, com exceção, é claro, daquela vez em que tinha dezessete anos e dirigi sem carteira com meu primo Thiago. Como ficaria na cidade, decidi ver ao vivo o desfile das escolas de samba de São Paulo, no dia da Gaviões da Fiel.

Além da Clarissa, Lili e o Alê, convenci também o palmeirense Higor a ir comigo. Paramos o carro em uma vaga especial, de onde uma van totalmente adaptada nos levou do estacionamento até o sambódromo. Ali, um atendente simpático e preparado para receber pessoas com dificuldades de locomoção nos conduziu até um acesso bem localizado e com ótima estrutura. Fui surpreendido de maneira muito positiva com as condições excelentes de acessibilidade do evento. Se eu não estivesse naquelas condições, não conseguiria presenciar cenas como aquela, de preparo com aqueles que possuem deficiência. Durante a apresentação, fiquei parte do tempo na cadeira de rodas, e parte em pé, segurando na grade. Enquanto eu ainda pudesse brincar de *homo erectus*, permaneceria sobre minhas duas pernas.

Por essas e outras, queria comemorar meu aniversário de trinta anos em grande estilo. Escolhi um local de eventos acessível, atrás da área de piscinas do Edifício Mandarim, mas desanimei ao saber que o lugar comportava apenas quarenta pessoas. A solução foi dividir a celebração em duas festas, uma no sábado em Alphaville, com a turma do condomínio e alguns familiares, e a outra no domingo, com o pessoal da GV no prédio. Minha amiga francesa Emilie organizou tudo. Recebi muitos amigos da faculdade, mas a surpresa maior foi a visita do primo Federico, que veio especialmente do Uruguai para as comemorações.

PARTE 2 - MOVIMENTO DESCENDENTE: DA CAMINHADA À CAMA

Ainda em clima de festa, eu e Lili batizamos minha afilhada, Mirele e, meus pais, a irmã gêmea, Michele. Elas eram filhas da Rosinha, que tinha trabalhado em nossa casa por muitos anos, e cresceram frequentando e brincando em nosso quintal. Por diferentes motivos, o batizado sempre tinha sido adiado, mas agora, diante da minha corrida contra o tempo, encontrou um bom motivo para acontecer. Pelo visto, aquele era um período para grandes comemorações.

Em paralelo a tantos acontecimentos, o resultado do exame de Lyme finalmente chegou do exterior. Ele acusava a presença da *Borrelia* em algumas bandas do meu organismo. Um resultado de difícil interpretação, que não afirmava de forma categórica se eu tinha Lyme crônico ou não. Mas, agora, a presença da bactéria estava confirmada em meu corpo. E isso abria as portas para uma nova etapa em minha vida, em que eu precisaria fazer uma escolha definitiva. Não seria uma decisão simples.

A DECISÃO

Com os resultados do exame em mãos, meu pai, com seu amigo-irmão há mais quarenta anos, desde que foi seu professor na Faculdade de Medicina, Euclydes Marques, discutiam se tudo isso não seria uma grande elucubração. Vasculhavam incessantemente a literatura médica em busca de estudos de casos semelhantes que fizessem algum sentido e conexões. Também procuraram diversos colegas na tentativa de discutir o caso, mas ninguém no Brasil tinha experiência com Lyme crônico em seres humanos. Muitos nem sequer acreditavam que houvesse a possibilidade. Mas como havia sido provada a existência da *Borrelia* em meu organismo, precisávamos encontrar alguém que nos desse alguma orientação. Na época, a Dra. Maria Emília foi participar de um Congresso de Lyme nos Estados

Unidos para conhecer os tratamentos e trazer as novidades. Ela acreditava e se empenhava naquela possibilidade de cura.

Caso eu começasse a realizar o tratamento para a doença de Lyme, viveria um período desafiador. Teria que tomar antibiótico na veia durante muito tempo, talvez anos. Para isso, necessitaria colocar um cateter venoso central e ter um profissional que viesse em minha casa diariamente para aplicar o medicamento. Em paralelo, ninguém poderia saber que efeitos colaterais teria no meu organismo a longo prazo, já que o antibiótico, por protocolo, deveria ser utilizado somente por uma ou duas semanas. Mesmo assim, eu me sentia realmente empolgado e esperançoso, sobretudo depois que vi os vídeos do Dr. David Martz.

O Dr. David era um médico americano, diagnosticado com ELA, que havia recuperado seus movimentos após o início da doença, por meio do tratamento para Lyme com antibióticos. Ao vislumbrar a possibilidade de que a doença de Lyme crônico pudesse explicar todos os seus sintomas de perda de força motora, o médico aderiu ao tratamento que ele mesmo desenvolveu com outros pesquisadores para se autoaplicar. E eu, ao vislumbrar que aquela mesma cura pudesse acontecer comigo, voltava a ter esperança no futuro.

Mas àquelas alturas, a nossa cabeça se enchia de dúvidas. Buscávamos compreender de que forma a esclerose lateral amiotrófica se relacionava com a Doença do Lyme Crônico, se eram antagônicas ou se complementavam, resultando em um quadro neurológico com degeneração veloz, como o que eu apresentava. Para casos de ELA, a literatura médica alegava apenas a intoxicação do neurônio motor pelo ácido glutâmico. Mas agora estudávamos também o envolvimento de sedimentação de metais pesados, presentes tanto em casos de esclerose como na neuroborreliose, a doença do carrapato em estágio avançado.

PARTE 2 - MOVIMENTO DESCENDENTE: DA CAMINHADA À CAMA

Não eram questões corriqueiras. Caso escolhêssemos juntos, eu, minha mãe e meu pai, iniciar o tratamento para a doença de Lyme crônico, precisaríamos mudar toda a nossa rotina que, naquela época, já era bem delicada, devido aos meus cuidados especiais. Isso sem contar que, como eu teria que tomar antibióticos diariamente, poderia correr certos riscos. Mas sem ter outra alternativa, eu queria corrê-los. Minha mãe e a Dra. Maria Emília também se sentiam empolgadas e confiantes para começar o tratamento. Meu pai, por outro lado, mostrava-se cético, por não existir evidências de cura, além do caso específico do Dr. David Martz. Mas se, como médico, ele se sentia incrédulo, como pai, apoiava mais esta tentativa em busca da minha cura. Era pegar ou largar.

A HORA DA VIRADA

Foi pegar.

No dia 8 de março, dei entrada no Hospital Oswaldo Cruz para implantar um cateter venoso central, o que me permitiria tomar antibiótico sem precisar puncionar a veia toda vez. Apesar de ser um procedimento relativamente simples, senti falta de ar quando voltei da anestesia geral. Foi uma sensação ruim, mas depois estabilizei e fiquei pronto para dar início ao tratamento. Também retornei do hospital com boas novidades. A Amil, empresa do meu seguro saúde, havia disponibilizado uma equipe própria de profissionais para atuar em minha casa uma vez que tinha que tomar o antibiótico na veia diariamente.

Por isso, naquele momento, eu me despedia da fisioterapeuta Adriana, com quem acabei construindo uma bela amizade, para dar início aos trabalhos com outra fisioterapeuta, que também se tornaria uma grande parceira: Mariana Polita. Além dela, o seguro saúde também disponibilizou os serviços da fonoaudióloga Maximira. A Maxi entraria no lugar da Betty Nulman, que me atendia em São Paulo.

As sessões, tanto de físio como de fono, passaram a ser diárias, de segunda a sexta-feira. No início, fiquei triste com as trocas, mas logo foquei no lado positivo, ao perceber que ganhava novas amigas e excelentes profissionais. Eu conversava com a Mariana sobre cultura e música brasileira, assunto que interessava a ambos, enquanto usava o andador para fazer exercícios de flexão das pernas, encostado na porta do quarto. Já a Maxi conquistou toda a família logo de cara, com seu sorriso fácil, jeito simpático, falante e amoroso. Foi em meio a todas essas mudanças, que dei início ao tratamento de Lyme Crônico.

Logo nos primeiros dias, aconteceu algo que disparou a minha confiança: senti uma melhora em minha força muscular. Era uma mudança pequena, sutil, mas clara o suficiente para me animar. Eu estava conseguindo levantar uma das pernas para trás, a uma altura maior do que conseguia antes de começar a tomar os antibióticos. Também senti melhorar levemente a minha voz, postura e braços. Dentro de mim, tinha a certeza de que havia encontrado a causa da doença e o tratamento que proporcionaria a recuperação gradual dos meus movimentos.

Boa porção do meu otimismo se dava pelo documentário *Under Our Skin* e o caso de recuperação do Dr. David Martz. Portanto, eu sentia como algo de grande importância mostrar o filme para outras pessoas, a começar pelos meus amigos. Marquei com a turma mais próxima da GV para vir até a minha casa e fazer uma "sessão de cinema". Ao assistirem ao filme, eles ficaram bastante sensibilizados e passaram a pensar em formas de divulgar o material.

Pouco a pouco, fui mostrando o documentário para muita gente e, ao mesmo tempo, decidi me filmar periodicamente para contar em vídeo como seria a minha recuperação. Pela primeira vez desde o diagnóstico, eu me sentia realmente empolgado. Meus movimen-

PARTE 2 - MOVIMENTO DESCENDENTE: DA CAMINHADA À CAMA

tos melhoravam, tinha uma equipe para cuidar de mim todos os dias da semana, o apoio incondicional dos meus pais, uma namorada que me visitava com frequência e, já que não podia sair muito, amigos que continuavam a fazer a festa na minha própria casa. Parecia estar vivendo A Hora da Virada. Mas eu era apenas um principiante. Em se tratando de ELA, as viradas acontecem muito mais velozes do que sequer imaginamos. E sem caminho de volta.

19 COLO

"Segura teu filho no colo
Sorria e abraça os teus pais enquanto estão aqui
Que a vida é trem-bala parceiro
E a gente é só passageiro prestes a partir."

Ana Vilela

BATI UM RECORDE

Minha casa em Alphaville possui dois andares. Naqueles tempos, uma cena vista com frequência era eu subindo os degraus da escada em direção ao quarto abraçado ao meu pai, que subia ao meu lado, levantando a minha perna e fazendo um jogo no corpo para que minha mãe pudesse elevar o meu pé e colocá-lo no degrau de cima. Degrau a degrau, a subida da escada demorava uma eternidade. De certa forma, já havíamos nos acostumados com o novo ritmo da casa. Era o ritmo da ELA, e não mais do relógio. Praticávamos também um exercício que todos tivemos que aprender: o da paciência. Minha mãe brincava que ele era feito

PARTE 2 - MOVIMENTO DESCENDENTE: DA CAMINHADA À CAMA

em três etapas: paciência, paciêêência e paaciiiêêência. Porém, mais do que uma brincadeira, este exercício se tornou um mantra em nossas vidas.

Ao meu lado, a cachorrinha Muffin pulava e brincava, feliz com a minha presença em casa quase em tempo integral. Além da físio Mariana e da fono Maxi, também frequentavam a casa a Christiene, indicada pelo Dr. Wu, para continuar fazendo a acupuntura, além do Domingos, barbeiro e amigo, que também passou a cortar meu cabelo em domicílio. Ronei, um garoto que meus pais ajudavam a cuidar desde menino, também nos socorria sempre que preciso.

Naquele período da minha vida, minha amiga francesa Emilie também frequentou a casa, me filmando enquanto eu fazia um balanço do primeiro mês tratando o Lyme Crônico. Já havíamos nos adaptados à nova rotina de antibióticos. As melhoras, pouco a pouco, continuavam. Tudo parecia tão bem... Mas logo comecei a passar mal.

A Dra. Maria Emília me alertou de que as bactérias poderiam reagir ao antibiótico em altas doses, reação prevista chamada Herxheimer. Para prevenir, ela havia começado um intensivo tratamento de vitaminas na veia e medicamentos específicos de homotoxicologia. Quando comecei a me sentir mal, ela correu para me socorrer. Mas nada adiantava, eu só piorava. Meu estado se agravava em máxima aceleração e eu precisei ser internado às pressas, com alucinações e um incômodo insuportável no corpo.

O cateter, que eu havia colocado para receber o antibiótico contra a Doença de Lyme Crônico, era também uma porta de entrada com acesso direto ao sistema venoso central do corpo. Assim como servia para medicamentos, também poderia ser uma via de acesso para novas bactérias. Foi exatamente isso que aconteceu comigo naquele começo do mês de abril. Tive uma infecção no cateter, por contaminação pela bactéria *Enterobacter*, gerando febre alta e pneumonia aspirativa, causada pela dificuldade de deglutir e por frequentes engasgos. Houve queda no nível de plaquetas e tive surtos psicóticos. Em minhas alucinações, criei meu próprio canal de tevê na parede, chorei diversas vezes e dizia estar ficando louco. Pedia a cada minuto para que ajeitassem meu corpo em posições diferentes, pois tinha aflição de ficar na mesma posição. Mas, de tudo, o mais grave foi que, com a infecção, meu rim, o intestino e vários órgãos haviam parado de funcionar da forma adequada. Foi nesse estado que fui internado no Hospital Oswaldo Cruz.

Passado o susto inicial, depois de uma semana de internação, meu corpo havia se regularizado e eu melhorava a cada dia, chegando a estar nitidamente melhor do que antes da infecção. Pequenas evoluções motoras voltavam a acontecer. Caminhava com o andador por boa parte do corredor do hospital, duas vezes ao dia, voltei a me empolgar e a ficar confiante. Aquele havia sido apenas um contratempo. A partir de então, seguiria minha trajetória de recuperação, combatendo a Doença do Lyme Crônico com o tratamento por antibióticos que, aliás, não havia sido interrompido. Isso era o que eu achava.

Pois foi nesse momento que o pior aconteceu. Contraí uma infecção hospitalar e tive septicemia, causada pela bactéria *pseudômonas*, considerada mais grave que a anterior. Fiquei uma semana de cama com febres constantes, tendo em média três inícios de surtos por dia, que eram prontamente controlados pela equipe de enfermagem. Tomava doses fortes de dipirona na veia, seguidas por compressas de toalhas molhadas e banhos frios para conter a febre alta, que chegou a 41.9 graus. A enfermeira que cuidava de mim disse que jamais havia visto uma temperatura tão elevada. No meio disso tudo, eu ainda brinquei com ela dizendo que havia batido um recorde.

Dessa vez, porém, não consegui me recuperar. Foram 28 dias de internação ao todo, e as duas infecções que tive foram relativamente graves,

PARTE 2 - MOVIMENTO DESCENDENTE: DA CAMINHADA À CAMA

sobretudo a segunda. Se meu corpo estivesse mais frágil, ou se eu fosse mais velho, provavelmente não teria suportado. Muitas pessoas morrem com as bactérias que tive, fato que ocorreu, inclusive, com a mãe de uma das minhas médicas.

Durante a internação, a Dra. M. Emília insistia em continuar o tratamento de homotoxicologia para minimizar os efeitos das infecções, mas, por ser um tratamento nada convencional, a equipe do hospital desconhecia a medicina biológica alemã, vendo um punhado de ampolas com nomes diferentes que ninguém sabia para o que servia. Depois de muita insistência, minha mãe conseguiu um bulário em inglês dos medicamentos do laboratório Heel no Brasil, que entregamos no hospital. Antes disso, o livro circulou pelos corredores do laboratório até a diretoria, que finalmente autorizou o tratamento, depois que as bulas foram traduzidas para o português e validadas por todos na hierarquia hospitalar. Enfim, conseguimos continuar o tratamento e, durante aqueles dias, fui o paciente mais falado do hospital.

Voltei para casa bastante debilitado, fraco e com limitações que não tinha antes do longo período da internação. Nos primeiros dias, não consegui urinar nem tomar banho de pé. Meu braço esquerdo praticamente não mexia. Um mês antes, eu me encontrava eufórico, acreditando que minha recuperação seria um caminho sem volta. E agora, retornar para casa e constatar que o quadro se apresentava bem pior do que antes, foi um duro golpe para quem pensava o tempo todo que a cura estava próxima.

Eu havia, de fato, recuado algumas casas no tabuleiro da cura. Passei a ter uma cama hospitalar em casa, alugada por meu pai antes da minha volta. E como eu seguia tomando os antibióticos para o tratamento de Lyme Crônico, além das ampolas e das vitaminas, precisava pegar a veia do braço com frequência, agora sem cateter. Vanderlei, enfermeiro da Amil, passou a vir diariamente em casa para aplicar as medicações. Eu ficava a semana inteira me dedicando aos tratamentos dentro de casa e, quando chegava o fim de semana, ficava louco para sair. Para isso, eu dependia dos meus pais ou da Lili com seu namorado Alê. A não ser eles, poucos se arriscavam na empreitada, já que agora havia inúmeras limitações.

UM GAROTO DE TRINTA ANOS E TRINTA TRATAMENTOS

Mesmo ciente das dificuldades, Luiz topou me levar na Virada Cultural também daquele ano, em São Paulo, com sua esposa Teresa. Dessa vez, o evento estava muito cheio e não foi tão mágico, mesmo assim, só de ver pessoas diferentes eu já me divertia. Enquanto isso, Clarissa continuava vindo de Belo Horizonte me visitar e se mostrava cada vez mais uma excelente companheira, tanto para ficar em casa, conversando, lendo, assistindo a filmes e documentários, quanto para sair. Eu gostava de levá-la a lugares que ainda não tínhamos ido.

Um passeio que nos marcou bastante foi visitar o Solo Sagrado, às margens da Represa de Guarapiranga, um templo messiânico que une natureza, harmonia e construção sustentável. Além de sua beleza e de ser um local perfeito para contemplação e meditação, o local mostrou nota máxima no quesito acessibilidade. Agora, isso tinha se tornado um fator determinante para as minhas saídas. Por isso, também gostava muito de ir a parques. Na época, consegui pela internet uma lista com todos os que existiam em São Paulo e, assim, sempre tínhamos programação para os fins de semana. E eu sempre tinha algo para me fazer mover pelo mundo e me entreter, em vez de ficar focado todo o tempo apenas nos tratamentos.

Mesmo dando continuidade ao combate da Doença de Lyme, eu apresentava uma piora geral e seguia perdendo força muscular. Não queria desistir do tratamento por não ter em mãos alternativas melhores. O exemplo do Dr. David Martz não saía da minha mente. Seu caso havia sido

PARTE 2 - MOVIMENTO DESCENDENTE: DA CAMINHADA À CAMA

apresentado em congressos internacionais de Doença de Lyme e, por meio de pesquisas, minha mãe conseguiu o contato com sua assistente. Ela nos passou o protocolo de tratamento que o médico havia feito, quando conseguiu reverter o quadro de ELA, com uma combinação de antibióticos, e não somente um, como eu estava tomando até então. Dessa forma, dei início ao novo tratamento de antibióticos, o mesmo que o Dr. David Martz havia feito, seguindo as orientações da dupla médica e da minha mãe, incansável em suas buscas por maior conhecimento sobre Lyme Crônico, A sorte estava lançada, mais uma vez.

Além do tratamento de Lyme, nós continuávamos abertos a qualquer alternativa que representasse uma possibilidade de cura, ou a remissão da doença. Marcos Aranha, amigo da minha mãe, recomendou que tentássemos apometria, uma prática terapêutica holística que envolve energias e vidas passadas, com o objetivo de curar a vida presente.

Passamos a frequentar um instituto de apometria na Vila Mariana, uma vez por semana, durante um período de dois meses. O trabalho que meus pais tinham para toda semana me colocar no carro, sair de casa, atravessar a cidade por uma hora, me tirar do automóvel e me levar para o centro de terapia alternativa, depois me colocar de novo no assento, e realizar o trajeto de volta para Alphaville parecia absurdo, e podia mesmo ser. Entretanto, mesmo sem eu quase mover os braços, continuávamos dispostos a não os deixar cruzados, vendo a ELA dominar todo o meu corpo com seus mil braços.

Incansáveis em busca da cura, ainda tentamos mais dois tratamentos paralelos, com mais duas médicas, todas em sintonia com o coro que aumentava, de que era preciso tentar tudo e mais um pouco. A neurologista Dra. Márcia Gravatá, que fazia um tratamento com biofísica e, também, desenvolvia um bonito trabalho com pessoas que possuem deficiências de diferentes classes sociais, e a Dra. Lilian Antonio, que começou um tratamento diferente de tudo que eu já tinha visto até então.

Fomos um dia ao consultório da Dra. Maria Emília, onde a Dra. Lilian e o médico italiano, Dr. Salvatore nos aguardavam, com um equipamento inovador. Chegando lá, eu me deitei numa maca e o italiano encostou uma espécie de caneta com ponta metálica na minha orelha. Na hora, senti mais disposição e força. Parecia mágica. O REAC gerava uma onda de emissão de intensidade fraca, interagindo com o tecido biológico do corpo humano. A frequência da microcorrente de rádio variava de acordo com as características moleculares dos tecidos, espalhando seu efeito terapêutico. Após a sessão ter transcorrido bem, a Dra. Lilian adquiriu o equipamento, fez um treinamento na Itália e passou a aplicar em mim o protocolo.

Além desses, por indicação do Dr. Wu, tentamos também o Rife, equipamento que emite uma frequência que passa por todo o nosso organismo, puxando pelos poros as bactérias, vírus, metais pesados e o que mais for necessário, a depender da doença. Seria mais um tratamento que, passada a empolgação inicial, não conseguiria trazer maiores resultados. A internação hospitalar havia sido um duro baque e abalado um pouco a nossa esperança. Apesar da derrota inicial, agora era hora de continuar em campo, tocando a bola para frente. E somente para a frente.

Resolvemos fazer mais uma tentativa de tratamento espiritual. Por indicação do meu padrinho, fomos algumas noites a uma chácara agradável e arborizada no município de São Roque, onde um senhor chamado Gustavo Ferreira incorporava a tia Maria, ou Maria Sebastiana da Silva, uma mulher feita de escrava no século XIX. Sempre que eu começava um novo tratamento, sabia ser importante levar a sério e fazer exatamente o que me pedissem. Daquela vez, não seria diferente. Uma vez, tia Maria fez um procedimento espiritual na minha cabeça, enfaixou a minha testa e pediu

PARTE 2 - MOVIMENTO DESCENDENTE: DA CAMINHADA À CAMA

para eu permanecer com a faixa durante alguns dias. Na ocasião, teve o casamento da minha amiga Dani Costa da GV, no Pátio do Colégio, centro de São Paulo. Para não aparecer na cerimônia enfaixado, coloquei um gorro. Assim, lá estava eu na festa, de cadeira de rodas, terno, gravata e gorro. E dando risada, é claro. Afinal, rir continuava a ser o melhor dos remédios. Pelo menos, distraia um pouco.

QUEM SABE FAZ A HORA

Desde pequeno, sou movido pela música. Devo ter herdado a veia musical da família do meu pai, afinal, cresci ouvindo-o tocar piano, todos os dias, quando ele chegava do trabalho. Tive aulas de iniciação musical desde cedo e estudei piano dos seis anos até a adolescência, quando passei a tocar violão, a música se tornou presença garantida em quase todos os encontros com amigos e pessoas queridas, que fui conhecendo pela vida. A história dos Festivais Internacionais da Canção nos anos 1960 sempre me interessou, sobretudo o episódio de Geraldo Vandré que, na época, não venceu o festival com sua famosa canção "Para não dizer que não falei das flores". Isso devido ao cunho político e de movimento das massas que a música incitava, em plena instituição da censura pelo AI-5. O lema levantado pela canção sempre rodeou meus pensamentos:

Vem, vamos embora
Que esperar não é saber
Quem sabe faz a hora
Não espera acontecer

Em minha vida, nunca soube esperar muito, tanto que vivia repetindo aquela ideia de melhor viver vinte anos a cem por hora do que cem a vinte.

257

Agora, entretanto, eu torcia para acontecer exatamente o contrário. Eu queria esperar cada vez mais, queria que cada pequeno movimento meu continuasse, gostaria de manter meus pés no solo, adoraria poder parar o tempo para que cada passo meu durasse a eternidade. Porém, aquela realidade também não podia esperar mais.

E no fim daquele ano, eu já não podia mais andar. Absolutamente nada, nem sequer alguns poucos passos, nem me arrastar com o andador nas sessões de fisioterapia. Assim como aquele rapaz que havíamos visto no encontro de pessoas que possuem de ELA quase dois anos antes. Embora ainda tivesse um pouco de força nas pernas, ela não era suficiente para me sustentar em pé, nem com apoio. Dentro de mim, uma voz continuava a repetir "quem sabe faz a hora, não espera acontecer". Mas a vida, agora, me mostrava o oposto. Era preciso saber também a hora de parar.

Assim, eu e minha família acabamos optando por encerrar o tratamento de Lyme Crônico após quase um ano tomando antibióticos todos os dias. Eu não descartava totalmente a teoria de a causa da ELA ser a doença do carrapato, mas uma coisa era fato: o tratamento não tinha surtido efeito. Vendo que eu continuava a piorar, meu pai disse não ser bom para meu organismo tomar antibiótico por tanto tempo. Ele já havia falado isso antes do início dos procedimentos, mas como havia alguma chance de cura, o lado pai tinha falado mais alto que o médico. Agora, sem ver resultados, ele me aconselhava a parar. Foi o que fiz. Na verdade, um pouco além disso.

Sem ter a obrigação de estar em casa todos os dias para tomar antibióticos na veia, Lili sugeriu viajarmos para um hotel acessível no interior de São Paulo. Pelo visto, a imobilidade ainda não tinha conseguido me impedir de colocar o pé na estrada. No caso, as rodas da cadeira. Como havia dito o Dr. Daniele Riva, a cada nova limitação, saberíamos lidar com ela. E

PARTE 2 - MOVIMENTO DESCENDENTE: DA CAMINHADA À CAMA

ainda não havia surgido um limite realmente intransponível que me impedisse de continuar a viajar.

Também fui a casamentos de vários colegas, inclusive o do Higor, que celebraria a data com a Nara, na cidade de Jundiaí. Ele havia planejado toda a cerimônia pensando na acessibilidade da minha cadeira de rodas. Assim, família reunida, nos hospedamos no mesmo hotel que os noivos na cidade próxima a São Paulo. Fui padrinho com a Karina, irmã do Higor e, na igreja, os noivos e todos os padrinhos não ficaram no altar, mas sim na frente dele, já que seria difícil subir os degraus com a cadeira de rodas. O local da festa também foi escolhido a dedo, por conta da acessibilidade. Pouco tempo depois, também fui padrinho de casamento do Gustavo, grande amigo dos tempos do Mackenzie. A cerimônia religiosa e a festa, ambas acessíveis, foram perto de casa.

Nessas ocasiões, eu precisava sempre ser pego no colo no trajeto do carro para a cadeira, e vice-versa. Quando fui ao centro, no casamento da Dani Costa (aquele que fui de gorro), combinamos de chegar na mesma hora que meus amigos Renato Miralla e Thiago Triani para ajudarem a minha irmã Lili a me carregar.

De fato, o mais complicado de sair era a volta e o esforço que meus pais precisavam fazer para me subir pelas escadas, em direção ao quarto. Mesmo ficando a maior parte do tempo em casa, eu dava muito trabalho para eles, que viviam em função da minha doença, especialmente a minha mãe. No início, ela ficava por conta da rotina de me levar a clínicas e hospitais para os tratamentos. Agora que a maioria deles era realizada em casa, eu precisava de ajuda para todas as atividades do dia a dia. Por causa disso, até algumas rotinas tradicionais da casa já iam mudando para se adequar à nova realidade.

O jantar, por exemplo, que sempre aconteceu religiosamente com todos reunidos em volta da mesa, passou a ser realizado no andar de cima, na sala de televisão, localizada ao lado do meu quarto, assim como alguns almoços de família. Como meus pais precisavam subir e descer com todas as louças, travessas e talheres pela escada, minha mãe brincava que estava praticando uma nova modalidade esportiva: *step* com bandeja.

À noite, também comecei a precisar de companhia, pois tinha dificuldade para me virar sozinho na cama. Meus pais se revezavam para passar a noite no meu quarto, comigo dormindo na cama hospitalar, e um deles na minha antiga cama. Dessa forma, acabaram mudando também seu ritmo de sono, já que deixaram de dormir mais cedo e passaram a acompanhar meu ritmo, mais notívago. Lili ocupava o posto nos finais de semana, para meus pais descansarem e reporem as energias.

Uma vez, minha irmã foi me virar, mas minha perna escorregou e eu caí no chão, de joelhos. Ela precisou acordá-los de madrugada para me levantarem e me colocarem de volta na cama, pois não tinha força para fazer isso sozinha. Esses acontecimentos inesperados e inéditos para nós passaram a se suceder cada vez mais. Mas era impossível prever o imprevisível. De certa forma, naqueles momentos, todos aprendiam a se fortalecer para saber como agir prontamente nos novos desafios que surgiriam.

Em uma quinta-feira à noite, quando meu pai estava de plantão no hospital, acabou a energia elétrica em casa. Minha cama hospitalar tinha ficado com o encosto levantado e, sem energia, não teria como abaixá-la para dormir. Por sorte, naquela época, meu primo Gabriel, de Aguaí, filho do meu tio Fábio, havia se mudado para nossa casa. Ele tinha saído do sítio para fazer cursinho em São Paulo e prestar vestibular para medicina. Na ocasião, Gabriel literalmente me carregou no colo, no auge dos seus 18 anos, e me levou até a cama dos meus pais, onde pude dormir com a minha mãe. A energia só voltou no dia seguinte. Mesmo que eu tivesse agora que aprender a esperar, parecia que o destino continuava a fazer a hora e não

PARTE 2 - MOVIMENTO DESCENDENTE: DA CAMINHADA À CAMA

esperar acontecer, sempre dando um jeito de colocar ajuda imediata em meu caminho, no local e momento adequado.

NO COLO DE UMA GAROTA

Com aquela crescente dificuldade para cuidar de mim, meus pais sentiam-se cansados física e psicologicamente. Afinal, eu precisava de ajuda vinte e quatro horas por dia. Já não conseguia fazer nada sozinho e necessitava de auxílio para coisas básicas como comer, escovar os dentes, fazer a barba e tomar banho. Assim, logo chegou o dia em que tivemos que encarar a realidade: seria preciso contratar um cuidador.

A fisioterapeuta Mariana indicou uma cuidadora muito boa. E foi assim que a Jack entrou em nossas vidas. Apesar de ter apenas 23 anos, logo vimos tratar-se da pessoa ideal para ajudar nos meus cuidados. Mesmo de baixa estatura, era forte e tinha corpo de ginasta olímpica. E força era algo de extrema importância, já que a minha diminuía sem parar.

Aquele era o dia 20 de outubro, exatamente um ano depois que o primo Federico tinha vindo do Uruguai para ajudar com os meus cuidados. Agora, no entanto, a situação era bem diferente e eu precisava realmente de ajuda profissional. Além da força, Jack fazia curso para técnica de enfermagem e, a partir de então, combinamos com ela de vir passar noites intercaladas comigo. Três vezes por semana, ela ia de moto para a minha casa, depois das aulas do seu curso. Dormia na minha antiga cama e, no dia seguinte, me dava café da manhã e banho, antes de ir embora. Era a primeira vez que eu tinha uma cuidadora em casa. No início, eu me senti estranho, mas Jack era tão hábil no que fazia que eu logo me senti, literalmente, em casa.

Depois de pouco tempo, ela passou a ir todas as noites da semana, deixando para meus pais a responsabilidade de passar a noite comigo apenas nos finais de semana. Nos primeiros dias, eu ainda conseguia tomar banho em pé, mas isso exigia de mim uma força sobrenatural. Quando isso passou a ser quase impossível, e mais uma vez precisei encarar a chegada de um novo limite, meu pai comprou uma cadeira de banho.

Quando ele entrou com aquela cadeira em casa, fiquei triste. Aquela era a prova concreta de que nenhum dos tratamentos tinha surtido realmente o efeito esperado. Eu havia depositado tanta esperança neles, sobretudo no tratamento de Lyme Crônico, mas agora, passados todos aqueles meses, a doença só evoluía. Eu me perguntava se teria sido diferente, se não tivesse acontecido a internação, justo na minha fase de melhoras. A resposta, nunca saberei.

E assim, os dias foram passando. Com o aumento das dificuldades motoras, eu ficava cada vez mais em casa. Realmente, a ELA tinha uma natureza implacável. Nem sempre era fácil ter a sabedoria para lidar com cada uma das novas limitações, que insistiam em aparecer. Eu ainda me sentia o mesmo Ricky. O Ricky que gosta de ver e conversar com as pessoas, que se sente bem próximo à natureza, que adora estar em movimento, que é louco por saber como as cidades funcionam, o Ricky livre, enfim. Mas agora, carregado no colo por uma garota de apenas 23 anos, precisando de ajuda para tomar banho e escovar os dentes, eu me perguntava se aquele era o mesmo Ricky que eu conhecia.

Sem dedicar muito tempo para pensar nisso, até para não me entristecer, eu aproveitava para fazer cada vez mais o que ainda podia realizar. Lia, assistia a filmes e, como agora tinha bastante tempo livre, decidi que iria chegar às eleições presidenciais daquele ano, sabendo bem mais sobre política do que antes.

Fiz um curso on-line de política, estudei história do Brasil pelas apostilas do cursinho do meu primo Gabriel, comecei a ler e pesquisar tudo que encontrava sobre o assunto, desde sites tradicionais a blogs indepen-

PARTE 2 - MOVIMENTO DESCENDENTE: DA CAMINHADA À CAMA

dentes. Acompanhava portais de transparência, assistia à TV Senado, TV Câmara e TV NBR, programas de entrevistas com políticos, inúmeros documentários e vídeos do YouTube. Também passei a pesquisar a vida de cada político na Wikipédia e estatísticas socioeconômicas em institutos. Estudei sobre o efeito da mídia na sociedade brasileira e tentei aprofundar cada vez mais meus conhecimentos com relação a nossos problemas sociais. Acreditei que todo aquele empenho passaria com as eleições, mas não. Após as urnas, comecei a participar de outra aula sobre política. E voltei também a estudar Urbanismo.

Desde o diagnóstico, os últimos dois anos haviam sido intensos, com seus inúmeros tratamentos, de coquetel de antibióticos, para combater a Doença de Lyme no corpo físico, até tratamentos no plano energético e espiritual. Por mais que eu tivesse me dedicado, infelizmente, não havia sentido os resultados. Entretanto, aquela busca por entender como a política funcionava havia aquecido meu coração.

Um ato simples, que tinha nascido com um interesse pelas eleições presidenciais, agora crescia em direção a algo que realmente despertava a minha atenção. De certa maneira, parecia também uma forma de tratamento. E quanto mais eu estudava sobre Urbanismo, e depois sobre Mobilidade Urbana, quanto mais eu me dedicava a pesquisar como funcionavam as cidades do Brasil, mais eu percebia que elas também estavam doentes. E que estudar sobre o assunto era um "tratamento" que dava certo, por um motivo muito simples: ele me deixava com vontade de viver. E cada vez mais.

20 MACA

"Disciplina é liberdade
Compaixão é fortaleza
Ter bondade é ter coragem."
Renato Russo

MOBILIZE

Um novo ano começava e, com ele, uma reflexão profunda sobre o que eu realmente desejava fazer com o meu resto de vida. Fazia dois anos e três meses que eu havia recebido um diagnóstico de, no máximo, dois a cinco anos de existência sobre este planeta. Durante aquele período, eu havia dedicado boa parte do meu tempo a diversos tratamentos para tentar curar ou, ao menos, deter o avanço da ELA. Foram inúmeras tentativas com acupuntura, tratamento de Lyme Crônico, homotoxicologia, medicina bioenergética, apometria, tratamentos espirituais, dietas especiais, sucos verdes, várias idas a Abadiânia, além de fisio, fono e terapia ocupacional. Nenhuma dessas tentativas tinha funcionado. Eu me encontrava, simplesmente, dentro da estatística.

PARTE 2 - MOVIMENTO DESCENDENTE: DA CAMINHADA À CAMA

Por isso, agora, eu estava decidido. Queria realizar algo que fizesse sentido, me sentir útil para a sociedade e, quem sabe, até mesmo deixar um legado. Como sabiamente disse Dalai Lama: "Quando morremos, nada pode ser levado conosco, com exceção das sementes lançadas por nosso trabalho e do nosso conhecimento".

Apesar do insucesso dos tratamentos, eu ainda tinha uma ponta de esperança de ficar curado. Pensava que, quando esse dia chegasse, queria estar preparado para o trabalho que eu realmente gostaria de realizar. Com essa meta em mente, passei a estudar boa parte do dia sobre mobilidade urbana e urbanismo. Aquele, sem dúvida, era meu assunto preferido. Me lembrava daquela tarde mágica em Barcelona, quando fui à exposição "Habitando o Mundo" e conheci o conceito de Cidade para Pessoas. Eu me recordava com tanta alegria da sensação que experimentei naquele momento, uma luz que fez todo o sentido para mim, quando compreendi com perfeição o tipo de lugar que gostava de estar, a forma como gostava de viver e o trabalho para o mundo que queria realizar.

Entretanto, pelos motivos inexplicáveis que uma vida às vezes pode tomar, eu havia me distanciado daquele sonho, apesar de ainda gostar muito do tema. Mas agora, eu ainda estava vivo, Vivo, e queria dedicar cada minuto do dia para estudar sobre o assunto.

Durante as minhas pesquisas sobre mobilidade urbana, percebi que precisava entrar em muitos sites e blogs diferentes, o que tornava tudo um tanto complicado, já que eu não conseguia mais digitar e mexia com dificuldade no mouse do notebook. A única coisa que eu ainda podia fazer direito era escrever no computador, pois havia baixado um teclado virtual gratuito no site do Ministério das Comunicações. Dessa forma, selecionava as letras com o próprio mouse, mas, com a dificuldade de mexer as mãos, fazia um esforço enorme para buscar o conteúdo espalhado pela internet.

Foi então que, certo dia, me veio a ideia. Eu fazia uma pesquisa em que precisava colher muitas informações dispersas, e pensei:

"E se eu criasse um portal de internet para agregar, produzir e disseminar conteúdo de qualidade e relevância relacionados à mobilidade urbana sustentável?"

Na mesma hora, com a ideia, veio o nome, "Mobilize", palavra que unia mobilidade e mobilização, dois conceitos muito importantes na proposta que eu gostaria de realizar. Assim, no dia 15 de janeiro, coloquei meu intuito em uma planilha, contendo tudo que havia pensado para a estrutura do portal de internet, e enviei por e-mail para minha mãe. Eu me sentia muito empolgado com o *insight* que tive. Daquela forma, não precisaria esperar a cura para trabalhar com o tema que tanto movia meu coração. Nem sequer pensava nos obstáculos advindos da minha crescente limitação física. Estava decidido a viabilizar a ideia, e fazer um sonho da mente se tornar realidade no mundo.

Pouco depois, minha mãe respondeu ao e-mail. Ela, que sempre foi movida a desafios e conhecida por ser um "Incorrigível Dom Quixote", embarcou na mesma hora no meu sonho impossível. Mesmo que, agora, precisássemos lutar dobrado.

Dessa forma, depois de contar com a empolgação da minha família, queria compartilhar meu projeto com os amigos da GV. Como já sentia bastante dificuldade para falar, montei uma apresentação em Power Point e chamei algumas pessoas para uma conversa em casa. Logo, Renato Miralla ficou entusiasmado e começou a participar das ideias, envolvendo inclusive outras pessoas. Mostrei também a ideia para Armando, de Recife, que montou uma incrível apresentação sobre o projeto com todas as informações que eu o havia passado.

Tanto ele como a amiga pernambucana Mari Baltar seguiam muito presentes em minha vida, e vinham sempre para São Paulo me visitar. Minha

PARTE 2 - MOVIMENTO DESCENDENTE: DA CAMINHADA À CAMA

namorada Clarissa também continuava a vir de Minas com frequência e, naquele mês de janeiro, passou dez dias de suas férias em minha casa, me levando na cadeira de rodas para inúmeros passeios, com direito à visita ao MASP e show da Fernanda Takai no Ibirapuera.

Aquele início de ano se revelava bem diferente do anterior. Em setembro, eu chegaria a três anos de vida, já dentro do intervalo previsto pelo diagnóstico. Mesmo que fosse meu último ano, tinha começado muito bem. No dia 27 de fevereiro, como era tradição desde Barcelona, comemorei meu aniversário com o amigo Pipo, dessa vez no Parque Villa-Lobos. Foi uma atmosfera fantástica e reunimos, ao todo, noventa pessoas. Naquela tarde, sentado na cadeira de rodas, eu olhava em volta e via minha família, meus amigos, natureza e espaço público, tudo que eu valorizava, em um único lugar.

Na semana seguinte da festa, viajamos para o Guarujá e ficamos no apartamento dos meus padrinhos, na praia de Pitangueiras. Dessa vez, a Jack também precisou ir para ajudar. Além de minha cuidadora, Jack se tornava cada vez mais uma ótima companhia. Ficamos por dez dias no litoral, até depois do Carnaval. Demos várias voltas de cadeira de rodas pelo calçadão da praia e fomos ao aquário da cidade. Ainda fui com meu pai e um primo Marcelinho de Santos à Vila Belmiro, ver o Neymar jogando uma partida da Copa Libertadores da América, naquele ano em que o Santos foi campeão.

Tudo me nutria, ainda mais agora, que eu seguia trabalhando diariamente no projeto do portal Mobilize Brasil. Sem a cama hospitalar no apartamento do Guarujá precisava montar uma grande estrutura com almofadas no sofá, para eu conseguir usar o computador no meu colo. Mesmo com empecilhos, meu corpo continuava a se mover por este mundo. E com ele, meus pais, a Jack, e agora também este sonho, que eu levaria para onde fosse.

A VOZ DO CORAÇÃO

Naquele ano, os preparativos da Copa do Mundo no Brasil estavam a todo vapor. O evento, que aconteceria em poucos anos, era aguardado com ansiedade, entusiasmo e certa apreensão, tanto pelo público nacional quanto internacional. Isso, é claro, antes dos famigerados 7 x 1 no jogo contra a Alemanha dizimar para sempre o sonho de muitos brasileiros. Na época, havia muitas informações sobre as obras que aconteciam no Brasil para sediar o evento. Por isso, durante minhas pesquisas sobre mobilidade e urbanismo na internet, acabei descobrindo o Portal 2014, que acompanhava os preparativos para a Copa do Mundo, inclusive as obras de mobilidade urbana.

Desde então, eu vinha acessando diariamente o portal; por fim, me tornei um grande admirador do trabalho da equipe. Depois de receber em casa duas pessoas que criavam *websites*, tivemos a ideia de chamar a empresa que havia desenvolvido a ferramenta daquele portal que eu tanto prestigiava.

Minha mãe, agora sem ter que se preocupar o tempo todo com meus cuidados, mergulhou de cabeça na viabilização do Mobilize. E assim como no projeto de leitura que havíamos criado para a Associação Abaporu, agora ela também tinha se tornado parte integrante da equipe. Naquela tarde, recebemos Flávio Aguiar e o André Campelo, da empresa XY2. Eles contaram sobre a criação Portal da Copa, como desenvolveram o site e, principalmente, como era o sistema de publicação de matérias e de gestão controlado todo por um administrador inteligente de fácil manuseio, com apenas alguns cliques do mouse. Minha mãe, que tinha trabalhado no "O Site", como a primeira ouvidora da internet, viu que era a mesma lógica de publicação e, o melhor de tudo, uma ferramenta fácil e ideal para mim, exigindo apenas alguns cliques do mouse.

Senti uma grande sinergia entre o que eu buscava e o trabalho que eles me apresentavam ali. No decorrer da reunião, eles comentaram sobre o

PARTE 2 - MOVIMENTO DESCENDENTE: DA CAMINHADA À CAMA

potencial que o Mobilize tinha para se tornar um portal grandioso, e recomendaram a produção de conteúdo próprio, com a contratação de uma equipe de jornalismo. A princípio, titubeei. Minha ideia inicial era bem mais modesta, de compilar e reproduzir notícias de outras mídias em um único endereço na internet, para facilitar as buscas de informações sobre mobilidade urbana sustentável.

Até então, o plano era trabalharmos só nós dois, com recursos próprios, portanto sem condições de contratar equipe, no máximo uma estagiária. Mas eles haviam ficado realmente empolgados com a ideia do Mobilize, reafirmando que tinha tudo para se tornar um grande projeto. Disseram também ter sido uma surpresa chegar pela primeira vez em um cliente que tinha um projeto tão definido e completo, com objetivos e metas, temas, seções, categorias e assuntos estruturados em uma planilha Excel. Agora, mais do que nunca, a minha mente precisava trabalhar dessa forma, organizada, já que meus movimentos iam embora, e a minha fala se tornava cada vez mais escassa.

Depois da reunião, fiquei eufórico, imaginando o projeto sendo colocado em prática de uma forma ainda maior e melhor do que eu havia planejado inicialmente. Na frente deles, contive minha empolgação, mas, quando se foram, disse para minha mãe: "Não sei quanto vai custar, mas vai ser com eles".

Assim, uma manhã, quando eu trabalhava sentado nas almofadas do sofá, recebi um e-mail do Flávio com a proposta da XY2. No começo, fiquei assustado com o valor, bem acima das outras duas propostas, e muito mais alto do que eu sequer imaginava. No entanto, também estava claro que eles tinham uma equipe qualificada e iriam entregar um portal com qualidade infinitamente superior aos outros. Marcamos então uma reunião para a semana seguinte, com a presença deles e, dessa vez, do meu amigo da GV, Renato Miralla.

Reuniões, e-mails trocados e uma pequena redução no valor. Finalmente fechamos o trabalho e demos início à criação do portal. Eu estava disposto a investir a economia que tinha em minha poupança naquela ferramenta que, aliás, significava mais do que isso. Afinal, o projeto se revelava promissor e eu continuava com minha sentença de morte chamada: esclerose lateral amiotrófica. Já que não ia viver por muito tempo, melhor gastar meu dinheiro com algo que contribuísse para a sociedade.

De fato, eu pensava por que não havia feito aquilo antes. Desde adolescente, vivia repetindo que queria fazer um bem público quando me tornasse adulto, o que causava certa aflição em meus pais, preocupados se eu ia "viver de vento". Na época da Associação Abaporu e do Programa Planeta Letras, eu havia conseguido finalmente realizar projetos voltados para a melhoria social, mas a realidade acabou me soprando para outros rumos. E, agora, no momento mais inesperado para isso, eu finalmente me reconciliava com a minha *vocação*, ou seja, com a voz do coração. Como disse certa vez o escritor francês Jean-Paul Sartre, ao enfrentar a angústia da morte, o ser humano se torna plenamente ele mesmo. Às vezes, na vida, é preciso estar de frente com seu fim, para voltarmos ao caminho certo.

TOMANDO O CORPO

Empresa contratada e ferramenta sendo desenvolvida, fomos tocando outras tarefas, como registro do domínio, desenvolvimento de apresentação voltada para captação de recursos, elaboração de uma carta de apresentação e a criação de uma vaga de estágio de jornalismo, que eu pagaria com o auxílio-doença que recebia. Por orientação do Rodrigo Teles, amigo da GV, também fizemos pequenas mudanças no Estatuto da Associação Abaporu para garantir que o Mobilize se enquadrasse dentro do escopo da ONG. Pronto. Nossa pequena equipe estava determinada a fazer de tudo

PARTE 2 - MOVIMENTO DESCENDENTE: DA CAMINHADA À CAMA

para viabilizar o projeto e colocar o portal no ar até a Semana da Mobilidade, conforme meu desejo. O evento aconteceria em setembro, por coincidência, na mesma semana em que eu faria três anos do diagnóstico.

Minha mãe, que na relação de trabalho eu não chamava mais de mãe, e sim de Cris, passou a ser minha parceira diária. Assim ficou conhecida por todos que vieram trabalhar conosco. Com minha empolgação, envolvia também mais pessoas na empreitada, como, o amigo da GV, Guilherme Bueno, o Gui, um empreendedor nato. Quando ele foi apresentado à ideia do Mobilize, ficou tão empolgado que voltou em nossa casa depois de dois dias, agora com seu sócio, para fazer parte do projeto.

Com isso, os meses de trabalho foram passando e, no início de abril, recebi a visita do Caio de Carvalho, ex-Ministro de Esporte e Turismo e presidente da SPTuris, que havia sido meu professor na GV. Caio se interessou pelo projeto e nos convidou para uma reunião, em que nos apresentou o Diretor de Infraestrutura Roberto Belleza, cadeirante responsável pela acessibilidade de eventos na cidade de São Paulo.

Enquanto pessoas próximas iam sendo envolvidas, a jornalista Cláudia Carmello, esposa do Gui Bueno, enviou a apresentação do portal para seu amigo Thiago Guimarães. Jornalista e economista, com mestrado em Planejamento e Desenvolvimento Urbano pela Universidade de Hamburgo, Thiago respondeu na hora com comentários pertinentes e estruturados, fazendo uma análise da proposta e sugerindo ações. Na época, ele morava na Alemanha e trabalhava no Instituto de Planejamento de Transportes e Logística de Hamburgo. Mesmo assim, gostaríamos de tê-lo por perto no projeto, mesmo que de longe, agregando valor ao portal.

Thiago nos enviou uma proposta de consultoria para o Mobilize Brasil durante um ano, incluindo desenvolvimento e consolidação de um projeto editorial, além da gestão do conteúdo durante doze meses. Apesar de ele ser a pessoa ideal para isso, naquele momento, ainda não dispúnhamos do valor para arcar com o plano integral. Combinamos a realização da primeira parte, que envolvia o desenvolvimento do projeto editorial, sendo que as demais fases estariam condicionadas à obtenção de patrocínio.

Ao mesmo tempo, a produção da XY2 seguia de vento e popa. Eu havia solicitado a criação de uma logomarca que transmitisse uma noção de mobilidade, movimento, humanização, conexão, cidadania, e outras sensações relacionadas ao tema. Eles logo apresentaram uma proposta muito boa, que foi a definitiva. O layout da página também ficou muito bem-feito e, como tinha claro em minha mente a ideia do portal que queria realizar, fiz diversos comentários e sugeri pequenos ajustes para cada uma das seções. Aos poucos, o Mobilize Brasil ia tomando corpo. Enquanto a ELA, infelizmente, ia tomando o meu.

Apesar do meu enorme envolvimento e empolgação, a doença insistia em evoluir. E cada vez mais rápido. Novas limitações surgiam dia após dia e, agora, por exemplo, ficava quase impossível escrever no computador, mesmo clicando no teclado digital com o mouse. Assim, Jack passou a ficar alguns dias até a hora do almoço, me ajudando com e-mails, que eu ditava para ela escrever. Minha voz havia se tornado quase inaudível, mas, com a convivência diária, ela entendia tudo que eu falava. Outra limitação era com relação à posição da cabeça. Como a doença não evoluía de maneira uniforme, eu só ficava confortável com a cabeça levemente virada para a direita, tanto sentado na cadeira de rodas quanto deitado na cama. Para assistir à televisão, eu precisava inclinar a cama hospitalar. Mas de tanto ficar deitado só para um lado, minha orelha direita começou a ficar com feridas. Para resolver esse problema, Jack fez algumas rodelas de tecido e espuma, com diferentes tamanhos, na máquina de costura. Assim, eu conseguia me deitar com a orelha no buraco da rodela. Realmente, minha cuidadora se revelava,

PARTE 2 - MOVIMENTO DESCENDENTE: DA CAMINHADA À CAMA

cada vez mais, uma extensão do meu corpo e dos meus braços. Entretanto, o fato de ficar com a cabeça sempre virada para o mesmo lado, mesmo agora com as almofadinhas, viria a me trazer problemas em breve.

UMA CAMPANHA EMOCIONANTE

Quando você faz o que ama, nem sequer sente que trabalha. E eu fazia questão de me sentir trabalhando, fazendo pesquisas pela madrugada afora, por isso me sentia tão vivo. Meu corpo quase não se movia, mas meu sangue continuava circulando. Agora, eu tinha aquele ótimo motivo para querer ficar bom. Mesmo com a progressão da doença, seguia na determinação de procurar cada vez mais vida e mais saúde, com novas energias para voltar a buscar a cura. Entretanto, agora a piora era diária, não mais semanal, quinzenal ou mensal. Com isso, todos na família se desesperaram. Meus pais voltaram a passar os dias na internet vasculhando alguma nova alternativa e, finalmente, ela, caiu em nosso colo. Por isso, em pouco tempo, lá estava eu, viajando para a Alemanha, com o objetivo de realizar um transplante de células-tronco.

Descobrimos um tratamento em uma clínica em Düsseldorf, com autotransplante de células-tronco realizado com sucesso, inclusive em casos de pacientes com ELA. Meu pai, que vinha acompanhando o desenvolvimento das pesquisas com células-tronco, sabia que os protocolos experimentais eram bem rígidos, quando ligados a hospitais e centros médicos de referência. Mas no meu caso o que contava era a corrida contra o tempo. Mesmo cientes do risco de um procedimento sem o rigor científico, como aquele da clínica alemã, resolvemos arriscar. Fizemos contato com a equipe e conversamos também com um senhor de Fortaleza, que nos contou que sua esposa havia melhorado após o transplante. Ficamos realmente esperançosos. E logo começamos os preparativos.

O tratamento não era nada barato. Além das passagens aéreas, teríamos que bancar por dez dias de hospedagem, tempo necessário para o procedimento. Mas naquela descida vertiginosa, o transplante era a nossa última opção. Comentei sobre o procedimento com meus amigos da GV e eles se mobilizaram na mesma hora, realizando uma campanha de arrecadação para o transplante. O resultado foi surpreendente: arrecadaram todo o valor, em apenas três dias de campanha.

Aquela foi uma impressionante demonstração de carinho e solidariedade que muito nos tocou. Mais do que isso, nos estimulou a jamais desistir. A sensação era de que, a cada centavo doado, vinha também um gesto de amor e um lampejo de esperança. Nós nos emocionávamos a cada mensagem recebida.

Seguimos naquele estado de excitação para embarcar, mas, um dia antes da viagem, soubemos que a clínica alemã passava por uma auditoria e, por isso, todos os transplantes haviam sido adiados. Aquele foi um golpe e tanto, mas ficamos firmes e seguramos a ansiedade até receber, alguns dias depois, a notícia de que o transplante estava liberado. Tínhamos agora quarenta e oito horas para partir. Seria a minha primeira experiência de viagem internacional como cadeirante. Além dos meus pais, se ofereceram para nos acompanhar e nos ajudar a Dra. Lilian Antonio, a médica do REAC e um grande amigo dos meus pais, Nilton Santos, que brincou dizendo que seria o motorista da cadeira de rodas.

DÜSSELDORF

Aquela seria a primeira viagem para fora do Brasil com meu mais novo meio de transporte. Eu já havia andado pela Europa de barco, ônibus, trem, bicicleta e a pé, mas com cadeira de rodas seria a minha estreia. Logo que me viu, uma das funcionárias da Air France prontamente nos

PARTE 2 - MOVIMENTO DESCENDENTE: DA CAMINHADA À CAMA

conduziu ao guichê para realizar o *check-in*. Já em Paris, nós desembarcamos por meio de um caminhão guindaste, exclusivo para cadeirantes, enquanto Nilton e Lilian desciam pelos caminhos normais. No aeroporto, funcionários especializados em passageiros com dificuldade de mobilidade já me aguardavam, tornando os trâmites rápidos e simplificados. Fiquei muito impressionado com a agilidade e eficiência dos franceses no quesito ajuda aos passageiros com deficiência. O agente federal nos liberou com uma rápida olhada no passaporte e, assim, logo embarcamos em uma van acessível que nos levou ao outro terminal, onde esperamos quase seis horas pela conexão.

Eu experimentava tudo de um jeito inédito, como se viajasse pela primeira vez, com o olhar novo que as pesquisas para o Mobilize haviam me dado. Mesmo assim, eu me sentia muito cansado, por ficar tanto tempo sentado, suportando o peso das costas e da cabeça. Meus pais conversaram com a atendente da companhia aérea, que logo nos encaminhou para uma sala VIP, onde me deitei em um divã. Depois do merecido descanso, chegamos a Düsseldorf, com menos de uma hora de voo. A viagem foi rápida e eficiente, entretanto o processo do transplante se revelou o oposto.

Nós nos hospedamos no complexo hospitalar em que eu faria o procedimento. A área ocupava o equivalente a um quarteirão inteiro, com várias edificações como o hospital, convento das freiras camilianas, capela e Guest-House, a hospedagem para os pacientes.

Entre os prédios, havia jardins e gramados por onde corriam coelhos de todos os tamanhos. A clínica ficava a poucos quarteirões dali e as calçadas eram totalmente acessíveis. Düsseldorf parecia tranquila e muito arborizada, e o complexo hospitalar ficava nas margens do rio Reno, que cortava toda a cidade com suas embarcações fluviais. Me lembrei da viagem que havia feito com meus pais e Lili pela Europa, quando tinha quatro anos e abria os mapas nas camas dos hotéis, apontando a localização do rio, das igrejas e dos parques públicos. Toda essa paisagem idílica, porém, não amenizava em nada a situação que iríamos passar.

Na manhã seguinte, depois de esperar por quase uma hora, fomos finalmente recebidos por um médico alemão que defendia a tese de que quase todos os que têm ELA possuem estreitamento de jugular, e que esta seria uma das causas do desencadeamento da doença. Ele não fez muita questão de ver meus exames anteriores alegando que estavam em português, o que deixou meu pai bastante chateado, afinal, as imagens não estavam em língua portuguesa. Por fim, ainda soltou a revelação bombástica de que os transplantes não seriam liberados por hora, talvez levassem dias, meses ou anos. Ficamos em choque, afinal, eu havia atravessado o oceano numa cadeira de rodas em busca de um novo sopro de vida, contando com aquele transplante. Mas isso, para eles, parecia ser apenas um detalhe.

Aquela era uma sexta e, enquanto aguardávamos as novas determinações da segunda-feira seguinte em relação ao transplante, segui para realizar os exames de ressonância magnética e tomografia computadorizada. Este último revelou realmente estreitamento de jugulares, esquerda e direita. Dessa forma, além do transplante, que poderia ou não acontecer, eu também precisaria fazer uma angioplastia na semana seguinte.

Durante o fim de semana, fez bastante sol e, como era verão europeu, escurecia apenas às dez da noite. Aproveitamos para passear pela cidade antiga, onde se concentram as construções, museus e praças com música ao vivo. Descemos até a Promenade, uma enorme área de lazer construída ao longo do rio Reno, com charmosos bares e restaurantes, de frente para

PARTE 2 - MOVIMENTO DESCENDENTE: DA CAMINHADA À CAMA

os *piers* de madeira, onde atracam barcos de turismo e passeio. A cadeira de rodas conseguia circular de forma fácil pelo local, mas exigia um esforço considerável quando precisava descer ou subir as rampas.

Nós nos sentamos para comer em um dos restaurantes da Promenade. Na época, eu só conseguia me alimentar com comida bem amassada ou batida no liquidificador, pois praticamente já não podia mastigar. Algumas vezes, me engasgava com o movimento de deglutição e tinha acessos de tosses, que me deixavam com dificuldade de respirar. A opção era tomar sopa de aspargos frescos, disponível em todos os cardápios, enquanto os demais tomavam chope e experimentavam pratos típicos alemães.

Fizemos também um passeio de barco pelo rio, que durou uma hora, o suficiente para reconhecer vários tipos de arquitetura das construções nas margens do Reno, desde as mais antigas, castelos, museus, igrejas, até as mais modernas, revelando um estilo novo e arrojado, com edificações de formas e cores variadas, como os prédios do renomado arquiteto Frank Gehry. Além de aproveitar a paisagem, aquele passeio também me fez ver, depois de tantas pesquisas para o Mobilize, o transporte fluvial de pessoas como uma solução viável e agradável para as cidades abarrotadas de carros, como São Paulo.

PÉS DE RODAS (E MÃOS AMIGAS)

No início da manhã de segunda-feira, fui carregado em uma maca para o centro cirúrgico. Seria um procedimento simples, o alargamento das minhas jugulares por meio de uma angioplastia. Mesmo assim, eu seguia deitado ali um pouco ansioso. A vivência no hospital em São Paulo devido à infecção pelo cateter, para tomar os antibióticos no combate à Doença de Lyme, tinha me deixado um tanto traumatizado.

MOVIDO PELA MENTE

Antes mesmo da internação, eu já havia me deitado em macas algumas vezes. Na França mesmo, quando tive a erisipela na perna esquerda e, depois, por diversas vezes, na maca da cirurgia espiritual de João de Deus, em Abadiânia. Ali, naquela cidadezinha de Goiás, o ambiente era agradável e transmitia uma sensação de paz e boas energias. Mas, agora, eu olhava com certo receio para as luzes no teto branco da clínica alemã, enquanto era empurrado pelos enfermeiros. Deitado naquela maca de última geração, com pequenas rodas angulares, eu pensava que meus pés tinham se tornado rodas, e meu caminhar pelo mundo só acontecia agora, literalmente, pelo empurrão de outras pessoas. Sobretudo, das pessoas próximas e queridas, como o Nilton, que tinha se oferecido para vir com a gente para realizar a função.

Esse pensamento me distraiu um pouco até a hora da cirurgia, realizada pelo doutor alemão, assistido por meu pai e pela Dra. Márcia Gravatá, neurologista e uma das minhas médicas, que tinha ido para a Alemanha especialmente para acompanhar o caso. Apesar da minha apreensão, o procedimento foi realizado de forma rápida, simples e, segundo o médico, com grande sucesso. Dali, segui para o quarto, empurrado na maca mais uma vez, e esperei por quatro horas, aguardando a minha recuperação e, quem sabe, notícias do transplante. Por fim, elas chegaram. E infelizmente não eram boas.

Foi confirmado, em definitivo, que o transplante de células-tronco não poderia mais ser realizado na clínica. Ficamos todos com a sensação de termos dado com "os burros n'água", indo para a Alemanha realizar uma angioplastia simples, que poderia muito bem ter sido feita no Brasil. Entretanto, como a nossa família e amigos são do tipo que não reclàmam, apenas tiram os burros da água e encontram um novo caminho, no meio da tarde, o nosso humor já era outro. Com a persistência da Dra. Márcia e do meu

PARTE 2 - MOVIMENTO DESCENDENTE: DA CAMINHADA À CAMA

pai, em conjunto com uma profissional do Piauí que trabalhava nas relações públicas do hospital, conseguimos encontrar outra clínica, na cidade de Bohn, que poderia realizar meu transplante.

Dessa forma, alugamos uma van e, já na manhã seguinte, Nilton assumiu a posição de piloto oficial da família, não apenas da cadeira de rodas, mas também dos veículos motorizados. Pegamos a estrada e seguimos por mais de uma hora até um centro particular de saúde, com principal área de atuação em medicina estética, mas autorizada a realizar transplantes de células-tronco. Fomos recepcionados por um russo que já havia trabalhado na clínica de Düsseldorf, chamado Dimitri. Nome que não esqueceríamos.

QUE ESTRESSE

Após quase uma hora de espera, a Dra. Natalia Brenner, responsável pelo transplante na clínica de Bohn, nos atendeu e explicou os procedimentos possíveis no caso de ELA. Disse que já havia tratado vinte e quatro casos de ELA com resultados variáveis, mas que, em dois deles, os resultados tinham sido surpreendentes, sendo que, em um, o paciente até voltou a andar. Completou dizendo que parecia um milagre. Após as explicações técnicas, finalizou acrescentando que os detalhes financeiros para o "transplante com infusão por punção lombar e endovenosa" seriam acertados com Dimitri. Na van, de volta a Düsseldorf, comentando sobre a conversa que havia tido com o russo e o valor exorbitante a ser pago, meu pai disse que se sentiu em meio a um bando de abutres, esperando ávidos pela carniça. Entretanto, era a nossa única opção. Nossa última esperança em busca de uma difícil cura.

Na outra manhã, após um atraso de duas horas por estarmos sem GPS no carro que alugamos, voltamos à clínica de Bonn, para que minhas células fossem colhidas para o transplante. Já na entrada do centro, fomos logo abordados pela recepcionista nos pedindo o pagamento. Como havíamos creditado o montante do valor em um cartão internacional de débito, para não correr o risco de viajar com uma mala de dinheiro, meu pai comentou que precisaríamos pagar em duas vezes, respeitando o limite diário de saque do cartão. Mas a recepcionista foi taxativa, dizendo que não seria possível. Por fim, depois de muito estresse, ela resolveu nos acompanhar até o banco e constatar, por ela mesma, a impossibilidade de saque além do limite.

Acredito que por isso, e por conta do nosso atraso, eles nos deram um "castigo" e nos fizeram esperar por mais uma hora, até finalmente minhas células serem colhidas pela Dra. Natalia. Apesar do clima mercenário do local, a médica mostrou excelente competência no procedimento, colhendo três seringas de células diretamente no local adequado, na medula óssea da bacia. Depois de mais uma ida e vinda no dia seguinte de Bohn a Düsseldorf, onde continuávamos hospedados, finalmente realizei o aguardado transplante de células-tronco.

Antes de chegarmos ao centro de saúde, havíamos nos atrasado mais uma vez. Afinal, não era nada fácil me dar banho, barbear, vestir, me alimentar, me colocar no carro e ainda pegar estrada num país desconhecido, com sinalizações em alemão. Por isso, fomos de novo "penalizados" por nosso atraso. O transplante, que aconteceria ao meio-dia, passou para às cinco da tarde. Isso sem contar que, sem dar "bom dia", a recepcionista foi logo nos cobrando a segunda parte do acerto. Por fim, acrescentou ainda uma diferença de 200 euros, por ter outra pessoa no quarto.

Meu pai argumentou que já havíamos conversado no dia anterior e acordado que os dois, meu pai e minha mãe, teriam que ficar comigo no

PARTE 2 - MOVIMENTO DESCENDENTE: DA CAMINHADA À CAMA

quarto, por dois motivos. Primeiro porque cada um deles não conseguiria cuidar de mim sozinho e, segundo, estávamos hospedados em Düsseldorf, e não em Bohn. Foi nessa hora que o russo Dimitri apareceu, alegando que eu poderia ter somente um acompanhante. Meu pai, que dificilmente perde a calma, não se conteve com tanta mesquinharia e ganância. Aquela havia sido a gota d'água. Começou a esbravejar em português, até mesmo porque em alemão seria impossível. Minha mãe, também nervosa, argumentava em inglês que nós não éramos mercenários em nosso país, mas sim pessoas de bem, simplesmente dois pais buscando salvar a vida de um filho. Foi um estresse.

Nilton, um bom negociador, indignado com a postura mercantilista do local, chamou com ponderação Dimitri para uma conversa fechada. Depois disso, o russo foi ao nosso encontro e pediu desculpas, liberando o quarto para os três, sem a sobretaxa. Chegamos à conclusão de que meu pai tinha levado junto seu amigo Nilton para a viagem não apenas para empurrar a minha cadeira ou dirigir o carro, mas porque sabia que ele seria uma "mão na roda" para qualquer situação.

No mais, o transplante consistiu em injetar seringas de 10 ml contendo minhas próprias células, cultivadas e multiplicadas pelo processamento das células-tronco. Primeiro, fiquei sentado para a introdução das injeções na medula óssea; depois, eu me deitei para receber mais três seringas de 10ml na veia do braço. Por fim, a Dra. Natalia comentou que o transplante havia sido um sucesso e que tinham sido transplantadas treze milhões de células-tronco de ótima qualidade em meu corpo. No dia seguinte, acordei sem qualquer dor nas regiões das punções. Dormi por várias horas, acordando poucas vezes para que me acomodassem melhor na cama. Havia sido tão simples e eu me sentia tão... normal. Sem maca, sem sequelas, sem nada?

No dia seguinte, Robin, amigo alemão da minha irmã Lili, fez questão de nos encontrar em Bohn. Comentamos sobre as peripécias do transplante e ele nos explicou sobre a diferença da excelente qualidade dos serviços públicos gratuitos de saúde para os alemães, e dessas clínicas particulares, que focam em ganhar dinheiro do público estrangeiro em busca de tratamentos. De volta a Düsseldorf, conversamos com uma médica da primeira clínica, que nos tranquilizou dizendo que o procedimento realizado em Bohn seguia o mesmo protocolo feito ali e, com certeza, as melhoras apareceriam em três ou quatro semanas. Agora, transplante feito e sem maiores sequelas, nos restava apenas aguardar.

Dessa forma, pudemos relaxar um pouco e passear novamente pelos jardins ao longo das margens do rio Reno, desfrutando da paisagem alegre e festiva da Promenade, agitada pelo movimento intenso de pessoas e pela circulação dos barcos. Aos poucos, o clima agradável e pulsante da cidade nos confortou e conseguimos esquecer o estresse vivido nos últimos dias. Fizemos alguns passeios e aproveitei para comprar um presente de aniversário para Clarissa.

Antes de ir embora da Alemanha, porém, queria realizar um último desejo: um passeio de trem. Todos aqueles dias de carro alugado e túneis nas largas autopistas tinham me dado a sensação de que faltava algo a ser vivido, a Europa dos meios de transporte integrados à rua, vendo o entrar e sair das pessoas da cidade em seu dia a dia. Em nossa última tarde na cidade, contávamos com a companhia da Lucila, minha prima que morava na Alemanha e tinha ido nos visitar. Fomos até a estação e ela, fluente em alemão, logo se prontificou a perguntar como a cadeira de rodas poderia embarcar.

Quando o primeiro passou, logo percebi que a porta não tinha largura suficiente. Mas antes que eu desanimasse, o segundo trem chegou e eu

PARTE 2 - MOVIMENTO DESCENDENTE: DA CAMINHADA À CAMA

notei que algumas portas eram mais largas, justamente para permitir a entrada de cadeirantes e carrinhos de bebês. O piloto aguardou que eu entrasse e, assim, consegui realizar o passeio, pensando que, com um par de rodas, os braços do Nilton e a boa vontade dos meus pais dava mesmo para continuar rodando pelo mundo.

Agora, era me despedir do rio Reno, esperar o resultado do transplante e aguardar as próximas águas rolarem por debaixo da ponte.

21 CORPO

"O que era sonho se tornou realidade
De pouco em pouco a gente foi
erguendo o nosso próprio trem
Nossa Jerusalém
Nosso mundo, nosso carrossel
Vai e vem vai
E não para nunca mais."

Marcelo Jeneci

BARCELONA, TE QUIERO MUCHO

Uma equipe especializada havia sido acionada para me colocar na poltrona do avião, pois o voo não tinha classe executiva e os bancos eram bem estreitos, com pouco espaço para as pernas. A viagem foi curta e logo desembarcamos em Barcelona. Antes de partir para a Alemanha, eu havia convencido meus pais a todo custo de que, na volta, gostaria de fazer uma escala naquela cidade que eu tanto amava, que havia marcado meu passado e agora construía meu breve futuro.

PARTE 2 - MOVIMENTO DESCENDENTE: DA CAMINHADA À CAMA

Nossa estada seria curta, portanto, eu teria que aproveitar cada minuto. Na mesma noite em que chegamos, meus amigos que ainda viviam na cidade marcaram um encontro no bar Café Zurich, logo em frente à entrada do Metrô da Praça Catalunha, um lugar central e de fácil acesso para todos. Foi uma emoção rever a francesa Emilie e seu namorado brasileiro Markito, que já estavam morando de volta em Barcelona, o casal Daniel Setti e Anita, que havia morado comigo na Casa dos Artistas, em meus últimos meses na cidade, e a chilena Katia. De lá, fomos jantar em um bar delicioso com mesinhas na calçada, no antigo bairro do Raval, onde eu havia morado assim que cheguei a Barcelona, na casa de um senhor espanhol com um pombo no ombro. Na época, eu tinha ficado maravilhado com a atmosfera aconchegante da cidade, com pessoas transitando e compartilhando em harmonia o espaço urbano. E, agora, naqueles dois dias em que ficamos ali, a sensação era a mesma.

Andamos pelas ruas cheias de gente, ainda com a temperatura agradável da primavera europeia, percorremos cada canto, cada lugar, o que me trazia muitas memórias. Voltamos ao apartamento onde morei, passeamos pelas Ramblas, pequenas ruas do Raval, Plaza Cataluña, por toda a orla da praia de Barceloneta e fotografamos muito, para eternizar aqueles momentos que não voltariam mais. Eu sentia uma energia intensa e queria caminhar por toda a cidade sem parar. Se pudesse, voltaria a cada canto em que havia deixado uma lembrança, mas depois de um dia intenso, minha mãe acabou exausta de tanto empurrar minha cadeira de rodas pelas *calles* e decidiu pegar um táxi para o hotel. Meu pai assumiu o posto de piloto e fizemos um último passeio pelas Ramblas, antes de retornar ao Brasil.

Foram mais de dez quilômetros por Barcelona, uma cidade que eu já havia percorrido a pé, de bicicleta, de trem, de ônibus e, agora, de cadeira de rodas. E neste novo meio de transporte, também não havia encontrado nenhum obstáculo. Mesmo breve, aquela parada ali havia sido fundamental. Rever uma cidade que cuida com tanto amor de sua mobilidade era a constatação do que eu realmente queria fazer: levar para os cidadãos do Brasil uma nova consciência sobre como se mover pelo espaço urbano de maneira sustentável, transformando o nosso país em um local onde se pensa, se fala e se pratica mobilidade urbana.

Foi com esse novo gás que cheguei trabalhando com força total na criação e viabilidade do Mobilize. Recebemos da XY2 as primeiras páginas do portal e a ferramenta do administrador. Esse foi um momento de êxtase. O *layout* tinha ficado exatamente como eu havia idealizado e, tanto a logomarca quanto as divisões das seções, representavam linhas de metrô e sinalizações universais de mobilidade.

Ferramenta pronta, era só começar a subir o conteúdo.

Em busca de uma estagiária de jornalismo, uma amiga da minha mãe, Norma Thuha, abriu um processo de seleção e encontrou a pessoa que precisávamos, a Beatrice. Ela teria que se adaptar a uma situação um tanto atípica, afinal, iria trabalhar no meu quarto, ao meu lado, tendo que sair várias vezes, nas horas em que eu precisasse fazer as sessões de fisioterapia e minhas necessidades fisiológicas. Então, ela levaria o computador para trabalhar no quarto ao lado, da minha irmã, enquanto minha mãe trabalhava no escritório. Apesar dessas condições inusitadas, Beatrice se saiu muito bem, passando a vir todos os dias em nossa casa e a inserir conteúdo na ferramenta, sob a minha orientação.

O plano consistia em subir o máximo de informações sobre mobilidade urbana no portal antes do lançamento, a acontecer na semana da Mobilidade, em setembro. Faltavam exatos três meses. Eu ajudava a selecionar notícias, galerias de fotos, vídeos, estudos e eventos, que a Beatrice inseria no portal, além de mapas e estatísticas. Era uma ação trabalhosa que nos

PARTE 2 - MOVIMENTO DESCENDENTE: DA CAMINHADA À CAMA

exigia ficar muito tempo em frente ao computador. Mas, ao mesmo tempo, eu queria ver também o que acontecia nas ruas de São Paulo e atualizar o Mobilize ao máximo quanto a isso. Ora, se eu tinha ido a Barcelona em uma cadeira de rodas, por que não poderia fazer isso em meu próprio país?

LINHA AMARELA

Naquela mesma época, a linha amarela do metrô paulistano havia sido inaugurada e eu combinei com a minha prima Flávia de vermos o mais novo transporte coletivo da cidade. Eu sempre fui muito próximo da minha prima, assim como da minha irmã Lili, por isso me sentia à vontade para compartilhar com ela todos os meus planos mirabolantes. Da mesma forma que eu a havia levado para andar comigo de montanha-russa no parque em Aguaí, agora, tinha planejado uma estratégia parecida, ao lado daquela prima tão querida e amiga desde a infância.

Sem dizer para meus pais, assim que saímos pela portaria do condomínio em Alphaville, contei o plano para Flávia e para a minha cuidadora Jack. A ideia seria deixar o carro na estação Carapicuíba da CPTM, seguir de trem para São Paulo e fazer a baldeação para a linha amarela. Assim, além de conhecer a nova linha de metrô, eu ainda iria testar a acessibilidade na rede de trilhos da região metropolitana. Flávia topou na mesma hora. Jack estava sempre pronta para mais uma aventura.

Minha prima parou o carro na entrada da estação e Jack me colocou na cadeira de rodas. Devido a uma reforma recente, a estação Carapicuíba da CPTM estava bem organizada, além de totalmente acessível, com elevadores e piso tátil. O único problema foi o vão entre a plataforma e os vagões, excessivamente grande. A sorte foi que a Jack já estava craque em pilotar e empinou a minha cadeira. Até aí, tudo correu bem. O problema foi que, ao descermos na estação Pinheiros da CPTM, ficamos sabendo que os elevadores ainda não haviam sido entregues, na obra de integração entre o trem e o metrô.

Por conta disso, fiquei aguardando na plataforma, enquanto Flávia buscava uma solução. Pouco depois, ela voltou com quatro seguranças, que me carregaram escada acima com a cadeira de rodas, de forma meio atabalhoada, mas com muita boa vontade. Fizemos a baldeação e, quando cheguei ao metrô Pinheiros, fiquei positivamente impressionado com a linha amarela. Além de muito bonita, era totalmente acessível, sem nenhum vão para entrar no vagão. De lá, fizemos outra baldeação na estação Paulista, pegamos a linha verde e, depois, a azul, no Paraíso, para descermos na estação Vergueiro. Lá, encontramos o nosso primo Gabriel, no Centro Cultural São Paulo.

Gostamos tanto do passeio que voltamos pela linha azul, passando pela Sé, onde trocamos pela linha vermelha até o terminal Barra Funda e a CPTM. Por alguma sorte desconhecida, o metrô não estava cheio, apesar de ser final da tarde de uma sexta-feira. Tudo fluiu com perfeição e eu até me diverti na cadeira de rodas, sem contar o imenso aprendizado. Não havia outra forma de testar com tamanha precisão a acessibilidade da integração dos trilhos em São Paulo a não ser na prática. O Mobilize Brasil era vivenciado na pele, na veia e sob meus pés, ou melhor dizendo, sob as minhas rodas.

UM CADEIRANTE DESCONHECIDO

Pesquisando sobre mobilidade urbana há algum tempo, eu acompanhava com frequência alguns especialistas no assunto e vi que o perito em mobilidade urbana Lincoln Paiva daria uma palestra no Museu da Casa Brasileira. Escrevi para ele me apresentando e combinamos de nos encontrar em um café lá perto, antes de começar o evento. Pouco tempo depois, sou-

PARTE 2 - MOVIMENTO DESCENDENTE: DA CAMINHADA À CAMA

bemos que o engenheiro e sociólogo Eduardo Vasconcellos, grande expert em mobilidade, seria palestrante em um evento no Ibirapuera. Fomos até lá e mostramos a ele uma apresentação impressa sobre o Mobilize Brasil. Tanto Lincoln como Eduardo se revelaram muito receptivos e interessados na ideia, apesar da situação inusitada. Afinal, um portal sobre mobilidade urbana sustentável estava sendo criado por um cadeirante desconhecido, sem movimentos, que praticamente não conseguia mais falar e não tinha grande expectativa de vida.

No entanto, notei que eles não me viram assim. Perceberam ali um ser humano desenvolvendo uma iniciativa que, sobretudo, viria somar ao trabalho de pesquisas sobre mobilidade urbana em nosso país. Em ambos os encontros, meus pais me levaram na cadeira de rodas e contaram para eles sobre a criação do portal, pois minha voz já não era mais inteligível para quem não convivia diretamente comigo. Agora, além de meus motoristas e cuidadores, eram também meus tradutores.

Desde o diagnóstico de ELA, meus pais haviam mudado suas vidas por minha causa, buscaram todos os tratamentos possíveis e impossíveis e passaram os dias e as noites cuidando de mim, sem medir esforços. Quase sempre, antes de dormir, mesmo atravessando uma doença feroz, eu pensava como era um sujeito de sorte por ter o apoio incondicional de pessoas que tanto amava. Agora, além de pais, eles ainda haviam se tornado grandes parceiros, determinados a me ajudar de forma incessante na realização de um sonho chamado Mobilize.

Com eles, fiz uma reunião com uma equipe da EY, da qual tinha me afastado desde o diagnóstico de ELA. Eu sentia uma imensa gratidão pela empresa devido à forma respeitosa que sempre me trataram com relação à doença, e pelo seguro saúde que vinham mantendo, essencial para a minha vida. Agora, após a reunião, somava-se ao pacote a boa notícia de que a EY seria uma apoiadora oficial do Mobilize Brasil. Além do apoio institucional, uma sócia que me conhecia decidiu, por conta própria, ajudar no projeto. Nós havíamos comentado na reunião que seria importante ter uma segunda estagiária e ela disse que arcaria por tempo indeterminado com essa contratação. Era emocionante ver o carinho e a disposição das pessoas em ajudarem na construção daquele projeto. A rede de mobilização em direção à criação do portal só crescia. E cada vez mais.

Depois do processo de seleção para a nova estagiária e algumas entrevistas, contratamos a Carol, que cursava faculdade de Comunicação e Multimeios. Carol ficaria responsável pela criação de ilustrações e dos materiais de divulgação e comunicação, além de também subir conteúdo. Mais uma estagiária trabalhando em casa, no meu quarto, dividindo o espaço da bancada com a Beatrice, e vivenciando aquela rotina inusitada de trabalho e cuidados de uma pessoa com limitações físicas.

O Mobilize tomava corpo de forma robusta e precisávamos viabilizar financeiramente o projeto. Enquanto eu me dedicava ao conteúdo, vários amigos assumiram esta tarefa e eram incansáveis em fazer contatos, em busca de patrocinadores. Nesse processo, meu amigo Gui Bueno, da GV, conseguiu firmar uma parceria com quatro empresas de turismo, AD Viagens e Turismo, Gapnet, MMTGapnet e ViajaNet, que toparam bancar a consultoria do jornalista Thiago Guimarães, que definiria o posicionamento e a estratégia do Mobilize no segmento de mobilidade urbana sustentável. Pronto. A equipe estava formada. Ou melhor, quase.

UMA IDEIA GENIAL

Com a data do lançamento se aproximando e os trabalhos de vento e popa, retomamos aquela ideia de colocar o portal no ar com um pouco de conteúdo próprio e matérias inéditas. Flávio e André, da XY2, que tinham

PARTE 2 - MOVIMENTO DESCENDENTE: DA CAMINHADA À CAMA

dado esta ideia desde o início, falavam sempre sobre Marcos de Sousa, jornalista responsável pelo conteúdo do Portal 2014. Aquele portal de internet sobre a Copa, que tanto serviu de inspiração para o Mobilize, tinha o conteúdo gerado pelo Marcos que, além de tudo, era um apaixonado por mobilidade urbana.

Agora, então, era a vez de chamarmos o próprio Marcos para uma conversa em nossa casa. Dissemos a ele e a seu sócio Silvério Rocha, da Mandarim Comunicação, que gostaríamos de contratá-los para produzir matérias, incluindo notícias, reportagens e entrevistas, durante os próximos dois meses. A sequência do trabalho estaria condicionada à captação de recursos. Com sua experiência em comunicação, Marcos nos advertiu que o lançamento de um portal sem um grande diferencial poderia não ter repercussão na mídia, e morrer na praia em pouco tempo.

Dessa forma, precisávamos fazer o lançamento com alguma publicação de impacto, que gerasse interesse das pessoas e chamasse a atenção para a reflexão que propúnhamos sobre a temática de mobilidade urbana. Com informações dispersas em diferentes lugares, poucos enxergavam que mobilidade urbana era um processo sistêmico, que influenciava no dia a dia das pessoas em todos os sentidos. E mostrar esta visão ampla e abrangente seria necessário, se quiséssemos fazer alguma diferença.

E assim aconteceu. Marcos sugeriu desenvolvermos uma radiografia da mobilidade urbana nas principais capitais brasileiras sedes dos Jogos da Copa. Ele poderia aproveitar a rede de correspondentes do Portal da Copa para fazer o levantamento das informações. Acreditava que haveria uma grande sinergia entre os dois portais, já que todos estavam interessados em saber como seria o tráfego de moradores e turistas em terras brasileiras durante o período da Copa. Dessa forma, realizaríamos um estudo inédito, representando uma contribuição para a sociedade, além de dar visibilidade para o portal. A proposta era excelente e empolgante. Uma ideia genial. Mas bastante trabalhosa para ser feita em apenas dois meses. Portanto, mãos à obra!

Thiago Guimarães logo começou a coordenar o que chamamos de Estudo Mobilize 2011, desenvolvendo a metodologia e selecionando os indicadores. Coube a Marcos fazer a ponte com os jornalistas espalhados por capitais brasileiras e auxiliá-los na árdua tarefa de obter dados junto aos governos municipais. Das treze capitais que pesquisamos, apenas nove reuniram dados suficientes para participar da pesquisa. Também tivemos que reduzir o número de indicadores, pela dificuldade de conseguir informações de qualidade nas administrações públicas do país. Alguns municípios, simplesmente, não tinham nenhum controle sobre dados básicos de mobilidade urbana.

Eu me envolvi bastante no estudo, analisando e checando dados, verificando os textos e revisando todo o conteúdo. Empenhava os melhores esforços para não ter nenhuma falha e deixar tudo perfeito. Foram muitas madrugadas adentro e intensos finais de semana trabalhando direto, fazendo reuniões por Skype com Thiago na Alemanha, Marcos e Regina Rocha, sua esposa jornalista, agora também envolvida em produzir conteúdo próprio, na cidade de São Paulo. Além disso, falava também com o diagramador que entrou na reta final, fora as incansáveis conversas com a minha mãe, que tentava a todo custo desobstruir as pedras que surgiam pelo caminho.

Uma sugestão do Thiago Guimarães era abrirmos também uma seção de blogs, trazendo para perto de nós e dando voz aos apaixonados pela temática da mobilidade. De início, imaginamos lançar o Mobilize com dois deles e aumentar o número ao longo do tempo. Criamos assim o blog Palavra de Especialista, onde Thiago e Marcos convidariam especialistas de

PARTE 2 - MOVIMENTO DESCENDENTE: DA CAMINHADA À CAMA

mobilidade urbana para escrever sobre assuntos relacionados ao tema, e o Blog Direito de ir e vir, sobre acessibilidade.

Desde que havia me tornado um cadeirante, passei a sentir na pele os inúmeros obstáculos que a cidade impõe às pessoas com mobilidade reduzida. Na minha mente, tinha o nome de uma pessoa pública que admirava muito pela sua história de vida e por ser uma incansável defensora desta causa. Por meio do contato de Roberto Belleza, da SPTuris, conseguimos chegar ao escritório da Mara Gabrilli e convidá-la para assinar o blog. Ela não só nos recebeu muito bem, como deu todo seu voto de confiança e aceitou o convite na hora.

Agora, era aguardar a contagem regressiva para o lançamento daquele foguete que levava todas as caminhadas e pedaladas, trens e metrôs, ônibus e automóveis dentro de sua cauda movida pelo trabalho árduo e boa vontade de tantas pessoas.

MEU COMPANHEIRO TOBII-EYE

Os resultados do transplante de célula-tronco podiam ser percebidos. Houve melhora na minha parte respiratória e eu sentia muita energia e determinação pelo trabalho. Aquele período sombrio, quando a doença progredia diariamente, havia dado uma trégua. O transplante parecia ter desacelerado o ritmo da evolução da doença que, devido à minha empolgação, não ganhava muito tempo da minha atenção. Mas, de repente, percebi um fator que me preocupou.

Se continuasse a perder os movimentos físicos, em pouco tempo não conseguiria mais usar o computador. Agora que estava envolvido na realização daquele sonho, não poderia deixá-lo morrer. Eu me imaginava trabalhando no Mobilize por muito tempo. Seria cruel dedicar tanto tempo e esforço em um objetivo e não ter condições de acompanhá-lo justo no momento de sua concretização. Deixar de trabalhar começava a me tirar o sono. O que faria?

Foi então que minha mãe leu uma notícia sobre o lançamento de um livro de autoria da Alexandra Szafir, advogada criminalista, que também tinha ELA. A matéria dizia que o livro tinha sido escrito com os olhos, por meio de um leitor óptico acoplado à tela de seu computador. Ficamos empolgados, afinal aquela poderia ser a alternativa perfeita para meu caso. Buscamos mais informações e marcamos de um representante da empresa no Brasil vir até a nossa casa.

Testei o equipamento e, em pouco tempo, já estava com meu Tobii-eye. Meu pai comprou uma mesa com rodinhas, igual a que tinha no hospital para as refeições, e montou uma ótima estrutura com computador, monitor e leitor óptico. Na época, eu ainda conseguia mexer no mouse com um único dedo, o indicador. Sentado na cama, fazia um grande esforço, chacoalhando todo meu corpo para gerar um movimento mínimo. Um trabalho lento e cansativo, mas minha mente não me deixava parar.

Durante um período, quis intercalar as duas formas. Com o tempo, percebi que era mais fácil e ágil usar exclusivamente o Tobii-eye. Com ele, conseguia realizar tudo que fazia antes da doença – elaborar apresentações, desenvolver planilhas, responder a e-mails – só que bem mais devagar. Além disso, quando eu me encontrava diante do computador, a comunicação se tornava mais fácil, pois havia descoberto alguns sites que transformavam texto em voz.

Assim, eu escrevia um texto ou comando e colocava para o programa falar. Depois, adquirimos o Text Aloud para fazer isso com exclusividade. Na mesma época, encomendamos uma cadeira de rodas personalizada, feita sob medida, grande e estofada. Agora, eu podia alternar o uso do computador sentado na cadeira de rodas, além da cama, o que me permitia me

PARTE 2 - MOVIMENTO DESCENDENTE: DA CAMINHADA À CAMA

mover um pouco pelo quarto e pela casa. De certa forma, foi um momento histórico em nossa rotina. Em poucos dias, o Ricky voltava a falar e a circular pelos corredores, mesmo que fosse por aparatos tecnológicos.

LANÇAMENTO DO MOBILIZE

Agora, sim, estava tudo pronto para o lançamento. Com a Semana da Mobilidade se aproximando, a sorte estava lançada. Foi então que, no dia 15 de setembro, o portal Mobilize Brasil foi ao ar. Finalmente decolamos. Estivemos no programa Urban View, da AllTV, com apresentação do Gilberto Brant e a participação do Marcos, Gui Bueno e do Thiago Guimarães, que foi acionado pela câmera do Skype, diretamente da Alemanha. Marcos fez um trabalho grande de divulgação para a imprensa, e a repercussão veio não só da mídia brasileira, mas também de Portugal.

O objetivo de nossa plataforma, finalmente oficializada, era contribuir com a melhoria da mobilidade urbana e da qualidade de vida nas cidades brasileiras. Isso significava que desejávamos que elas fossem mais humanas e democráticas, com transporte público de qualidade, mais estrutura cicloviária e calçadas acessíveis, gerando menos acidentes e um ar mais limpo. Para alcançar esta meta, definimos também três objetivos específicos, que eram: *prover conhecimento e conteúdo relevante, abrangente e de diversas formas sobre mobilidade urbana sustentável, tornando-se referência na geração de conteúdo. Fomentar o debate público sobre a temática. Disseminar uma cultura cidadã participativa em prol da melhoria da qualidade de vida nas cidades.*

Naquele período, o Estudo Mobilize ainda vinha sendo concluído. Havia dificuldade de consolidar informações consistentes, por governos não acostumados a trabalhar com indicadores. Dessa forma, ele seria lançado no início de outubro, mas a prévia de alguns dados interessantes foi divulgada no lançamento do portal, gerando uma grande expectativa na mídia.

As primeiras entrevistas, de uma série de muitas, começaram a aparecer, gerando uma boa repercussão nos meios de comunicação. Havia uma curiosidade geral de jornalistas e do público sobre a temática de mobilidade, proposta dentro de uma visão sistêmica pelo Mobilize. O lançamento era a concretização de um sonho que começava a produzir seus primeiros frutos, após meses de trabalho intenso, com uma equipe sintonizada, trabalhando de forma intensa para atingir seus objetivos. A cada dia, mais e mais amigos se envolviam no Mobilize e se ofereciam para ajudar aquele sonho que não era mais só meu, mas de todos que se aproximavam e, de certa forma, de todos que circulavam pelas nossas cidades e desejavam uma realidade urbana menos hostil para se viver.

E foi assim que a produtora Aiuê nos presenteou com um **vídeo** sobre mobilidade urbana para o lançamento do portal. Também o renomado especialista em mobilidade urbana, Eduardo Vasconcellos, se envolveu na avaliação e validação dos dados coletados para o Estudo Mobilize, com seu olhar criterioso para que as informações fossem corretas e confiáveis. Afinal, ninguém conhecia o Mobilize e a nossa credibilidade dependeria totalmente da qualidade e da veracidade do nosso trabalho.

Na Semana da Mobilidade, acontecia também o Dia Mundial sem Carro. Eu queria muito circular pela cidade, ver as iniciativas que estavam sendo realizadas e testar a qualidade de transportes coletivos na capital paulista. Para aproveitar o dia desde cedo e não depender do automóvel, fui ao dia anterior para São Paulo, com Lili e Jack, e nos hospedamos em um hotel próximo à Avenida Paulista.

Vestidos com camisetas do Mobilize, fomos logo cedo à Praça dos Ciclistas, local que reunia uma pequena aglomeração de pessoas devido à

PARTE 2 - MOVIMENTO DESCENDENTE: DA CAMINHADA À CAMA

data. A equipe do Mobilize e mais alguns amigos se juntaram a nós. Era uma forma de estar na rua e divulgar o portal recém-lançado neste dia tão significativo para a mobilidade urbana sustentável. Queria aproveitar para conhecer ciclistas, ativistas e pessoas que já atuavam de diferentes formas em ações de mobilidade urbana.

De lá, pegamos o metrô e o trem da CPTM, no qual novamente me deparei com o enorme espaço entre o vagão e a plataforma de embarque. Dessa vez, o vão era tão grande que minha cadeira de rodas precisou ser carregada, não bastava apenas empiná-la. Nesse dia, ainda andamos no Expresso Tiradentes e em ônibus comum. Quando estava no ponto, um motorista muito simpático desceu do ônibus e se ofereceu para nos ajudar a colocar a cadeira dentro do veículo, que não estava adaptado. Achamos melhor não arriscar e esperamos um pouco mais, até que chegou um ônibus totalmente acessível.

A porta tinha uma plataforma elevatória, a sinalização era suficiente e o espaço destinado ao cadeirante, no caso eu, era mais que adequado, com mecanismos para fixar bem a cadeira de rodas. Valeu a pena esperar pelo transporte adaptado. Meu encantamento acabou quando o motorista começou a dirigir. Acelerava e freava de forma brusca e eu mal conseguia sustentar minha cabeça. O ônibus tinha uma estrutura ideal, mas claramente seu condutor não havia sido treinado corretamente para lidar com a situação. Eu sentia na pele as dificuldades de ser cadeirante nas cidades do Brasil.

Por isso mesmo, quando cheguei em casa, fui logo ligando o computador. Tinha muita coisa para relatar com meus olhos ao Tobii-eye, para que o Mobilize contasse ao povo brasileiro.

ESTUDO MOBILIZE

Finalmente chegou o mês de outubro e publicamos no portal o "Estudo Mobilize", diagnóstico da mobilidade urbana em capitais brasileiras. A pesquisa continha indicadores como porcentagem de ônibus municipais adaptados a pessoas com deficiência física, mortos em acidentes de trânsito, extensão de vias adequadas ao trânsito de bicicletas, razão entre a renda média mensal e a tarifa simples de ônibus urbano, a razão entre o número de viagens por modos individuais motorizados de transporte e o número total de viagens.

O estudo teve uma enorme repercussão nos meios de comunicação. Marcos deu uma longa entrevista para o jornalista Mílton Jung, na Rádio CBN, e o Jornal Nacional, da Rede Globo, fez uma reportagem completa, que contou com a participação do Thiago Guimarães, que veio da Alemanha especialmente para o lançamento do estudo. Foram centenas de reportagens, matérias, programas e entrevistas no país inteiro. No domingo seguinte, a jornalista Maria Cristina Frias publicou uma matéria sobre a minha história e o lançamento do Mobilize no jornal Folha de São Paulo. Na outra manhã, o jornalista Gilberto Dimenstein contou a minha história no jornal da CBN e rasgou elogios à iniciativa do portal.

Além da repercussão nas mídias, o termo "mobilidade urbana" até então pouco utilizado começou a aparecer com frequência na boca dos gestores públicos, representantes de movimentos e órgãos governamentais. Oito meses antes, quando havia começado a esboçar o projeto e usava a expressão "Mobilidade Urbana Sustentável" nem sequer era bem compreendida, ou sempre associada à acessibilidade, devido às minhas restrições físicas. Agora, ver as grandes mídias brasileiras comentando sobre mobilidade urbana, entrevistando especialistas e debatendo sobre o tema, gerava em mim um sentimento inexplicável de alegria e, ao mesmo tempo, uma enorme responsabilidade. Como diz a Cris, parceira na criação do portal e também minha mãe, "o Mobilize não nasceu, ele explodiu!". Sem dor, de forma rápida e eficaz, assim como tinha sido meu próprio nascimento.

PARTE 2 - MOVIMENTO DESCENDENTE: DA CAMINHADA À CAMA

Apesar do sucesso estrondoso, até o momento, não tínhamos conseguido uma fonte de recursos capaz de sustentar o portal. Com muito medo de "morrer na praia", e sentido o peso da responsabilidade em que nos metemos, não poderíamos imaginar em reduzir aquela equipe alinhada, que em tão pouco tempo se formou. Precisávamos garantir a viabilidade do Mobilize. Renato Miralla e Gui Bueno arregaçaram as mangas e lançaram uma campanha de arrecadação de fundos entre amigos e colegas da GV. Em alguns dias, levantaram recursos suficientes para dar fôlego à organização pelos próximos meses até o fim do ano.

Os dois amigos, assim como minha mãe, não mediam esforços para tentar divulgar e viabilizar o Mobilize. Precisávamos sobreviver e tornar o portal conhecido no segmento de mobilidade urbana. Foi então que procuramos a FGV e propusemos a realização de um fórum sobre a temática. A ideia foi acatada pelo Centro de Estudos em Sustentabilidade, que cedeu o Salão Nobre e viabilizou o evento.

Assim, no início de novembro, promovemos o I Fórum Mobilize na FGV, com a participação do especialista Eduardo Vasconcellos, do urbanista Kazuo Nakano, da cicloativista Renata Falzoni e do jornalista Marcos de Sousa, com a mediação do Thiago Guimarães. Para nossa enorme surpresa, o auditório ficou lotado por gestores públicos, secretários de transporte de diferentes cidades do Brasil, especialistas, vereadores, funcionários públicos, jornalistas e apaixonados por mobilidade.

O Estudo Mobilize 2011, ou melhor, os resultados da radiografia da mobilidade urbana haviam mostrado que o Brasil estava doente nesse órgão, que o quadro geral era grave e seriam necessários procedimentos intensivos de uma UTI. Com isso, a sociedade parecia se sensibilizar com o diagnóstico e começava a se articular de forma mais organizada em fóruns de discussões sobre as diferentes causas desse cenário caótico nas cidades brasileiras.

Especialistas demonstravam estudos de casos em que a qualidade de vida das cidades estava intimamente relacionada aos investimentos em estrutura de mobilidade mais humana, em que o cidadão era inserido no espaço urbano. A visão dos gestores públicos, com foco na realização de grandes obras viárias que priorizavam o transporte individual, passou a ser questionada, assim como o planejamento urbano, os resultados dos investimentos e maior transparência. O cidadão brasileiro, indignado, começava a refletir sobre a causa, até então pouco conhecida, e como ela influenciava diretamente a sua vida. E isso nos dava o gosto da certeza de contribuir para uma realidade melhor em nossas cidades.

Naquele fluxo de grandes realizações, no final do ano, quando as formas de captação se esgotavam e mais uma vez as preocupações sobre a continuidade do Mobilize Brasil nos sondavam, finalmente firmamos uma parceria com o Itaú – Unibanco como patrocinador institucional. Uma sensação de felicidade e alívio tomou conta da nossa equipe. Agora sim podíamos nos orgulhar oficialmente da nossa criação e afirmar que o portal Mobilize Brasil era uma realidade. Olhando para trás, eu notava que o processo todo havia sido, realmente, uma loucura que tinha dado certo. Como dizia o amigo Guilherme Bueno sobre a criação do Mobilize, citando a célebre frase de Jean Cocteau: "Sem saber que era impossível, ele foi lá e fez". De todos os aprendizados que a criação do portal havia me trazido, talvez o principal tenha sido perceber a importância de outras pessoas acreditarem na sua ideia. Por isso, à frase do poeta francês, eu somava a de um bem brasileiro, Raul Seixas:

"Sonho que se sonha só
É só um sonho que se sonha só,
Mas sonho que se sonha junto é realidade..."

PARTE 2 - MOVIMENTO DESCENDENTE: DA CAMINHADA À CAMA

MENTE MÓVEL EM UM CORPO IMÓVEL

Mesmo com a doença evoluindo de forma mais lenta, desde o transplante de células-tronco, a ELA insistia em se manifestar nos menores atos. Há meses eu vinha tendo dificuldade para comer e os engasgos eram cada vez mais frequentes. Na própria viagem à Alemanha, no mês de maio, eu havia emagrecido bastante devido a essas dificuldades. Na época, minha alimentação precisou ser basicamente sopas e cremes de frutas. Até que, seis meses depois, a situação se tornou insustentável e decidimos que o melhor seria fazer uma gastrostomia.

Tratava-se de uma cirurgia relativamente simples, mas eu sentia um pequeno receio, pelo medo do desconhecido. Foi estranho acordar e ver que agora eu tinha um orifício no meu abdome, na altura do estômago, em que estava fixada uma sonda alimentar. A partir de então, meu corpo se constituía de carne, osso e... plástico. Fiquei uma ou duas noites no hospital e, a partir desse momento, minhas refeições passaram a ser infundidas diretamente no meu estômago, sem sequer passar pela boca. A única coisa boa era não precisar parar para comer. Eu brincava que, a partir de então, teria muito mais tempo para trabalhar no Mobilize.

Só então me lembrei do prazo de vencimento da minha vida, dado pelo diagnóstico, que avançava cada vez mais. Com o envolvimento na criação do portal, acabei deixando de lado aquela "data comemorativa". Mas agora percebia que, dos dois a cinco anos de vida, três já haviam se passado. O relógio imaginário continuava a soar seus ponteiros em direção a uma contagem regressiva. Entretanto, de alguma forma, quando havia parado de me dedicar com exclusividade aos tratamentos e passado a empregar meus melhores esforços no Mobilize, o relógio parecia ter alterado suas batidas. Como se, ao mesmo tempo que ele se aproximasse da meia-noite, anunciasse também um novo dia.

Mesmo com a gastro, eu fazia questão de tentar continuar me alimentando por via oral, nem que fossem pequenas quantidades, geralmente uma porção de mamão ou uma banana amassada com mel. Seguia com a ideia fixa de tentar fazer tudo que eu pudesse, buscando meu limite, até o momento em que determinada ação fosse impossível de ser realizada. Mas este intuito durou pouco.

Com o movimento intenso de trabalho no meu quarto, as estagiárias Beatriz e Carol trabalhando na bancada, fora a extensa rotina com meus cuidados diários de higiene, fisioterapia, fonoaudiologia e acupuntura, o fato de não precisar mais parar para me alimentar facilitava, e muito, a minha vida. Por incrível que pareça, era tão complicado tentar comer, pela dificuldade para deglutir e engolir, além dos engasgos e tosses, que tirar esse problema da frente foi até um alívio. Todos passaram a me perguntar se eu não sentia falta de comida. No começo, até que sim, mas depois, arquivei essa memória com os gostos e sabores dos alimentos e passei a não me lembrar mais disso.

Resolvida a questão da gastro, surgiu um novo problema relacionado à ELA. Comecei a sentir muita dor na perna, especialmente durante a noite, o que atrapalhava totalmente meu sono. Por isso, pela primeira vez na vida, passei a tomar remédio para dormir. No entanto, como a dor ficava a cada dia mais insuportável, chamamos um médico especialista. Descobri que estava com bursite trocantérica e tendinopatia do glúteo médio. Todos esses nomes enormes indicavam que eu começava a ter sequelas, por ficar tanto tempo com a perna na mesma posição, aliado à fraqueza dos músculos. Comecei o tratamento e, por recomendação médica, passei a colocar travesseiros embaixo da perna, ao dormir de lado, e a usar uma espécie de boia de ar em volta do quadril.

A hora de dormir era, de fato, um verdadeiro ritual. Impossibilitado de me mover e com grande dificuldade para emitir a voz, precisava ficar

PARTE 2 - MOVIMENTO DESCENDENTE: DA CAMINHADA À CAMA

em uma posição confortável para uma boa noite de sono. Assim, todo o processo de me ajeitar na cama se tornava lento e meticuloso. Embora o relógio da ELA corresse contra o tempo, já tínhamos tirado a bateria do relógio de pulso há muito tempo. Todos os cuidados comigo exigiam um outro tempo, o tempo da doença e da paciência de quem cuida de mim. Por essas e outras, o mantra da "paciência, paciêêência e paaaciiiêêência", continuava em sua máxima utilidade na nossa casa.

Ao mesmo tempo, minha voz ficava cada vez mais fraca e difícil de entender. Naquele fim de ano, aconteceria o casamento do meu amigo de faculdade, Thiago Triani. Eu sabia que seria impossível falar com as pessoas, até mesmo com a minha irmã, durante a festa, por causa do barulho. Precisava descobrir uma solução. Eu havia visto no YouTube um vídeo que mostrava uma menina se comunicando com a mãe, que tem ELA, por meio de uma tabela, que continha as letras do alfabeto.

Aquela seria uma boa alternativa.

Mostrei o vídeo para minha mãe e tivemos a ideia de separar as vogais, que são bastante usadas. Criei no computador uma tabela de comunicação com sete linhas numeradas, contendo todas as letras do alfabeto e os números de 0 a 9. A estreia foi justamente no casamento e, apesar de algumas trapalhadas de primeira vez, funcionou direitinho. Com o tempo, fui aperfeiçoando o método, acrescentando palavras, e criei também uma segunda tabela, com comandos e partes do corpo, o que facilitava bastante quando precisava de ajuda para coçar o dedo do pé, por exemplo.

Mais uma vez, uma ferramenta nova entrava em nossa rotina, fazendo uma verdadeira transformação. Estávamos conseguindo fazer exatamente como o Dr. Danielle Riva havia recomendado, na ocasião do diagnóstico: a cada nova limitação, teríamos a sabedoria para lidar com ela. Entretanto, as baladas do relógio da ELA voltaram a soar naquele fim de ano, e dessa vez mais alto.

MOVIDO PELA MENTE

Por causa do ano extremamente intenso de trabalho, mal tive tempo de pensar na doença, mas foi só o ritmo diminuir, no meio de dezembro, que caiu a ficha: aquele estágio final, que eu tanto temia, já estava se aproximando. Nada do que eu havia feito para tentar combater a doença tinha dado resultado. Até então, eu sempre achava que, uma hora, as coisas iriam melhorar, mas, de repente, passei a encarar a realidade e fiquei triste.

Comecei a pensar muito na doença, algo que raramente fazia, e a sentir medo. No estágio final da ELA, a pessoa perde todos os movimentos, inclusive os da fala, e fica com dificuldade para respirar. Portanto, embora a mente continue funcionando perfeitamente, a pessoa não consegue comunicar nenhuma dor ou vontade. Ou seja, uma mente móvel, presa em corpo imóvel, sem ter como se expressar.

O que eu mais temia era piorar a parte respiratória. Tinha pavor só de imaginar precisar fazer uma traqueostomia e passar a depender de aparelhos para respirar. Para piorar meus anseios, nossa cadelinha Muffin, que nos acompanhava há dezesseis anos, morreu naquele fim de ano. Sentimos muito sua ausência na casa, subindo e descendo as escadas ao nosso lado. As chuvas grossas de fim de ano, a nostalgia do Natal e toda a atmosfera que essa época trazia, contribuíam para deixar meus pensamentos ainda mais turvos. Cheguei a pensar que, no fim da linha, quando as baladas do relógio estivessem anunciando a hora final, eu poderia realizar uma eutanásia, ou seja, a autorização de um paciente para que desliguem os próprios aparelhos. Tive, inclusive, essa conversa com meu pai.

Mas Clarissa veio passar o Natal conosco e trouxe de volta o sol em meio às nuvens. Conversávamos até altas horas da madrugada sobre este assunto, mas também sobre tantos outros. Assistimos a filmes, demos boas risadas e, agora, contávamos piada até mesmo pela tabela de comunicação. Era isso.

PARTE 2 - MOVIMENTO DESCENDENTE: DA CAMINHADA À CAMA

Se fosse para ser uma mente móvel em um corpo imóvel, que continuasse então a ser uma mente ativa, positiva e, sobretudo, divertida.

Afinal, apesar de estar preso a um corpo, naquele ano, havia voltado para o meu caminho e criado uma iniciativa que estava contribuindo para a sociedade, com grande reconhecimento. Pensando nessa questão da prisão, eu me lembrava de dois grandes líderes que tinha grande admiração, Nelson Mandela e Pepe Mujica. Ambos haviam ficado presos por muito tempo e, ao serem libertados, em vez de guardarem rancor, tornaram-se conciliadores e tolerantes, mais inteligentes socialmente, realizando feitos grandiosos para seus países, a África do Sul e o Uruguai. Ao refletir sobre isso, chegava à conclusão de que ficar preso talvez não significasse um fim, mas apenas um obstáculo no caminho. Se meu corpo era meu meio oficial de transporte, e se ele viesse a ficar preso na imobilidade de uma vez por todas, talvez tudo que eu precisasse era de ferramentas para que a prisão do corpo não significasse também a prisão da mente.

Na noite de Natal, vieram em nossa casa o tio Fábio de Aguaí e toda a sua família, além da minha prima Flávia, minha irmã Lili e seu namorado, Alê. Tivemos uma festa memorável. No Réveillon, antes dos fogos, ficamos escutando a Contagem Regressiva para o novo ano que viria. Seria o quarto ano após o diagnóstico. Difícil prever o que me aguardaria. Mas a cada segundo regressivo, que todos contavam em voz alta antes da meia-noite, minha mente apenas repetia: viva, simplesmente viva.

22 CAMA

"Eu sei que determinada rua que eu já passei
Não tornará a ouvir o som dos meus passos.
Tem uma revista que eu guardo há muitos anos
E que nunca mais eu vou abrir.
Cada vez que eu me despeço de uma pessoa
Pode ser que essa pessoa esteja me vendo pela última vez
A morte, surda, caminha ao meu lado
E eu não sei em que esquina ela vai me beijar."

Paulo Coelho e Raul Seixas

CALÇADAS DO BRASIL

Nem bem o novo ano começou, já tivemos uma grande novidade: o *home care* com enfermagem vinte e quatro horas que me acompanharia dali em diante. Como eu estava tomando dieta enteral pela gastro, demandava cuidados especiais o tempo todo. Dessa forma, a empresa do seguro saúde compreendeu a necessidade de se colocar técnicos durante dia e noite, sete dias na semana, para realizarem meus cuidados.

PARTE 2 - MOVIMENTO DESCENDENTE: DA CAMINHADA À CAMA

Contrataram a empresa Dal Ben, que implantou uma rotina totalmente nova em casa. Agora, eu teria uma equipe de quatro técnicos de enfermagem se revezando em plantões de doze horas, além dos folguistas, visitas domiciliares de médico, enfermeiro e nutricionista. Também tinha à minha disposição um número de telefone corporativo, para toda e qualquer emergência. Combinamos que Jack, por estar comigo há muito tempo, treinaria a equipe e, em seguida, faria parte da turma da noite, já que tinha acabado de se formar em técnica de enfermagem.

Mesmo com a sua valiosa ajuda, o *home care* custou para engrenar. A empresa demorou para entender o perfil de profissionais que se adaptariam na casa, além de enviar pessoas que moravam muito longe, no lado oposto da região metropolitana de São Paulo. Isso sem contar que, agora, com tantas pessoas novas circulando pela casa, tínhamos perdido a privacidade. Minha mãe também precisava, da noite para o dia, providenciar alimentação para todos. Mas felizmente, passados alguns meses, o ritmo passou a dar certo. Depois de muita rotatividade de técnicos de enfermagem, uma delas se firmou, Camila. Além de divertida e competente, era uma das únicas que conseguia decifrar as palavras do som quase inaudível que eu emitia pela boca.

Enquanto a dança das cadeiras do *home care* causava um verdadeiro entra e sai no meu quarto, o Mobilize ia de vento em popa. Eu me dedicava integralmente ao portal, trabalhando de dez a doze horas por dia, com envolvimento em todas as áreas e realizando reuniões virtuais com a equipe. O clima de escritório continuava em nossa casa, com a estagiária Carol trabalhando na bancada duas vezes por semana, as conversas com Thiago e Marcos, e minha mãe, responsável pelo "fale conosco" do Mobilize, respondendo às dezenas de e-mails que chegavam sobre os mais variados assuntos. As pessoas, agora mais atentas ao tema da mobilidade,

MOVIDO PELA MENTE

tinham encontrado um canal para fazer perguntas e trocar experiências. O portal não parava de crescer em acesso e visibilidade, e eram inúmeros os convites para participar de eventos, palestras e entrevistas.

Um tema que interessava a todos nós era a mobilidade a pé e as condições das calçadas. Quando fomos para a Europa fazer o transplante de células-tronco, eu conseguia andar por todos os lugares com a cadeira de rodas. Já no Brasil, eu me lembrava daquele dia quando, em Recife, havia caído numa calçada devido à sua péssima qualidade, mesmo sendo um pedestre em minhas perfeitas condições na época.

Era até covardia comparar a realidade europeia às enormes dificuldades que pedestres e cadeirantes enfrentavam ao circular pelas cidades brasileiras. Uma vez, quando Lili e Alê me levavam de cadeira de rodas pela região da Avenida Faria Lima, uma das mais nobres de São Paulo, a cadeira empacou em um desnível da calçada e eu voei para frente, caindo no chão. Depois desse episódio, adaptamos um cinto de segurança à minha cadeira, que resolveu meu caso, mas não trouxe a solução do problema. A mobilidade urbana precisava pensar sobre acessibilidade, que por sua vez tinha que ser trabalhada contemplando todos, não apenas cadeirantes, mas também idosos, crianças, pessoas com malas, carrinho de bebê ou carrinho de feira, e mesmo adultos saudáveis. Entretanto, se o planejamento fosse feito com o foco em cadeira de rodas ou andador, provavelmente também serviria para os demais.

O tema das calçadas andava meio órfão nas discussões sobre mobilidade no Brasil. Os cicloativistas faziam muito barulho em relação ao uso da bicicleta nas cidades, e o transporte público começava a ganhar mais espaço na mídia, com a proximidade dos grandes eventos, Copa do Mundo e Olimpíadas. A conservação das calçadas era atribuída aos proprietários dos imóveis, mas todos do Mobilize acreditavam que somente o poder pú-

PARTE 2 - MOVIMENTO DESCENDENTE: DA CAMINHADA À CAMA

blico teria capacidade e autoridade para projetar, construir, fiscalizar e manter as calçadas, além da sinalização e iluminação nos padrões necessários, como nos países europeus. Foi percebendo a necessidade nacional de se falar sobre elas que criamos a campanha "Calçadas do Brasil".

O objetivo da campanha, coordenada pelo Marcos, era chamar a atenção da opinião pública para o problema da má qualidade, falta de manutenção ou ausência das calçadas no país, e estimular as pessoas a denunciarem os problemas em suas cidades, além, é claro, de pressionar as autoridades. Para realizá-la, nós nos aprofundamos muito no assunto e passamos a estudar a legislação, cartilhas de calçadas e melhores práticas. Depois, definimos quais itens precisavam ser levados em consideração para se ter uma calçada de qualidade, como deveria ser realizada a avaliação e quais seriam os balizadores. Por fim, criamos uma página especial com informações, formulários de avaliação e um mapa com os resultados. Envolvemos os jornalistas correspondentes, os mesmos que nos ajudaram no Estudo Mobilize, para fazerem uma avaliação inicial, que divulgaríamos em forma de ranking, quando abriríamos a campanha para outras pessoas participarem.

Assim, a equipe saiu pelas ruas de algumas capitais brasileiras e começou a avaliar a situação das calçadas do país. No mês de abril, divulgamos o resultado preliminar da campanha, realizada em doze cidades. A nota média dos locais avaliados ficou em 3,4, número baixíssimo se considerarmos que a nota mínima para uma calçada de qualidade aceitável seria 8,0, de acordo com os critérios estabelecidos pela campanha. Apenas 2,19% dos locais avaliados obtiveram nota acima desse indicador mínimo. E 74,13% das localidades obtiveram médias abaixo de 5,0, numa escala de zero a dez. Nenhuma cidade avaliada atingiu, na média, a nota considerada mínima para uma calçada de qualidade.

Entretanto, ao tempo em que as notas foram baixas, a repercussão foi estrondosa. O ranking da Campanha Calçados do Brasil tomou conta das principais mídias, como o Jornal Nacional e Jornal da Band, que produziram reportagens bem elaboradas sobre a realidade "descalçada" do Brasil. Dessa forma, os gestores públicos, incomodados com os resultados, tiveram que mudar o discurso de que as calçadas eram de responsabilidade dos proprietários, quando o Mobilize mostrou a todos as péssimas condições das calçadas em frente a hospitais, escolas, praças e órgãos públicos.

Ao abrir a campanha para o público em geral, pudemos contar com mais colaboradores, dos mais remotos cantos do Brasil, que saíram às ruas avaliando as calçadas em suas cidades. Cada um, ao publicar sua avaliação, conseguia visualizá-la em um mapa do Google, atrelado à nossa ferramenta. Foi assim que a repercussão da campanha aumentou de forma exponencial o nosso trabalho. Marcos precisava se desdobrar em muitos para conseguir cumprir uma agenda intensa de palestras e eventos. Apelidado pela mídia de "Gerente das Calçadas", deu centenas de entrevistas para rádios, emissoras de televisão, jornais, revistas e sites de internet. De tudo, o mais gratificante foi ver como a campanha "Calçadas do Brasil", de certa forma, inspirou diversas iniciativas no país inteiro e, nos anos seguintes, acompanhar o surgimento de várias organizações em defesa da mobilidade a pé.

Junto a isso, cresceu também a curiosidade em torno da minha história. Saber que um rapaz acamado e sem mobilidade se preocupava com a mobilidade das pessoas despertou o interesse do público e trouxe um novo ritmo à nossa casa. Muitas pessoas queriam me conhecer pessoalmente, ver como eu conseguia trabalhar de uma cama e me comunicar com o mundo por meio de um equipamento óptico.

PARTE 2 - MOVIMENTO DESCENDENTE: DA CAMINHADA À CAMA

Nas palestras que Marcos fazia, sempre respondia a questões sobre como era trabalhar comigo. Ele sugeriu que começássemos a marcar reuniões no meu quarto-escritório. Confesso que relutei um pouco, afinal, para mim, o Mobilize era a minha mente, com Marcos agora sendo meu corpo. Ele tinha se tornado o responsável oficial pela comunicação, ou melhor, o "porta-voz", como ele sempre brincava. Por fim, acolhi a decisão e passamos a receber visitas de jornalistas e colaboradores, conciliando a agenda com o já agitado movimento da casa.

E TUDO O QUE EU MAIS TEMIA ME ACONTECEU

Eu me envolvia e celebrava cada conquista do Mobilize, enquanto meu trabalho nas "horas vagas" era lidar com cada nova limitação da ELA. Já há algum tempo, eu vinha usando um aparelho respiratório chamado BIPAP, para fazer exercícios durante as sessões de fisioterapia. Mas comecei a sentir a necessidade de utilizá-lo mais vezes por dia, inclusive para dormir. Não gostava muito, mas tinha consciência de que minha respiração piorava cada vez mais. Agora, precisava ficar sempre com a cabeça reta, ou virada para a direita e inclinada para baixo, pois se virasse para a esquerda, não conseguia mais respirar.

Como havia muita troca na equipe de enfermagem, meu medo era chegar uma pessoa nova, que não me conhecesse, e virar minha cabeça para a esquerda logo cedo, quando minha mãe ainda estivesse dormindo. Eu já não tinha mais força para virá-la de volta e uma técnica de enfermagem recém-chegada não entenderia uma palavra que eu falasse. Outra coisa que me incomodava bastante era o excesso de saliva na boca. O *home care* havia fornecido um aparelho que aspirava a secreção e eu o usava com certa frequência, mas, mesmo assim, ficava cada vez mais difícil deglutir. Nesse meio tempo, ficamos sabendo de um procedimento médico para reduzir a quantidade de saliva por alguns meses e, como somos o perfil "gente que faz", resolvemos tentar. Infelizmente, naquele momento, eu preferia ter sido do tipo "gente que não faz".

O procedimento tratava-se da aplicação de *botox* nas glândulas salivares. Mas na hora de aplicar, um fator complicou bastante a sua realização: eu não conseguiria respirar se minha cabeça ficasse na posição ideal. Mesmo sem as condições necessárias, e com dificuldade para encontrar o local correto para inserir a injeção, o médico optou por fazer a aplicação. Logo, eu descobriria, da pior forma possível, quão desastrosa foi aquela decisão.

Voltei para casa com a esperança de ver uma redução na quantidade de saliva, mas o que vivenciei nos dias seguintes foi o oposto, um verdadeiro estado de afogamento. A aplicação foi malsucedida, realizada no lugar errado, e começou a paralisar os músculos em volta das glândulas salivares. Perdi totalmente o movimento de deglutição e, de uma hora para outra, havia se tornado impossível comer ou beber qualquer coisa pela boca, apenas por meio da gastro. Porém, de tudo, o pior foi que eu não conseguia mais engolir a saliva e ela, em vez de descer para o estômago, foi parar nos pulmões.

Peguei uma broncopneumonia e minha condição respiratória se deteriorou. A fisioterapeuta Mariana chegava a ficar duas horas seguidas em minha casa, praticamente só cuidando da parte respiratória. Ela tirava a secreção, enfiando a sonda de aspiração pela minha boca até a traqueia. Eu não me sentia bem e a presença da Mariana me tranquilizava, pois ela era muito competente e entendia bastante de fisioterapia respiratória. Quando ia embora, eu ficava apreensivo, pelo menos até meu pai chegar do trabalho. Minha mãe também se sentia preocupada, vendo meu estado se agravar a cada momento. No sábado, ficamos mais tranquilos com a presença do meu pai em casa o dia todo, mas minha mãe estava com medo

PARTE 2 - MOVIMENTO DESCENDENTE: DA CAMINHADA À CAMA

de ficar sozinha em casa comigo na segunda-feira seguinte, quando meu pai fosse trabalhar. Eles conversaram com os profissionais do *home care* e, juntos, optaram pela minha internação, no domingo mesmo.

Passamos a noite no hospital Sírio Libanês e, apesar de estar assustado com as crescentes dificuldades respiratórias, fiquei bem. Porém, já na manhã seguinte, comecei a sentir falta de ar e pedi para respirar com o auxílio do BIPAP, utilizando a máscara pequena, igual a que usava em casa. Experimentava, na pele, a música *Vivir sin Aire*, que tanto escutava em Barcelona: "*Cómo quisiera poder vivir sin aire / Cómo quisiera calmar mi aflicción*".

Mesmo com a máscara, parecia que o ar não vinha em quantidade suficiente. O hospital forneceu uma máscara que cobria o rosto inteiro e que provocava maior oxigenação, mesmo assim o ar não vinha. Minha mãe, ao meu lado, pressionava a máscara no meu rosto, para garantir que não houvesse nenhum escape de ar. Ajudava muito, porém ainda assim eu demorava uma eternidade para conseguir inspirar um pouco. Ficava tentando de qualquer jeito puxar o ar do BIPAP para o pulmão, mas ele, simplesmente, não entrava. Quando a situação chegava ao limite do insuportável, conseguia respirar um pouco. Isso dava um enorme alívio, mas logo o ciclo se reiniciava e demorava ainda mais tempo para eu conseguir respirar novamente. Era desesperador. Tinha a sensação de estar me afogando e, no momento que ia desmaiar, eu ganhava o direito de inspirar por dois segundos antes de afogar de novo. De longe, a pior situação que eu havia atravessado em toda minha vida.

Não lembro quanto tempo demorou esse desespero, talvez três a quatro horas, que pareceram uma eternidade. Até que meu pai entrou no quarto com um colega médico, Renato Saad, que conhecemos em Cleveland, e que havia se tornado amigo da família. Meu pai encontrou Renato por acaso, no saguão do hospital, depois de anos sem se verem, e lhe contou sobre a

313

minha internação. Ele se ofereceu para me ver e, diante do quadro dramático, conversou comigo e com meu pai sobre a necessidade de fazer a traqueostomia. Eu precisava estar de acordo. Como médico, meu pai estava ciente da situação, mas, como pai, sempre dizia que não gostaria de tomar aquela decisão sozinho. Não seria nada fácil para ele comunicar ao próprio filho sobre um procedimento definitivo, em caso de pacientes com ELA. Afinal, a partir dali eu nunca mais falaria. Nunca mais me ouviria falando. A onda de som da minha própria voz nunca mais ecoaria pelo universo.

Apesar do meu medo brutal da traqueostomia, eu toparia qualquer coisa que precisasse de anestesia geral, que me apagasse por um momento e me tirasse daquele sufoco. A situação se encontrava tão crítica que, após meu consentimento, não foi possível nem me levar para o centro cirúrgico. Tiveram que me entubar no quarto mesmo. Aplicaram a anestesia, tudo foi ficando escuro até que, finalmente, apaguei.

Acordei na UTI com mais um equipamento de plástico incorporado ao meu corpo. Além do orifício no estômago, agora eu tinha um buraco na parte de baixo do pescoço, na minha traqueia. Pelo menos, eu respirava normalmente, um grande alívio depois de tudo que eu havia passado. Também podia virar a cabeça para todos os lados e continuar respirando, em vez de ficar com ela sempre para o lado direito. Apesar do conforto respiratório, todo o processo desde a aplicação do *botox* havia sido bem traumático. Agora, eu ainda me encontrava com aquele pequeno grande detalhe. Pela primeira vez na vida, eu estava sem voz.

Com a traqueostomia, o ar não passava mais pelas minhas cordas vocais e, por isso, parei totalmente de emitir sons. Até a tosse e o espirro aconteciam sem ter nenhum ruído. Parecia, simplesmente, que alguém tinha apertado o botão "mudo" no controle remoto que comandava meu corpo. Sem movimentos e sem conseguir emitir nenhum

PARTE 2 - MOVIMENTO DESCENDENTE: DA CAMINHADA À CAMA

som, como chamaria as pessoas? E se acontecesse uma emergência, uma intercorrência, algo urgente? Naquele momento, percebi que tudo que mais temia me aconteceu: eu havia me tornado uma mente móvel dentro de um corpo imóvel. Imóvel e silencioso.

A ENGENHOCA DA SOBREVIVÊNCIA

Durante a estada no hospital, meu pai estava atento a cada um dos meus movimentos. Logo após a realização da traqueostomia, quando eu acordei, ele estava lá, com um olho em mim e o outro no monitor, que indicava a medição em tempo real dos meus parâmetros. Meu pai disse que meu pulmão estava encharcado de saliva e tinha se tornado algo parecido com um chiclete. Por isso, minha saturação, que significa a porcentagem de oxigênio que o sangue transporta, comparada com o máximo da sua capacidade, tinha caído a níveis alarmantes. Isso explicava a minha dificuldade apavorante para respirar antes da intervenção. E tudo por causa de um procedimento médico malsucedido. Mas, como sempre fazíamos, não era hora de lamentar o passado, e sim de olhar para frente. Sem importar quão perto ou distante essa frente fosse.

Fiquei dez dias na UTI, com a presença constante dos meus pais. Minha mãe tentava trabalhar do hospital, avisando a todos que me ausentaria do Mobilize por tempo indeterminado. Até mesmo porque o tempo exato, por hora, não saberia dizer. Havia agora muitos pormenores para lidar. O mais importante de tudo era estar ali presente, imóvel na cama hospitalar, mas de olhos bem atentos, vivendo literalmente cada minuto com a minha família. Minha mãe, ao lado o tempo todo, sentia uma dor no braço que lhe tirava os movimentos. Só depois associamos que tinha sido devido às horas antes da cirurgia, enquanto pressionava a máscara do respirador no meu rosto. Já meu pai, quando eu abria os olhos por

MOVIDO PELA MENTE

algum motivo durante a madrugada, lá estava ele, quase sempre acordado, monitorando meus sinais.

Eles vinham passando noites seguidas em claro, preocupados com as minhas novas condições. Além deles, Clarissa também veio de Belo Horizonte ficar comigo no dia seguinte à cirurgia, 12 de junho, Dia dos Namorados. Ela estava na faculdade de Medicina em Belo Horizonte quando recebeu a ligação do meu pai e foi direto para o aeroporto. De jaleco mesmo, deu entrada no Sírio Libanês, como se fosse alguém da minha equipe médica. Sua naturalidade e apoio para lidar com uma situação delicada como aquela era impressionante. Sem dúvida, tinha escolhido a carreira certa e possuía todo o amor e saber que um médico precisa ter para oferecer a quem necessita.

No hospital, passei a ter sessões de fisioterapia três vezes por dia, agora com uma novidade que me acompanharia para todo sempre: aspiração da traqueostomia, ou simplesmente tráqueo. Com uma máscara no rosto e uma luva estéril, as fisioterapeutas introduziam uma sonda estéril no meu mais novo orifício, para retirar a secreção. O circuito do BIPAP passou a se conectar diretamente à tráqueo, e não mais por uma máscara facial. Afinal, o nariz e a boca tinham perdido totalmente suas funções em meu sistema respiratório, podia-se tampá-los que nada afetaria a entrada e a saída de ar, agora exclusiva pela tráqueo. Eu ainda não estava dependente de ventilação mecânica e só usava o BIPAP para dormir. Durante o dia, bastava apenas respirar por aquela "grande narina" que tinha sido criada na minha traqueia.

Depois que saí da UTI, ainda fiquei uma semana no quarto do hospital e, pela primeira vez desde a internação, minha mãe foi para casa dormir. Naquela noite, Lili ficou comigo. Até que chegou o dia de voltar para casa e me adaptar à nova realidade que, é claro, demandava todo um novo ritmo de vida.

PARTE 2 - MOVIMENTO DESCENDENTE: DA CAMINHADA À CAMA

Por causa da tráqueo, agora eu passava a ter duas sessões diárias de fisioterapia em casa, sete dias por semana. Mais uma atividade acrescida na minha atribulada rotina. A fisioterapeuta Mônica passou a fazer parte da equipe, e o primeiro dia foi um desastre, mas logo ficamos bons amigos e percebi que ela tinha muito conhecimento e experiência. Agora sem voz, tanto ela quanto Mariana tornaram-se afiadas em conversar comigo pelas tabelas de comunicação, que eu havia criado. Eu também seguia fazendo as sessões de fono com a Maxi, que tentou inclusive colocar uma válvula fonatória na tráqueo para avaliar se eu conseguiria falar, mas eu já não tinha força muscular suficiente. O mais complicado, sem dúvida, era a comunicação, ou melhor dizendo, a falta dela.

Sem conseguir chamar, eu ficava aterrorizado quando chegava a noite, afinal, eu precisava de ajuda para mudar de posição, aspirar a boca, a tráqueo e diversas outras coisas, como me coçar, por exemplo. Sabia que era humanamente impossível os dois técnicos de enfermagem, Jack e, agora, o recém-chegado Evandro, que intercalavam os plantões noturnos, passarem a noite inteira olhando para mim, acordados, em um quarto escuro.

Precisávamos encontrar alguma solução confiável. Quando queria chamar, eu acelerava minha respiração, mas a pessoa tinha que estar muito atenta para notar a sutil diferença da minha frequência respiratória no barulho do BIPAP. Definitivamente, não era o melhor caminho. Evandro, além de um excelente profissional, era muito inventivo. Logo providenciou uma campainha "dim dom" com sensor fotoelétrico e uma luz fraquinha que ligava na tomada. Amarrou um barbante em um dos meus pés, passou pela grade da cama hospitalar e o prendeu na campainha, posicionada perto da lâmpada. Naquela época, eu ainda tinha um pequeno movimento nas pernas e, quando elas ficavam levemente dobradas, eu conseguia esticá-las. Dessa forma, eu estendi a perna, o barbante puxou a campainha, que se afastou da pequena lâmpada e a acionou pelo sensor. A engenhoca da sobrevivência tinha dado certo.

Passamos a usá-la todas as noites. Mas a cada chamada, era necessário armar o sistema novamente. Precisavam dobrar minha perna mais uma vez, o barbante ser esticado e a campainha posicionada no lugar exato. Sabia que era algo improvisado, mas de importância vital naquele momento. Antes, quando pensava em seguir o conselho do Dr. Daniele Riva e lidar com cada nova limitação que a ELA colocaria em meu caminho, eu não imaginava que poderia ser uma tarefa inusitada e, por vezes, tão criativa.

O HOMEM DE MIL CABEÇAS

Ah, ele, o tempo. Passada a amplitude calma que eu havia experimentado durante a viagem pelo Nordeste com Lili, pouco após receber o diagnóstico da doença, agora aquela voz *"depressa, depressa"* voltava a povoar a minha cabeça. Na minha mente, que era agora o meu mundo. Um homem repleto de vida em um corpo sem se mover, um rapaz cheio de ideias para expressar em um corpo mudo, um ser humano pleno de amor e vontade em um corpo preso a um quarto. Entretanto, não era bem nisso que eu focava meus pensamentos.

Agora, mais do que nunca, eu precisava recuperar o tempo perdido, responder a centenas de e-mails acumulados, retomar o trabalho no Mobilize e, sobretudo, ficar bem para fazer tudo isso e mais um pouco, enquanto eu ainda pudesse. Para isso, como aqueles deuses do Oriente, eu precisava ter diversos braços. Foi então que coloquei as minhas mil cabeças para funcionar.

Tinha uma equipe de bons técnicos de enfermagem para cuidar de mim, aspirar boca e tráqueo, higienização, barba e cabelo, fisioterapia,

PARTE 2 - MOVIMENTO DESCENDENTE: DA CAMINHADA À CAMA

fonoaudiologia e alimentação. Não precisava parar para fazer refeições, podia continuar dormindo minhas oito horas noturnas e, caso precisasse, bastava apenas acionar a engenhoca do barbante. Portanto, mãos à obra, ou melhor, olhos à obra, era só ligar o computador e, com a ajuda do meu secretário – o "tobii-eye", digitar com o olhar tudo que eu precisasse realizar durante o dia. Mas logo tive uma grande frustração.

Quando ficava sentado para conseguir usar o computador, tanto na cama como na cadeira de rodas, depois de alguns minutos, surgia uma dor insuportável na região do pescoço, e eu precisava me deitar de novo. Simplesmente não conseguia trabalhar. Fiz uma consulta com nosso amigo quiropraxista, Marcelo Jorqueira, marido da fisioterapeuta Adriana, para avaliar o quadro. Ele detectou que o local de dor era o escaleno, pois, para conseguir respirar antes da tráqueo, eu tinha ficado mais de um ano praticamente com a cabeça virada para o lado direito. Depois da traqueostomia, eu havia recuperado a capacidade de movimentar a cabeça para o outro lado, mas agora o que me limitava era a dor.

Marcelo passou a vir em casa três vezes por semana para manipular e exercitar o local, além de deixar conosco um equipamento de ultrassom para aplicações diárias. Com o tratamento, a dor foi diminuindo, mas bem lentamente. Eu me sentia ansioso para ficar bom logo, porém sabia que um ano de pressão sobre os músculos não seria corrigido de uma hora para outra, ainda mais no meu estado. Aos poucos, fui também adotando uma nova posição de trabalho, meio deitado na cama, para ser mais exato, a 135 graus, e não mais na cadeira de rodas. Assim eu aliviava o pescoço, agora com a musculatura mais frágil, para minimizar a dor. Novos desafios e novas adaptações faziam da minha vida, mesmo em um corpo imóvel, uma constante mutação, o que me fazia lembrar da frase do antigo grego Heráclito: "Nada é eterno, exceto a mudança".

TUDO TENDE À NORMALIDADE

E de mudança em mudança, boas surpresas também aconteciam. Em uma noite de julho, estava no meu quarto quando, de repente, vejo meu primo uruguaio Frederico entrar pela porta, com sua esposa Debi e seu filho Santiago. Fiquei radiante! Eles estavam juntos há pouco mais de dois anos, desde que ele havia voltado para Montevidéu, depois de ter vindo ao Brasil pela última vez. Queria me fazer uma surpresa para me apresentar sua nova família, e combinou tudo com meus pais. Naquela noite festiva, aconteceu também o segundo jogo da final da Copa Libertadores da América e, com meu primo uruguaio e meu pai, vi o Corinthians se sagrar campeão.

Tudo que eu mais temia havia me acontecido, verdade. E agora eu não podia nem mais gritar de alegria por ver meu time ser campeão, também era verdade. Não podia ir para a rua festejar a vitória, nem abraçar os amigos, ou comer e beber para comemorar. Nem sequer podia levantar a mão para fazer um brinde. Mas acredito que foi ali, naquela quarta-feira à noite, que eu aprendi uma das lições mais absurdamente simples e espantosas de minha vida: tudo tende à normalidade.

Mesmo tendo passado a menos de um mês pela cirurgia da traqueostomia, eu havia sobrevivido mais uma vez. E com a minha sobrevivência, notei que tudo continuava exatamente igual. É certo que nossa casa tinha uma equipe de técnicos de enfermagem vinte e quatro horas, e eu agora tinha um orifício na traqueia, ligado a um tubo de plástico, mas meu pai continuava fazendo as mesmas piadas, minha mãe contando as mesmas histórias, os amigos e parentes que eu tanto amava continuavam a encher a nossa casa. Mesmo com o som do meu BIPAP à noite, eram os mesmos barulhinhos da rotina. Mesmo com tantos novos pormenores para zelar, percebia como todos se organizavam para reconstruir o estado de paz e tranquilidade de sempre. E como isso me confortava!

PARTE 2 - MOVIMENTO DESCENDENTE: DA CAMINHADA À CAMA

Aos poucos, fui retomando o ritmo de trabalho do Mobilize. Em setembro, para comemorar o primeiro ano do portal, publicamos o relatório final da campanha "Calçadas do Brasil" e, com o Ministério Público de São Paulo, firmamos a bandeira de que as calçadas deveriam ser de responsabilidade do poder público, e não dos proprietários.

Mara Gabrilli, que contribuía para um dos blogs do Mobilize, fez parte desse coro e, ao ser a relatora da Lei da Inclusão, colocou nela o direito de ir e vir, e que as calçadas passavam a ser de responsabilidade do poder público. Caso os gestores não cumprissem, seria improbidade administrativa.

Setembro, após a publicação do relatório final da Campanha "Calçadas do Brasil", para comemorar o primeiro ano do portal, começamos a focar nas eleições municipais. Fizemos diversas reportagens e perguntamos aos principais candidatos sobre os projetos de mobilidade urbana sustentável. Quatro anos antes, nas eleições de 2008 e recém-chegado de Barcelona, eu tinha ficado bastante frustrado que nenhum candidato, nem de São Paulo nem de Recife, havia falado sobre mobilidade urbana. Agora, a situação se encontrava bem diferente. Transporte público, ciclovias e até calçadas apareciam nas promessas de campanha, sendo o tema inclusive um dos principais motes do prefeito eleito na capital paulista. Eu me sentia muito feliz que finalmente a mobilidade urbana sustentável estava na pauta dos gestores públicos, e sabia que o portal Mobilize Brasil, provendo informações e estimulando o debate, tinha dado uma pequena contribuição para essa mudança. De uma eleição à outra, haviam sido quatro anos memoráveis. E só agora eu me dava conta de que o diagnóstico também completava quatro anos de vida. Eu havia ultrapassado mais um ano da minha sentença de morte, mas a questão que a todos assombrava silenciosamente era: eu conseguiria chegar aos cinco?

VIVO OU COM GRAVATA

Em outubro, houve novas mudanças na equipe de enfermagem. Dessa vez começou a técnica Débora e, como sempre, no início tive muita resistência até mesmo porque ela entrou no lugar da Camila, substituída contra a minha vontade. Mas Débora foi persistente e, aos poucos, conquistou a minha confiança com muito trabalho e disposição. Percebi como havia sido injusto e escrevi para ela uma carta com meus olhos, pedindo desculpas por não ter sido tão legal nos primeiros plantões. Apesar de eu encarar bem a doença, a ELA de alguma forma afetava meu comportamento, sobretudo no que dizia respeito aos meus cuidadores, responsáveis por minhas condições vitais.

Em uma situação normal, eu certamente teria sido simpático e grato com qualquer pessoa que se mostrasse disposta a me ajudar. Mas conviver diariamente com pessoas diversas, fazendo tudo por mim de um jeito diferente do que eu faria, demandava realmente uma grande dose da minha paciência. E como tudo em minha vida eu relacionava a uma música, lembrava uma das canções que eu mais gostava de tocar no violão, "Patience", do Guns n' Roses: *"Little patience / Need a little patience / Just a little patience / Some more patience"*. Por mais que eu tivesse consciência dos desafios que era para cada um compreender meu jeito, um ombro mal posicionado, um quadril desajeitado e uma cabeça torta fazia toda a diferença para um ser imóvel, mas consciente.

Além da equipe, pessoas mais antigas, que já me conheciam, sabiam o jeito certo de prestar meus cuidados, como o barbeiro Domingos, que uma vez por mês ia em minha casa cortar meu cabelo. De tempo em tempo, ele nos visitava com a família, já que havíamos nos tornado bons amigos, sobretudo por sua honestidade, capacidade e carisma. Conversávamos bastante sobre a vida e minha mãe e eu percebemos que praticamente só ele

PARTE 2 - MOVIMENTO DESCENDENTE: DA CAMINHADA À CAMA

trabalhava no salão em que era empregado, mesmo assim, não era devidamente valorizado. Um dia minha mãe veio até mim e falou: "O que você acha de ajudarmos o Domingos a montar o próprio salão?". É claro que eu achei ótima ideia. Assim, naquele Natal, minha mãe ligou para ele e lhe deu a notícia. Ele passou a pesquisar aluguel de imóveis comerciais e preços dos equipamentos, nós pedimos para a contadora do Mobilize e o amigo Emerson, que meus pais tinham ajudado a montar a própria marcenaria, para fazerem preços especiais para Domingos. Também passamos noções básicas de administração. Aquele presente de Natal deu bons frutos. Dois meses depois, ele abriria seu primeiro salão, mudando-se depois para um local maior e, três anos depois, comprando o próprio imóvel.

Naquele final de ano, também como sempre acontecia, recebemos visitas de amigos e de parentes. Mas dessa vez, tivemos um gostinho especial de Cleveland, já que a Família Brum em peso, com filhos, genros e netos tinha vindo dos Estados Unidos para se hospedar em nossa casa. Minha mãe brincava que era "A Invasão dos Brums". Na sequência, quem veio passar alguns dias conosco foi a nossa amiga americana Karen, filha da professora de inglês de Richmond Heights, Donna. Toda essa movimentação, somada ao trabalho que o Mobilize teve naqueles últimos meses, me distraíam um pouco da melancolia que sempre tomava conta dos meus pensamentos, na época de Natal e Ano-Novo, desde o diagnóstico. Deitado em minha cama, eu costumava fazer um inventário de minha própria vida e encarava a evolução feroz e imbatível da doença.

Por isso, na virada de ano, sem tempo a perder, queríamos aproveitar a posse dos novos prefeitos e entregar pessoalmente o Relatório Final da Campanha "Calçadas do Brasil". O documento foi entregue ao Ministério Público, ao Promotor de Justiça Mauricio Antônio Ribeiro Lopes que, com o colega, Marcelo Rovere, recebi no meu quarto-escritório para lhe entregar em mãos o documento. Além disso, também foi entregue aos gestores recém-empossados de doze capitais.

Os prefeitos de quatro cidades anunciaram melhorias nas condições das calçadas, sendo que Salvador e Manaus, que ficaram nas últimas colocações no ranking, de fato reformariam calçadas mal avaliadas pelo Mobilize. Isso era a prova máxima de que a campanha havia conseguido influenciar políticas públicas e melhorar as condições de mobilidade e acessibilidade para a população brasileira. A nós, restava apenas comemorar e, é claro, continuar a trabalhar.

Também recebemos, naquele início do ano, meus tios do Canadá, a nossa amiga Lindy dos Estados Unidos, a Nina, amiga da Lili que morava em Minas, além da Clarissa, muitos familiares e amigos, para uma ocasião mais do que especial: o casamento da minha irmã Lili. Ela e Alê já moravam juntos há algum tempo, mas decidiram celebrar a união. Minha irmã sempre imaginou fazer um casamento na praia ou em algum lugar diferente, mas eles acabaram optando por realizá-lo em nossa casa, por um único motivo: a minha presença. Lili falou que não poderia conceber essa cerimônia sem a minha participação. Desde a traqueostomia, nove meses antes daquele chuvoso mês de março, minhas saídas tinham ficado praticamente impossíveis.

Na época do casamento, eu ainda respirava pela tráqueo, sem usar o BIPAP durante o dia, ou seja, para o ar conseguir entrar, o orifício abaixo do meu pescoço precisava ficar totalmente livre, sem nenhuma obstrução. Sabendo disso, eu perguntei brincando para minha irmã se, no casamento, ela me queria vivo ou com gravata. Afinal, o nó ficaria justamente na frente da tráqueo, barrando a entrada de oxigênio. Lili preferiu que eu estivesse vivo, ou melhor, sem gravata.

Para a celebração, escrevi uma mensagem para o casal, lida pelo Nilton, amigo do meu pai que havia viajado conosco para a Alemanha,

PARTE 2 - MOVIMENTO DESCENDENTE: DA CAMINHADA À CAMA

dois anos antes. Eu me sentia emocionado. Aquela era a minha irmã, minha grande companheira de vida, que compartilhou comigo desde a mais tenra infância tantas brincadeiras, confidências, viagens, aventuras, que esteve ao meu lado em todos os momentos, dos mais agradáveis aos mais difíceis. Agora, ela partia para um novo ciclo em sua vida. E eu me sentia muito feliz por ela, por compartilharmos mais este lindo momento juntos. Eu estava vivo, e ao seu lado.

A chuva não conseguiu estragar a festa, que seria o último grande evento familiar com a presença do meu avô. Uma semana depois, ainda conseguimos manter o espírito festivo, com a comemoração do meu aniversário e do Pipo de uma forma bem espanhola, com *paella* e sangria. Mas pouco tempo depois, as batidas do relógio da vida do meu avô emudeceram. Ele já estava bem debilitado por causa do tratamento contra um câncer. O dia foi triste, porém ainda mais difícil para a minha mãe que, antes de ir ao velório de seu pai, precisou reunir forças para trabalhar no II Fórum Mobilize e garantir que tudo corresse bem.

O MUNDO EM MEU QUARTO (OU SERIA ROOM OFFICE?)

O II Fórum Mobilize promoveu um debate de altíssimo nível e contou com grande participação do público, lotando o Salão Nobre da FGV. Participaram do fórum a Subsecretária Nacional de Mobilidade Urbana do Ministério das Cidades, Isabel Lins, o promotor de Habitação e Urbanismo do Ministério Público de São Paulo, Maurício Antonio Lopes, o professor Alexandre Delijaicov, da Faculdade de Arquitetura e Urbanismo da USP, e a coordenadora do projeto "Cidade para Pessoas", Natália Garcia. A mediação foi do Marcos e, dessa vez, não pude estar presente, nem de cadeira de rodas, como na ocasião do primeiro Fórum que havíamos realizado. Mas acompanhei tudo pela transmissão on-line.

Sem que eu tivesse percebido, meu mundo havia se tornado o meu quarto. A quiropraxia tinha melhorado um pouco a dor na base do pescoço, mas a posição que eu me sentia realmente confortável era quase deitado. Dessa maneira, se meu quarto era o mundo, meu escritório era a minha cama. Dali, a minha mente geria todas as ações necessárias para o Mobilize, digitava os e-mails com os olhos, construía planilhas, produzia relatórios e dirigia a equipe do portal.

Em paralelo, minha mente se comunicava com a equipe de técnicos de enfermagem, por meio das tabelas de letras e sinais que eu havia criado, para a qual um erguer de sobrancelhas significava um sim, e uma piscada longa significava um não. Na cama, eu me alimentava e fazia minhas necessidades fisiológicas. Ali também realizava todas as sessões de fisioterapia, fonoaudiologia e acupuntura. Minhas poucas saídas do quarto agora eram para um bom banho de chuveiro, ritual que tomava grande parte das minhas manhãs, demorando quase três horas, contando com os preparativos. Realizada cada etapa da minha rotina de cuidados, eu me jogava com prazer nas atividades do Mobilize, que se tornava cada vez mais conhecido e com maior amplitude de ações, realizando melhorias visíveis em nossas cidades.

Foi dentro desse contexto que recebi a visita do Secretário Nacional de Mobilidade Urbana do Ministério das Cidades, Júlio Eduardo dos Santos, em meu escritório. Ele tinha vindo de Brasília especialmente para conhecer o Mobilize Brasil, portal que acessava de seu gabinete todas as manhãs. Havia feito questão de conversar, em pessoa, com os responsáveis pela iniciativa. Ao chegar a São Paulo, ficou impressionado ao saber que não se tratava de uma grande estrutura, com um grupo empresarial por trás, mas sim de um projeto de um homem que havia convencido seus pais e seus amigos a compartilharem e a realizarem aquela ideia.

Dessa forma, o Secretário Nacional acabava de conhecer a verdadeira sede do Mobilize: meu quarto. Nós sabíamos que o portal havia se tornado

PARTE 2 - MOVIMENTO DESCENDENTE: DA CAMINHADA À CAMA

uma referência para professores, estudantes, especialistas, gestores públicos e interessados pelo tema, por ter conquistado credibilidade em todas as suas esferas, desde o cidadão até o poder público. Sabíamos também do respeito que havia pelas ações que tínhamos desenvolvido, por estarem integralmente comprometidas com a valorização da mobilidade urbana sustentável, e da qualidade de vida das cidades.

Mas saber que também éramos referência para o Secretário Nacional de Mobilidade Urbana do Brasil foi uma grata surpresa. Sentado com a cadeira ao lado da minha cama, aproveitamos a ocasião para convidar um representante do Ministério das Cidades para participar do Fórum. E eu aproveitei a situação inusitada, de uma reunião direto da Esplanada dos Ministérios para o meu quarto, para brincar que, se tinha gente que fazia *home office*, no meu caso era *room office*. Na ocasião, quando o secretário perguntou como nós conseguíamos ter mais dados que o Ministério das Cidades, a minha resposta foi direta e simples: "eu não saio do escritório."

Depois dessa visita, achamos importante incluir o quarto objetivo específico do Mobilize: *pressionar governos para implantarem políticas públicas efetivas de mobilidade urbana sustentável.* Eu havia pensado nesse quarto objetivo desde o início, mas achava que seria muita pretensão. Quando publicamos o Estudo Mobilize, a prefeitura de Natal anunciou que tornaria gradativamente a frota de ônibus acessível. Depois, houve a campanha "Calçadas do Brasil", e prefeitos de dois municípios reformaram calçadas mal avaliadas. Percebemos que, sim, era possível influenciar políticas públicas.

DEVER CUMPRIDO

De tudo, um dos maiores desafios que a doença me trouxe foi ter que abrir mão de viajar. Após a tráqueo, isso ficou quase impossível, já que seria necessária uma enorme estrutura para que eu apenas saísse de casa.

Por isso, quando soube que o jornalista Du Dias faria uma viagem de bicicleta pelo continente europeu, eu o convidei para assinar um blog no portal que se chamaria Mobilize Europa. Du ficaria sete meses pedalando, atravessando nove países e percorrendo nove mil quilômetros. Aquele blog seria a porta de entrada para colaboradores com suas reflexões pessoais sobre mobilidade urbana no portal.

Nos meses seguintes, o Mobilize ganharia mais três blogs, dois deles sobre mobilidade a pé, tema que ficou bastante associado ao portal desde a campanha "Calçadas do Brasil". O "SampaPé!", da Leticia Sabino, e "Pé de Igualdade", da Meli Malatesta, abordavam o assunto que teria cada vez mais importância nas discussões sobre mobilidade urbana no país, tendo nossas blogueiras como duas das protagonistas daquele movimento. Já o terceiro blog, "Milalá", falava de acessibilidade e relatava as idas e vindas da publicitária Mila Guedes, que tem esclerose múltipla, por cidades do Brasil e do mundo. Ficava ali evidente a vocação do Mobilize de servir como rede, fazendo parte de um grande movimento em prol da melhoria da mobilidade urbana e da qualidade de vida nas cidades brasileiras. Isso, aliás, estava definido desde o início, em nossa política de conteúdo. Nosso objetivo era agregar valor ao movimento, colaborando e unindo esforços com as pessoas nele envolvidas. Os blogueiros colaboradores dividiam conosco as inúmeras participações em eventos, que às vezes recusávamos pela falta de braços e de vozes. Contávamos, por exemplo, com a colaboração do amigo do meu pai, Jaime Minitentag, que nos enviava novidades de mobilidade urbana direto de Israel.

Com o tempo, agregamos inúmeros blogs ao Mobilize. Blog do Cidade Ativa, Passos e Espaços, de Irene Quintáns, Brasília para Pessoas, do Uirá Lourenço e Ana Paula Borba (Paulinha), Acessibilidade sobre Rodas, de Raquel Arruda, o blog Germinação, de Jeniffer Abegão, além da minha

PARTE 2 - MOVIMENTO DESCENDENTE: DA CAMINHADA À CAMA

amiga desde o colégio Mari Guerra, agora morando em Madri, que passou a escrever no Blog Mobilize Europa.

Enquanto isso, no Brasil, parecia que os cidadãos haviam despertado de um sono profundo e entorpecente e começavam a tomar consciência de que poderiam e deveriam reivindicar direitos básicos que os dirigentes públicos fingiam ignorar. O Estudo Mobilize colocou o dedo na ferida aberta e expôs que os governos não planejavam, controlavam, monitoravam e avaliavam a mobilidade nas cidades, além de não gerar dados confiáveis.

A demanda por indicadores e dados era tão imensa, que tomava boa parte do nosso tempo para levantar e responder. Foi assim que detectamos a oportunidade de desenvolver uma seção onde qualquer cidadão, jornalista, estudante e gestor público pudesse encontrar dados comparativos dos principais indicadores de mobilidade. Com certeza, seria um enorme trabalho a curto prazo, mas ficaríamos menos sobrecarregados para responder às inúmeras demandas que chegavam em nosso "fale conosco".

Com esse novo desafio pela frente, mergulhei de cabeça na seção "Acompanhe a Mobilidade". A ideia era ampliar e aprofundar os indicadores do Estudo Mobilize, com mais informações, mais indicadores e mais cidades, em forma de gráficos comparativos e rankings de fácil acesso e comunicação visual. Em nossa página, criamos gráficos comparativos de vários indicadores, tais como: ônibus acessíveis, mortes no trânsito, estrutura cicloviária, emissão de poluentes, existência de calçadas ou rampas para cadeirantes e páginas específicas para cada cidade avaliada.

Marcos coordenava o trabalho dos jornalistas no levantamento das informações, Marcelo Saez, que havia trabalhado com a minha mãe na Care Plus e assumido a gestão de TI desde o lançamento do portal, desenvolvia a ferramenta, a jornalista Regina Rocha, esposa do Marcos, cada vez mais envolvida, buscava entrevistar os gestores públicos que sempre se esquivavam na hora de passar informações consistentes. Eu compilava todo o material em planilhas Excel e aplicava as fórmulas para gerar os dados comparativos. Um trabalho incessante de agrupar e desagrupar fórmulas com os olhos, sem o auxílio das mãos. Na época, como trabalhava de dez a doze horas por dia, sonhava apenas com números e gráficos.

Finalmente lançamos a nova seção na Semana de Mobilidade daquele ano, com mais uma estrondosa repercussão na mídia, deixando os gestores públicos em polvorosa. Imaginávamos que eles deviam pensar quem eram aquelas pessoas desconhecidas que os incomodavam tanto.

Agora, a mobilidade urbana estava definitivamente na boca do povo e da mídia, uma situação bem diferente de quando eu havia idealizado o portal. Por isso, apesar de exausto, eu dormia com a deliciosa sensação de "dever cumprido". No início do portal, nós sempre precisávamos explicar o significado do termo "mobilidade", que as pessoas confundiam com acessibilidade, pela minha condição de cadeirante. Agora, passados dois anos da criação do Mobilize, o termo se difundia a cada esquina das grandes cidades. Entretanto, foi um fato histórico de nossa política que chegou para popularizar o tema de uma vez por todas.

VINTE CENTAVOS

Em junho daquele ano, o aumento de vinte centavos na tarifa do transporte público desencadeou uma série de manifestações no país inteiro, estimulando os debates sobre mobilidade urbana. O Mobilize, que nasceu de uma ideia de plantar uma semente de mobilidade na mente das pessoas, se espalhava pelas ruas como o siroco, forte tempestade de areia do deserto do Saara que chega até o Mediterrâneo. Aqui também, os vinte centavos eram punhadinhos que cada um dos manifestantes segurava firme nas mãos para mostrar que a força do deserto é muito maior do que cada grão de areia.

PARTE 2 - MOVIMENTO DESCENDENTE: DA CAMINHADA À CAMA

Dez dias depois que eclodiram as manifestações, Gui Bueno, conselheiro do portal, foi representar o Mobilize Brasil na cerimônia do Prêmio Estadão PME. O portal havia ficado entre os finalistas da categoria Empreendedor Social e, por coincidência, uma das entidades competidoras era a de um amigo de faculdade da GV. Naquela manhã, o Mobilize Brasil seria o campeão.

Ficamos felizes e orgulhosos pelo reconhecimento do nosso trabalho. Do meu quarto, ou melhor, do meu *room office*, eu comemorava com um dos braços mais fortes de sustentação do portal, a minha mãe. Não era apenas o prêmio, era tudo. Os anos dedicados aos tratamentos sem resultados efetivos, as pesquisas e leituras sobre política, Barcelona, o amor pelo tema, as quedas nas calçadas e a decisão de pegar o que restava da minha vida para me dedicar à mobilidade urbana e, quem sabe, deixar um legado para melhorar o Brasil.

Era uma pequena semente em direção à melhoria do nosso país, dando seus pequenos frutos. Agora, o sabor desses frutos me nutria ainda mais para seguir adiante e jamais desistir de viver, aceitando a vida como ela me foi dada.

Três meses depois, eu receberia um novo prêmio, mas por um motivo diferente. A Dal Ben, empresa do meu *home care*, apresentou as tabelas de comunicação que eu havia desenvolvido no "Congresso Internacional de Qualidade em Serviços e Sistemas de Saúde" da Fundação Getulio Vargas. O trabalho foi premiado na categoria Comunicação em Saúde. A própria diretora da empresa, Dra. Luíza Dal Ben, fez questão de vir entregar pessoalmente o valor da premiação para o Mobilize. Sem dúvida, um ano de muitas conquistas.

Com a minha equipe de técnicos de enfermagem engrenada, alternando a Jack e o Evandro à noite, com a Débora e a Lucimar durante o dia, eu me sentia seguro e confiante. Eles entendiam rapidamente meus sinais, tornando os cuidados comigo mais ágeis e fáceis. Ao mesmo tempo, meu secretário "tobii-eye" geria a minha comunicação, com os olhos digitando os e-mails e desenvolvendo as planilhas, enquanto o programa Text Aloud me permitia ter voz digital para me comunicar de forma direta e concisa. Assim, eu ganhava cada vez mais tempo para gerir o tamanho que o portal havia se tornado.

Na época, Renato Miralla sugeriu que o Mobilize Brasil fizesse uma exposição sobre mobilidade urbana sustentável. Acertamos que a exposição seria inaugurada no dia do aniversário de seis anos do bar Kabul, do nosso amigo Pipo. Eu e Carol começamos a planejar e a desenvolver os painéis com dois meses de antecedência e, alguns dias, fiquei até de madrugada elaborando e escrevendo o conteúdo de todos eles. Carol desenvolveu os *layouts*, tornando o material bonito e atrativo. E montamos os painéis no Kabul. De lá, a exposição seguiu para o Impact Hub São Paulo. Eu não pude ver pessoalmente, mas recebia notícias e elogios de todos, e me sentia como se estivesse presente.

Com a facilidade da tecnologia, eu podia participar de forma confortável de eventos via internet. Mas é claro que eu gostaria de presenciar certas coisas que andavam acontecendo, as manifestações do povo nas ruas, os movimentos cada vez maiores e mais organizados dos ciclistas e, sobretudo, os eventos dos grandes jogos dos anos seguintes. Estava curiosíssimo para saber como seria a questão do ir e vir dos cidadãos brasileiros e estrangeiros durante as partidas da Copa do Mundo. Entretanto, se eu mal conseguia descer para o andar térreo da minha própria casa pela grande estrutura que demandava, deitado quase o tempo todo e com aparelhos respiratórios, como sequer imaginar uma façanha dessas?

PARTE 2 - MOVIMENTO DESCENDENTE: DA CAMINHADA À CAMA

Mas... eu era agora movido pela mente. E como já vinha percebendo, a mente é uma ferramenta de mobilidade ilimitada. Assim, que mal faria cultivar aquele desejo? Faltavam exatos nove meses para a Copa do Mundo. Toda uma vida podia ser gerada naquele período. A cura da ELA poderia ser descoberta ou, quem sabe, algo que ao menos revertesse alguns sintomas da doença. Ou então... eu poderia realmente encontrar o fim da linha. Naquele início do mês de setembro, o relógio havia iniciado a sua contagem regressiva. No dia 28, fariam exatos cinco anos desde aquela manhã em que eu havia recebido o diagnóstico. "No máximo, dois a cinco anos de vida", diziam os estudos médicos. Aquele laudo que, por todo esse tempo, havia soado suas badaladas em minha cabeça, contando o passar de cada hora, de cada minuto. Porém, por mais científicos, matemáticos e brilhantes que aqueles estudos fossem, eles não contavam com dois pequenos detalhes:

1. O amor incondicional da minha família.
2. A minha vontade sem limites de continuar vivo neste mundo.

PARTE 3

LINHA EM ESPIRAL: DA MENTE À VELOCIDADE DA LUZ

Ao descer as curvas da vida, o ser humano conseguiu capacitar-se a recriar o próprio mundo. Assim, ele caminha numa ascendente espiral, passando pelos mesmos pontos em que já esteve, mas reinventando os ciclos. A velocidade de suas pernas e o alcance de sua mente foram potencializados pelas ferramentas que ele criou ao longo da história. A tecnologia, por fim, estendeu o corpo do homem muito além do espaço que ele ocupa na linha do tempo. Agora, ele pode se dar ao encantamento de viver muito além das próprias limitações.

23 MENTE

"Muda, que quando a gente muda o mundo muda com a gente
A gente muda o mundo na mudança da mente
E quando a mente muda a gente anda pra frente
E quando a gente manda ninguém manda na gente!
Na mudança de atitude não há mal que não se mude
nem doença sem cura
Na mudança de postura a gente fica mais seguro
Na mudança do presente a gente molda o futuro!"

Gabriel o Pensador

CRIANÇAS

Algumas filosofias orientais compreendem a vida como um ciclo, e não apenas como um início, meio e fim. Para eles, tudo nasce, cresce e morre, para depois nascer novamente. O importante é manter a mente serena acima desses ciclos, sem se identificar com a transitoriedade da vida. Por isso, penso que, quando eu morrer, gostaria de ser enterrado nu, para meu corpo se fundir à terra

PARTE 3 - LINHA EM ESPIRAL: DA MENTE À VELOCIDADE DA LUZ

e, quem sabe, virar uma árvore. Me acalenta pensar que, mesmo sendo um ocidental, posso conceber a ideia de renascer de novo, não necessariamente como outra pessoa, mas como parte da natureza. Assim, completaria o ciclo de vida-morte-vida que rege nosso próprio planeta, em que nada se perde e tudo se transforma. Esse pensamento faz com que eu me sinta parte do todo e reafirma a minha escolha pela felicidade.

Desde o diagnóstico, tinha me dedicado a todo e qualquer tipo de leitura que me apontasse um caminho para a cura, ou pelo menos compreender melhor o que vinha acontecendo comigo. Nessas leituras, uma obra do Dalai Lama me marcou muito, chamada *A arte da felicidade*. No livro, ele diz que a felicidade depende mais do nosso estado mental do que dos acontecimentos em nossa vida. Podemos ter uma sensação temporária de enlevo em situações alegres, ou ficarmos deprimidos por algum fato triste que nos acomete, mas o nosso estado de espírito sempre tende a voltar para uma linha de referência.

Dessa forma, dinheiro, sucesso, reconhecimento podem nos deixar animados por um tempo, mas logo voltamos ao nível de felicidade a que estamos acostumados. O mesmo vale para uma briga ou perda, mas, segundo o líder tibetano, em questão de dias o nosso estado de espírito volta a ser o que era antes. O mesmo vale para situações extremas, como catástrofes ou ganhar na loteria. Ou, no meu caso, um diagnóstico de ELA. Mesmo em episódios agudos de doença, como câncer, cegueira e paralisia, depois de um período adequado de ajuste, a felicidade volta a seu nível de rotina.

Ler aquilo havia me tocado de forma singular porque, no meu íntimo, eu sabia que tinha escolhido um nível alto de felicidade. E isso desde antes, muito antes... A cada nova etapa da minha vida, eu tinha optado pela união, pela solidariedade e pela não violência. Havia feito a escolha de estar sempre perto das pessoas que eu amava e decidido correr riscos que movessem meu coração. Olhando agora, percebia que minha vida continuava a ter a mesma vocação para a alegria e o bem-estar. Mesmo preso a uma cama, com um orifício de plástico na traqueia, outro no estômago, ligado a um respirador e um punhado de braços dos técnicos de enfermagem se movendo por mim, a opção da minha mente pela felicidade havia vencido. E como em todo ciclo, se aquele de cinco anos terminava, era hora de começar um novo.

A morte que todos tanto aguardavam não havia acontecido. O que morria, em vez disso, era aquela contagem regressiva do relógio determinando meu fim. Até mesmo porque, pensando bem, todos nós estamos aqui com os dias contados sobre a Terra, uns mais, outros menos. E para além do diagnóstico, eu havia optado por estar aqui, mais e mais. Como lição, aprendi que devemos olhar as estatísticas com certa reserva e não devemos pautar as nossas vidas nesses prognósticos. No meu caso, as estatísticas não se confirmaram e eu esperava que continuassem assim. Dessa maneira, para encerrar com chave de ouro aquele ciclo em direção à morte, nada mais especial do que começar com o seu oposto: o nascimento da vida.

Naquele mesmo mês de setembro, recebi com grande emoção a notícia do nascimento da minha primeira sobrinha Nicole, filha da Lili. Desde os primeiros dias de vida, ela se acostumaria a deitar e a dormir nos meus braços, e um dos seus brinquedos preferidos seriam pacote de sonda de aspiração e papel de luva estéril. Uma semana depois, eu comemorava também o aniversário do meu afilhado Kike, que completava quatro anos. Como de costume, ele, seu papai Luiz e sua mamãe Teresa vinham celebrar a data em meu quarto. Sem dúvida, as crianças traziam alegria e esperança para a nossa casa, preenchendo com novos ares a atmosfera hospitalar que há tanto tempo dominava o ambiente.

PARTE 3 - LINHA EM ESPIRAL: DA MENTE À VELOCIDADE DA LUZ

E como felicidade atrai felicidade, a infância também atrai infância. Nessa época, Ciça, esposa do Renato Miralla, me apresentou uma amiga que decidiu abrir uma casa de acolhimento para crianças e adolescentes em situação de risco na cidade de Sorocaba, chamada Lar Casa Bela. Eu fiquei encantado pela ideia, afinal, no auge das atividades do "Programa Planeta Letras", da Associação Abaporu, eu tinha alimentado também esse sonho de um dia poder realizar algo parecido. No entanto, naqueles tempos, minha vida acabou tomando outro rumo. Agora, eu queria conhecer a Bel pessoalmente e ajudar o Lar Casa Bela. E ela, por sua vez, também queria me conhecer, por tudo que Renato havia lhe falado sobre o Mobilize. Eu a recebi em minha casa e, no mesmo instante, houve uma admiração mútua e uma grande identificação entre nós, dando início a uma bela amizade.

As crianças da Casa Bela passaram a frequentar a minha casa, enchendo de alegria as paredes do meu quarto. Curiosas, queriam saber como eu "falava com os olhos" e se eu era como os super-heróis, que tinham poderes especiais. Uma delas inclusive me pediu para ser seu padrinho, o que aceitei com alegria. A cada visita, elas vinham com uma surpresa, cantavam, representavam e me enchiam de presentes feitos por elas mesmas, como um quadro com suas mãozinhas pintadas, que passou a enfeitar meu quarto.

Assim, o clima ilustrativo estava no ar. No Mobilize, para comemorar a Semana de Mobilidade daquele ano, organizamos um concurso de ilustrações sobre mobilidade urbana sustentável, coordenado pela Carol. Ficamos surpresos com a ótima qualidade dos desenhos e premiamos o vencedor com uma bicicleta urbana. Era uma época festiva, tempos de se doar e distribuir presentes. Quem sabe, em outra oportunidade, poderíamos organizar um concurso de fotografia de mobilidade urbana sustentável. Quem sabe, assim como aquelas crianças, a minha vida também estivesse, de certa forma, começando.

UM NAMORO QUE TERMINA

Mas para que o novo começasse, algumas coisas precisavam terminar. Clarissa continuava vindo me visitar, agora com menos frequência, por causa do seu último ano da faculdade de Medicina. A vida dela ficava cada vez mais dinâmica e eu tinha um pouco de receio de atrapalhar seu crescimento profissional e, também, é claro, a sua vida pessoal. Quase sempre, conversávamos sobre o fato de o nosso relacionamento não ter futuro. Mesmo assim, havíamos decidido viver o presente e deixar rolar, mas esse presente já durava quase cinco anos, por isso conversamos e achamos melhor chegar ao término do nosso namoro. Em nossa situação, carinho, amor e admiração não eram suficientes, pois havia dois fatores que, combinados, geravam muitas dificuldades para ficarmos juntos: a distância e a doença.

Se fosse apenas um desses fatores, tudo seria mais fácil. Se eu não estivesse doente, a distância entre São Paulo e Belo Horizonte não seria um grande problema e eu poderia participar de momentos importantes da vida da Clarissa. Por outro lado, mesmo com a ELA, se nós morássemos na mesma cidade, ainda assim o namoro seria possível. Além de convivermos muito mais, eu faria parte da vida dela e conheceria melhor sua família e amigos.

Como era impossível eu sair da cidade, a única forma de ficarmos juntos seria se Clarissa se mudasse para São Paulo. No entanto, eu não conseguia imaginá-la sendo feliz morando na capital paulista e, mesmo se ela quisesse, seria quase impossível eu sair da casa dos meus pais para dividirmos um apartamento. Além do mais, como eu não podia fazer coisas como falar, beijar e abraçar, nosso relacionamento parecia mais amizade do que um namoro. Terminamos, mas o carinho continuou o mesmo.

Seguimos conversando como sempre e ela continuou vindo me visitar. No fim daquele ano seria sua formatura e, mesmo sem estarmos mais juntos, ela escreveu uma bonita mensagem sobre mim em seu convite.

PARTE 3 - LINHA EM ESPIRAL: DA MENTE À VELOCIDADE DA LUZ

Eu também escrevi uma carta para ela dizendo que, quando nos vimos pela primeira vez em Dunas de Itaúnas, eu não imaginava que, cinco anos depois, estaríamos ainda tão presentes um na vida do outro. Elogiei a firmeza de suas convicções e, sobretudo, a doçura de sua humanidade.

Durante aqueles anos, eu e Clarissa havíamos compartilhado as mesmas visões de mundo em assuntos diversos como música, estilo de vida, política, cinema, valores, sociedade e ajuda ao próximo. Dentre outras coisas, Clarissa fazia parte de um grupo chamado Medicirco, que levava alegria às crianças de um hospital infantil, distribuía sopa aos moradores de rua e ajudava a natureza em brigadas que combatiam incêndios florestais. De alguma forma, eu me sentia realizado pelas ações que ela realizava pelo mundo. Sempre que lia sobre os avanços da medicina e as possibilidades de encontrarem uma cura para a ELA, ficava imaginando como seria bom recuperar os movimentos e recompensar um pouco do carinho que ela havia me dado por todo aquele tempo.

Certa vez, li que sentimentos contraditórios, como tristeza e alegria, medo e coragem, podem coexistir em cada ser humano. Naquele período de cinco anos, coexistiram a evolução da doença e o desenvolvimento de um namoro. Eles começaram juntos e, agora, também chegavam juntos a um fim. Não que a ELA estivesse terminando. Mas naquele momento, a doença evoluía muito lentamente, até mesmo porque eu já havia vivenciado as maiores dificuldades visíveis. Já tinha perdido praticamente todos os movimentos, a minha fala, me alimentava pela gastro e respirava pela tráqueo. A única etapa que faltava, seria sobreviver apenas por aparelhos. Mas não tardou muito, este limite, que seria o último, também aconteceu.

A TECNOLOGIA COMO EXTENSÃO DO HOMEM

Certo dia, acordei com muita dificuldade para respirar e não consegui ficar um minuto sem usar o respirador. A sensação era horrível, de sufocamento, como na ocasião em que realizei a traqueostomia. Eu tentava puxar o ar, mas ele não vinha. Assim, dezesseis meses após a cirurgia, eu me tornei totalmente dependente de ventilação mecânica, e passei a respirar por aparelhos vinte e quatro horas por dia. Isso, infelizmente, trouxe mais uma vez a preocupação que tanto tinha me atormentado. O medo de não conseguir respirar.

Para mim, seria provavelmente o pior tipo de morte, se fosse relacionada à insuficiência respiratória ou afogamento. Pensando bem, eu já tinha esse medo antes mesmo do episódio da traqueostomia. Um sentimento que, de certa forma, havia me acompanhado por toda a vida. Agora, eu voltava a sentir muito desconforto respiratório, principalmente quando precisava me sentar. Por diversas vezes, eu havia precisado voltar depressa do banho, com dificuldade para respirar. A sensação era sempre horrível. Não conseguia compreender por que alguns pacientes de ELA optavam por não fazer traqueostomia e, como consequência, faleciam por complicações respiratórias. Havia, inclusive, um filme sobre uma mulher diagnosticada com ELA, que tratava sobre o tema. Não tinha dúvidas, a cirurgia da tráqueo havia amenizado essa minha preocupação. Mas agora, os temores voltavam com força. Pois sem musculatura para respirar de forma autônoma, se o BIPAP falhasse ou parasse de funcionar, eu poderia morrer.

A situação se agravava, sobretudo, por causa das constantes quedas de energia em Alphaville. O *home care* disponibilizava um *"no break"*, espécie de pequeno gerador, mas ele durava apenas algumas horas, e ficávamos sempre apreensivos até a luz voltar. Mas como sempre fomos do tipo "vai lá e resolve", decidimos instalar um gerador em casa. Isso me tranquilizou, porém havia outro fator que tirava meu sono, literalmente.

Tratava-se da forma de chamar no meio da noite. Seguíamos usando a engenhoca da campainha, porém eu quase não tinha mais forças para esti-

PARTE 3 - LINHA EM ESPIRAL: DA MENTE À VELOCIDADE DA LUZ

car as pernas. O método já havia falhado algumas vezes, me fazendo passar por alguns momentos desesperadores, sem poder me comunicar. A solução seria passar para outro respirador com mais opções de controle e que tivesse algum sinal sonoro que apitasse, quando eu precisasse. A opção foi o respirador mecânico Trilogy, que a fisioterapeuta Mariana configurou com meus parâmetros ideais. Ela acertou o alarme de frequência respiratória e, quando eu forcei a respiração, o equipamento alarmou. Ufa, que alívio! Tinha dado certo. Agora, eu tinha um método simples e confiável para chamar a qualquer hora do dia e da noite. Isso sem contar que o Trilogy possuía diversas novas alternativas de configurações dos parâmetros, e ainda contava com uma bateria interna, o que ajudava bastante em casos de queda da luz.

Apesar de haver muitas polêmicas em torno da tecnologia e de como ela, de certa forma, pode impedir o contato do homem com o ambiente e consigo mesmo, no meu caso, ela não apenas potencializou minha vida, como tornou-se responsável por ela. Meus olhos eram o Tobii-eye, minha voz, o Text Aloud e, agora, meus pulmões, o Trilogy. Entretanto, nenhum deles seria possível sem a rede de apoio e união que nos conecta uns aos outros. Graças ao amor dos meus pais e ao seguro saúde proporcionado pela incrível boa vontade da empresa em que eu havia trabalhado, eu dispunha de uma das minhas ferramentas mais vitais: os muitos braços dos técnicos de enfermagem.

Eu precisava sinalizá-los para me ajudar em absolutamente tudo. Coçar meu pé, esquentar a minha mão em caso de frio, trazer o "papagaio" para fazer minhas necessidades básicas, aspirar a tráqueo e até enxugar as minhas lágrimas. Não que eu fosse muito de chorar, mas toda vez que eu bocejava acabava saindo uma lágrima, e eu precisava pedir auxílio para secar. Quando era plantão da Jack, ela sempre falava brincando, "chora não, eu volto". Mas um dia, ela não voltou.

343

RECOMEÇO

No início daquele sexto ano pós-diagnóstico, Jack saiu de férias e não retornou. Fiquei muito triste, pois foram mais de três anos de convivência diária. Só a Jack conseguia me posicionar de lado na cama, colocando boia, rodelas e travesseiros, de uma forma que eu não sentisse dor. A sua saída marcava também a última limitação que eu viria a enfrentar. Depois dela, eu nunca mais virei de lado. Antes da doença, não conseguia dormir de barriga para cima, mas agora eu ficava vinte e quatro horas nessa mesma posição.

Além da Jack, saíram também Débora e Evandro. E mesmo que os dois seguissem cobrindo folgas e frequentando a nossa casa, de tudo, aquilo era o que mais me fragilizava. Em um período de dois meses, três das quatro pessoas da minha equipe de técnicos de enfermagem tinham ido embora. Trocas de profissionais eram sempre muito desgastantes, pois levava um bom tempo para o novo técnico aprender a usar as tabelas de comunicação, compreender meus sinais e conseguir me posicionar no computador. No lugar dos que saíram, entraram três técnicas de enfermagem que trabalhavam juntas, na casa de uma senhora que faleceu. Entre elas, Ana Isabel, que trabalha em minha casa até hoje, Leiliane, que havia começado a trabalhar seis meses antes, também continua firme ao meu lado. Mais do que profissionais, aquelas pessoas eram a extensão do meu corpo. Pelas mãos delas me auxiliando, eu trabalhava. Por leitura delas das tabelas, eu me comunicava. A única coisa que não podiam fazer por mim era tomar as decisões do Mobilize.

Naquele início de ano, o portal ia de vento em popa, eu recebia cada vez mais visitas e, para trocar ideias e conversar com a equipe, usava muito o mecanismo de transcrição em voz alta do que eu digitava. Assim, todos estavam acostumados a chegar em minha casa e a escutar a minha voz

PARTE 3 - LINHA EM ESPIRAL: DA MENTE À VELOCIDADE DA LUZ

mecânica, como a do astrofísico britânico Stephen Hawking. Como ele, por meio de um banco de palavras, eu podia dar palestras, fazer reuniões e aquilo que eu continuava adorando fazer: novas amizades.

Pela repercussão do Mobilize, passei a conhecer pessoas muito especiais do Brasil afora. Vários amigos virtuais programaram viagens para virem me conhecer pessoalmente. Dessa forma, chegou de Brasília o paraense Uirá, com sua esposa e os dois filhos que, curiosos, queriam saber como o tio Ricky "funcionava". Aquela foi a melhor definição de uma mente pueril para compreender o complexo ser humano conectado a tubos e geringonças tecnológicas jamais vistas por eles. Como um brinquedo novo, em poucos minutos, eles observaram e, depois, começaram a "fuçar" o tio Ricky para descobrir seus mistérios. Com eles, conheci também a sua amiga, Paulinha, militante em prol da mobilidade sustentável na Capital Federal.

De Brasília, veio também o geógrafo e cicloativista Yuriê, que trabalhou um ano como jornalista do Mobilize. Do Mato Grosso, veio a professora Tati e de Recife, Marcelo Menezes que, além de voluntário do Mobilize, se tornou um grande amigo e alguém com quem eu podia trocar ideias sobre cultura pernambucana, agora com minha voz virtual. Também conheci Jeniffer, que morava perto de casa e nos ajudou a atualizar seções do portal; Marília, arquiteta que ajudava nas campanhas; e o mineiro Danilo, conhecido como Homem Livre, que passou três anos, três meses e três dias dando a volta ao mundo de bicicleta. Também recebia visitas inesperadas, como a do angolano Admir, que tinha estudado comigo no Canadá quando tínhamos apenas dezessete anos. Mesmo sem sair de casa, eu seguia reencontrando pessoas queridas e fazendo novos amigos.

No mais, convivia diariamente com meus pais, ríamos e, também, discutíamos, como em todas as famílias, enquanto eu acompanhava o crescimento semanal da minha sobrinha Nicole. Recebia também com frequência os amigos de Alphaville e da GV em minha casa. Não jogávamos mais sinuca no sótão, mas assistíamos aos jogos de futebol pela tevê do meu quarto. Uns lidavam muito bem com meu estado; outros, nem tanto. Alguns ficavam meio sem jeito, não sabendo como agir; outros, até mesmo primos, não iam me visitar pelo simples fato de não conseguirem me ver assim. Até um dos meus melhores amigos, mesmo presente, me escrevia com frequência, dizendo que tinha dificuldade para enfrentar a situação. Mas com todas as diferenças e formas de agir, continuávamos formando, cada um à sua maneira, uma rede de afeto.

Minha mãe continuava a subir com lanche para todos e, alguns finais de semana, pareciam ser aqueles encontros que costumávamos ter desde a adolescência. A maior diferença era a quantidade de crianças que andavam pelo meu *room office*, afinal, quase todos os amigos tinham se casado e traziam os filhos. E eu pensava que, agora que tinha vencido o relógio fatídico do diagnóstico e reconquistado coisas importantes, quem sabe um dia eu também conseguiria constituir família. Por que não? Se haviam sido cinco anos de limitações graduais, talvez agora fossem mais cinco vencendo esses mesmos limites. Com todos os braços que eu tinha, uma voz digital, um pulmão tecnológico, o amor das pessoas e, sobretudo, uma mente que dirigia com foco e determinação o veículo da própria vida, eu podia continuar chegando aonde quisesse, bastava apenas desejar. E planejar. O que era ótimo, afinal, planos e tabelas eram comigo mesmo.

UMA VIDA CONTADA POR ESTÁDIOS DE FUTEBOL

E foi assim que aconteceu.

Como disse no início desta história, assim como o grego Eratóstenes calculou o diâmetro da Terra usando estádios como medida, minha

PARTE 3 - LINHA EM ESPIRAL: DA MENTE À VELOCIDADE DA LUZ

vida também pode ser contada por estádios. No caso, arenas de futebol. Na infância, lendo as primeiras notícias no Caderno de Esportes com meu pai, jogando bola no gramado em Cleveland, indo ao estádio com os amigos de adolescência em Alphaville, nos treinos no campo de futebol no Canadá, na proposta de criação do Museu do Futebol, no meu trabalho final da GV, jogando peladas com gente do mundo todo, no mochilão que fiz com meus amigos pela Europa. Também em Barcelona onde, além de jogar com bastante frequência no ginásio da universidade, íamos aos jogos do Barça no Camp Nou.

Foi numa pelada com os amigos que eu caí pela primeira vez, sem ainda saber que estava com ELA. No Recife, para conhecer melhor a cidade, eu ia a pé até o Estádio dos Aflitos e, todos os domingos, jogava futebol no prédio do pai da Julia. Em São Paulo, o Pipo registrou a primeira vez que tive dificuldade de pular a grade de um estádio por não poder levantar a perna. Em outra ocasião, amigos da EY correram pela rampa do estádio do Maracanã sem entender por que eu não podia mais acompanhá-los. Na época, nem eu mesmo sabia.

Após o diagnóstico, fui ao Mineirão com Clarissa e ela precisou entrar no banheiro masculino comigo e fechar meu zíper, já que eu não conseguia mais realizar esse simples gesto. Também com meu primo uruguaio Frederico, usei a carteira da pessoa com deficiência em um estádio pela primeira vez. Passei um aperto enorme quando fui ao estádio do Barueri com a minha amiga Vivi e tomei um temporal na cabeça, sem encontrar estrutura nenhuma para o cadeirante, o que gerou o polêmico texto "Torcedor como Gado", no blog do Juca Kfouri. Depois disso, voltei a assistir a uma partida na Vila Belmiro em Santos, com meu pai e, aos poucos, com o advento das complicações do meu estado, gastro, tráqueo e ventilação mecânica, nunca mais pisei em um estádio de futebol.

Entretanto, a ideia de ir assistir a um jogo de futebol durante a Copa do Mundo havia ficado em minha cabeça. Não à toa, pouco antes de começar o evento, meu amigo Higor, o da pipoquinha, foi até a minha casa contando que iria ao Rio de Janeiro ver alguns jogos no Maracanã. Perguntou, de forma distraída, por que eu não tentava ir a alguma partida em São Paulo. Eu sabia que seria uma tarefa quase impossível por tudo que envolveria uma saída de casa, e por não ter sequer ingressos, mas aquilo serviu para atiçar a lâmpada de uma nova ideia em minha mente.

Dois dias depois, eu escrevi para Higor, desafiando-o a me ajudar a ir a um jogo. Se ele conseguisse os ingressos, bolaríamos um plano para alugar uma ambulância. Sugeri até mesmo que ele escrevesse para Luciano Huck, contando a história. Depois de alguma insistência, Higor acabou respondendo ao meu e-mail dizendo que tentaria viabilizar minha ida a um jogo da Copa no Itaquerão. Pronto, eu tinha outro maluco para compartilhar aquele sonho impossível comigo.

A partir de então, a ideia fixa de assistir a um Jogo da Copa na Arena Corinthians não saía mais da minha cabeça. Por meio do Itaú, acabei conseguindo os ingressos, mas em um local que infelizmente não tinha acessibilidade para cadeirantes. Como desistir não era comigo, por fim, postei um texto no Facebook explicando a situação, na esperança de alguém me ajudar. O *post* foi compartilhado inúmeras vezes, até ser lido por um jornalista da seção de esportes do UOL. Ele entrou em contato comigo, foi em minha casa com sua equipe, montaram um vídeo e publicaram uma matéria, intitulada: "Corintiano sem movimentos do corpo vive saga para ver jogo no Itaquerão". A matéria ficou dias na capa do UOL e teve enorme repercussão.

Passados alguns dias, minha mãe recebeu um telefonema da FIFA, com sede no Rio de Janeiro dizendo que a solicitação havia chegado

PARTE 3 - LINHA EM ESPIRAL: DA MENTE À VELOCIDADE DA LUZ

até eles, e que estavam buscando viabilizá-la. Por uma feliz coincidência, descobri que um amigo meu da GV, Rafael Mangabeira, estava trabalhando para a FIFA na Arena Corinthians. Feita a ponte, meu pai foi conhecer o estádio para verificar a acessibilidade do local. Voltou para casa com a resposta afirmativa, dizendo que a área possuía a estrutura adequada às minhas necessidades. E, portanto, sim, eu conseguiria realizar aquele sonho.

A partida que eu assistiria seria uma de oitavas de final, entre Argentina e Suíça. Começamos a organizar um esquema em que nada pudesse falhar. Alugamos uma ambulância, levamos todos os equipamentos e, finalmente, no grande dia, fomos em caravana rumo à Arena Corinthians.

Aquele foi um dos momentos mais emocionantes que já vivi, perfeito do princípio ao fim, como escrevi depois, em um relato para o portal UOL. A ida de ambulância tinha sido rápida e tranquila, bem diferente das últimas vezes em que eu havia andado de carro. Foram dois anos sem sair de casa, nem sequer uma única vez. A última saída havia sido há exatos vinte e quatro meses, quando fiquei quinze dias internado para fazer uma traqueostomia.

Logo na chegada à arena, veio a primeira boa surpresa, uma calorosa e simpática recepção feita pelos voluntários. Já dentro do estádio, fiquei encantado com a estrutura e a beleza do local onde ficamos, e com a espaçosa área que nos reservaram. Localizado bem no meio do campo, acima da arquibancada inferior, o ambiente era envidraçado, carpetado e amplo, fornecendo todo espaço que eu precisava. E, como em tudo que mais vale nesta vida, o diferencial foi o cuidado e o carinho das pessoas.

A todo momento, alguém da FIFA vinha nos oferecer ajuda, perguntando se precisávamos de algo. Sem saberem mais como me agradar, levaram Andres Sanches, ex-presidente do Corinthians, e até mesmo Ronaldo Fenômeno, para eu conhecer. Sem dúvida, este foi um dos momentos de maior emoção, especialmente por ser corintiano desde sempre. Naquele momento, meu pai tinha saído e a única forma de eu me comunicar com eles era falando na tabela de comunicação, com Leiliane, mas ela, emocionada por estar diante de alguém tão famoso, perdeu a fala. Quando tentou, se embananou toda. Depois disso, passei a brincar que a perdi por quinze minutos.

Foi muito emocionante assistir a um jogo de Copa do Mundo até o final da prorrogação e, ainda por cima, na nova arena do meu time de coração. Antes de irmos embora, passamos pelo posto médico, onde novamente todos foram muito amáveis e solícitos. A ida à Arena Corinthians superou todas as minhas expectativas e foi uma experiência inesquecível, gerando uma emoção muito forte, que ficaria marcada em mim para sempre. Porém, ainda mais empolgante que a ida ao estádio, foi o processo para viabilizá-la. Era tocante ver o envolvimento dos meus pais e de centenas de amigos, sem contar as muitas pessoas que eu nem sequer conhecia, mas que não mediram esforços para que eu pudesse realizar aquele sonho. Cada uma delas, de alguma forma, estava lá comigo, compartilhando aquele momento especial.

Acho que foi nesse exato dia que eu percebi que não tinha mais limitações. Possuía, isso sim, muita vontade no coração e todas as mãos do mundo. Fui tocado por um sentimento muito profundo de união com todos, e percebi a doença não como um problema, mas como um estímulo para que se criasse uma rede de amor e colaboração entre os seres humanos. A ELA tinha sido uma verdadeira mestra, não apenas para mim, mas para meus pais e todos aqueles que conviviam comigo e, por um momento, respirei fundo com a minha ventilação mecânica e agradeci por ter passado por tudo isso. Quando simplesmente aceitamos de coração aberto tudo que acontece conosco, independente de quão grave seja, a vida não para de nos presentear. Como dizia uma frase budista, somos o que pensamos e, com a nossa mente, fazemos o nosso mundo. No meu caso, um mundo povoado de fluidez, encontro com pessoas e muita mobilidade.

24 NA VELOCIDADE DA LUZ

"Viver
E não ter a vergonha de ser feliz.
Cantar e cantar e cantar
A beleza de ser
Um eterno aprendiz."
Gonzaguinha

NOVOS TEMPOS

Os ares dourados daquele período anunciavam ritmos mais velozes e movimentos surpreendentes. São Paulo passava por diversas transformações positivas em prol de melhorias na mobilidade urbana e, cada vez mais, medidas como inserção de faixas de ônibus nas principais vias da cidade, implantação do bilhete único mensal e semanal, renovação da frota com veículos mais modernos, com ar-condicionado e sinal de internet, uma rede de ônibus noturno e, o principal, o aumento significativo de coletivos acessíveis moviam a cidade em direção a um futuro luminoso. Pelo menos, era o que parecia.

PARTE 3 - LINHA EM ESPIRAL: DA MENTE À VELOCIDADE DA LUZ

Junto a tudo isso, houve a criação de um laboratório de mobilidade urbana, em parceria com a USP, e a redução da velocidade máxima nas avenidas. Mas, de todas as medidas, o que inundava meu coração de alegria era ver a implantação de ciclovias, ciclofaixas, paraciclos e bicicletários pela cidade. Era um pouco de Barcelona bem na cidade em que nasci. A bicicleta continuava a ser o símbolo máximo de mobilidade urbana sustentável, por ser não poluente, leve, ocupar pouco espaço e promover a atividade física.

Foi pensando nisso que conversei com o jornalista Du Dias, quando ele retornou ao Brasil, e perguntei o que mais havia lhe impressionado ao longo de sua pedalada por sete meses no continente europeu. Ele me respondeu que haviam sido dois fatores: respeito dos motoristas aos ciclistas e sinalização específica para quem está pedalando.

Nos países por onde ele havia passado, os ciclistas sempre encontravam placas exclusivas, com informações sobre percursos, distâncias, rotas alternativas, serviços de apoio e infraestrutura para o pedalar seguro. A partir dessa conversa, mais uma lâmpada se acendeu em minha cabeça. Este seria o tema da nossa próxima campanha, denominada "Sinalize".

A legislação brasileira de trânsito, voltada para o motorista, simplesmente ignorava o pedestre e o ciclista. Outra constatação decorrente das reclamações dos usuários de transporte coletivo era a ausência de sinalização nos pontos de ônibus e terminais. Uma ONG de Porto Alegre havia criado uma ação denominada "que ônibus passa aqui". A campanha havia viralizado na internet e chamado a atenção de muita gente. Qualquer cidadão perdido em um ponto, que conseguisse uma informação sobre que ônibus passava por ali, era estimulado a pregar um *post-it* ou um papel com a informação.

353

As duas ações tinham perfeita sintonia, e o objetivo da campanha de sinalização do Mobilize seriam os mais vulneráveis na pirâmide modal: os pedestres, os ciclistas e os usuários de transporte coletivo. Nesse meio tempo, nossa busca por novos patrocinadores também deu frutos e conseguimos que a Allianz Seguros participasse com uma cota institucional. Essa nova conquista nos deu fôlego para tocar a campanha e agregar o Du Dias na coordenação da Campanha Sinalize. Até mesmo porque nossa grande preocupação sempre foi a captação de recursos para manter o Mobilize na rota. Esse foi, inclusive, o tema de trabalho do mestrado em Administração Estratégica do meu amigo Nelson Avella. Tratava-se da criação de um braço do Mobilize que garantisse a condição financeira sustentável do projeto por meio de uma consultoria.

Eu e Nelson estudamos juntos na FGV e mantivemos contato durante os dez anos em que ele morou em diversas partes do planeta por termos muitas afinidades e o mesmo desejo de mudar o mundo. Em retornou ao Brasil e ficou muito interessado pelo trabalho do Mobilize, se envolvendo cada vez mais com o tema da mobilidade, participando das atividades e, mais adiante, se tornando conselheiro do portal.

Nelson teve também a ideia de estruturar o "Instituto Mobilize Brasil", um braço do Mobilize focado em estudos, pesquisas e projetos de consultoria de mobilidade, desvinculado do conteúdo do portal, com foco jornalístico. Desde a criação do portal, recebíamos centenas de estudos e pesquisas acadêmicas que publicávamos na seção "Estudos". Percebemos que o fato do Mobilize ter se tornado referência nacional devia-se também a esse material, que não era nosso, mas sim o resultado de colaborações espontâneas de especialistas, técnicos e apaixonados por mobilidade. Dessa forma, com Renato Miralla e Leonardo Boscolo, o Lê, todos membros do conselho da ONG, desenvolveram um projeto

PARTE 3 - LINHA EM ESPIRAL: DA MENTE À VELOCIDADE DA LUZ

piloto do Instituto e o apresentaram nas empresas, plantando mais uma semente do Mobilize.

Enquanto isso, Du Dias seguia firme em suas pesquisas para a campanha "Sinalize". Descobriu que, infelizmente, as cidades brasileiras tinham noventa por cento dos sinais de trânsito voltados apenas aos motoristas. Pedestres e ciclistas "ganhavam" sinalização somente nas áreas de conflito com o tráfego de carros. Ele coletou e estudou uma grande quantidade de informações e, depois, passamos a formatar e a resumir o material, de forma a ficar mais compreensível para os leitores do Mobilize. Do meu *room office*, fiquei responsável por criar os formulários e conteúdos de apoio para as avaliações. Criamos também uma página exclusiva para a campanha, com todas as informações consolidadas sobre legislação, tipos de sinalização, melhores práticas e iniciativas da sociedade, além da localização no mapa do Google que apontava o local exato da avaliação.

Dessa vez, decidimos recorrer à rede de colaboradores do portal. Nos três anos de existência do Mobilize, tínhamos formado uma rede com centenas de pessoas que, em algum momento, entraram em contato conosco, dispostas a ajudar. Era a hora de contar com eles. Que, aliás, não nos decepcionaram. Tivemos mais de sessenta colaboradores em dezessete regiões metropolitanas para as avaliações *in loco*. Contamos com a ajuda do Uirá e Paulinha, dois grandes ativistas da mobilidade urbana sustentável no Distrito Federal, e com Marília, arquiteta voluntária, que nos presenteou com belos infográficos dos resultados obtidos. Além deles, o voluntário geógrafo e fotógrafo Fábio Myata também partiu em busca de mais recursos financeiros.

Quando divulgamos a "Sinalize", convocamos a população para participar e, mais uma vez, houve grande exposição na mídia, com diversas reportagens e entrevistas na Rede Globo, Rádio CBN e inúmeros meios de comunicação. Os resultados parciais da campanha foram apresentados pelo Du Dias no III Fórum Mobilize, que mais uma vez aconteceu no início do mês de setembro. O evento contou com a participação do arquiteto e urbanista mineiro Sérgio Myssior, do jornalista Gilberto Dimenstein e do ativista Lincoln Paiva, diretor do Instituto Mobilidade Verde, além da mediação do Marcos. O encontro foi aberto pelo meu amigo Renato Miralla, conselheiro do Mobilize, e por Maria Piza, do Centro de Estudos em Sustentabilidade da FGV. De casa, pude acompanhar todo o fórum pela transmissão on-line. Um dos principais temas a ser debatido era sobre o legado, em termos de mobilidade urbana, a ser deixado pelos megaeventos, como a Copa do Mundo, que tinha acabado de acontecer nas principais capitais do Brasil.

Pelo menos em São Paulo, em termos de mobilidade urbana sustentável, a gestão do prefeito Fernando Haddad estava a par do que vinha sendo feito e estudado nas principais metrópoles do mundo. Isso fazia a capital paulista atravessar um momento de grande evolução quanto ao assunto e, por essas e outras, era um período de celebrar as novas e múltiplas implantações que surgiam na cidade. Parecia que o "depressa, depressa", que tinha soprado em meus ouvidos durante toda a minha vida, fazendo-me querer viver vinte anos a cem quilômetros por hora em vez de cem a vinte, tinha agora saltado para as ações do Mobilize e de lá para as ruas. Meu corpo que não se movia tinha se alastrado para a cidade, meus braços agora eram vias, minhas pernas avenidas, e meu coração pedalava seguro, no ritmo e feliz, como devem ser os trajetos urbanos de bicicleta.

MISSÃO DE MUNDO

Nessa atmosfera animadora, um dos eventos mais simbólicos seria a inauguração da ciclovia da Avenida Paulista. Na mesma data, a via

PARTE 3 - LINHA EM ESPIRAL: DA MENTE À VELOCIDADE DA LUZ

também estaria aberta à população, livre de carros, decreto que foi oficializado um ano depois. O evento da inauguração movimentava a cidade toda e, inclusive, cicloativistas de outros estados viriam prestigiar o acontecimento. É claro que eu queria muito participar, mas precisava me conformar que não seria possível.

Meu amigo Gui Bueno, conselheiro do Mobilize, ciente da minha enorme vontade de ir à Paulista, deu um jeito de eu acompanhar o evento. Foi até lá e, com a ajuda de um amigo da empresa Ucan, transmitiu tudo para mim on-line. O amigo filmava enquanto Gui, com um microfone, narrava e conversava com as pessoas. Por ser bem corajoso, ele entrevistou diversos cicloativistas, o secretário de transportes e, inclusive, o prefeito Haddad, que olhou para a câmera e disse: *"Ricky, um abraço. Parabéns pelo seu trabalho. Essa é uma conquista de todos vocês"*.

Aquela transmissão ao vivo me deixou em êxtase. Mais do que o evento em si, ver o que o Gui fazia para eu poder participar da inauguração realmente me emocionava. Ao meu redor, meus pais, familiares e amigos, todos se moviam para que a minha vida fosse, de certa forma, a mais móvel possível. Aos fins de semana, Lili sempre voltava para a nossa casa e trazia minha sobrinha Nicole para me ver em meu quarto-escritório-mundo. Sua presença constante gerava muita alegria.

Nicole sempre ficava deitada ao meu lado, na cama, dormia comigo, ajudava os enfermeiros a cuidarem de mim, fazia inúmeras perguntas e pedia para eu colocar vídeos no computador. Para mostrar algo diferente, educativo e que transmitisse valores que eu acreditava, pesquisei e montei uma lista com vídeos de músicas infantis sobre mobilidade urbana. Canções que falavam de bicicleta, ônibus, trem, patinete e caminhada. Em pouco tempo, ela passou a adorar as músicas, aprendeu as letras e sempre pedia para eu colocar de novo. Cresceu fascinada por meios de transporte e associando tudo isso ao tio Ricky. A boa acolhida foi tanta que acabei publicando também a lista de músicas infantis no próprio Mobilize Brasil. A mobilidade urbana tinha se tornado parte integral da minha vida, do meu trabalho, a minha missão de mundo. E até mesmo a forma como eu me comunicava com minha sobrinha.

Por esses tantos motivos, eu estava gostando de morar no Brasil. Não que eu tivesse outras opções, mas, em definitivo, sempre tive a perspectiva de voltar ao meu país e aplicar o conhecimento que havia adquirido no exterior. E me sentia, de fato, realizando isso. Toda a experiência que tinha acumulado na Espanha, Estados Unidos, Canadá e França podia ser vista nas ações do Mobilize. Percebia que essas vivências tinham aberto a minha mente, me oferecido uma grande bagagem cultural e, sem dúvida, me tornado uma pessoa melhor. Mas tudo isso com fins de adaptar boas iniciativas de outros países para a realidade brasileira.

Esta tinha sido a vocação da Associação Abaporu por meio de projetos sociais desde sua criação. Essa inclinação esteve presente até na definição do nome, do logo e dos objetivos iniciais da organização. Também marcou presença no MBA Executivo que cursei na Universidade de Barcelona, quando fui contemplado com uma bolsa de estudos da União Europeia para desenvolver uma tese que levava o título: Aplicação de técnicas administrativas e de gestão em ONGs brasileiras.

Por último, a criação do portal Mobilize Brasil havia sido o fruto máximo da experiência que acumulei morando fora, em Barcelona, e do desejo de ver as cidades brasileiras replicando boas iniciativas de mobilidade urbana, encontradas na Europa.

O Brasil, com dimensões continentais, é por si só um local com grande riqueza cultural, sendo possível adquirir muito conhecimento e vivenciar estilos de vida bem diferentes dentro do próprio país. Pude sentir essa

PARTE 3 - LINHA EM ESPIRAL: DA MENTE À VELOCIDADE DA LUZ

diversidade ao morar em Recife, em Belo Horizonte e passar semanas trabalhando em cidades com culturas tão distintas, como Porto Alegre e Manaus. Até mesmo por conhecer essa diversidade, sentia que tinha a responsabilidade de contribuir para tornar o Brasil um lugar melhor de se viver. Trabalhar para contribuir, mesmo que infimamente, para melhorar a vida das pessoas do meu país era a minha grande motivação. Por isso, fazê-las se mover melhor pelas nossas cidades movia também a minha mente em direção a um estado pleno de alegria e realização.

Eu aproveitava as inúmeras entrevistas que dava para ir plantando sementes da ideia da cidade para Pessoas, na consciência de quem me lia. Dentre outros convidados, fui chamado pelo ArchDaily, o maior site de arquitetura do mundo, para responder à seguinte pergunta: *"O que você espera da arquitetura em 2016?"*. Mesmo eu não sendo arquiteto, disseram que queriam minha opinião pela atuação com cidades, mobilidade urbana e urbanismo.

Para alguém apaixonado por arquitetura e urbanismo, foi uma das maiores honras da minha trajetória profissional. Minha resposta foi a seguinte:

"Eu espero que a arquitetura e o urbanismo assumam cada vez mais o protagonismo que lhes cabe na concepção e transformação de nossas cidades. Devem conduzir mudanças, assim como ditar padrões e tendências para o mercado imobiliário, a publicidade e a gestão pública local, e não ao contrário. Também espero que o urbanismo contribua ativamente para a construção de cidades mais humanas, democráticas e agradáveis, pensadas para as pessoas, com valorização dos espaços públicos, estímulo ao convívio social, acessibilidade a todo tipo de gente e prioridade aos meios de transportes públicos e não motorizados. Da arquitetura, espero

que seja mais voltada a buscar soluções para o cotidiano das pessoas, sem deixar de lado a beleza harmônica, e que siga avançando na direção de construções mais sustentáveis, minimizando os impactos ambientais e sociais dos edifícios sobre a natureza, a comunidade e as pessoas".

Acho que, de certa forma, aquela resposta não era especialmente sobre arquitetura e urbanismo, mas sobre o que eu acreditava com relação à própria vida.

DE VOLTA À ROTINA

Eu estava afastado do trabalho há quase sete anos e recebia auxílio-doença. Em conversa com o médico da perícia do INSS, foi aventada a possibilidade de, em vez de me aposentar, eu retornar ao emprego. A partir dessa ideia, a diretora de Recursos Humanos da EY, Elisa Carra, com a responsável pela área de Sustentabilidade Corporativa, Larissa Faresin, foram até a minha casa para conversarmos sobre como viabilizar esse retorno inusitado. Mais uma vez, a empresa teve uma postura impecável. As pessoas se mostraram muito receptivas à ideia e eu me sentia grato por poder contribuir com minha mente ativa para uma organização que havia se posicionado ao meu lado por todo esse tempo.

A partir daquela conversa, demos início a uma série de questões burocráticas para viabilizar minha volta ao trabalho. A começar que ele seria realizado integralmente a distância, do meu *room office*. Depois da visita de um médico do trabalho, um engenheiro ambiental, para avaliar as condições de trabalho do local, e até do tabelião do cartório, para ler o contrato em voz alta, fui liberado para voltar à ativa. Agora, não mais como consultor sênior desenvolvendo projetos para clientes, mas sim

PARTE 3 - LINHA EM ESPIRAL: DA MENTE À VELOCIDADE DA LUZ

como membro da área interna de Sustentabilidade Corporativa, realizando ações para a própria empresa e seus colaboradores. Dessa maneira, eu retomava a rotina de trabalho, um ano e meio depois que a minha sentença de morte havia se completado e, ainda bem, não se cumprido. Aquela, entretanto, era apenas a primeira de muitas outras novidades.

No início do ano seguinte, minha mãe teve um problema de saúde. Ela passou mal e precisou ir ao pronto-socorro às pressas, acompanhada pelo meu pai. Como um paciente com um quadro como o meu não pode ficar desacompanhado, e Lili viajava de férias, pedi socorro a meus amigos. Higor foi até a minha casa, levou roupa para dormir e, no dia seguinte, foi direto para o trabalho. Depois desse episódio, ficamos preocupados e percebemos que seria bom termos alguém para contar nessas e em outras horas de emergência.

Decidimos abrir uma vaga de estágio para um estudante de fisioterapia ou enfermagem atuar em nossa casa. Divulgamos a notícia nas redes sociais e entrevistamos algumas pessoas, mas, na hora de optarmos por alguém, minha prima Juliana, de Aguaí, fisioterapeuta e filha do meu tio Fábio, acabou decidindo vir morar em nossa casa. Isso dispensava a presença de outra pessoa em caso de emergência. Apesar de o processo seletivo não ter continuidade, eu mantive contato com algumas candidatas e fiquei bem amigo de duas em especial: Cristy e Tamiris.

Cristy fazia faculdade de Fisioterapia a quinhentos metros da minha casa e passou a me visitar de vez em quando, depois das aulas. O sentimento entre nós foi aumentando e ela até veio no meu aniversário. Apesar da minha insistência, nada tinha acontecido até então. Eu achava que ela estava me enrolando e decidi fazer um teste. Na noite de primeiro de abril, Dia da Mentira, escrevi dizendo que estava namorando outra pessoa e achava melhor ela não ficar vindo até a minha casa. Completei dizendo que gostava dela, mas como não tinha certeza do que sentia por mim, acabei me envolvendo com alguém. Dois minutos depois, eu já havia escrito que se tratava de uma brincadeira, mas esse curto período foi suficiente para ela ficar triste e dizer que também estava gostando muito de mim.

A tática deu certo e, em dois dias, começamos a namorar. No entanto, com um mês de namoro, por motivos externos que fugiam da nossa vontade, acabamos terminando. Ficamos alguns meses sem nos encontrar e, durante as férias, no período das Olimpíadas, voltamos a nos ver. Ela passou a me visitar com frequência e, em pouco tempo, estávamos juntos novamente.

Agora, eu tinha uma namorada, um emprego e uma ONG que ia de vento em popa. Para completar, na época, foi veiculada uma reportagem comigo no programa Bem-Estar, da Rede Globo, com uma repercussão tão grande, que fiquei três dias respondendo a mensagens variadas, principalmente tirando dúvidas de familiares de pessoas com ELA. A mensagem mais tocante foi a de um homem que escreveu dizendo que estava pensando em se matar, mas desistiu após conhecer a minha história. Também recebi mensagens de pessoas que, depois, acabaram virando minhas amigas. Em paralelo à missão de tornar o mundo mais móvel, havia também aquela sutil de despertar uma nova forma de encarar a doença. A ELA não era apenas uma sentença de morte. Ela também podia ser uma porta de entrada para a vida. Era isso o que eu, diariamente, buscava fazer.

Por intermédio da grande amizade com Alexandra Zafir, que também tem ELA, que infelizmente veio a falecer, Jorge Abdalla, empresário e fundador da ProCura da ELA, veio até meu *room office* me conhecer. Ele contou a história da associação e, desde então, trocamos informações e

PARTE 3 · LINHA EM ESPIRAL: DA MENTE À VELOCIDADE DA LUZ

ajudamos a divulgar a campanha do Balde de Gelo, sobre a conscientização da doença. Por conta disso, acabei também fazendo inúmeros contatos com pacientes e familiares com interesse em conhecer minha tabela de comunicação, além do meu secretário, o leitor óptico Tobii-eye. Recebi inúmeras visitas de várias cidades, como Ribeirão Preto, Jundiaí e Campinas e outros estados, como Pernambuco e Maranhão. Pacientes que, ao me ver produtivo, passaram a compreender que a vida não terminava com ELA. Pelo contrário. Ela podia, inclusive, estar apenas começando.

A VIDA POR UM FIO, OU MELHOR, POR UM FILTRO

Exatamente por isso, naqueles tempos, os sentimentos de satisfação e conexão eram imensos. Eu me encontrava mais próximo do que nunca da minha família e dos meus amigos. Continuava a conhecer gente nova e a fazer novas amizades. Havia conseguido conectar minha doença com minha vida pessoal e, o mais gratificante, meu sonho com meu trabalho. Naquele ano, pela empresa, passei boa parte do tempo envolvido na criação e desenvolvimento do conteúdo completo do Guia de Mobilidade Corporativa. O material, uma parceria da EY com o Mobilize Brasil, tratava-se de uma importante ferramenta para estimular também as organizações a pensarem sobre mobilidade. Acima de tudo, servia como um manual para colocar em prática o plano de mobilidade corporativa das empresas. O guia foi lançado durante um evento da Virada da Mobilidade, no auditório da EY.

A sinergia entre o trabalho na empresa e a filosofia do Mobilize gerou uma realização profissional e uma satisfação pessoal sem precedentes. Eu trabalhava em uma corporação que esteve ao meu lado durante todos esses anos, atuando com ela em sustentabilidade e mobilidade urbana, em sintonia com a organização não governamental que eu havia criado com o melhor dos meus sonhos. Por isso mesmo, tudo se encontrava perfeito naquele momento, tanto no lado profissional quanto no pessoal, mas isso não poderia evitar os grandes sustos que a ELA poderia trazer. E trouxe.

Certa noite quente de verão, meu respirador Trilogy falhou e, simplesmente, parou de mandar ar. Importante lembrar que minha vida depende disso. Depois de ter sido ambuzado pelo técnico Emerson e minha mãe ter ligado para a emergência, me veio o *insight*. Por uma dessas coincidências inexplicáveis, como se previsse o que aconteceria, poucos dias antes, eu tinha baixado pela internet e lido o manual do Trilogy. Em todos aqueles anos usando ventilação mecânica, nunca havia tido, até a semana anterior ao incidente, a preocupação de entender com profundidade como funcionava o equipamento do qual dependia a minha vida.

Com as informações do manual frescas em minha mente, intuí que a entrada de ar poderia estar obstruída. Meu pai, que havia voltado correndo do plantão, pegou o Trilogy, retirou o filtro de ar e, para nossa surpresa, o aparelho voltou a funcionar perfeitamente. O filtro estava muito sujo e bloqueava a passagem do ar, provavelmente pelo acúmulo de poeira da obra que acontecia em nossa casa naqueles dias. Dessa forma, minha mãe trocou o filtro, meu pai voltou para o plantão e as coisas voltaram a se normalizar. Havia sido apenas um percalço de uma vida por um filtro. Agora podia voltar a dormir tranquilo, trabalhar, criar, me comunicar e namorar, como tantas outras pessoas. A única coisa realmente impossível de ser feita era voltar a estar nas ruas. Mas quando você ganha uma sentença de morte e a ultrapassa, a noção do que é impossível simplesmente deixa de existir.

CADEIRA PERMOBIL

Há muito tempo, eu já vinha elaborando em minha mente alguma forma de sair de casa. Quando você investe energia em alguma coisa,

PARTE 3 - LINHA EM ESPIRAL: DA MENTE À VELOCIDADE DA LUZ

as pessoas ao redor pegam essa onda no ar, sobretudo as que convivem diariamente com você. Minha mãe, sempre atenta a qualquer coisa que representasse alguma melhora na minha qualidade de vida, viu um vídeo sobre uma casa nos Estados Unidos toda acessível e automatizada, onde moram pacientes com ELA. Mais do que a fantástica estrutura da casa, o que mais a impressionou foi o fato de todos os moradores possuírem cadeiras de rodas motorizadas para circularem de forma autônoma.

Meu pai realizou uma vasta pesquisa e descobriu que se tratava de cadeiras da empresa Permobil, mesma marca da cadeira do Stephen Hawking. Esse tipo de cadeira seria ideal para meu caso, pois ficava em diversas posições, inclusive deitada, o que me traria conforto respiratório imediato, caso eu me sentisse mal em uma posição mais sentada. Ela também possuía controle remoto, espaço para acessórios como o respirador, bateria e, com algumas adaptações, eu poderia futuramente controlar sozinho a minha própria cadeira, o que me traria de volta o tão almejado direito de ir e vir.

Por sorte, a marca começava a expandir suas atividades no Brasil e conseguimos que um representante trouxesse uma cadeira motorizada para eu testar. Na ocasião, demos uma pequena volta em nossa rua do condomínio e, depois de anos sem sair de casa, pude experimentar novamente o gostinho de andar sob o sol, sentindo o vento no rosto. Não deu outra. Aquela cadeira logo passou a ser a minha maior obsessão.

Apesar de eu vislumbrar em longos devaneios a possibilidade de, após tantos anos, deixar aquela cama e voltar sair de casa, logo descobrimos que o preço da cadeira seria proibitivo. Entretanto, era época do Natal e, comentando com meus amigos da faculdade sobre o assunto, eles deram a ideia de fazermos uma campanha de arrecadação. Criamos uma página no Facebook, apenas com um texto falando da minha imobilidade e apontando a cadeira como solução para eu voltar a circular "pelas pistas". Ah, e colocamos também o número da minha conta.

De forma inacreditável, em apenas onze dias, foi levantado o valor da cadeira, por meio de centenas de doações de todo o Brasil e diferentes países do mundo. Emocionado, escrevi um texto agradecendo aquela mobilização impressionante, de amigos, parentes, amigos de amigos e desconhecidos. Era uma demonstração única de solidariedade, carinho e amor ao próximo. Senti mais uma vez que, por maiores que fossem os problemas, a rede de pessoas querendo fazer o bem continuava a superar qualquer desafio.

A cadeira, personalizada com minhas medidas, chegou em fevereiro, o melhor presente de aniversário que eu poderia receber em toda a minha vida. Foi construída também uma plataforma ao lado do meu quarto, com a permissão dos generosos vizinhos Cleide e Pimentel, para que eu pudesse descer até a rua de forma confortável. Houve um período de adaptação e ajustes, para aprendermos como manuseá-la.

A partir de então, com muita ansiedade e uma vontade intensa de voltar a ver o mundo com meus próprios olhos, saí para fazer meus primeiros passeios oficiais pelo condomínio, com a cadeira Permobil. No mais memorável deles, começou a chover e eu senti os pingos de chuva caírem no meu corpo. Eu não me movia, mas sentia tudo... E como sentia!

O sonho de voltar a andar sob o sol, o vento e as árvores começavam agora a acontecer. E aquele outro, de ver as ruas e as pessoas circulando pela cidade, estava cada vez mais próximo. E isso eu também podia sentir, com todo o meu ser.

VAMOS!

A vida tinha mesmo voltado ao normal e retomado sua correria. De fato, nunca tinha corrido tanto, nem mesmo antes do diagnóstico.

PARTE 3 - LINHA EM ESPIRAL: DA MENTE À VELOCIDADE DA LUZ

Passei a ficar no computador quase sempre até a meia-noite, pois, além de seguir trabalhando na EY e acompanhar de perto as realizações no Mobilize, novas surpresas iam surgindo. Ministrei uma palestra on-line sobre mobilidade urbana sustentável no Congresso Nacional Bicicleta na Cidade (CONABICI), o que demandou um grande esforço na criação dos slides e escrita das minhas falas. Também redigi em conjunto com meu parceiro no Mobilize, o jornalista Marcos de Sousa, um capítulo sobre caminhabilidade, para um livro da FGV. Participei de um documentário chamado "Brasil, País do Presente?", que visava aprofundar o debate sobre os desafios estruturais do país e as perspectivas para os próximos anos, escrevi diversos relatos de toda a minha vida para o livro que comecei a conceber com a escritora Gisele Mirabai.

Em meio a tudo isso, o namoro com Cristy seguia firme e forte e, cada vez mais, eu passava a me dedicar aos passeios com a cadeira. Na primeira vez em que saí na rua, foram dias de preparação. Precisávamos alugar uma van adaptada, verificar acessibilidade dos locais escolhidos, deixar equipamentos carregados e separar materiais para levar. Desde que havia feito a traqueostomia, cinco anos antes, havia saído na rua apenas uma única vez, para a grande empreitada de assistir a um jogo da Copa na Arena Corinthians. Na ocasião, tinha sido necessário alugar uma ambulância, levar uma cadeira de rodas pequena e transferir meu corpo para a poltrona. Agora, a situação era bem diferente. A cadeira me proporcionava o conforto de sair do meu quarto, descer pela plataforma elevatória e entrar na van adaptada. Dessa forma, quando chegou o domingo, depois da fisioterapia e da rotina da manhã, finalmente saí para meu primeiro passeio fora do condomínio.

Logo na garagem, minha respiração acelerou muito e, também, meus batimentos cardíacos. Senti dificuldade para respirar e pedi para abaixarem o encosto da cadeira, mas ele já se encontrava no limite, devido ao suporte do respirador. Naquele momento, meus pais, a técnica Elisângela, minha namorada Cristy e meu amigo irmão Higor me rodeavam, vendo a situação e aguardando meu comando. De longe, o motorista da van também acompanhava tudo.

Muitos pensamentos passavam pela minha cabeça. Eu tinha que me sentir mal bem no dia do primeiro passeio mais longo com a Permobil? O desconforto respiratório ficava cada vez mais insustentável e o ideal seria voltar para a cama. Mas, para isso, eu teria que ficar sentado para a cadeira caber na plataforma, o que só aumentaria a minha dificuldade de respirar. Além disso, deixaria todos muito mais preocupados. Apesar do sufoco, tentava não deixar transparecer para que meus pais não ficassem apreensivos, a ponto de desistirem.

Por dentro, porém, eu sentia medo de não conseguir entrar na van e realizar o passeio tão aguardado e planejado. Seria frustrante e adiaria por mais tempo meu sonho de voltar a frequentar parques, cinemas e ruas da cidade, de ver pessoas circulando e conhecer novos lugares. Restou apenas uma alternativa. Pedi para a técnica Elisângela me ambuzar. Isso me deu um grande alívio, mas quando coloquei novamente o respirador, minha respiração acelerou e senti mais uma vez dificuldade respiratória. Voltamos ao ambu e pedi para checarem se não havia algum problema com o Trilogy, como daquela outra vez. Tudo funcionava perfeitamente. Mas por que então minha respiração continuava tão acelerada?

Sim, é claro, o fator emocional era muito importante. No caso, determinante. Quando descemos, eu havia pedido para mudarem as configurações do respirador para o parâmetro secundário, com o qual eu sempre me sentia mais confortável em situações diferentes, pela maior frequência da entrada de ar. Mas, agora, o que eu precisava mesmo era

PARTE 3 - LINHA EM ESPIRAL: DA MENTE À VELOCIDADE DA LUZ

voltar para o padrão principal, que pressupunha uma respiração mais cadenciada. Um ritmo mais lento e brando, como a meditação que fazíamos no processo de cura espiritual. Deu certo. Minha respiração foi aos poucos se estabilizando e eu finalmente me sentia bem para realizar meu primeiro passeio nas ruas, nessa nova etapa da minha vida. Testei mais uma vez o parâmetro secundário do respirador e, quando vi que tudo funcionava com perfeição, finalmente eu disse: "vamos!".

O elevador da van adaptada funcionava com perfeição e entrar no veículo foi mais fácil do que eu imaginava. A cadeira estava bastante inclinada para meu conforto. Assim, prendemos suas rodas na van e partimos. O motorista foi cuidadoso e o espaço destinado à Permobil era mais do que adequado. O único problema era externo. As lombadas e a péssima qualidade do asfalto faziam com que minha cabeça balançasse bastante ao longo do caminho.

Naquele dia, fomos ao Parque Municipal de Barueri. Desembarcamos bem em frente à entrada e pude passear por um local cem por cento acessível, sentindo a imensa alegria de ver as árvores, as quadras de esportes e as crianças brincando, jovens namorando e famílias fazendo piquenique em um local público, bem cuidado e apropriado pela população. O local se encontrava lotado e as pessoas me olhavam e sorriam, com curiosidade e benevolência, naquele dia de céu azul, sem uma nuvem no céu. De lá, fomos ao Shopping Iguatemi para pegar um cineminha, afinal era véspera de Dia dos Namorados e eu queria dar a Cristy de presente a minha primeira saída com ela. Também desembarcamos em um lugar totalmente acessível e, já dentro do estabelecimento, parados em um café, vi Marcel, amigo desde a adolescência, passear com toda sua família. Ainda encontramos, por acaso, a Juliana, irmã do Luiz, que também nos acompanhava no passeio.

No cinema, fomos bem recebidos pelo gerente, que já havia combinado todo o esquema com meu pai no dia anterior. Seguimos até o local reservado, onde o pessoal do Cinépolis havia retirado duas poltronas para acomodar minha cadeira motorizada. Trouxeram um transformador e uma extensão para carregarmos o respirador e o aspirador. Não nos deixaram pagar as entradas e fizeram de tudo para que nossa experiência fosse a melhor possível. E foi. A alegria de vê-los se desdobrarem para agradar uma pessoa que nem sequer conheciam me fez mais uma vez ter aquela certeza de que existe muita gente boa neste mundo. Se eu sobrevivia por um circuito de aparelhos, vivia por causa de uma rede humana que me acolhia e sustentava. Não só a mim, mas a todos nós.

Naquela tarde, voltamos todos para casa com uma satisfação no peito, felizes por termos vivenciado momentos de conexão com os outros e com o entorno. Sentia que seguia firme na minha caminhada e, de alguma forma, fazia parte dela, sonhar sonhos impossíveis. Eu plantava minhas sementes sempre com o desejo de abrir o coração de outras pessoas, como eu havia aberto o meu para um mundo em outra lógica. Nesse mundo, cada grão de areia, cada gota do oceano e cada estrela no céu têm o próprio valor e contribuem para que o universo seja único e majestoso, numa imensa cadeia de inter-relações. E para realizar um sonho, basta apenas dizer "vamos" que, inevitavelmente, aparece alguém para ajudá-lo. Havia sido assim naquela tarde. Assim desde o diagnóstico e, para dizer a verdade, assim desde sempre.

PAULISTA ABERTA

Pouco tempo depois que a cadeira de rodas motorizada chegou, Cristy me perguntou onde eu gostaria de ir em meu primeiro passeio fora do condomínio. Sem titubear, respondi que seria na Avenida Paulista em

PARTE 3 - LINHA EM ESPIRAL: DA MENTE À VELOCIDADE DA LUZ

um domingo. Afinal, a Paulista aberta à população, aos pedestres, com bicicletas e livre dos carros havia sido uma luta minha e do Mobilize, ao lado de tantas outras organizações em prol da mobilidade urbana sustentável. Na época, o coletivo Minha Sampa havia bancado fortemente a ideia, assim como a Leticia do SampaPé, blogueira do Mobilize, e a Cidade Ativa. Nós também fizemos algumas matérias abordando a proposta, inspirada nas iniciativas bem-sucedidas de outras cidades brasileiras, como Rio de Janeiro e Brasília, e em ações recentemente implantadas na cidade de Nova Iorque.

Na primeira vez que a Paulista tinha sido aberta às pessoas, com a inauguração da ciclovia na avenida, eu tinha acompanhado a distância pela transmissão on-line que meu amigo Gui Bueno havia feito. Então, quando chegou a cadeira motorizada, comecei a sonhar com aquele dia, prevendo que agora seria possível realizar meu desejo de ver a Paulista Aberta com meus próprios olhos. Sentia que cada local que eu ia com a cadeira motorizada era para testar a minha adaptação em direção àquele tão aguardado domingo.

Depois da ida ao Parque Barueri e ao cinema, vieram outros passeios. Festa junina no condomínio, aniversário com música ao vivo na casa dos vizinhos Leo e Larisse, encontro com os amigos, e até mais uma ou outra saída de van, na qual tivemos a excelente ideia de amarrar a minha cabeça para ela não ficar quicando com as lombadas e buracos do caminho. Mas ir até um local lotado de pessoas, para lá e para cá, andando de bicicleta, caminhando, patinando, além de manifestações políticas, atividades culturais e tantos outros tipos de aglomerações que tomam conta da Avenida Paulista, seria considerado por todos da minha família e amigos uma loucura. Talvez até para mim mesmo, que havia passado tantos anos semideitado em minha cama. Mas... de loucura em loucura, eu havia superado uma sentença de morte e recriado a minha vida. Então, nada melhor do que uma nova loucura para continuar vivendo.

Dessa forma, acabei mais uma vez convencendo e empolgando minha família e amigos, que embarcaram no bonde da coragem e partiram para mais uma aventura comigo. Planejamos e preparamos tudo. Contar com a presença do meu pai ao lado, além da agradável companhia, trazia tranquilidade, pelo fato de ser médico, dominar como ninguém o controle da cadeira Permobil e ficar atento a muitos detalhes.

Assim, naquele domingo ensolarado, partiram comigo na van adaptada meu pai, minha namorada Cristy, minha sobrinha Nicole, a técnica Leiliane, a fono Maxi, seu marido Marcelo e o motorista Paulo Roberto. Chegamos ao Conjunto Nacional às 14h em ponto, local e horário previamente combinado com parentes, amigos e suas famílias, que fariam parte do "passeio do Ricky" pela Paulista. Aos poucos, as pessoas também foram chegando e nos encontrando na esquina da rua Padre João Manoel. Lili e Alê foram de carro com a Nina, a minha mais nova sobrinha, que em pouco tempo se juntaria às bagunças da Nicole no meu quarto. Minha prima Flávia e Felipe levaram, além da filha, nossa avó Milza, com 91 anos, e sua cuidadora. Luiz e Teresa foram com as crianças, assim como a escritora Gisele e seu marido Danilo, que levaram os dois filhos. Também foram ao nosso encontro os casais Marcos e Regina, do Mobilize, e meu amigo Thiago Duvernoy, com sua esposa Bianca.

Dessa forma, saímos em vinte e oito pessoas andando pela avenida mais famosa da cidade. Logo nos primeiros passos, encontramos a Cecília, prima do meu pai. Mais adiante, em questão de meia hora, fui abordado por três pessoas diferentes, um primo distante que eu não via há quinze anos, uma amiga de uma amiga, e uma mulher que tinha um pa-

PARTE 3 - LINHA EM ESPIRAL: DA MENTE À VELOCIDADE DA LUZ

rente com ELA. Aquela era uma festa ambulante de encontros. Aquilo era a tão almejada mobilidade urbana.

Naquele dia, eu me lembrei de Barcelona, quando saía com grandes turmas caminhando pela cidade, e sempre encontrava pessoas conhecidas ao longo do percurso. E as semelhanças com a capital da Catalunha continuavam. Era emocionante vivenciar em São Paulo, lugar onde nasci, pessoas de todos os tipos e classes ocupando os espaços públicos e convivendo em uma atmosfera fantástica, muito agradável, com inúmeras atrações criativas e inusitadas. Os artistas de rua contavam com músicos variados, desde trio pernambucano de forró até índios peruanos tocando música andina, passando por samba, MPB e rock. Para completar, com a minha cadeira reclinada, conduzida pelo meu pai, eu olhava para cima e via o céu azul e brilhante, sem uma única nuvem no céu.

A Paulista naquele domingo, sem um único automóvel na via, tinha virado realmente o paraíso da mobilidade ativa. Milhares de pessoas a pé, de bicicleta, *skate*, patins e até cadeira de rodas, assim como eu, aproveitavam seu domingo sem pressa. De fato, a acessibilidade se revelava um dos pontos mais altos da avenida, com seu piso regular, calçadas largas, bem conservadas, e com rampas para cadeira de rodas. Uma pena o resto da cidade ainda não ser assim. Mas pisar naquele chão, naquele dia, me fez perceber que, por menor que fosse aquela ação perante o governo de um país tão caótico, o Mobilize havia dado seu primeiro grande passo em direção ao futuro.

Eu sentia uma realização indescritível ao circular com minha cadeira motorizada na ciclovia que se tornou um símbolo de São Paulo. E fiquei feliz da vida ao ver minha sobrinha Nicole, com quatro anos, explorar tudo quanto é lugar com sua pequena bicicleta. Andamos lentamente, curtindo o momento por mais de três horas, até o final da avenida, quando fizemos uma longa parada na Casa das Rosas. Ainda deu tempo de passarmos na Japan House e conhecer o mais novo espaço cultural de São Paulo, antes de ligarmos para o motorista nos buscar com a van adaptada. Afinal, a bateria do meu respirador já se encontrava no fim e precisava ser carregada dentro da van. De toda forma, o sol já baixava e algumas pessoas também seguiam de volta para suas casas, com seus filhos, cachorros e bicicletas.

Havia sido uma tarde magnífica. Voltei radiante para casa.

A minha mente havia projetado aquela realidade. Todos os limites que haviam me sido impostos eram agora quebrados, um por um. No mais, como dizia meu pai, seguíamos vivendo e realizando meus cuidados. Um dia, chegaria a cura da ELA, só precisávamos ganhar tempo. Até lá, havia ainda muitos feitos para se realizar. Voltar a Barcelona com aquela cadeira motorizada e circular por suas ruas, trabalhar para o Mobilize continuar transformando o mundo e, quem sabe um dia, eu também me tornar um pai. E mostrar a meus filhos tudo que já vivi, vi e experimentei por este mundo. Foram muitas histórias. Com a mente que vai e que volta, que gira, observa o entorno e foca no próprio caminho, transcorrendo na velocidade da luz, eu visitava meu mais precioso passado para, em um átimo de segundo, ir em direção ao meu futuro.

MEMÓRIAS QUE CONTAM HISTÓRIAS, OU MELHOR, MOSTRAM NO MEU COMPUTADOR

No meu aniversário de 35 anos, meu pai digitalizou minhas fotos antigas, já que eu não conseguia mais ver os álbuns. O melhor presente que ganhei até então. Ele, sempre tecnológico, além de ser o filmador oficial da família, vinha registrando nossos momentos de vida desde que

PARTE 3 - LINHA EM ESPIRAL: DA MENTE À VELOCIDADE DA LUZ

Lili e eu nascemos. Resolveu montar um estúdio no sótão e digitalizar não só as fotos da família, como também transformar as fitas de VHS em digitais, produzir e editar os vídeos. Estava criada a nossa Imagemoteca, um arquivo considerável de imagens, catalogadas em ordem cronológica, com identificação por eventos e personagens e, o principal, com acesso direto em um piscar de olhos.

Durante o ano todo, a cada novo arquivo saído do forno, parávamos para assistir e recordar aquela data. A cada final de semana, esperávamos ansiosos as cenas dos próximos episódios da série da nossa vida real. Em paralelo, há algum tempo, eu também vinha juntando as respostas que elaborava para as entrevistas e muitas reflexões sobre temas que gostava de conversar. Percebia que esses arquivos me ajudavam muito na hora de falar com as visitas. Com as respostas elaboradas, era só clicar no *speak* e soltar a minha voz. A comunicação fluía e eu me sentia, literalmente, conversando. Só que de uma forma diferente. Pela tela do computador, mostrava para as pessoas fotos e vídeos, surpreendendo os amigos nas datas especiais, com memórias visuais retiradas do fundo do baú.

Agora, com os arquivos de imagens e de textos em sintonia, como os antigos mágicos, eu podia tirar da cartola qualquer coisa que quisesse revisitar em minha própria vida. Assim nasceu a minha enciclopédia particular, denominada *Rickypédia* pelo Leandro, especialista que cuidava da memória do meu computador, quando ela entrava em colapso. E como a *Rickypédia* era um portal digital, podia ser atualizado a qualquer hora, em tempo real. Enquanto as imagens se organizavam em arquivos e tabelas cronológicas, a vida "lá fora" continuava a acontecer.

Meu primo Denis, filho do meu tio Murilo, com quem eu havia morado no Canadá, se casaria com a canadense Colleen e gostaria de fazer uma festa lá e outra no Brasil para apresentá-la à família. Meus pais se ofereceram para fazer a comemoração em nossa casa. Com isso, pude não apenas participar do casamento, como presentear o noivo com um vídeo montado com as imagens dos tempos áureos em que morei na casa deles em Toronto.

Também na comemoração dos sessenta anos da minha mãe, quando ela reuniu a família, amigos e mais de vinte primos que não se encontravam há anos, eu pude finalmente homenageá-la. Instalado na sala de visitas, na confortável poltrona reclinada que meus pais tinham me dado, pude presentear a minha mãe com um vídeo de agradecimento, por ela encarar essa batalha comigo como se fosse sua, e por ser muito mais do que uma mãe: ser meus tentáculos, minha cuidadora, a realizadora dos meus sonhos e minha mentora espiritual.

Mas a maior surpresa da festa veio dela mesma. Sem falar nada para ninguém, nas horas vagas em que ela espremia o tempo, sem sabermos de que forma, ela vinha escrevendo um caderno de poesias, com memórias de infância, seu jeito de ser, de pensar e sua filosofia de vida. E assim, ganhávamos seus *Alfarrábios de um escrevinhador*, livro escrito por essa incorrigível Dom Quixote, sempre tão apaixonada e incentivadora da leitura. E eu ficava muito feliz em saber que, apesar de cuidar tanto de mim, minha mãe continuava a ter vida própria.

Quando nascemos, recebemos um livro da vida em branco, e cabe a cada um escrever a própria história. Eu me sentia fazendo a minha parte e ficava realizado ao ver que minha família, coadjuvantes da minha jornada, jamais deixaram páginas em branco em seus livros. Além de escrever, minha mãe, não sei como, ainda encontrava tempo para nadar, pedalar e desenhar, passatempo em que tinha resolvido se aventurar nos últimos anos. Meu pai seguia digitalizando as fotos da família e não dei-

PARTE 3 - LINHA EM ESPIRAL: DA MENTE À VELOCIDADE DA LUZ

xava de lado o piano, seu fiel companheiro desde a infância. Atualmente, andava até se aventurando na culinária. A única parte ruim é que eu não podia experimentar sua comida. De tempos em tempos, Lili se mudava para nossa casa e meus pais aproveitavam para viajar e rever nossos queridos amigos Brums, Stevens, Warners, Urso, Meehan e Cunninghams nos Estados Unidos e a família no Canadá. E minha irmã, à frente da sua empresa, casada e com duas filhas, ainda levava muitos planos de viagens e aventuras pela frente.

Pelo visto, ainda teríamos muitas imagens para arquivar em nossa Imagemoteca. E foi revendo todas aquelas memórias, e projetando todas as vivências futuras, que eu tive aquele último *insight*, tão determinante para a continuidade desta história.

A CURA

Tempos atrás, em um dos seus retornos a Goiás, minha mãe comentou com um dos assistentes da Casa sobre meu trabalho e a repercussão do Mobilize. Ele, de forma simples e objetiva, deu a ela a seguinte resposta:

"O Ricky já está curado, ele escolheu cumprir sua missão aqui na Terra".

Minha mãe voltou radiante para casa. Entretanto, aquela era uma frase desconcertante. Apesar de não ter entendido seu significado, ela ficou registrada em minha mente.

Passado algum tempo, confortável na minha cama, refletindo sobre a vida, observei como meu mundo tinha realmente se tornado meu próprio quarto. Com exceção das ainda breves saídas, não possuía muito mais do que isso. E, de fato, nem precisava. Nas prateleiras, ao redor das paredes, eu percorria com os olhos, únicos que se movem em meu corpo, meus livros, as fotos dos meus amigos, as inúmeras lembranças que recebi, os prêmios e homenagens, o altar ecumênico que minha mãe fez com todos os anjos, santos, patuás e orações que conhecidos e desconhecidos mandavam para mim.

Da mesma forma que em Barcelona e em Recife, eu tinha vivido muito bem com muito pouco, agora também não precisava de muitos bens, além dos que se encontravam ao alcance dos meus olhos. Em um mundo tão materialista, em que o "ter" consome a maior parte do tempo da vida das pessoas, eu me sentia bem por ter poucas opções de escolhas. Na maioria das vezes, uma única escolha: a sobrevivência.

Com isso, podia concentrar a minha vida no meu jeito de "ser", porque nada mudou na minha essência. Continuava a ser a mesma criança ingênua e sem violência, o mesmo adolescente vibrante e sonhador, o mesmo jovem empreendedor e agregador, o mesmo adulto desbravador e realizador, e continuava sonhando o mesmo sonho de contribuir para um mundo melhor, mais acessível, em todos os sentidos, e com mais amor. Agora, com minhas necessidades restritas, tinha também menos expectativas e menos frustrações. Mas continuava o mesmo Ricky, com a diferença de que minha vida tinha outra lógica.

A lógica girava em torno da sístole e da diástole do meu coração, do inspirar e expirar do meu ventilador pulmonar, do fluir e refluir dos líquidos que me alimentavam, do ritmo imóvel do meu corpo físico. Mas a minha cabeça, como desde sempre havia sido, não se aquietava e seu ritmo era intenso. Com ela, desenhava sonhos, realizava projetos, coordenava as pessoas, comandava meus desejos e ainda encontrava tempo para relaxar, namorar, assistir a filmes, torcer para o Corinthians e sair para passear.

O ritmo da minha casa também era outro. Há muitos anos ela não funcionava como o pêndulo de um relógio, mas sim no meu próprio

PARTE 3 - LINHA EM ESPIRAL: DA MENTE À VELOCIDADE DA LUZ

tempo. Um banho de chuveiro podia demorar três horas ou poucos minutos, caso começasse a passar mal. Uma noite de pouco sono me rendia uma manhã improdutiva, ao tempo que uma ideia nova me deixava no computador até de madrugada. Uma falta da enfermagem gerava um tumulto e uma emergência médica era sempre uma tensão.

Relembrando os primeiros tempos do diagnóstico da doença, a vida parecia breve e cruel. Agora, passados nove anos, eu a via de outra forma, dentro dessa nova lógica. A vida era a mesma, pulsante, vibrante e eterna. A maior lição foi que eu e minha família aprendemos a lidar com ela, ou melhor, ela nos alfabetizou com valores e percepções em outra perspectiva. No Ocidente, nas escolas, aprendemos vastos conhecimentos e técnicas, mas não a lidar com desejos e frustrações. Ao depararmos com eles, diante de uma adversidade, nós nos sentimos impotentes e incompetentes, pois na vida somos adestrados para competir, concorrer e vencer. Ao fazermos isso, incentivamos a violência e a destruição do outro e do planeta. Mas o universo é um só. Somos um microcosmo dentro de um macrocosmo, uma gota dentro do oceano, uma estrela no firmamento, dentro de uma rede de infinitas conexões. Dessa forma, como podemos causar destruição sem destruirmos a nós mesmos?

Aprender a lidar melhor com as emoções e apreensões pela minha mente me trouxe de volta para o ponto de equilíbrio, para o eixo central da minha missão, e abriu espaço para eu compreender o real sentido da fluidez da vida, que é tão e somente movida pelo amor.

Sinto que sou movido pelo amor incondicional dos meus pais, da minha família, das pessoas que cuidam de mim, dos inúmeros amigos e centenas de pessoas de todos os cantos do mundo, conhecidos e desconhecidos, conectados na minha vida, que pedem e rezam por mim. E foi assim que descobri o real sentido da cura. Aquela frase que o médium havia falado. Não precisava esperar pela cura física.

Eu estou curado porque meu ser nunca esteve doente. Sou o mesmo Ricky de sempre. Não é porque estou aprisionado em um corpo, que me aprisionaram a alma. Sou movido pela mente.

PARTE 4

NO RITMO DA VIDA

Ao encontrar-se aprisionado em um corpo físico, o ser humano, pela sua capacidade intelectual, ousou ter o desejo de sonhar, de romper limites, de superar as realidades concretas e materiais, para abrir-se a outras realidades, que vão além da natureza física, em busca de novas verdades, de encontrar um sentido mais profundo para a vida, percebendo o mundo em sua totalidade.

Agradeço à minha mãe por ter transformado meus relatos em histórias a fim de viabilizar a quarta parte deste livro.

25 SEMPRE EM MOVIMENTO

"É melhor ser alegre que ser triste
Alegria é a melhor coisa que existe
É assim como a luz no coração."
Samba da Bênção de Vinícius de Moraes

A SIMPLES E COMPLEXA ALEGRIA DO IR E VIR

Quando recebi o diagnóstico de ELA e os prognósticos fatídicos de dois a cinco anos de vida, jamais poderia imaginar que teria uma vida longa e muito mais histórias para contar. Na ocasião, eu era um jovem, saudável, com muita energia física e alegria de viver, buscando encontrar o caminho para realizar meus sonhos profissionais e pessoais. Passados mais de quinze anos do diagnóstico, não tinha mais tanta energia física, acamado e sem movimentos, mas sentia que havia conseguido realizar sonhos inimagináveis, como a criação do Mobilize Brasil, a publicação da primeira edição do livro *Movido pela mente*, meu trabalho de Consultor na EY, as palestras que gosto de ministrar e a atividade didática, como professor, em um curso de pós-graduação sobre Cidades Inteligentes. Chegava

PARTE 4 - NO RITMO DA VIDA

assim à conclusão de que tinha muito mais energia mental do que antes, por ter todo tempo do mundo para sonhar, pensar e realizar meus desejos.

A cadeira motorizada havia mudado incrivelmente a minha vida para melhor. Após viver cinco anos sem sair do meu quarto-escritório, eu tinha agora a liberdade de sair para passear, viajar, participar de festas e eventos, fazer passeios simples como ir ao cinema ou a um parque, circular pela cidade, conviver com as pessoas e interagir com elas.

Isso me trazia grande satisfação, porque podia avaliar, na prática, como funcionava a engrenagem da mobilidade urbana em todos os seus aspectos. Embora continuasse sonhando com uma Cidade para Pessoas, integrada e inclusiva, como aquela da exposição em Barcelona, infelizmente, a cidade que se apresentava em minhas incursões era bem diferente. As cidades brasileiras foram desenvolvidas pensando nos automóveis, praticamente ignorando as pessoas. Todos somos pedestres em vários momentos do dia, e isso nem sempre é levado em conta pelos gestores públicos. Circulando pelas ruas, em minha cadeira de rodas, que pesa quase 200 quilos, enfrento inúmeros obstáculos, bem maiores do que quem circula em uma cadeira de rodas normal ou com um carrinho de bebê. As guias não são rebaixadas o suficiente, há inúmeros desníveis e degraus pelas calçadas, além, claro, de postes, placas e infindáveis obstáculos intransponíveis para qualquer cidadão com algum tipo de necessidade especial.

Depois de tantas tentativas frustrantes de circular pela cidade sem conseguir ter acesso ao destino escolhido, adotei a estratégia de pedir para alguém filmar a acessibilidade antes de aceitar um convite ou definir o programa a ser feito. Nem mesmo São Paulo, a cidade mais rica do país, está preparada para acolher seus pedestres, muito menos uma pessoa com algum tipo de dificuldade. A criação do Mobilize há treze anos e a nossa presença assídua nas discussões públicas de mobilidade sustentável havia gerado certos efeitos positivos. Alguns gestores públicos estão mais conscientes e mais respeitosos com seus cidadãos. Santana de Parnaíba, município onde moro, e Barueri, a cidade vizinha, tornaram-se exemplos de que, com vontade política, consegue-se mudar o padrão de mobilidade sustentável e inclusiva na cidade. Nos dois municípios, consigo tranquilamente circular por várias calçadas, frequentar parques, andar com minha cadeira de rodas pelas ciclovias e pelo Centro Histórico, sem dificuldades.

A cadeira de rodas me proporcionou a mobilidade que eu não tinha e, claro, despertou em mim uma vontade muito maior de sair de casa. Ela também trouxe outras preocupações, que fomos nos deparando com o tempo. Primeiro, foi a minha adaptação em ficar sentado, já que na cama eu ficava mais deitado, somente com as costas elevadas. Minha respiração também teve que se adaptar à nova posição. Tanto é que, no começo, eu realmente passava muito mal da parte respiratória, tendo que pedir para colocarem a cadeira na posição deitada e usar o ambu para ajudar na respiração.

Outro problema foi descobrir como ser transportado. Como moramos fora do município de São Paulo, não poderíamos usufruir do serviço "leva e traz" da Prefeitura, limitado ao perímetro da cidade. Descobrimos uma empresa locadora de veículos especializada nesse tipo de serviço, com várias vans adaptadas e motoristas bem treinados para o transporte de pessoas com deficiência. Passamos a contar com a Azul Locadora para as minhas saídas e passeios, que começaram a se tornar frequentes, sobretudo quando comecei a ser convidado para dar palestras.

O maior problema da locadora era a forma de prestação de serviços, com diárias mínimas de 12 horas para qualquer evento. Para aproveitar ao máximo o tempo de cada aluguel da van, e para desespero dos meus pais, eu inventava mais um ou dois programas após as palestras, para compen-

PARTE 4 - NO RITMO DA VIDA

sar o valor. Após um ano nesse ritmo de saídas, uma ou duas vezes por mês, meus pais, sem pique para me acompanhar, resolveram que o ideal seria termos uma van própria adaptada, de modo que a minha equipe pudesse se encarregar do transporte, não ficando assim na dependência da locadora.

Após muita procura, finalmente, e por muita sorte, conseguimos adquirir a única van adaptada possível para transportar a minha enorme cadeira na posição horizontal, e que não precisava de habilitação especial. Como a importação desse modelo da Vito seria descontinuado no Brasil, conseguimos comprar a van do *test drive* da própria Mercedes Benz. Felizes com a solução e aliviados porque não teríamos mais que fazer uma maratona a cada saída, aguardamos ansiosamente pela van, que precisou passar por algumas adaptações, como a instalação de duas baterias, inversores e tomadas 110V para o respirador e aspirador elétrico. Sua chegada foi comemorada com entusiasmo. No início, meus pais tiveram que aprender a embarcar e desembarcar com segurança, descobrindo o melhor jeito e as melhores opções para cada novo procedimento. Começamos a fazer passeios curtos, pela região, nos acostumando com as rotinas e com a nova forma de dirigir, mais atenta às curvas e lombadas, para minimizar os impactos no meu corpo.

As novas conquistas não aconteceram de uma hora para outra com êxito. Sempre foram parte de um processo longo, com muita aprendizagem e várias adaptações. Foi assim com a cadeira de rodas motorizada e foi assim com a van. Não imaginávamos que, com essa última, a conquista seria tão traumática. Numa dessas saídas, ainda em frente à garagem de casa, eu embarcado na cadeira, minha mãe já havia fechado a plataforma elevatória quando percebeu uma fumaça que saía da lateral interna da van. Ela se desesperou e começou a gritar que estava pegando fogo na cabine comigo dentro. Ligou para a segurança do residencial, que veio correndo

387

com um extintor de incêndio. Foi uma cena dramática: eu, dentro da van, imóvel, sem conseguir sair, com a plataforma sem funcionar e todas as portas fechadas, de costas para o incêndio, sem poder fazer nada, e meus pais lá fora, em desespero por uma solução. Rosinha, que trabalhava em casa na época, trouxe até um balde de água, achando que poderia ajudar. Por sorte os seguranças do condomínio chegaram a tempo e conseguiram conter o curto-circuito na fiação da plataforma.

O susto foi enorme, a ponto de chamarmos a empresa que fez a adaptação para desfazer o negócio. O diretor, ciente da gravidade do problema e da repercussão negativa que poderia trazer para eles, se prontificou a refazer toda a instalação elétrica, com os melhores cabos e fios homologados dentro de padrões da melhor qualidade, reforçando a segurança e dirimindo qualquer risco que pudesse voltar a acontecer. Após meses aguardando que o serviço fosse feito, recebemos de volta a van, dessa vez com reforços de segurança que, pelo jeito, funcionaram, visto que nunca mais tivemos problemas. A empresa foi muito comprometida em dar a melhor solução e cumpriu com o combinado.

Preocupado com a minha segurança no transporte, meu amigo Leonardo Boscolo, o Lê, criou um manual de procedimentos para que todos que fossem dirigir a van soubessem o que fazer em cada uma das etapas. Alguns amigos se voluntariaram para dirigi-la, para que eu pudesse sair mais vezes sem ter que depender dos meus pais.

Para quem ficou cinco anos sem sair da cama, a cadeira motorizada acabou sendo uma extensão móvel do meu corpo e a van, o veículo que trouxe de volta a minha mobilidade, me levando para participar de palestras, eventos, festas, casamentos, lançamentos de livros, cinemas, teatros, parques e exposições, pequenas viagens, me devolvendo a complexa e simples alegria do ir e vir.

PARTE 4 - NO RITMO DA VIDA

VAMOS QUE VAMOS DE VAN

Minha mãe sempre diz que eu adoro andar em bando e agora não poderia ser diferente. Voltei a circular pela cidade e a participar de eventos que até então, nos últimos cinco anos, só conseguia acompanhar pela televisão. Um deles, que me marcou muito, foi o Desfile das Escolas de Samba no Sambódromo de São Paulo.

Enquanto eu era jovem e saudável, adorava passear pelas cidades e participar de suas comemorações festivas. Cheguei a ir ao Carnaval de São Paulo, ao Carnaval de Recife e Olinda, ao Corpus Christi no centro histórico de Santana de Parnaíba, ao *Réveillon* de muitos municípios da costa brasileira, à Comemoração do St. Jordie em Barcelona e a muitos outros eventos em diferentes locais. Quando começou a dificuldade para andar, consegui ir ao Carnaval de São Paulo na parte reservada para pessoas com deficiência. Foi uma experiência incrível, com uma acessibilidade impecável. Agora, com a cadeira motorizada e a van, podia sentir novamente a alegria contagiante do Carnaval bater no meu peito.

Busquei as informações sobre acessibilidade e pude contar com a ajuda do Roberto Belezza, da SPTuris, que me passou todas as dicas de acesso, embarque e desembarque. No sábado de Carnaval estávamos nós, confortavelmente instalados no Sambódromo, vivenciando uma das experiências mais memoráveis para mim. Ao nosso lado, vários cadeirantes, surdos, cegos e pessoas com deficiência, todos juntos, usufruindo das tecnologias assistivas para que aqueles momentos fossem desfrutados da melhor forma. O que mais me impressionou foi ver uma conversa animada entre surdos, que se divertiam comentando sobre cada escola que desfilava, e ver uma mulher cega sambando animadamente enquanto ouvia a audiodescrição do evento.

Nessas horas, participando de eventos culturais, junto de outras pessoas com deficiência, sentia que o Brasil começava a engatinhar em termos de políticas de inclusão. Infelizmente, eram momentos raros, que poucos podiam usufruir. Continuo sonhando com um Brasil mais inclusivo, no qual as políticas públicas sejam capazes de incluir todos os cidadãos, conforme lhes é direito pela constituição. O Carnaval me marcou positivamente não só pelos desfiles das Escolas de Samba, mas também por esses gestos de gentileza e respeito com as pessoas com deficiência. Depois dessa experiência, eu me imaginei podendo participar de muitos outros eventos culturais pela cidade.

Foi assim que programei algumas idas à Arena Corinthians para assistir a meu time de coração, e a um "majestoso" duelo entre São Paulo e Corinthians no Estádio do Morumbi, ficando na Sala Raí, a convite do próprio ex-jogador e de seu sócio Paulo Velasco, meu amigo. Fui em várias exposições, como a do Leonardo da Vinci no MIS Experience, a do fotógrafo Sebastião Salgado no SESC Pompeia, a do Monet no Parque Villa-Lobos, a da Tarsila do Amaral no MASP, onde pude apreciar o quadro Abaporu, significativo para mim, pois foi o nome escolhido para a nossa ONG. Também fui a diferentes shows, como o do Chico Buarque, um forró no Centro de Tradições Nordestinas, a peças de teatro e a vários bares, como o General Pub, em que acabei me tornando amigo do dono. Fui também a um bar no bairro de Pinheiros para a despedida da Dayane, uma amiga que se mudou de Barueri para Paris.

Com o tempo, a equipe que cuida de mim foi pegando o jeito de como me transportar da cama para a cadeira motorizada. As técnicas de embarque e desembarque ficaram mais rotineiras, assim como o estilo de direção, devagar e sempre, sem muitos sobressaltos para a minha cabeça. Como ninguém é de ferro, nem meus pais, vários amigos foram acionados para me acompanharem nas minhas loucuras desbravadoras da cidade. Foi assim que Akabane, Higor, Caio – marido da Gabi, minha fisioterapeuta –,

PARTE 4 - NO RITMO DA VIDA

Renatão Zanoni, Thiago Duvernoy e uma equipe de motoristas passaram a ir comigo em programas culturais e sociais.

Permanecer por várias horas na cadeira motorizada já não era mais um problema. Ao ficar mais sentado na cadeira do que deitado na cama, percebi que minha respiração melhorou significativamente, a ponto de não me deixar mais cansado ou desconfortável. Com essa nova conquista, queria agora desbravar não somente a cidade de São Paulo, mas me aventurar também em viagens "bate e volta" de um dia.

Já havia dado palestras em Campinas e Sorocaba, mas nunca tinha feito uma viagem a passeio. Como tudo tem a primeira vez, fomos para Vinhedo, no sítio da minha amiga da FGV, Dani Costa; para Indaiatuba, visitar Luiz e meu afilhado Kike; e pude fazer uma viagem que me marcou muito: uma ida de um dia à praia de Santos, quando voltei a ver o mar após quase dez anos. Como não poderia deixar de ser, senti enorme prazer em retornar ao sítio do tio Fábio em Aguaí, sendo acolhido pela tia Inesinha e pelos meus primos. Pude rever os lugares significativos da minha infância, matar a saudade, além de passear pela cidade. Foi uma viagem inesquecível, que avivou minhas memórias de quando era uma criança saudável e um jovem ativo, sempre em movimento. Fui também ao maravilhoso casamento da minha amiga Jeniffer em Itu, assim como o dia de Natal na casa do meu tio Júnior em Valinhos, o casamento do meu amigo Dani Barbosa com a Monique na praia de Toque-Toque, passeios para cidades como Holambra, São Roque e Jundiaí.

É só alguém lançar o convite: Vamos? Que eu respondo: sim, vamos de van.

SEMPRE MELHOR AO AR LIVRE

Desde que fui morar em Barcelona, passei a comemorar meu aniversário com Pipo, porque fazemos anos em fevereiro. A partir do momento que fiquei acamado, passamos a comemorar os nossos aniversários em casa,

MOVIDO PELA MENTE

até mesmo no meu quarto, reunindo mais de cinquenta pessoas. Sempre tive muitos amigos e multipliquei meu círculo de amizades após a repercussão do Mobilize, que me proporcionou conhecer muita gente, além dos pacientes de ELA, para os quais acabei me tornando uma referência. A comemoração do meu aniversário sempre foi um bom pretexto para encontrar tanto os amigos antigos quanto os novos que, muitas vezes, eu só conhecia virtualmente.

Passei a pensar numa forma de fazermos uma comemoração ao ar livre para que todos pudessem participar. A ideia foi reunir todo mundo no Parque Villa-Lobos, em uma tenda de eventos que dispunha de tomada, fundamental para conectar meu respirador, já que as baterias têm uma limitação de horas. Foi assim que minha mãe preparou um grande piquenique, com comidas, bebidas, bolo e doces, para quem quisesse participar. O primeiro evento foi um sucesso, com cerca de 160 pessoas, com direito a levar família, cachorro, papagaio e até a sogra.

Recebi no parque, não mais no meu quarto, inúmeros convidados, conhecidos e desconhecidos, que queriam me cumprimentar, numa comemoração que começou ao meio-dia e se estendeu até a hora do parque fechar, após o pôr do sol. O que jamais poderia imaginar é que até o ex-prefeito de São Paulo, Fernando Haddad, que depois se tornou Ministro da Fazenda, me brindou com sua presença. Como ele havia feito diferentes iniciativas relacionadas à mobilidade urbana em sua gestão na Prefeitura, eu lhe presenteei com o livro *Movido pela mente*. Gentilmente, ele me agradeceu e eu enviei o convite do aniversário, sem qualquer expectativa. Sua presença foi uma grata e inesquecível surpresa.

A facilidade de uma comemoração ao ar livre, em um espaço público favorável, com tomada, estrutura de banheiros, brinquedos para crianças e muita área verde, num bonito dia de sol, foi marcante para todos os que

PARTE 4 - NO RITMO DA VIDA

compareceram. No ano seguinte, um mês antes do aniversário, os amigos já começaram a cobrar a festa, alegando que a comemoração no parque deveria se tornar uma tradição. Dessa vez, Flávia, esposa do Pipo, organizou o evento, preocupando-se com tudo, desde a decoração temática do Corinthians, a montagem da mesa, comidas e bebidas, até a música. O dia estava ensolarado, a criançada se divertiu, os adultos estenderam cangas embaixo das árvores, os cachorrinhos correram no gramado e todos aproveitaram o domingo de lazer. Foi uma confraternização com 120 pessoas, com outros cadeirantes e pessoas com de ELA que fizeram questão de participar, como Juliana Lira, pernambucana radicada em São Paulo, diagnosticada com uma variante mais branda da ELA, que se tornou uma grande amiga, desde que a Gisele Mirabai nos apresentou.

Antes de terminar a comemoração, os amigos já programaram a nossa festa de quarenta anos no ano seguinte, na mesma tenda do Parque Villa-Lobos. Infelizmente, dessa vez o evento não pôde ser realizado, porque uma semana antes, foi decretada a pandemia e as aglomerações foram proibidas.

RADIALISTA QUE NÃO FALA

Enquanto eu terminava de escrever o livro *Movido pela mente*, recebi um convite inusitado para fazer um boletim semanal sobre mobilidade urbana sustentável em uma rádio. Quem diria que eu, cinco anos depois de perder a fala, seria uma voz da mobilidade, no caso, uma voz eletrônica. O convite veio do jornalista e radialista Ronald Gimenez, de quem meu pai era fã e ouvia diariamente voltando para casa, na Rádio Trânsito SP, do Grupo Bandeirantes. Eu havia conhecido pessoalmente Ronald quando um amigo em comum o levou à minha casa. Ele seguia o Mobilize e teve a ideia pioneira de levar para o rádio uma pessoa com esclerose lateral amiotrófica, usando

393

uma voz digital para falar sobre mobilidade urbana sustentável, tema com muita sinergia com a estação de rádio, que falava exclusivamente sobre o trânsito. Foi assim que, exatamente um mês antes do lançamento do livro, o Boletim Mobilize foi ao ar.

Por mais de dois anos, toda semana, eu escolhia um tema relevante de mobilidade urbana que estava acontecendo em São Paulo ou no mundo, escrevia o texto e enviava para os jornalistas Marcos e Regina, do Mobilize, revisarem. Depois eu transformava o texto em um arquivo de áudio com a minha voz eletrônica e enviava para Ronald. O pessoal da rádio acrescentava a vinheta e deixava o boletim pronto para ir ao ar, toda segunda-feira, às 6 horas da manhã. Tinha aproximadamente um minuto e meio de duração e era veiculado durante vários horários aleatórios na programação da semana.

Um dia, meu pai chegou em casa e brincou que eu tinha virado o rei dos taxistas, pois uma vez um deles, de uma cooperativa com cinco mil motoristas, comentou que todos me conheciam. Desde então, sempre que pegava táxi ou carro de aplicativo, ele se apresentava como pai do Ricky Ribeiro, do Boletim Mobilize. Minha breve e intensa carreira de radialista durou pouco mais de dois anos, quando a rádio não resistiu aos impactos da pandemia e à tecnologia do GPS.

ESCRITOR QUE ESCREVE COM OS OLHOS

O lançamento do livro *Movido pela mente* no Museu da Casa Brasileira foi um sucesso, a ponto da coautora Gisele Mirabai, premiada escritora, comentar que nunca tinha autografado tantos livros de uma só vez, ficando até com dor na mão. Todos os 1200 livros da primeira tiragem foram vendidos no evento, deixando muitas pessoas frustradas por não conseguirem um exemplar. Na mesma semana, encomendamos mais 800 unidades para atender os pedidos e, em poucos meses, tivemos que solicitar uma nova

PARTE 4 - NO RITMO DA VIDA

reimpressão. Eu, que trabalho em prol da mobilidade urbana, jamais poderia imaginar que iria parar a avenida Faria Lima na noite de uma segunda-feira, congestionar o trânsito, lotar os estacionamentos da vizinhança, causar uma "imobilidade insustentável" na região e vender mais livros que o Jô Soares numa noite de autógrafos, segundo a própria gerente do Museu da Casa Brasileira.

Claro que a noite de estrelas não foi somente minha e da Gisele Mirabai. A senadora e cadeirante Mara Gabrilli, que escreveu o prefácio do *Movido pela mente*, também nos prestigiou com seu carisma. Desde o início da criação do Mobilize, ela sempre me apoiou na defesa das causas de mobilidade e acessibilidade, assinando inclusive o Blog o Direito de ir e vir no portal. Além de sua presença ilustre e a de centenas de amigos, familiares, conhecidos e admiradores da causa da mobilidade, pude contar com a presença de pessoas muito queridas que vieram de longe, como Clarissa e sua mãe, de Belo Horizonte, os colaboradores do Mobilize de Brasília, Uirá e Paulinha, meu amigo Sérgio, de São Sebastião, com sua família, e muitos outros que enfrentaram o engarrafamento de São Paulo e arredores em plena segunda-feira para prestigiar o evento.

Aproveitando o embalo, fizemos também uma tarde de autógrafos no jardim da minha casa. Gisele contou como foi o processo de criação do livro, me incorporando de "corpo e alma" em sua escrita, após uma extensa conversa com familiares e amigos, além de mergulhar de cabeça, ou melhor, na minha cabeça, a partir de relatos que eu redigia sobre a minha vida. Havia muitas memórias que eu gostaria de compartilhar no livro, e a única forma era digitá-las com meus olhos, letra a letra, palavra a palavra, e passar para ela. Foi uma tarde muito agradável, de sol e calor, na qual reunimos a vizinhança e os amigos do tempo de colégio, literalmente, no quintal de casa.

Dando continuidade à divulgação do livro, o jornalista Marcos de Souza foi convidado para ir a Curitiba fazer o lançamento do *Movido pela mente* com o Pé de Igualdade, da ativista Meli Malatesta, que assina o *blog* de mesmo nome no Mobilize. Eles tiveram a oportunidade de divulgar os dois livros em um evento para jovens estudantes paranaenses, interessados na temática da mobilidade e da caminhabilidade nas cidades brasileiras.

PALESTRANTE SEM VOZ

Como eu não falo, não tenho movimentos, escrevo com os olhos, me comunico por meio de um leitor óptico e de um *software* de voz, nunca me imaginei sendo um palestrante. Mas sempre tem a primeira vez. Surpreendentemente, os convites vieram. E eu, é claro, disse "sim". Os primeiros foram para palestras on-line. Fui chamado pelas associações de ELA, Pro-Cura da ELA e ABRELA, para contar minha história de vida como um exemplo de superação. A experiência foi fantástica e motivadora. Percebi que as pessoas ficavam muito tocadas com a minha história e se sentiam inspiradas a não desistirem e a não reclamarem de nada na vida. Até hoje, o que eu mais escuto após as palestras é que sou um exemplo, uma inspiração para muitos pacientes e familiares e que já transformei a vida de muita gente. Sinto-me muito lisonjeado e motivado para continuar seguindo sendo referência para os outros.

Com a repercussão do Mobilize Brasil, acabei ficando conhecido também como um especialista em mobilidade urbana sustentável, sem mobilidade, "que escreve com os olhos e fala com a voz do computador". As pessoas acabavam conhecendo a minha história de vida e me achavam interessante, para não dizer, estranho. Acabei despertando o interesse de empresas e ONGs que me pediam para ministrar palestras sobre mobilidade, não para contar a minha história, mas como um especialista de in-

PARTE 4 - NO RITMO DA VIDA

formações consolidadas sobre a temática. Mais uma vez, a experiência foi gratificante pelos comentários das pessoas no final, movidas pelo tema e sensibilizadas por receberem a mensagem de forma tão inusitada.

Com a minha cadeira motorizada, acabei sendo convidado para dar a primeira palestra presencial na Virada Sustentável, no Unibes Cultural, em São Paulo. Além da palestra, ajudei também na organização do evento. Estava um pouco apreensivo em imaginar como as pessoas reagiriam a uma palestra diferente. Preparei o Power Point, escrevi os textos, gravei-os com a minha voz digital, sincronizei as falas com as telas, depois gerei um vídeo que foi reproduzido na hora. Depois da palestra, o jornalista Marcos de Sousa, do Mobilize, conduziu o debate sobre mobilidade sustentável. Foi uma experiência incrível contar com a presença de muitas pessoas e receber o carinho delas no final do evento, dizendo que a palestra foi inspiradora.

Depois da primeira, comecei a receber vários outros convites para palestras presenciais, tanto das associações de pessoas com ELA, como de empresas e ONGs. Na sequência, vieram mais convites para eventos não só em São Paulo, mas também em Campinas, Santo André, Sorocaba, Santana de Parnaíba e outras cidades. Uma ocasião muito especial foi retornar à faculdade onde estudei, FGV, não como aluno, mas como palestrante, e sentir a acolhida calorosa dos colegas "gevenianos". Fui convidado também para ministrar palestras em outras universidades, como USP e UNICAMP, e eventos em escolas, congressos, hotéis e restaurantes. Algumas palestras foram marcantes como, por exemplo, o jantar beneficente para captação de recursos para o Mobilize e o Lar Casa Bela, organizado pela minha querida amiga Bel, no restaurante La Doc de Sorocaba. Foi emocionante reunir muitas pessoas engajadas nas duas causas: a da mobilidade e da inclusão social de crianças e adolescentes. Passados alguns dias, recebi um bilhete de uma senhora que havia assistido à palestra, comentando que estava

397

para se separar do marido, mas que, após ouvir a minha história, tinha ficado sensibilizada e voltado atrás na decisão. Fiquei surpreso porque jamais imaginei exercer também a função de "Santo Casamenteiro". Duas outras palestras também foram marcantes, ministradas em lugares especiais e simbólicos para mim: a Livraria Cultura do Conjunto Nacional e o Memorial da América Latina.

No início, eu mesmo preparava todas as palestras, o que me dava um trabalho enorme. Escrevia todos os textos, vertia em áudio e montava a apresentação no Power Point. Depois a transformava em um vídeo, com minha narração na voz digital e, por fim, gravava a palestra em um *pen-drive* para levá-la pronta. Tudo somente com os olhos. Cheguei a varar muitas madrugadas preparando as palestras, mas, com o tempo e com o aumento do número de convites, meu amigo Beto Burgess, dono da empresa PON-TOppt também criador do *podcast* "O dono da verdade", se prontificou a me ajudar, deixando as apresentações mais profissionais. Continuei criando e escrevendo os textos, transformando os arquivos em áudio com minha voz digital, depois encaminhava tudo para Beto e sua equipe se encarregava de ilustrar a palestra, deixá-la dinâmica e interativa. Após as apresentações, é comum o público aplaudir de pé, algumas pessoas chorarem de emoção e eu receber depoimentos tocantes, que me motivam a continuar fazendo outras palestras. É comum também todos se reunirem ao meu redor para tirar fotos e entender "como eu funciono".

Além das palestras nacionais, qual não foi minha surpresa quando fui convidado a dar uma palestra on-line em um evento internacional sobre cidades inteligentes no Foro Lima, no Peru. Quem traduziu tudo para o espanhol foi uma amiga venezuelana que conheci em Barcelona. Confesso que minha voz em espanhol ficou bem mais sexy do que o software de voz em português.

PARTE 4 - NO RITMO DA VIDA

Tive também a honra de representar a EY, sendo o *Key-Note* de uma conferência internacional em inglês da organização *Disability-In*, para empresas de setenta e sete países, em uma audiência on-line com quase duas mil pessoas. Durante um mês, estive envolvido com a PONTOppt na preparação dessa palestra sobre acessibilidade, inclusão, minha história e a trajetória na EY, com minhas colegas de trabalho Luiza Ferraz, Maithê Paris e Nayara Santos.

Nessa época, recebi também um convite muito interessante e curioso: fazer parte do acervo virtual do Museu da Pessoa. Depois de alguns contatos e uma preparação, a equipe veio até a minha casa gravar uma entrevista, na qual contei a minha história de vida desde a infância até os dias atuais. No site do museu, foi publicada a reportagem, o vídeo da entrevista na íntegra e um compacto da minha história. Falei brincando que nunca imaginei que viraria peça de museu.

RECONHECIMENTOS INESPERADOS

Depois de receber o Prêmio Estadão PME, em 2013, muitos outros vieram na sequência. Entre eles, o prêmio Chico Xavier de Reconhecimento Humanitário, o Marco da Paz – Inclusão sem Limites, Mãozinha Verde, e o Troféu Frotas e Fretes Verdes.

Uma surpresa maior e muito gratificante foi receber a incrível notícia que eu havia sido escolhido entre os dez homenageados do prêmio Trip Transformadores, agraciado a pessoas que transformam o Brasil e o mundo. Eu já tinha visto muitos dos meus ídolos entre os homenageados nas edições anteriores. Parecia inimaginável que um dia eu também subiria naquele palco para receber o troféu ao lado de pessoas como o ator Lázaro Ramos, Lucinha Araújo, mãe do Cazuza, o padre Júlio Lancellotti, a filósofa e escritora Sueli Carneiro, dentre outras pessoas com histórias fantásticas de transformação social.

Participei de uma série de eventos, uma entrevista para a revista Trip, uma reportagem para o site, uma sessão de fotos, um show em homenagem ao Cazuza, além da gravação de um vídeo documentário, que foi feito parte no meu quarto e parte na ciclovia da Avenida Faria Lima, em frente ao Museu da Casa Brasileira. Na ocasião, meu amigo Luiz Covo, criador da Associação Abaporu, foi comigo e me ajudou participando da gravação.

Em novembro, chegou o grande dia. A cerimônia final de premiação foi no Auditório do Ibirapuera, um evento mágico que ficará para sempre na minha memória. Cada um dos homenageados tinha uma história mais linda e emocionante que a outra. A organização foi impecável, assim como todo o suporte que me foi dado. A melhor parte foi conseguir reunir boa parte dos meus grandes amigos, como Luiz, Gui, Junqueira e minha prima Flávia. Até a minha irmã Lili, que havia se mudado para Portugal há poucos meses, e Renato Miralla, que estava morando de volta em Barcelona, conseguiram conciliar os compromissos profissionais no Brasil e deram um jeito de comparecer. Além dos amigos, contei com a presença da escritora Gisele Mirabai, de toda equipe do Mobilize, da *influencer* digital Paula Monteiro e dos amigos colaboradores Vadinho Santi e Ana.

Na minha vez de subir ao palco, meu pai foi pilotando a cadeira motorizada. O vídeo documentário foi mostrado e três pessoas discursaram, falando sobre meu trabalho: Gabriela Gaspari, do aplicativo 99, Ricardo Chester, da Almap, e o ator Marco Pigossi. Na minha vez de falar, a organização colocou um arquivo de áudio que eu já havia preparado com a minha voz digital, reproduzido a seguir:

> "*Boa noite a todos! Em primeiro lugar, gostaria de parabenizar a Trip pelo prêmio. É louvável reconhecer e divulgar o trabalho de pessoas que transformam o mundo ao seu redor. Eu já vi muitos dos meus ídolos serem homenagea-*

PARTE 4 - NO RITMO DA VIDA

dos pelo trabalho que realizam por uma sociedade mais justa e humana, com menos desigualdades e preconceitos. É uma honra estar ao lado de pessoas tão admiráveis e inspiradoras. Em 2008, quando fui diagnosticado com ELA, a literatura médica indicava que eu viveria no máximo de dois a cinco anos. Jamais poderia imaginar que, passados dez anos, eu seria homenageado por um projeto que criei quando a doença evoluía rapidamente e tirava os meus movimentos. Certamente o trabalho no Mobilize ajudou a chegar até aqui. Dar minha pequena parcela de contribuição para transformar as cidades em um lugar melhor para se viver gera em mim uma enorme satisfação. Mas nada disso seria possível se eu não contasse com o amor de pessoas que não medem esforços para me ver bem, como meus pais Marcio e Cristina, minha irmã Liliana, minha namorada, muitos amigos e familiares, e os profissionais de saúde que cuidam de mim, hoje representados por Leiliane e Ana Isabel. Quero agradecer ainda Marcos de Sousa, Regina e todos do Mobilize Brasil, assim como meus colegas de trabalho na EY. Obrigado também aos envolvidos no Trip Transformadores. Aprendi que, com força de vontade e uma rede de pessoas engajadas, é possível superar obstáculos, realizar nossos sonhos e fazer a diferença no mundo. Não é porque estou aprisionado em uma cadeira de rodas que me aprisionaram a alma. Muito obrigado".

Fiquei lisonjeado ao ser aplaudido de pé pela plateia de aproximadamente mil pessoas presentes. Honra que o sambista Nelson Sargento também recebeu aos 94 anos em sua apresentação musical no final do evento. Para mim, essa homenagem foi transformadora. Jamais havia imaginado ser reconhecido dessa forma. Na ocasião que criei o Mobilize, jamais poderia vislumbrar tamanha repercussão. Foi uma das noites mais emocionantes e gratificantes da minha vida, com o lançamento do livro *Movido pela mente*.

DEPOIS DO TSUNAMI, VEM MAIS ALGUMAS ONDAS

"Família é prato difícil de preparar.

São muitos ingredientes.

Reunir todos é um problema...

Não é para qualquer um.

Os truques, os segredos, o imprevisível.

Às vezes, dá até vontade de desistir...

Família é prato que emociona.

E a gente chora mesmo.

De alegria, de raiva ou de tristeza.

O pior é que ainda tem gente que acredita

na receita da família perfeita.

Bobagem! Tudo ilusão!

Família é afinidade, é à Moda da Casa.

E cada casa gosta de preparar a família a seu jeito."

Como escreveu Francisco Azevedo, no seu livro *Arroz de Palma*, cada casa gosta de preparar a família da própria maneira. A minha família teve que, literalmente, se reinventar após meu diagnóstico de ELA. Ao contrário do autor, eu nunca pensei em desistir da minha porque sem ela eu não teria sobrevivido. É ela quem me mantém vivo, atenta a todos os percalços inesperados que acontecem comigo. Quando perguntam para a minha mãe se ela não tem depressão, a resposta é sempre enfática: não tenho tempo. Estresse também é uma palavra que ela deletou do seu vocabulário. Sempre diz que somente conhece "fortes emoções".

Foi assim que, de forma inesperada, fortes emoções tomaram conta da nossa casa. Minha mãe foi nadar e passou mal na piscina. No dia seguinte, teve uma compressão da veia cava superior e meu pai levou-a correndo

PARTE 4 - NO RITMO DA VIDA

para o hospital. O que ninguém poderia imaginar é que ela, sempre muito dinâmica e ativa, tivesse um diagnóstico de câncer, mais especificamente de um linfoma de Hodgkin. O susto foi enorme e preocupante. Afinal, era um tumor com quase dez centímetros de tamanho no mediastino, inoperável. Internada para uma série de exames, ela só teve alta após a primeira quimioterapia. Meu pai que a acompanhava começou a passar mal, com fortes dores abdominais. Aproveitando que estava no hospital, foi ao pronto atendimento. Qual não foi a surpresa quando descobriu que havia desenvolvido a doença de Crohn e, também, precisaria ficar internado, mas no isolamento, devido à infecção intestinal.

Minha irmã Lili, que havia tido sua segunda filha poucos meses antes, ainda estava amamentando e, em casa, também tinha a Nicole, com três anos, para cuidar. De um dia para o outro eu me vi sozinho, sem ter ninguém da minha família para ficar em casa comigo. Uma das exigências da empresa de *home care* é ter um responsável em casa além da enfermagem. Acabei tendo que acionar a nossa vizinha "anja de plantão", Cleide, para me ajudar, e mandei mensagem para os amigos, convocando todos para fazerem um rodízio e ficarem em casa, começando pelo Higor. Na hora, não sabíamos se era um momento para rir ou para chorar, porque, como diz o ditado popular "desgraça pouca é bobagem". Tivemos que nos virar do avesso para dar conta da situação.

Durante dez meses, minha mãe, a cada três semanas, cumpria a rotina de passar o dia no hospital, recebendo a infusão de quimioterapia na veia, e voltava sob os efeitos da medicação. No dia seguinte, assumia as rotinas da casa como se nada tivesse acontecido. Apesar de ter perdido todo o cabelo, passando a usar uma peruca para sair e ter tido algumas intercorrências no meio do caminho, ela sempre encarou o tratamento, porque tinha a certeza de que ficaria curada. No final, ainda chegou a fazer algumas sessões de radioterapia, orientada pela equipe de oncologia, para se certificar de que não havia sobrado qualquer célula cancerígena. Sempre admirei a forma como minha mãe encarou o diagnóstico e o tratamento com leveza, sem se abater psicologicamente. Ela dizia que sua missão no mundo era muito maior e que não poderia interromper o percurso no meio do caminho. Meu pai também fez um tratamento inovador, durante seis meses, com uma medicação nova e promissora, e ficou bom.

Como somos adeptos da filosofia do mestre Dalai Lama que diz que "no final tudo volta ao ponto de equilíbrio", após o tsunami, as ondas do maremoto se acalmaram, a maré baixou, meu pai e minha mãe ficaram curados, e a nossa vida voltou à normalidade, ou melhor, à nossa normalidade, nada normal para quem observa de fora.

Mas logo vieram as novidades. Depois de dez anos no comando da Sampa House, empresa de locação de apartamentos para estrangeiros que Lili, minha irmã, havia criado com meu cunhado Alê, eles receberam uma proposta de compra por um grande grupo hoteleiro. Após um ano de conversas e negociações, finalmente a transação se consolidou com uma cláusula de "no compete", ou seja, durante dois anos, eles não poderiam trabalhar no mesmo ramo de negócios no Brasil.

Diante dessa cláusula e da situação econômica do nosso país, eles resolveram começar uma nova vida em Portugal, já que temos cidadania portuguesa. Foi assim que, depois que a vida se acalmou em casa e meus pais estavam saudáveis, Lili, Ale, Nicole e Nina partiram, com a cara e a coragem, de mudança para Cascais, nos arredores de Lisboa. No prazo de um ano já estavam estabelecidos por lá, atuando na mesma área de aluguel e venda de imóveis para estrangeiros. Com isso, meus pais voltaram a viajar, agora para visitar a família e aproveitar a companhia das netas. De tempos em tempos, a "Família Ripinica Portu-

PARTE 4 - NO RITMO DA VIDA

guesa" aproveita as férias para vir nos visitar e rever os amigos brasileiros. Eu sempre faço questão de tirar férias na EY nesses momentos, para ter mais tempo livre com eles, colocar as histórias em dia, assistir a filmes com as minhas sobrinhas, passear pela cidade, enfim, aproveitar a família reunida.

Mas o mar voltou a se movimentar e mais algumas ondas vieram bater nas nossas costas. Mais precisamente nas costas do meu pai. Havia alguns anos que ele vinha sofrendo com dores na coluna vertebral e sentindo dificuldade para caminhar. Após consultar vários especialistas e fazer tratamentos clínicos à base de anti-inflamatórios sem resultados satisfatórios, resolveu, finalmente, ouvir um neurocirurgião que propôs uma cirurgia pouco invasiva para descompressão da medula, garantindo-lhe a melhora dos sintomas e a possibilidade de volta ao trabalho em quinze dias. Entusiasmado, meu pai foi para a cirurgia que, por algum motivo, não saiu conforme o esperado. No dia seguinte, o cirurgião resolveu operá-lo novamente, alegando, inclusive, que a segunda intervenção havia sido mais trabalhosa que a primeira.

No pós-operatório, comentou que algumas estruturas haviam sido lesadas e que, provavelmente, meu pai teria alguma dificuldade de deambulação por, no máximo, três meses. Passado esse prazo, ele ainda não tinha recuperado sua capacidade de andar sem o auxílio de uma muleta. Na verdade, não recuperou até hoje. Consultando outro especialista, constatou ter sofrido uma sequela neurológica por isquemia, ou seja, por falta de oxigenação em algum local da medula, impossível de precisar em que momento, se antes, depois ou no intraoperatório. Por se tratar de uma doença progressiva, a perda de força muscular continuou avançando, dificultando a capacidade de locomoção e impossibilitando-o de dirigir a van para me levar para passear e dar palestras.

MINHA PANDEMIA NÃO TÃO PANDÊMICA

A pandemia trouxe diferentes impactos na minha vida, uns negativos, outros positivos. Um deles foi ter que cancelar a festa de aniversário, que seria novamente no Parque Villa-Lobos. Estava tudo combinado, divulgado e as pessoas convidadas, inclusive com presença confirmada do meu amigo Admir, angolano que conheci no Canadá. Marcamos para o início de março, mas quando a data foi se aproximando, percebemos que não seria possível reunir mais de cem pessoas, mesmo em um lugar aberto.

Além da festa, eu tinha combinado com meus amigos Akabane, Pipo e Thiago Triani de irmos na Arena Corinthians no dia do nosso aniversário de 40 anos. Embora fosse em fevereiro, fazia muito frio. Fomos acompanhados da equipe do Globo Esporte e do repórter Caio Maciel, que queria mostrar a saga de um torcedor cadeirante para assistir a um jogo do seu time favorito. Eles nos filmaram desde o desembarque da van no estacionamento até o final do jogo, depois aproveitaram para cantar parabéns pelo nosso aniversário. Infelizmente, a reportagem nunca foi ao ar porque, no dia seguinte, foi decretado o estado de pandemia pelo novo coronavírus, com as restrições de não aglomeração e a suspensão temporária do campeonato.

Um lado bem negativo da pandemia foi que eu passei a ser tratado como um ser absolutamente frágil, que devia ficar isolado, quase sem contato com outras pessoas e sempre com o máximo de cuidado possível. As regras de higiene na minha casa ficaram rigorosas e cada profissional de enfermagem passou a tomar banho antes de assumir o plantão, e a se paramentar inteiro antes de entrar no meu quarto. Parecia filme de ficção científica. Além disso, passaram a fazer plantões de 24 horas, em vez de 12 horas, para minimizar o contágio do ir e vir na condução. Essa preocupação com a higienização foi muito tensa, e só começou a melhorar depois

PARTE 4 - NO RITMO DA VIDA

que todos tomaram a primeira dose da vacina. Mas a cautela excessiva deu resultado. Nunca fui infectado pelo coronavírus, pelo menos que eu saiba.

O lado positivo da pandemia foi que, havia alguns meses, eu tinha sido alocado como consultor de mobilidade pela EY em um projeto de consultoria de *Smart Cities* em parceria com a ONU, o governo britânico e a Prefeitura de Belo Horizonte, para melhorar o transporte público de um dos corredores de ônibus mais movimentados da cidade. Elaborávamos materiais para a implantação de um sistema inteligente, analisando dados de diversas fontes, inclusive *smartphones* dos usuários, para melhorar a eficiência e qualidade dos serviços prestados. Nossa equipe tinha uma reunião diária on-line, mais rápida, para conversar sobre as atividades rotineiras, e outra reunião semanal, presencial, em Belo Horizonte, mais longa, para fazer um balanço do andamento do projeto. Essa reunião semanal contava com a participação de toda equipe, sendo que quem não morava na cidade se movia para lá de avião. Eu era o único que não me locomovia, mas acompanhava a conversa pela câmera do computador de alguém da equipe, com visão limitada e dificuldade de interação. Quando estourou a pandemia, as reuniões passaram a ser remotas, ou seja, todos ficaram em pé de igualdade comigo, participando de reuniões on-line, como eu já vinha fazendo há dez anos.

A pandemia também foi responsável, de certa forma, pelo término do relacionamento de mais de quatro anos com Cristy, sendo que nos últimos vinte meses, como noivos, ela morou em casa comigo. O isolamento social levou-a a parar de trabalhar como fisioterapeuta, quando atendia diversos pacientes, e a viver sua vida em função da minha, tendo eu como seu único paciente. Realmente, para uma jovem recém-formada, essa não era uma situação ideal, mas no geral, fazendo um balanço do nosso relacionamento, foi bem positivo. Ela foi uma ótima companhia durante anos e me mostrou que, mesmo com as limitações, eu podia ter uma companheira para amar, morar junto e compartilhar a vida no dia a dia.

Logo no início da pandemia, as técnicas de enfermagem Ana e Eva foram infectadas com a COVID-19 e tiveram que ser afastadas. Eva não se sentiu segura para dar plantões novamente e, no lugar dela, voltou a Débora, que já havia cuidado de mim e trabalhava como folguista. Por sorte, nessa época difícil da pandemia, os quatro profissionais titulares da equipe estavam aqui havia muito tempo. Evitávamos o entra e sai de novos profissionais, que sempre demandavam treinamento e tempo para adaptação.

Um pouco antes da pandemia, por ocasião das festas de final de ano, fiz questão de promover na minha casa um churrasco de confraternização para toda minha leal equipe, que cuidava de mim há mais de oito anos, e suas respectivas famílias. Sempre brincava com todos que seus familiares eram virtuais porque ouvia falar, mas não os conhecia pessoalmente. Foi um dia memorável, em que pude prestar uma homenagem para cada um dos profissionais: técnicos de enfermagem, fisioterapeutas, fonoaudióloga, nutricionista, acupunturista e até meu cabeleireiro. Desde então, após conhecer todos, eles passaram a vir me visitar com maior frequência e a participar de eventos comigo.

ESTUDANTE NOVAMENTE

Assim que fui alocado no projeto de consultoria da EY de *Smart Cities* para Belo Horizonte, comecei a pesquisar muito sobre o assunto em publicações nacionais e referências internacionais, acabei me deparando com um curso de pós-graduação muito interessante sobre cidades inteligentes, que buscava usar estrategicamente tecnologia, inovação e análise de dados na gestão pública para dar resposta às necessidades socioeconômicas, aumentando a qualidade de vida da população. O curso *Smart City Expert* era

PARTE 4 - NO RITMO DA VIDA

on-line, tinha a duração de um ano e estava sendo promovido pelo *iCities*, uma organização de Curitiba, referência na área. O conteúdo programático estava dividido em dez módulos e os professores, excelentes; muitos, inclusive, com experiências internacionais em implantação de programas de sustentabilidade e gestão pública.

No início, fiquei um pouco receoso de participar e não dar conta da dinâmica das aulas por "funcionar" de um jeito não convencional para os padrões usuais, mas, desde a primeira aula, fui muito bem recebido pelos professores, pela coordenação do curso e pelos meus colegas. Muitos já conheciam o Mobilize e se interessavam em saber como eu tinha me tornado um apaixonado por mobilidade, mesmo sem mobilidade.

No final, em plena pandemia, sem sair do meu quarto-escritório, eu assistia às aulas, participava das dinâmicas escrevendo pelo chat e interagia com todos. Além da excelente qualidade dos professores, outro diferencial do curso eram os colegas da turma: pessoas simpáticas e interessadas, com diferentes formações, de diversas regiões do Brasil, até mesmo de outros países, como uma paraense que morava em Atlanta, e uma francesa de Paris que se mudou para São Paulo no meio do curso e se tornou minha grande amiga, Aurélie.

DE TAPETES VOADORES A PATINS A JATO

Em setembro, em plena pandemia, o Mobilize completou dez anos de existência. Queríamos de alguma forma comemorar esse acontecimento, inimaginável quando eu tive a ideia de criar o portal enquanto a doença avançava e eu perdia os movimentos, até me encontrar totalmente acamado.

A única alternativa era promover uma *live* e divulgar nas mídias sociais para que todos os amigos, empresas, patrocinadores, ONGs e ativistas da mobilidade pudessem participar ao vivo. O jornalista Marcos de Sousa ficou responsável pela organização e pela apresentação de uma breve retrospectiva dos trabalhos realizados pelo Mobilize. Eu também fiz questão de gravar um vídeo com uma mensagem de agradecimento a todos que apostaram na criação do portal, nos apoiaram e nos apoiam até hoje. Aproveitamos também para divulgar o novo Estudo Mobilize que nos propusemos a fazer para avaliar novamente como andava a mobilidade das capitais brasileiras e saber o quanto os gestores públicos tinham avançado em projetos dessa natureza.

Imaginando outras formas de celebração dos dez anos do Mobilize, tivemos a ideia de lançar a segunda edição do Concurso de Ilustrações com o tema: "Mobilidade dentro da pandemia de COVID-19". A ideia era discutir a mobilidade urbana sustentável, olhando para um panorama futuro e com uma pitada a mais para imaginação: desenhar modais que evitassem aglomerações, visto que o momento era de confinamento e reclusão. Meus amigos e familiares, quando se deslocavam de carro por São Paulo, comentavam que, com o isolamento, a mobilidade era outra, sem trânsito e sem engarrafamentos, trazendo uma nova qualidade de vida para a cidade, revelando um céu azul, sem poluição. Mobilizei meus contatos em busca de patrocinadores e colocamos o projeto para rodar em duas categorias, infantil e adulta.

A proposta de repensar as cidades é um exercício que nós, do Mobilize, escrevemos a todo momento. Dessa vez seria diferente, por meio de desenhos. Mariana Melo, colega no curso do *iCities* e agora integrante do Mobilize, ficou responsável pela realização. O resultado superou as expectativas: os participantes aproveitaram o momento de reclusão para sonharem com novas formas de se deslocarem pelas cidades. Transportaram-se para um mundo mágico recheado de modais de todo tipo: desde tapetes voadores até patins de alta velocidade. Recebemos inscrições de todo o Brasil e, como forma de prestigiar desenhos tão criativos, decidimos fazer

PARTE 4 - NO RITMO DA VIDA

uma exposição com as ilustrações vencedoras, que ficaram expostas em painéis, na Linha 2 – Verde do Metrô de São Paulo, aproveitando a semana do Dia Mundial Sem Carro. Consecutivamente, foram exibidas na estação Paulista da Linha 4 – Amarela do metrô.

O concurso cumpriu com o propósito do Mobilize de promover espaços de debate sobre a mobilidade urbana sustentável em todas as esferas; dessa vez, de forma criativa e lúdica. Os vencedores receberam os prêmios em casa e o vencedor da categoria adulta, Nykollas Augusto Lima, teve a oportunidade de divulgar seus trabalhos nas exposições.

OUTRO PROFESSOR POLVO

Durante o curso de pós-graduação em cidades inteligentes, um dos módulos era o de Mobilidade Urbana Sustentável. Com o conhecimento aprofundado na temática e a experiência adquirida por diversos estudos que realizamos no Mobilize, pude interagir nas aulas e contribuir com um debate enriquecedor sobre o assunto. No ano seguinte, de forma inesperada, recebi um e-mail de um dos diretores do *iCities* me convidando para ser o professor do módulo de Mobilidade Urbana Sustentável, o mesmo que eu havia participado efetivamente e havia feito, inclusive, comentários no formulário de avaliação, com elogios, críticas e sugestões.

Pedi para fazer uma reunião on-line para explicar as minhas limitações e sugeri ter o jornalista Marcos de Sousa e a arquiteta Marília Hildebrand, também atuante no Mobilize, para me ajudarem na hora de acolher os alunos e interagir, respondendo a perguntas de forma mais dinâmica, já que demoro um tempo para escrever com os olhos e responder. O diretor aceitou minha proposta e, desde então, pelo terceiro ano consecutivo, sou o professor do módulo de Mobilidade Urbana Sustentável no curso de pós-graduação do *iCities* de Curitiba.

MOVIDO PELA MENTE

No primeiro ano, tivemos bastante trabalho para preparar o material para as aulas do módulo. Pude contar com a colaboração do Marcos, que elaborou uma linha do tempo da mobilidade, desde seus primórdios até os dias atuais, e da Marília, que contribuiu com a visão sistêmica das cidades como um organismo vivo, dado seu vasto conhecimento em urbanismo. Eu fiquei responsável por organizar todo o material e escrever quase metade dos capítulos. Com as apostilas prontas, foi a vez de preparar as apresentações de forma similar à que faço nas palestras, inserindo áudios com minha voz eletrônica nos *slides*, nos quais contei com a ajuda da Paula Monteiro, profissional de comunicação que ficou minha amiga, depois que leu o *Movido pela mente*.

No primeiro ano do curso, aproveitei para convidar Iuri Moura, do ITDP, para falar sobre o conceito de Desenvolvimento Orientado ao Transporte Sustentável (DOTS), e meu amigo Normano Ribeiro, que havia conhecido no trabalho de consultoria da EY, para dar uma aula sobre tecnologias aplicadas à mobilidade urbana, área que é sua especialidade. Dessa forma, o curso contemplou uma visão sistêmica da mobilidade desde os primeiros passos até os dias atuais, com os desafios e as propostas inovadoras advindas de experiências bem-sucedidas nacional e internacionalmente.

Parece que os alunos da pós-graduação aprovaram o professor e sua equipe. Nas novas edições do curso, o material produzido foi sendo anualmente aprimorado e acabou indo parar na lista dos próximos projetos que quero realizar: a publicação de um livro sobre a história da mobilidade urbana, baseado nesse material. Por enquanto, ainda não tivemos braços para realizá-lo. Como o belo filme *Professor Polvo*, vencedor do Oscar de melhor documentário de longa-metragem, que conta a história de um mergulhador que encontrou em um polvo seu mais novo professor e exemplo de vida, o Mobilize precisa de muitos tentáculos, como um polvo, para realizar todo o seu potencial, já que apenas os meus olhos não dão conta.

TRABALHANDO POR UMA SOCIEDADE MELHOR

Aquele sonho impossível de realizar novamente o Estudo Mobilize para avaliar a situação da mobilidade urbana dez anos após o primeiro estudo que havíamos feito, finalmente se tornou possível. Dessa vez, foi um projeto pensado e criado por muitos tentáculos. A ideia inicial era juntar conhecimento teórico, obtidos por meio de pesquisas em base de dados abertos e disponíveis, mapeando o panorama geral da mobilidade urbana no contexto nacional. Em seguida, o objetivo era trazer o conhecimento de parceiros do Mobilize, elaborando uma atividade de campo a ser realizada por eles, contemplando cada uma das 27 capitais brasileiras. O próximo passo era entrevistar agentes locais para compor um estudo robusto e com linguagem simples para que toda população pudesse conhecer e se apropriar dos resultados analisados, principalmente, eles, os gestores públicos.

A meta estava lançada. Convidamos a arquiteta e urbanista Marília Hildebrand para coordenar a parte da metodologia e dos dados, com a arquiteta Mariana Melo. Para o levantamento de campo, entrevistas e contato com as assessorias de imprensa dos órgãos governamentais das capitais, contamos com a equipe de jornalistas Marcos de Souza, Regina Rocha e Du Dias. A parte das mídias sociais foi coordenada pela influenciadora digital Paula Monteiro. Após a equipe estar formada, foram muitas horas de reuniões para a definição dos indicadores e da metodologia, além de muitas *lives* com nossos parceiros para capacitá-los em relação à aplicação dos questionários e dos infindáveis contatos com as secretarias de governo para obtenção de dados. Pudemos contar também com o trabalho fundamental de duas empresas que participaram do projeto em caráter *pro bono*. A EY disponibilizou uma equipe da área de

DDA (*Digital, Data & Analytics*), comandada pelo sócio Luiz Covo, para atuar no tratamento de dados e na criação de um painel interativo com os resultados, e a *Able-One*, do Normano Ribeiro, atuou com o registro georreferenciado das avaliações em campo.

Finalmente, após um ano e meio de um trabalho incessante e minucioso, pudemos divulgar os resultados do Estudo Mobilize, em forma de relatório eletrônico e apresentação em Power Point em uma *live*, com transmissão nacional, para gestores públicos e o público em geral. Na sequência, enviamos o Estudo impresso para todos os secretários de mobilidade das 27 capitais brasileiras na esperança de que esse rico material pudesse gerar reflexões e ações efetivas na melhoria da qualidade da mobilidade, em diferentes quesitos e categorias. Nosso intuito era que o Estudo Mobilize fosse um instrumento para que os gestores públicos pensassem mais nos cidadãos, de forma mais gentil com a mobilidade e acessibilidade nas cidades brasileiras.

Além de disponibilizar uma equipe para trabalhar diariamente no Estudo Mobilize durante oito meses, na forma de projeto *pro bono*, a EY se encarregou da impressão dos relatórios enviados também às prefeituras e ao governo federal. Foi muito gratificante ver, mais uma vez, a empresa na qual trabalho e a organização que fundei unirem esforços e atuarem juntas em um projeto que beneficiava a sociedade, como havia sido na elaboração do Guia de Mobilidade Corporativa.

Assim que o Estudo Mobilize foi finalizado, eu voltei *full time* à área de Responsabilidade Corporativa na EY. Lá, desenvolvemos ações de voluntariado, realizamos eventos, estabelecemos parcerias com outras organizações e, de tempos em tempos, eu ministro algumas palestras. Eventualmente, sou "emprestado" à área de consultoria, como no dia em que fomos à sede de um importante cliente apresentar um produto focado no desenvolvimento

PARTE 4 - NO RITMO DA VIDA

de Pessoas com Deficiência, com uma metodologia que trazia elementos de protagonismos e desenvolvimento de carreira, em um ambiente de muita troca, diálogo e confiança. Eu apresentei parte do trabalho com a minha voz digital. Outras pessoas com deficiência da EY, como meu amigo Pedro Zogbi, também participaram, mostrando que de fato a empresa estimulava um ambiente de inclusão. No final, o cliente ficou satisfeito e o projeto foi um sucesso, recebendo elogios até do presidente da EY.

Conciliar o trabalho do Mobilize com o da EY na realização de projetos em prol de ações que produzem impacto positivo na sociedade geram em mim uma grande satisfação de inclusão e pertencimento. Sim, sou um homem acamado, mas sem dúvida alguma, um homem realizado.

26 A VIDA É UM SOPRO

"Não se incomode, o que a gente pode, pode
O que a gente não pode, explodirá
A força é bruta e a fonte da força é neutra
E de repente a gente poderá
Não desespere, quando a vida fere, fere
E nenhum mágico interferirá
Se a vida fere com a sensação do brilho
De repente a gente brilhará."

Realce, de Gilberto Gil

DESGRAÇAS, SEM NENHUMA GRAÇA

Um belo dia de primavera, de céu azul, sem nuvens e sem brisa no ar, minha traqueia começou a sangrar toda vez que a técnica de enfermagem fazia a aspiração. Por conta do tempo seco, achávamos que seria passageiro, nada que um umidificador de ar não resolvesse. Infelizmente, não foi isso que aconteceu. De repente, comecei a piorar muito da parte respiratória, quase me sufocando na hora

PARTE 4 - NO RITMO DA VIDA

de aspirar a traqueia. Minha mãe precisou chamar uma ambulância com urgência, e acabei ficando internado por duas semanas, primeiro na UTI e, depois, na semi-intensiva.

O ruim de cada internação era que eu me sentia como um "ser exótico", fora de todos os protocolos do hospital, que gerava muita curiosidade na enfermagem e nas fisioterapeutas do andar onde me encontrava. Isso acabava gerando um entre e sai no meu quarto de profissionais de saúde que queriam conhecer a tabela de comunicação que criei e entender como eu escrevia com os olhos. O lado bom era que eu fazia amizade com muitas das enfermeiras, que me adicionavam no Instagram ou até mesmo vinham depois me visitar em casa. Dessa vez, a curiosidade foi ainda maior, porque eu tinha uma palestra programada bem durante a internação. Minha mãe pegou uma camisa social em casa e me preparou para a apresentação on--line diretamente do leito hospitalar. Marcos, do Mobilize, brincou que eu estava muito chique como palestrante paciente. Ele só não sabia que eu estava pelado por baixo da camisa, o que não aparecia no vídeo.

Outro incidente envolvendo meu corpo físico sem movimentos foi quando eu estava embaixo do chuveiro e um jato de água escaldante veio em cima de mim. Como eu não conseguia me esquivar nem gritar, a água conseguiu torrar a minha pele do peito até as partes íntimas, sem que eu pudesse abrir a boca. Jamais alguém imaginaria que, ao dar a descarga no lavabo, no andar de baixo da casa, afetaria o chuveiro do meu banheiro, no andar de cima, mas que usa a mesma rede hidráulica. Conclusão: fiquei com queimaduras de primeiro e segundo graus por todo corpo bem no inverno, sem poder vestir roupas e sem poder me aquecer. Tive que ser atendido por um estomaterapeuta, ou seja, um enfermeiro especialista em feridas, que fazia os curativos com materiais esterilizados e apropriados para queimaduras. Para me aquecer, bolamos uma cabana, levantando as grades da cama, enchendo de cobertores em cima, sem encostar no meu corpo pipocado de bolhas.

Quem apertou a descarga do lavabo sem saber que influenciava meu banheiro foi a cozinheira, que era prima de uma técnica de enfermagem que cuidava de mim há muito tempo. Dois meses depois do incidente, aconteceu algo que nos deixou completamente consternados. Ela foi encontrada morta a facadas na casa do namorado, que fugiu. A técnica estava em casa cuidando de mim, agoniada porque a prima não atendia o telefone, recebendo informações desencontradas, até descobrir que ela tinha sido assassinada. Eu sempre lia nos jornais ou assistia na tevê sobre os números alarmantes de feminicídio no Brasil. Mesmo assim, parecia algo distante até acontecer com alguém da nossa convivência. Foi um choque que nos deixou arrasados.

LIBERDADE CONDICIONAL

Desde a chegada da van adaptada, meu ritmo de saídas era intenso, mas tive que deixar de sair de uma hora para outra com a chegada da pandemia. Eu e todo mundo. Depois do jogo na Arena Corinthians no final de fevereiro, acabei ficando em "prisão domiciliar" por mais de um ano. Somente em dezembro, fomos ao centro histórico de Santana de Parnaíba apreciar o Natal de Luzes na companhia da minha irmã e sobrinhas, que estavam de férias no Brasil. Em fevereiro, saímos para dar um passeio em São Roque para comemorar meu aniversário; dessa vez, apenas com a família. Depois, só em julho, após tomar as duas primeiras doses da vacina, consegui sair novamente.

Embora tenha ficado sem sair do meu quarto-escritório durante cinco anos, a autonomia da cadeira motorizada e da van me deixou mal-acostumado, com vontade de recuperar o tempo perdido. Com a pandemia, passar

PARTE 4 - NO RITMO DA VIDA

um ano e meio saindo de casa apenas três vezes era inimaginável para quem não tinha movimentos, mas o coração acelerado. Aos poucos, fui retomando os passeios e, para coroar minha volta à circulação, no final do ano, fomos para Aguaí, rever este lugar tão marcante na minha vida, depois de mais de uma década sem ir até lá. Dessa vez, não explorei o sítio no lombo do cavalo Garoto, mas sim montado em minha cadeira de rodas motorizada.

A viagem para Aguaí representou a estreia do Ronei como meu ajudante. Ele tem a mesma idade que eu e começou a trabalhar em casa ainda adolescente, no início cuidando do jardim; depois, com a manutenção da casa. Com o tempo, ele foi fazendo cursos de pintura, elétrica, ar-condicionado, enfim, tornou-se um especialista na manutenção de imóveis. Está sempre com a agenda lotada de trabalho, mesmo assim se dispõe a me acompanhar em saídas e passeios para ajudar no embarque e desembarque, pilotar a cadeira motorizada, montar meu *tablet* com o *tobii-eye*, e até mesmo dirigir a van. Como nos conhecemos desde pequenos, existe um carinho e uma cumplicidade muito grande, além da confiança mútua. Fora isso, Ronei topa tudo o que eu proponho fazer e está sempre de bom humor, tornando-se um ótimo companheiro de aventuras. De volta às ruas, em sua companhia animada e desprendida, eu me sinto de novo livre, leve e solto em minha liberdade condicional.

MEU FLAT, MINHA VIDA

Desde que comecei a sentir mais estabilidade com a ELA e, inclusive, melhorar da parte respiratória, fui empurrando para bem longe o fantasma da morte, que costumava me espreitar pela porta. Comecei a sonhar com a ideia de comprar um apartamento para, quem sabe um dia, morar sozinho novamente. Com as economias acumuladas durante a pandemia com o valor do FGTS, busquei transformar meu sonho em realidade.

MOVIDO PELA MENTE

Inicialmente, pensava em comprar um *flat* na entrada de Alphaville, mas um presente de aniversário da Lili me fez mudar de ideia. Ganhei uma estada no Hotel Meliá da Avenida Paulista para comemorar meu aniversário, que caiu no domingo de carnaval, o qual passei com a minha equipe e Maiara, amiga e fisioterapeuta. Foi um final de semana incrível. No sábado à tarde, conseguimos passear no Conjunto Nacional, circular na Livraria Cultura, caminhar na cadeira motorizada pelo Parque Trianon, assistir à noite um *stand up* no Teatro Renaissance, aproveitar a noite no hotel, passear pela Paulista aberta no domingo e até mesmo avaliar a acessibilidade no metrô. Percebi que poderia circular por aquela região tranquilamente com minha cadeira motorizada, fazer vários programas sem grandes dificuldades e, ainda por cima, desfrutar das atividades culturais que sempre aconteciam naquele quadrilátero. Depois dessa experiência maravilhosa, a região do apartamento já estava decidida. Só precisava encontrar um prédio que atendesse às minhas necessidades de acessibilidade.

Assim que minha mãe voltou de viagem a Portugal visitando a família, comentei com ela sobre meu sonho de ter um apartamento e que gostaria de realizá-lo antes da Copa do Mundo, para poder tirar férias na EY e curtir os jogos no meu novo endereço. Convencer meus pais foi a parte mais fácil porque eles sempre embarcam nas minhas loucuras, como costumam dizer. Conhecendo minha mãe, que não era de ficar parada, passei o contato do primeiro imóvel que tinha selecionado na região da Paulista. No dia seguinte, ela marcou com a corretora e, ao se deparar com um prédio sem acessibilidade, com um elevador que não cabia a minha cadeira motorizada, comentou que, para não perder tempo, gostaria que ela selecionasse os *flats* disponíveis que atendessem às minhas especificidades. A corretora respondeu que conhecia todos os *flats* da região e que o único que me atenderia se encontrava bem na frente. Atravessaram a rua e, na mesma hora,

PARTE 4 - NO RITMO DA VIDA

minha mãe visitou um apartamento ideal para mim. Chegou em casa eufórica dizendo: "Ricky, já encontrei o *flat* perfeito para você".

A escolha da região da avenida Paulista foi fácil após minha hospedagem no hotel Meliá. Encontrar o apartamento foi mais fácil ainda, por não ter mais nenhuma outra opção. Minha mãe chegou até a ver alguns outros, todos inacessíveis. Após um período de três meses, entre a negociação e efetivação da compra, consegui, finalmente, receber as chaves do meu *flat* um mês antes do início da Copa do Mundo. Foi o tempo necessário para comprar os móveis e os utensílios que precisava, para deixá-lo pronto para a inauguração nas minhas férias.

Programamos minha primeira estada de cinco dias fora de casa, no meu próprio apartamento, bem na abertura da Copa do Mundo. Malas prontas, eu e minha equipe de enfermeiros e cuidadores não imaginávamos que assistiríamos os jogos da Copa não só pela televisão, mas também por um telão gigantesco instalado no estacionamento do Hotel Renaissance, que se transformou em uma Arena de Eventos e que me proporcionou assistir de camarote, ou seja, da minha janela da sala várias partidas. Também cheguei a assistir a um jogo lá, presencialmente. Como diz o ditado, sonhar pequeno ou sonhar grande dá o mesmo trabalho. Meu sonho tinha sido grandioso.

Durante essa e outras estadas no meu *flat,* passei a usufruir da infraestrutura da região, que concentra tudo em poucos quarteirões. O apartamento é pequeno, mas em um prédio incrível, com várias áreas comuns aconchegantes e interativas, além de um simpático restaurante, piscina e outras facilidades. A localização é perfeita, pertinho da Rua Padre João Manoel, onde passei minha infância, e próximo de uns dos meus lugares favoritos de São Paulo, o Conjunto Nacional, que, para mim, disparado, é o prédio mais inteligente que eu conhecia, um minimundo dentro de um único quarteirão, com residência, empresas, lojas, mercado, teatro, cinema, livraria, restaurante, casa de shows etc. Sua história é inspiradora, por ter sido criado por um jovem arquiteto, recém-formado, em apenas uma semana.

Continuo morando em Alphaville com meus pais, onde tenho toda infraestrutura, nada pequena, para a minha sobrevivência. Tento ir para o *flat* um final de semana por mês, aproveitando para alugá-lo durante o tempo em que não uso. Quem sabe, no futuro, possa passar mais tempo por lá, mas no curto prazo é impossível por inúmeros motivos. Primeiro, porque eu não posso ficar sozinho, somente com o profissional de enfermagem. Em Alphaville, meus pais estão sempre em casa. Segundo, porque toda equipe que cuida de mim há mais de dez anos mora na região oeste e não teria condições de me atender em São Paulo. Terceiro porque é um entra e sai diário de gente em casa, para atendimento de fisioterapia, fonoaudiologia, entrega de materiais, troca de equipamentos, além da visita da médica e enfermeira uma vez por semana. Toda essa função fica por conta da minha mãe, que tem que cuidar de tudo e mais um pouco, já que sempre surgem imprevistos.

Todas as vezes que eu vou para o apartamento aproveito para explorar a região bem acessível, na qual encontro diversas opções de diversão em poucos quarteirões. É um bairro bem caminhável e, aos poucos, passei inclusive a escolher meus lugares favoritos, como o Blue Note, uma casa de show e bar no mezanino do Conjunto Nacional, o teatro Renaissance, o restaurante Gula-Gula, em um casarão histórico com árvores centenárias e, é claro, o Conjunto Nacional, que eu não canso de explorar cada canto. Na região da Paulista, estou a poucos minutos a pé de cinemas, teatros, parques, museus, do Sesc, de inúmeros bares e restaurantes, sem falar em tudo que posso acessar de metrô.

Em uma dessas estadas no apartamento, Clarissa veio de Belo Horizonte me visitar. À noite, fomos ao show "A Bênção Vinicius", no Blue

PARTE 4 - NO RITMO DA VIDA

Note. O show foi incrível, com uma banda excelente. Depois, ficamos um pouco no terraço e, na volta, fiquei impressionado com a quantidade de gente que nos ofereceu ajuda. Essa atitude de gentileza com as pessoas com deficiência passou a ser uma constante nas minhas saídas. Tenho a impressão de que as pessoas, em geral, estão começando a ficar mais solícitas e ligadas nas políticas de inclusão. Oferecendo-se para ajudar, querem mostrar que estão dando a sua gota de contribuição.

No dia seguinte, aproveitamos para explorar a região, descendo a Rua Augusta, entrando nas galerias e parando em um restaurante que tinha um degrau. Nisso, veio um garçom perguntando se podia levantar a cadeira. Dissemos que pesava 200 kg e ele respondeu falando que era forte. E era mesmo. Levantou a parte da frente, depois a de trás, e entramos no recinto. Desde então, sempre que eu encontrava um obstáculo muito grande, falava brincando: chama o garçom fortão da Villa San Pietro. No final daquela tarde, ainda tivemos tempo para percorrer a exposição do Monet no Parque Villa-Lobos e contemplar um lindo pôr do sol, que conseguia embelezar a paisagem concreta e sóbria dessa cidade de pedra que eu gosto tanto.

Em outra ocasião no apartamento, fui conhecer o recém-inaugurado Complexo Cidade Matarazzo, na Rua Itapeva, em frente à FGV, onde cursei a faculdade. Lá, onde foi a Maternidade Matarazzo, local em que meu pai nasceu, tornou-se recentemente um dos lugares mais chiques do Brasil, com um hotel seis estrelas da rede Rosewood. Chamei para me acompanhar as arquitetas Paulinha Borba e minha prima Flávia, que foi com toda família. Na hora que chegamos, estava tendo um casamento na igreja do complexo. A técnica de enfermagem Elisângela, que cuidava de mim, disse que parecia casamento da realeza, com uma noiva feita de porcelana. Eu achei muito bonito o lugar, assim como a arquitetura dos prédios novos, a restauração dos edifícios antigos, o paisagismo e a decoração. Tudo muito luxuoso, talvez até exageradamente luxuoso para um país com tanta desigualdade.

Assisti a uma entrevista com o proprietário francês, que declarou que todas as unidades para morar foram vendidas em pouco tempo, mesmo colocando um preço muito acima do metro quadrado mais caro da cidade. O local virou uma grife, símbolo de *status* entre os bilionários. O que eu achei mais absurdo era que um complexo de luxo com hotel, restaurantes, bares e apartamentos, a um quarteirão da Paulista, não tivesse um acesso exclusivo para pedestres. Uma pessoa a pé ou um cadeirante, como eu, corria perigo de ser atropelado no meio dos carros importados. Diante da dificuldade da entrada, eu me lembrei da música *Construção*, do Chico Buarque. Que eu não morresse "na contramão, atrapalhando o tráfego".

FELIZ ANO VELHO

Os primeiros trinta réveillons da minha vida foram comemorados na praia. Mas desde que me encontrava acamado, tinha que me conformar em ficar em casa, assistindo pela televisão aos fogos e à diversão dos outros. Agora, com o *flat* bem próximo da Avenida Paulista, imaginei que este seria o lugar ideal para assistir ao show da virada e participar "de corpo e alma" de uma festa popular, programa que há tempos eu não fazia.

Dessa vez, meus pais, um pouco receosos com a aglomeração, aceitaram participar da minha maluquice, afinal, nunca tínhamos vivenciado a experiência de passar um *Réveillon* na Paulista. Fizemos a ceia no apartamento e, um pouco antes da meia-noite, fomos para a Paulista, no lugar indicado pela organização da SPTuris, na Rua Haddock Lobo, bem próximo ao palco, na área destinada às pessoas com deficiência.

Ao nos aproximarmos do local, já nos deparamos com inúmeros usuários de drogas, pessoas fortemente alcoolizadas e em situação de rua ao longo

PARTE 4 - NO RITMO DA VIDA

de toda a subida. Ao chegar à área indicada, a responsável pela cancela de acesso destinada a pessoas com deficiência nos recebeu com patadas e pedradas, dizendo que ali era portão de saída e que todos eram iguais, sem privilégios. Arrematou que não conhecia nenhuma lei de inclusão e indicou que teríamos que andar três quarteirões, no meio da aglomeração da Alameda Santos para passar pela segurança e revista pessoal, depois voltar, no meio da multidão da Avenida Paulista, para o local reservado. A essa altura, meu pai de muletas, com dificuldades para caminhar, resolveu voltar para o *flat*; eu e a minha equipe resolvemos encarar a aglomeração.

Imaginem a cena: quase chegando meia-noite, nós na esquina do Conjunto Nacional, na alameda Santos com Rua Augusta, querendo chegar à Avenida Paulista, tendo que enfrentar um mar de gente, sem espaço para nos movermos. Como nessas horas sempre aparecem os "anjos" de plantão, como diz minha mãe, eis que surge um rapaz de camiseta branca, colete e jeito de segurança perguntando por que não estávamos na área reservada para PCDs. Contamos a história e ele, mais do que depressa, foi gritando e abrindo passagem para atravessarmos a avenida até a faixa da ciclovia que, durante o evento, servia de corredor para policiais e bombeiros atuarem com agilidade nos atendimentos de emergência. No meio da multidão, atrás dele, minha mãe e minha amiga fisioterapeuta Maiara abriam alas entre as pessoas, enquanto Ronei pilotava a cadeira, ziguezagueando para desviar dos ambulantes, gritando para todos saírem da frente. Em pouco tempo, estávamos nós em um camarote VIP, na frente do palco, assistindo ao show do cantor Leonardo e aos fogos da Virada. Um bombeiro veio se desculpar e perguntar se não nos importávamos de ficar ali mesmo, porque tinha um degrau para ir até a área reservada aos cadeirantes, ali ao lado. Sem planejar, assistimos a tudo de camarote, com os promotores do evento da SPTuris, na ala VIP.

Passado o sufoco, não parávamos de nos divertir com a forma inusitada que chegamos à boca do gol, ou melhor, na frente do palco. Até hoje, ficamos sem saber quem era o tal "anjo" que apareceu para nos ajudar, mas desconfiamos que ele fazia segurança de shows, porque mostrou seu Instagram lotado de fotos dele com artistas.

À meia-noite, ligamos para meu pai, que estava no apartamento assistindo pela TV, mostrando os fogos da Virada. Ficamos até a madrugada aproveitando os shows e, ao sair, ainda pudemos assistir a outro show à parte: a limpeza da avenida por centenas de garis paramentados de uniforme laranja, que entravam em cena com agilidade para deixar a avenida limpa e transitável no dia seguinte.

Felizmente, deu tudo certo e aproveitamos o *Réveillon*. Mas, fazendo um balanço do que aconteceu, foi triste constatar que nem todas as pessoas estavam preparadas para lidar com pessoas com deficiência, porque não receberam treinamento e capacitação para tal. Pessoas que não deveriam trabalhar em um evento desse porte.

Mesmo após o exemplo positivo do show dos garis, animados, fazendo a limpeza da avenida, o cenário nas ruas do entorno era bem diferente, até mesmo degradante. Muitas pessoas, sob o efeito de álcool e drogas, caídas pelas calçadas, urinavam em qualquer lugar, fazendo-me lembrar do filme *The Day After*, uma cidade devastada, não por um ataque nuclear, mas por um ataque de falta de consciência social e coletiva.

TRADIÇÃO É TRADIÇÃO

Fevereiro chegou e, para a comemoração do nosso primeiro aniversário pós-pandêmico, eu e Pipo organizamos uma festa em um Beach Club em Alphaville, perto da minha casa. Dessa vez, não foi preciso organizar nada. Era só chegar para a festa e curtir uma das diferentes opções de lazer,

PARTE 4 - NO RITMO DA VIDA

com quadras de tênis e vôlei, mesas de sinuca e pebolim, brinquedos para as crianças e uma galeria de bares, restaurantes e sorveteria para cada um se divertir a seu modo. Nós nos acomodamos em várias mesas, reunindo uma centena de amigos, familiares, conhecidos e até mesmo alguns seguidores da internet, que sempre aproveitam a comemoração do meu aniversário para nos conhecermos pessoalmente.

Fiquei muito feliz com a presença de todos, inclusive do ex-secretário da Pessoa com Deficiência de São Paulo, Tuca Munhóz, que me presenteou com seu novo livro sobre Acessibilidade e Inclusão. Quem também compareceu foi Michel Leonardo, jovem professor e leitor do *Movido pela mente*, que não faltou a nenhuma celebração minha depois do lançamento do livro. Outra presença que me alegrou foi da Mariana Melo. Apesar de sermos colegas no Mobilize e no *iCities*, não nos conhecíamos pessoalmente. Ela veio de Curitiba exclusivamente para o aniversário e ficou hospedada na minha casa. A tarde de sábado contou também com uma incrível roda de samba, que animou a festa até o anoitecer. Foi uma celebração memorável.

No ano seguinte, com o apartamento em uma região mais central de São Paulo, programamos a comemoração dos nossos aniversários no restaurante do *flat*, Jaú Pizza Bar, gerenciado pelo Marco, muito atencioso e que sempre nos paparicava. Novamente, a turma de amigos e familiares compareceu em peso para manter a tradição, além de diversos profissionais da saúde que se tornaram amigos, a exemplo do fisioterapeuta Renato Moizinho. Ainda pude contar com a presença da Lina, presidente da Pro-Cura da ELA, e seu marido Fábio Carvalho, que também tem ELA como eu que, ao ter o diagnóstico, quis me conhecer e escreveu um livro com os olhos, contando suas aventuras percorrendo o mundo de moto, e sua viagem pelas Américas até o Alasca.

MOVIDO PELA MENTE

Outra presença marcante foi a Beth Ribeiro, que tem ELA, diagnosticada há pouco tempo, que se tornou uma boa amiga e, assim como eu, se manteve ativa trabalhando, sendo hoje Presidente do Instituto Mara Gabrilli. Inimaginável reunir três cadeirantes, com ELA, respirando por ventilação mecânica, em um evento social, sabendo das dificuldades de cada um para estarem presentes. Uma grande honra para mim. Não poderia deixar de falar da presença do grande amigo Ronaldo, *expert* em comunicação assistiva. Ele que dá suporte para todos os pacientes de ELA na instalação e manutenção do *tobii-eye* e dos softwares de voz. Sem ele, seríamos incomunicáveis. De tradição em tradição, eu e meu amigo-irmão Pipo já comemoramos quinze aniversários juntos.

Com a facilidade do restaurante no *flat*, alguns meses depois, aproveitamos para reunir amigos, empresários e entusiastas da Mobilidade em um Jantar Beneficente em prol do Mobilize, realizado na época das férias europeias, para contar com a presença da minha irmã Lili e do meu amigo Renato. O objetivo da pizzada era mostrar a relevância do nosso trabalho na divulgação de ações de mobilidade e da nossa atuação na melhoria de políticas públicas de mobilidade, acessibilidade e sustentabilidade. Dessa vez, a organização ficou a cargo da influenciadora digital Paula Monteiro, que pensou em todos os detalhes. Foi uma noite muito agradável, quando tivemos a oportunidade de apresentar os resultados do nosso trabalho. Fiz questão de abrir o evento agradecendo a todos que apostaram em nossa causa e, até hoje, nos apoiam. Passei a palavra para Marcos de Sousa, que contou a história do Mobilize, nossas conquistas e realizações nesses doze anos. Por fim, meu amigo Bruninho, da Abrace uma Causa, que ajudou ativamente no planejamento do evento, ressaltou a importância do apoio às iniciativas como o Mobilize para promover um diálogo contínuo sobre a mobilidade sustentável no país.

PARTE 4 - NO RITMO DA VIDA

O Jantar Beneficente não apenas arrecadou fundos cruciais para apoiar a causa da mobilidade sustentável, como também criou um espaço em que pessoas de diferentes esferas da sociedade puderam se unir, trocar ideias e se comprometer com a construção de um futuro mais sustentável em termos de mobilidade urbana. Para mim, o evento foi uma demonstração vívida de como a sociedade está cada vez mais engajada em promover mudanças positivas e inspirar ações concretas para enfrentar os desafios da mobilidade. Quem sabe esse evento também vire uma tradição.

CORAGEM É O QUE NÃO ME FALTA

Participar de um grande evento cultural na cidade é sempre um desafio, principalmente nas minhas condições. Como eu não estou morto, também tenho vontade de sair de casa, acompanhar de perto os acontecimentos, experimentar a energia das pessoas reunidas, aproveitar esses momentos mágicos que um grande show de música proporciona.

Queria muito ter essa experiência no evento *The Town*, que seria realizado no autódromo de Interlagos. Comecei a pesquisar tudo sobre a infraestrutura para cadeirantes porque nada poderia dar errado. Eu não poderia passar pelos mesmos apuros que aconteceram no *Réveillon* da Paulista. Consegui os convites com o Itaú, patrocinador do Mobilize e um dos patrocinadores do evento, e juntei todas as informações necessárias sobre acessibilidade. No grande dia, comecei a me preparar logo cedo e, com toda minha equipe, saímos de casa antes do meio-dia. Confesso que estava com receio pelas notícias na mídia sobre as intermináveis filas dos primeiros dias, o calor intenso, a falta de água para beber e as fortes chuvas, sem ter onde se abrigar.

Com tudo programado, não poderia desistir. Resolvemos encarar mais uma das minhas aventuras. O que eu não poderia imaginar é que, desde a chegada ao local até a nossa saída, a uma hora da manhã, após doze horas no evento, eu fosse acompanhado, o tempo inteiro, por um voluntário que, não só atendia a qualquer uma de nossas solicitações, como nos conduziu à ala para pessoas com deficiência na área VIP. Diante de cada palco, os PCDs podiam contar com áreas exclusivas e plataformas elevatórias para cadeiras de rodas. A organização do evento e o Itaú foram impecáveis nos quesitos de acessibilidade e treinamento de voluntários para acompanhar, individualmente, cada pessoa com deficiência. À noite, assistimos ao show do Maroon 5, às apresentações pirotécnicas e, ainda por cima, pudemos usufruir da infraestrutura da ala VIP. Para coroar o evento, ainda tivemos a colaboração de São Pedro, pois não choveu.

No dia seguinte, eufórico com a participação nesse grande evento e diante da acessibilidade impecável, fiz questão de escrever um *post* no Instagram, cumprimentando toda organização. Parece que, aos poucos, os organizadores desses grandes eventos estão mais conscientes e atento às diversidades, tornando-se mais inclusivos e acessíveis às pessoas com deficiência. Uma pena que sejam somente ações pontuais, que deveriam ser rotinas em qualquer hora e em qualquer lugar.

Algumas pessoas acham que sou louco por frequentar lugares como festivais de música ou estádios de futebol pelas condições físicas que me encontro, mas eu descobri que isso pode ser apenas o começo. Em um Simpósio da Associação ProCura da ELA, tive o prazer de conhecer pessoalmente Maria Lucia Wood Saldanha, que também tem ELA, respira por ventilador mecânico e escreve usando um leitor óptico. Ou seja, muito similar à minha situação, mas com uma grande diferença: ela viaja frequentemente de avião e de navio. Foi assim que veio ao Simpósio em São Paulo, sendo que mora em Curitiba. Maria Lucia até viajou para a Europa, indo de cruzeiro e voltando de avião. Foi uma grande inspiração para mim. Mos-

PARTE 4 - NO RITMO DA VIDA

trou que meu sonho de realizar viagens mais longas, de navio ou avião, é viável para pessoas na nossa situação. Coragem é o que não me falta.

A VIDA É UM SOPRO, OU MELHOR, MUITOS SOPROS

Uma semana após o *The Town*, comecei a ficar um pouco gripado e, depois, com muita sonolência. Isso me deixava intrigado, pois era o único sintoma que eu apresentava. Até cogitei estafa ou tristeza pelo término de um namoro de três meses, embora não parecesse. O médico da EY e a médica do *home care* acharam melhor eu ir ao hospital fazer exames. Fui um pouco relutante, pois não sentia nada além de sono. Os exames revelaram pequena pneumonia aspirativa por saliva e acabei sendo internado. A broncoscopia realizada indicou que eu estava com traqueomalácia, ou seja, o alargamento e adelgaçamento da traqueia causada pelo uso contínuo, por onze anos, de cânula de traqueia com balão. Passados alguns dias, em vez de melhorar, peguei uma infecção hospitalar e piorei bastante, sentindo muita dificuldade para respirar, algo que não acontecia há anos. No mesmo dia, fui do quarto comum para a semi-intensiva e de lá para a UTI, o que não era um bom sinal.

Como disse Marcelo Rubens Paiva, em seu livro *Feliz Ano Velho*: "a UTI é uma espécie de antessala do céu ou do inferno. Se você entrou nela, ou morre, ou sai com profundas lesões". Precisaram me sedar e fiquei dois dias inconsciente, tanto que acordei numa sexta-feira achando que era quarta. Nesse dia, a primeira coisa que fiz foi perguntar para a minha mãe, na tabela, se eu estava vivo. Isso foi mais uma alucinação, não um estado de quase morte. Antes de me sedarem, eu estava com muita dificuldade para respirar e, naquele momento, meio alucinando, pensei que não seria uma má ideia morrer para aliviar o sofrimento. Fiquei com aquilo na cabeça e achei que tivesse morrido. Naquela noite, eu me senti muito bravo, pensando: "Nem morto eu me livro deste hospital".

MOVIDO PELA MENTE

Apesar dos indícios, só percebi que o que tinha acontecido comigo foi bem grave alguns dias depois, quando um médico veio conversar comigo sobre estágio terminal, cuidados paliativos e minhas decisões sobre o final da vida. Também soube que, na minha primeira noite na UTI, a médica pneumologista, super-renomada, ficou até às 3 horas da manhã regulando o respirador e me acompanhando para garantir que eu ficasse bem. Naquela noite, no auge da crise que tive, meus pais foram perguntados sobre qual decisão tomariam em caso de parada respiratória, se deveriam me ressuscitar ou deixar morrer. Depois, quiseram saber minha opinião sobre essas questões para deixarem registrado no meu prontuário. Achei que estava preparado para conversar sobre esses temas numa boa, pois havia refletido exaustivamente sobre isso nos primeiros anos da doença. Mas como andei estável nos últimos anos e vinha melhorando, os pensamentos sobre o estágio final da ELA foram dando lugar a planos para o futuro. Então, naquele momento, já não me sentia mais pronto. Por isso, enquanto eu falava com o médico, algumas lágrimas começaram a escorrer pelo meu rosto, e assim foi ao longo daquele dia até a hora de dormir.

No dia seguinte, acordei me sentindo bem e não pensando mais nessas questões. Pelo menos, já havia dito aos médicos a minha decisão, que seria lutar pela vida, a menos se tivesse sequelas cognitivas. Essa conversa teria sido bem mais fácil há dez anos, quando eu só piorava, mas agora eu estava cheio de planos. Depois, conversando com meu pai, soube que os hospitais particulares costumam abordar essas questões, mas que em nenhum momento eu corri risco de vida. Ele, como pai e médico, me conhecendo bem e acompanhando a doença de perto desde o início, sabia melhor sobre meu estado do que os médicos que me viam pela primeira vez. Eu sou forte, saudável, todos meus exames são normais, mas quem vê um paciente com ELA há quinze anos, e respiração

PARTE 4 - NO RITMO DA VIDA

mecânica há onze anos, acha que já está morrendo. Eu sou uma exceção. Mesmo não sendo tão grave como pintaram, fiquei mal como há anos não acontecia. Foi importante minha mãe convocar uma legião de amigos, meus e dela, para uma corrente de orações e vibrações positivas.

Deveria ser o contrário, mas eu deixei o hospital muito mais debilitado do que entrei. Também saí de lá com uma diarreia infindável, por causa de uma bactéria hospitalar, e uma nova cânula da traqueostomia, autoajustável, por causa da traqueomalácia. Nas semanas seguintes à internação, fiquei tranquilo em casa, me recuperando e adaptando-me às novas condições. Na verdade, tranquilo não seria o adjetivo mais adequado para descrever o que passamos num domingo, três semanas depois de voltar para casa. Uma secreção espessa, chamada por profissionais de saúde como rolha, tampou completamente a minha traqueia e eu não conseguia respirar. Pedi para a técnica de enfermagem Veruska usar o ambu, ajudando a ventilar manualmente mais rápido, depois aspirar a traqueia, mas a rolha não saía. Por sorte, Ana Isabel, que ia assumir o plantão noturno, chegou para ajudar.

Meu pai, com décadas de experiência em UTI, entrou no quarto e passou a dar orientações para as técnicas de enfermagem. Uma hora, ele mesmo assumiu o ambu. Minha mãe também veio para ajudar. Abaixaram minha cama, buscaram o oxigênio, colocaram o oxímetro e seguiram ambuzando e aspirando a tráqueo. Foi tudo muito rápido, mas devo ter ficado uns dois minutos sem respirar direito, fazendo minha saturação cair para 46, levando-me a desmaiar. Não cheguei a apagar totalmente, mas perdi os sentidos: a vista ficou embaçada, o som ficou distante e eu não conseguia reagir a nada que me perguntavam. Aos poucos, Ana foi aspirando a secreção, minha respiração melhorando e fui retomando a consciência. Foi uma intercorrência bem grave e, se tivessem demorado uns minutos a mais para me acudir, eu poderia ter morrido ou ficado com consequências cognitivas severas. Por sorte, conto com uma equipe muito competente, que me conhece bem, um pai médico, uma mãe atenta e preocupada. No final, fiquei bem e tudo acabou não passando de um grande susto, ou melhor, de mais um sopro de vida. Contrariando o renomado arquiteto Oscar Niemeyer, que eu tanto admiro, e que dizia *"a vida é um sopro"*, a minha é feita de muitos sopros. Como diz minha mãe, nossa vida é feita de fortes emoções. Mas, dessa vez, exagerou.

QUEREMOS A VIDA

Sempre tiro férias quando minha irmã, meu cunhado e minhas sobrinhas vêm passar férias no Brasil. Dessa vez foi em agosto, quando a "Família Ripinica Portuguesa" veio para ficar quarenta e cinco dias por aqui. A casa, que normalmente tinha uma rotina mais tranquila, mesmo com o entra e sai de profissionais, se transforma completamente. É sempre uma grande agitação, com inúmeras visitas de amigos e familiares que querem encontrá-los, em churrascos, tardes de bate-papo e noites de comemorações. Casa de Avós é sempre casa de avós, em que as transgressões são permitidas. Tudo bem diferente de quando éramos crianças e tínhamos que nos comportar.

Um belo dia, após duas semanas do retorno da família para Portugal, depois de constatar que havia um silêncio pela casa, que tudo se encontrava em seu devido lugar, minha mãe veio com a conversa de que a casa estava muito quieta, muito vazia e muito triste. Precisava de vida. Há muitos anos, desde que a nossa yorkshire Muffin tinha falecido, ela sonhava em ter outra cachorrinha da mesma raça, e perguntou para meu pai se aquela não seria a hora. A decisão sempre pendeu entre a razão e o coração porque, na lembrança de todos, ficou o trauma de

PARTE 4 - NO RITMO DA VIDA

eu estar dentro da ambulância para ir a uma emergência no hospital e a minha mãe notar que não tinha com quem deixar a Muffin. Ela tocou às pressas a campainha na vizinha e perguntou se poderia ficar com a cachorrinha naquela tarde. Na época, ficamos mais de um mês no hospital. Outra ocasião foi na viagem para o Transplante de células-tronco na Alemanha. Daquela vez, a nossa vizinha-anjo se prontificou antecipadamente a ficar com a Muffin.

Nessa decisão, o coração falou mais alto e assim chegou em casa a Vida, uma filhotinha de yorkshire, com dois meses, que mais parecia um bichinho de pelúcia, mas cheia de vida, enchendo a casa de alegria, brinquedos espalhados pelo chão e muita energia. Por causa do nome inusitado escolhido pela minha mãe, surgiram muitos trocadilhos e brincadeiras. Sempre que alguém pergunta para ela o que está fazendo, responde que está cuidando da Vida. Meu pai, tomando conta da Vida enquanto eu estava no hospital, ficava louco da vida com a Vida, que ainda tinha a energia e desobediência de um filhote. Chegaram à conclusão de que a Vida, ainda muito sapeca, é "de morte". Já tem gente dizendo que, quando levam a cachorrinha para passear, saem cantando a música do Zeca Pagodinho: "Deixa a Vida me levar, Vida leva eu".

A esclerose lateral amiotrófica é descrita como uma doença neurológica degenerativa PROGRESSIVA. Teoricamente, os pacientes com ELA descem ladeira abaixo, só piorando até morrer. Como já disse anteriormente, segundo a literatura médica, a expectativa de vida é de dois a cinco anos. Desmentindo as estatísticas, em setembro, eu completei quinze anos do diagnóstico e, apesar de ser uma doença progressiva, venho sentindo a minha respiração cada vez melhor. Atualmente, consigo ficar sem o respirador por um minuto tranquilamente e ficar bem sentado sem desconforto respiratório, algo impensável tempos atrás.

Isso sem tomar nenhum remédio. Meu pai atribui esse feito a uma adaptação dos meus músculos.

Na minha opinião, este "milagre" pode estar acontecendo também por uma série de outros motivos, como a importância de uma boa dieta enteral e de suplementos (ponto para minha nutricionista Camila); o fato de eu ficar mais sentado desde que chegou a cadeira de rodas motorizada, me forçando a permanecer em uma posição que exige mais da respiração (ponto para as centenas de amigos e familiares que fizeram a campanha de arrecadação); o suporte fundamental da família e do seguro saúde (ponto para meu pai, minha mãe e todos os profissionais de saúde que cuidam de mim); eu seguir trabalhando ocupando minha mente e me impondo desafios (ponto para a EY Brasil, o Mobilize e o *iCities)*. Eu também não descarto ter alguns efeitos tardios dos tratamentos que fiz nos primeiros dois anos da doença. (ponto para as clínicas, hospitais e profissionais que acreditaram ser possível fazer algo por mim). Tenho certeza de que a minha melhora também é fruto das muitas orações, rezas e vibrações positivas emanadas por muita gente, de diferentes crenças e religiões (ponto para todos os conhecidos e desconhecidos que torcem por mim, cada um da sua forma). Além disso, acredito que ser feliz e estar de bem com a vida também ajuda muito (ponto para mim, é claro!).

Conclusão: para contrariar os prognósticos médicos e seguir desafiando as estatísticas de evolução da esclerose lateral amiotrófica, são necessárias inúmeras pessoas. Apesar da ELA ser considerada uma doença, eu não me vejo como um doente, de forma alguma. O que eu tenho são apenas limitações físicas, que vou lidando e superando graças a uma rede de pessoas incríveis, como todos vocês, que estão lendo este livro agora. Por isso, nesse momento, o principal sentimento é o de da gratidão. É por tudo isso que eu faço questão de celebrar a Vida todos os dias.

PARTE 4 - NO RITMO DA VIDA

O MUNDO EM UMA CASCA DE NOZ, OU MELHOR, MUITOS NÓS

Hamlet, personagem central da peça de mesmo nome do célebre dramaturgo inglês William Shakespeare, escrita em 1601, declarou: *"Eu poderia viver recluso numa casca de noz e me considerar rei do espaço infinito"*. Penso que eu também poderia ser como Hamlet e desejar viver isolado, em uma cama, no meu mundo, sem interagir com o ambiente ao meu redor, nem com as pessoas a partir do momento que recebi uma sentença de morte, ainda jovem, aos vinte e oito anos de idade, cheio de sonhos e de energia para realizá-los.

Embora a frase tenha sido dita por Hamlet após todos os assassinatos no reino da Dinamarca, preferi me inspirar em outro autor, também jovem, cheio de energia e com uma mente brilhante, que teve o mesmo diagnóstico de ELA aos 21 anos de idade, mas não se entregou e aproveitou sua vida para se dedicar aos estudos do universo, do microcosmo quântico até o macrocosmo, publicando o livro *O Universo em uma casca de noz*, em 2001. Seu nome era Stephen Hawking. Apesar da fatalidade do diagnóstico, ele faleceu aos 76 anos, em sua residência em Cambridge, após uma brilhante carreira como astrofísico e cientista.

Poderia estar isolado em minha casca de noz, que é meu cérebro (que tem a mesma aparência de uma casca de noz), poderia estar preso à minha consciência, aos meus pensamentos e sentimentos, mas jamais quis assumir um papel de vítima, considerando-me um coitado por ter perdido os movimentos físicos, como várias pessoas dizem ou pensam quando me veem em minha cadeira motorizada, ou mesmo quando vêm me visitar em casa e me conhecem pela primeira vez.

Mas minha casca de noz nunca foi um limitante para mim. Pelo contrário, é por ela e por meio dela que tenho conseguido realizar meus sonhos e meus projetos em prol de um mundo melhor, mais humano e mais igualitá-

MOVIDO PELA MENTE

rio. Minha casca de noz tornou-se meu foguete, me fez viajar na velocidade da luz e me transportou para universos jamais imaginados.

Por opção, fiz meu mundo muito maior do que uma casca de noz. Hoje tenho um mundo de muitos *"Nós"*, não aqueles que amarram a nossa vida, mas o pronome pessoal da primeira pessoa do plural. Sem todos os *"nós"*, eu há muito tempo não estaria mais aqui para contar a minha história. Minha vida depende integralmente de todos esses "nós" que habitam em mim e fora de mim. Pessoas incansáveis que abraçaram comigo as minhas causas e resolveram fazer delas também suas causas, juntando esforços, unindo forças, para que pudéssemos reunir, em uma só casca, muitas experiências de vida que, juntas, se transformaram em um bem maior.

Em um mundo tão individualista, em que hedonistas se orgulham de pensar somente em si próprios, compartilhar uma história de muitos "Nós" é, para mim, uma grande honra, um grande orgulho. Vocês, "casca de nós", me impulsionam a viver intensamente todos os minutos da minha vida. Se olhássemos o universo como uma grande "casca de noz cósmica", sem poder, sem vaidades, sem guerras, sem diferenças sociais e raciais, respeitando a mãe natureza como um todo e a natureza de cada ser humano, não estaríamos na curva descendente desse tempo sideral, antecipando uma nova ordem universal que a humanidade poderá ser protagonista a partir deste século.

Da mesma forma que Shakespeare não ignorou a revolução astronômica que ocorria no século XVI, antecipando uma nova ordem universal, da passagem do geocentrismo para um universo infinito, e do mesmo modo que Stephen Hawking descobriu que a gravitação gerada pelos buracos negros é extremamente poderosa, e nada pode escapar dela, nem mesmo a luz, eu me arriscaria a dizer que nosso presente

PARTE 4 - NO RITMO DA VIDA

só terá futuro quando todos compreenderem que estamos na mesma "casca de nós". Cabe somente a nós compreendermos que tudo depende de "Nós". Para continuar nos movendo por este mundo, para mover nossos sonhos em direção a algo bom, belo e verdadeiro para todos, precisaremos mover nossas mentes em conjunto, numa mesma trilha, fluindo com as batidas tranquilas do coração, como em uma ciclovia em meio a flores, à beira-mar, sentindo a brisa e o sopro de vida.

FIM

APÊNDICE:
COMO O RICKY FUNCIONA?

Hoje, quem entra no meu quarto se depara com uma placa com o dizer "La Chingada", cada hora enganchada em um trinco do guarda-roupa, em frente à minha cama, dependendo do humor de quem cuida de mim. Trata-se de uma suposta cidade mexicana, presente do meu amigo Renatão, e nada a ver com xingamentos. Não é o que estão pensando.

Bem em frente à porta, no meu canto esquerdo, uma coleção de objetos do Corinthians, motivo de comentários de quem vem me visitar pela primeira vez. Sou corintiano fanático, mas todos os objetos ganhei dos amigos. Além disso, tem uma gaveta cheia de lembranças de todos os cantos do mundo, dadas pelos amigos, e que são uma alegria para a criançada que gosta de ficar no meu quarto. Claro, sem contar a caixa de Lego que me acompanha desde a infância e que eles, sem cerimônia, espalham pelo chão.

O mais engraçado é, imóvel em minha cama, ouvir os comentários sem jeito de quem me conhece pela primeira vez e não sabe como agir. Ele entende tudo o que a gente fala? Ele ouve normalmente? Ele sente? Alguém logo responde e explica "como o Ricky funciona". Meu pai brinca que funciono em sistema binário. Quando levanto a sobrancelha, é SIM; quando

APÊNDICE: COMO O RICKY FUNCIONA?

fecho os olhos, é NÃO. Escrevo com os olhos, por meio de um leitor óptico, mas já me perguntaram se eu falo com os olhos, se tenho superpoderes ou se sou super-herói. Devo ser um personagem e tanto na imaginação fértil das crianças. Algumas delas têm receio, me espreitam pela porta e não entram. Há que se respeitá-las, afinal, sou muito diferente das pessoas normais que conhecem.

Com os adultos, também não é diferente. Alguns se afastaram porque não conseguiam lidar com a situação, ou não sabiam o que fazer. Com o tempo, uns voltaram a se aproximar; outros, não. Há que se respeitá-los também. Cada um tem seu tempo, seu momento.

Há aqueles que me veem como um exemplo, e assim me sinto útil quando posso ajudá-los com meu "nada convencional" jeito de viver. Respondo inúmeras mensagens de pessoas que se conectam comigo para pedir informações, compartilhar histórias e sentirem-se abraçadas. Respondo a todos porque percebo que a minha realidade é bem diferente da falta de compaixão que percebo por aí. Outras vezes, sinto que o jeito que decidimos trilhar o caminho, transformando pedreiras em pedregulhos, ajuda quem passa por um problema semelhante.

Minha cama fica no meio do quarto, com a cabeceira perto da porta que dá acesso ao anexo envidraçado, com uma plataforma construída, alguns anos atrás, que me transporta até a garagem. Entre a porta e a cabeceira da cama, tem uma bancada móvel com todos os equipamentos essenciais: respirador *Trilogy*, aspirador de saliva, pote de água para lavar a sonda do aspirador, umidificador de ar, ambu, equipamento essencial se o respirador para de funcionar e o kit de pirulitos, ou seja, gaze enrolada em um cotonete, com uma ponta cortada, que eu inventei para colocarem na minha boca, entre a bochecha e a dentição, para segurar mais tempo a saliva e não ter que ser aspirada toda hora. Meu computador, o monitor e o *tobii-eye* ficam em uma mesinha móvel, com todos os fios acoplados, para facilitar o tira e põe inúmeras vezes por dia.

Ao meu lado esquerdo, no chão, fica o concentrador de ar para fazer inalação e o suporte da dieta enteral com a bomba de infusão. Na bancada, à esquerda, o *cough assist*, um equipamento para simular a tosse e soltar a secreção do pulmão, além do aparelho para medir os parâmetros vitais. No teto, bem em cima de mim, o novo ventilador. Novo porque o antigo pegou fogo, assim que voltei para o quarto após a reforma. Se não fossem os seguranças do residencial chegarem com o extintor de incêndio, não estaria mais aqui. Ah, importante lembrar que só deste lado da cama, são mais de vinte tomadas, todas ocupadas, fora benjamins e réguas com todos os pinos de todos os tipos.

Em paralelo à cama, do lado esquerdo, tem uma janela e uma bancada de fora a fora do quarto. Na parede em frente à minha cama, os guarda-roupas e um armário com a televisão embutida, no meio do móvel. Na bancada, os enfermeiros manipulam os medicamentos e fazem as anotações. No armário da esquerda, fica todo material necessário para meus cuidados: tubos e conexões, circuitos e cânulas de traqueia, sondas de todos os tipos, conectores variados, pacotes e mais pacotes de materiais descartáveis como gases, luvas de procedimento, luvas estéreis, máscaras, enfim, um estoque de materiais. No armário da direita, ficam lençóis, toalhas e cobertas. Minhas roupas ocupam duas gavetas, quatro prateleiras e poucos cabides. E só.

No lado direito da minha cama, tem um espaço para entrar a cadeira de banho ou a motorizada. Encostada na parede, à minha direita, fica a cama-sofá do meu quarto-escritório, onde, de dia, recebo as visitas e, à noite, a enfermagem pode recostar e descansar, sempre atenta, olhando para mim. Acima da cama, mais prateleiras com meus livros, fotos, prêmios e home-

APÊNDICE: COMO O RICKY FUNCIONA?

nagens. A coleção está aumentando tanto que, daqui a pouco, não tenho mais onde colocar.

Os barulhos são uma história à parte. Na primeira vez, todos se assustam. Apita o *Trilogy* quando minha frequência respiratória aumenta, o concentrador de inalação chacoalha como um trem, o aspirador que uso para aspirar a secreção da cavidade bucal faz um barulho infernal. Como minha boca e meu nariz não têm mais função, porque tenho traqueostomia e estou com uma cânula no meu pescoço, ligada a um circuito que é ligado ao respirador, toda saliva que junta acima do *supra cuff*, ou seja, um balão inflável na cânula da tráqueo, não tem para onde ir, a não ser para o pote do aspirador. São tantas aspirações por dia que já me acostumei, mas, para quem chega, é estranho. Pior ainda quando é preciso aspirar diretamente a traqueostomia, com máscara e luva estéreo. Nem todo mundo gosta de ver. Tem gente que prefere sair do quarto.

Minha alimentação é via enteral, ou seja, aquelas dietas prontas, transferidas para frascos plásticos, conectadas a um equipo que passa por uma bomba de infusão e vai direto para a sonda gástrica inserida no meu estômago, assim como a água e o chá de sálvia, que usei durante anos para reduzir a saliva. Depois de inúmeras tentativas alopáticas, a salvação foi a homeopática, que reduz bem a saliva. Fico imaginando toda folha de sálvia da Banca do Ramón, do Mercadão de São Paulo, estocada na minha barriga. Salve, sálvia!

Em dias normais, tudo flui bem e já me acostumei. Mas, quando a dieta vaza, é um desastre ter que me trocar inteiro, às vezes, logo após ter tomado banho. Aquela coisa melada, visguenta e amarela não tem a menor graça fora do pote. O bom da dieta enteral é que não preciso perder tempo em comer e tenho mais horas para trabalhar para a EY e para o Mobilize. Também mais tempo para pensar.

MOVIDO PELA MENTE

Curiosidade, todo mundo tem. Perguntam se uso fraldas. Não. Urino no papagaio e evacuo normalmente, ou na comadre, ou no banheiro, quando vou para o chuveiro. Às vezes, no banho, devido ao esforço, acabo passando mal e tenho que voltar correndo, todo molhado, escorrendo e pingando para a cama. Felizmente, há muito tempo isso não acontece. Todo banho de chuveiro é uma adrenalina que demora duas horas, dos preparativos até colocar a roupa. Mas eu não dispenso essa emoção, mesmo que tenha que ser ambuzado no banheiro. Tudo isso requer dois profissionais. Ah, outra questão que causa muita curiosidade é sobre o funcionamento do órgão sexual. Funciona, e bem!

Minha vida é pura emoção, não tem um dia igual ao outro. A casa gira em torno do meu quarto. Nunca fico sozinho. Quando os enfermeiros descem para fazer as refeições e buscar a dieta, sempre fica alguém comigo. Eu também participo de várias reuniões por dia, direto do meu quarto-escritório, além de fazer duas sessões de fisioterapia diárias. Com isso, é um tira e põe da mesa do computador na minha frente, além do posicionamento perfeito para que eu consiga trabalhar muitas horas por dia, sem sentir dor ou desconforto. Em casos de emergência, como várias vezes aconteceram, é só chamar o "disque anjo", que uma das vizinhas-amigas-irmãs da minha mãe, Cleide ou Chris, voam para cá. Ou então contar com a Dona Sônia, sempre em casa, cuidando de todos.

Como o Ricky não mais vai ao boteco, o boteco vem ao Ricky. Quando meus amigos invadem a casa, com engradados de cerveja e se apalancam no meu quarto, todo mundo sabe que vem farra. De tempos em tempos, a visita inesperada do Padilha, amigo da família, é um caso à parte. Quando falei que queria fazer um bem público, mesmo da minha cama, ele ficou perplexo. E acho que se inspirou. Pois com câncer no fígado, a barriga toda costurada de tantas cirurgias e tomando quimioterapia, escalou as

444

APÊNDICE: COMO O RICKY FUNCIONA?

montanhas do Nepal. Como troféu, me trouxe as fotos. Agora, aproveita para compartilhar suas experiências nas associações de câncer e mostrar o quão longe vai o poder da mente. Louco por louco, somos iguais.

Lembrando as histórias bizarras que eu e Lili escrevemos em nosso blog de viagem, uma das maiores bizarrices do meu quarto aconteceu com a minha dentista, Ana, amiga da minha irmã desde o colégio. Eu, de boca semiaberta porque não consigo mais abri-la totalmente, e ela, compenetrada, fazendo a profilaxia, aprontei uma. Puxei da Rickypédia do meu computador a música do Raul Seixas:

"Ah!
Eu é que não me sento
No trono de um apartamento
Com a boca escancarada
Cheia de dentes
Esperando a morte chegar..."

Ela caiu na risada, eu também ri muito. E continuo rindo. Mesmo sem abrir a boca.

AGRADECIMENTOS

Gostaria, primeiramente, de agradecer a meus pais, irmã, cunhado e sobrinhas, por estarem no mesmo barco que eu, tanto em tempos de calmaria, como em mares turbulentos. À Gisele Mirabai, sem a qual este livro não existiria, por sua vocação, inspiração e transpiração, assim como às demais pessoas envolvidas em viabilizar este projeto. A meus familiares, dos mais próximos aos mais distantes. Aos amigos, tanto os que estão sempre presentes quanto os que, por diferentes razões, não encontro com frequência.

Um obrigado especial aos profissionais da saúde que vêm cuidando de mim. Aos atuais técnicos de enfermagem Leiliane, Ana Isabel, Elisângela e Roseane, assim como Emerson, Débora, Veruska, Bianca, que vêm ocasionalmente e todos que passaram por aqui. Às fisioterapeutas Mariana, Gabi, Adriana, aos fisios Renato e Lucas e demais profissionais que já me atenderam. Às fonoaudiólogas Maxi e Betty, além da nutricionista Camila. A todos os médicos e enfermeiros que passaram pela casa, representados por meu amigo Gustavo e pela Dra. Mariní. À Dal Ben, Anery, Amil, Lumiar, Qualy Vita e às associações de quem tem ELA.

AGRADECIMENTOS

Agradeço também à EY, por estar ao meu lado todos esses anos, representada por Cristiane Amaral, Maithê Paris, Luiza Ferraz e Érica Lujan. A todos que trabalharam comigo na EY, ICTS Global, Prefeitura de Santana de Parnaíba, Friss e demais empregos. Aos professores, funcionários e colegas da FGV, em especial a minha sala de administração pública (GVAP), da Universidade Politécnica da Catalunha (UPC), Universidade de Barcelona (UB), CPV, Objetivo, Iona, Mackenzie, São Luís e Richmond Heights. A todas as gerações da Atlética GV, em nome de seu fundador Edu Quilici.

Gratidão enorme a todos que fazem ou fizeram parte deste sonho chamado Mobilize Brasil: Marcos, Regina, Marcelo, Marília, Mariana, Paula, Du Dias, Thiago Guimarães, Carol, Yuriê, Fábio, Beatrice e Hebert. Aos blogueiros Mara Gabrilli, Du Dias, Leticia, Mila, Meli, Thiago, Irene, equipe Cidade Ativa, Uirá, Paulinha, Raquel, Mari e Jeniffer. Aos amigos e conselheiros Renato, Guilherme, Nelson, Leonardo e Bruno Pessoa, que embarcaram no meu sonho. A todos os colaboradores e parceiros que, ao longo desses anos, contribuíram para engrandecer o portal. Ao Luiz Covo, Edu Rossi e a todos que trabalharam ou participaram das atividades da Associação Abaporu. Às empresas que, por meio de iniciativas de responsabilidade social, acreditaram nos projetos que desenvolvemos: Itaú-Unibanco, Allianz, 99, Iosan, Instituto Clima e Sociedade e Instituto C&A.

Também agradeço à Bel e a todas as crianças do Lar Casa Bela, assim como ao Kike, Mirele, Geovana, Dona Sonia, Rosinha, Ronei, Cristiane, Maria José, seguranças da SAR4 e a todos que fazem ou fizeram parte da minha vida em algum momento.

Por último, mas não menos importante, obrigado de coração a todos os leitores que se interessaram por mim, pela minha vida e pelo livro. Esta história não acaba por aqui. Continuarei me movendo...

Ricky Ribeiro

GALERIA DE FOTOS

GALERIA DE FOTOS

Brincando com caminhão e moto no gramado da casa de São Sebastião.
São Sebastião, 1982.

Trenzinhos elétricos no *basement* do Bud em Cleveland.
Cleveland, 1991.

Montando a pelo no Garoto com meu primo Rafael.
Aguaí, 1993.

Saltando da cachoeira em Águas da Prata (SP) e Diamantina (MG).
Águas da Prata e Diamantina, 2003.

Na frente da Toca, sede da Atlética FGV, com o Renato Miralla.
Atlética FGV, 2000.

Estação de metrô em Paris.
França, 1984.

GALERIA DE FOTOS

No parque de diversões Canada's Wonderland, em Toronto.
Canadá, 1997.

Tocando violão com meu primo Thiago no sótão em Alphaville.
Alphaville, 1998.

Voltando de um passeio de jipe com o Luiz.
Alphaville, 2002.

Andando de moto na Amazônia.
Presidente Figueiredo, 2003.

GALERIA DE FOTOS

Esquiando na represa de Nazaré Paulista.
Nazaré Paulista, 2002.

Viajando de bicicleta pela Ilha de Mallorca.
Mallorca, 2006.

Entrando numa fria. Cachoeira de degelo nos fiordes da Noruega.
Noruega, 2004.

Jogo do Barcelona no Camp Nou.
Barcelona, 2005.

Formatura do MBA na
Universidade de Barcelona.
Eu, Renato, Junqueira,
Renatão e Pipo.
Barcelona, 2005.

GALERIA DE FOTOS

Família reunida na primeira festa de aniversário, depois do diagnóstico.
Alphaville, 2009.

Jogando sinuca com o Higor no sótão.
Alphaville, 2007.

Réveillon no sul do Brasil com a turma de Alphaville e meu primo Denis.
Bombinhas, 2005.

MOVIDO PELA MENTE

Survivor em frente ao Dedo de Deus.
Teresópolis, 2009.

Viajando com Lili pela costa brasileira.
Carro, 2009.

Exposição de fotos no Bar Kabul.
Bar Kabul, 2009.

GALERIA DE FOTOS

Com meu primo uruguaio Federico.
Parque Villa-Lobos, 2009.

Andador com quatro rodas
e freios.
São Paulo, 2009.

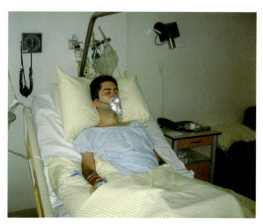

Com a máscara do BIPAP no hospital
após infecção no cateter.
Hospital Oswaldo Cruz, 2010.

Com as amigas arquitetas, Flávia (prima), Vivi e Mari Guerra.
Alphaville, 2012.

Eu de gorro no casamento da Dani Costa.
Pátio do Colégio, 2010.

Andando de transporte público na Alemanha.
Alemanha, 2011.

GALERIA DE FOTOS

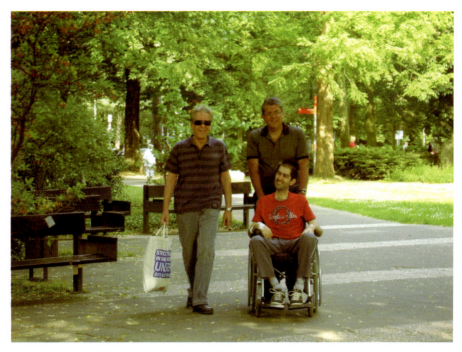

Com meu pai e o Nilton, piloto da cadeira de rodas.
Alemanha, 2011.

Casamento da Lili. Eu vivo e sem gravata.
Alphaville, 2013.

MOVIDO PELA MENTE

Testando a acessibilidade dos trens da CPTM com a Jack.
Estação Carapicuíba, 2011.

11º Mobilize no Salão Nobre da FGV-EAESP.
FGV, 2013.

Com Bel e crianças do Lar Casa Bela.
Alphaville, 2014.

GALERIA DE FOTOS

Assistindo jogo da Copa do Mundo.
Arena Corinthians, 2014.

No meu quarto-escritório usando o Tobii.
Alphaville, 2014.
Foto: Rogério Alonso.

Na paulista Aberta com a cadeira motorizada Permobil.
Av. Paulista, 2017.

Cerimônia do Prêmio Trip Transformadores.
Auditório do Ibirapuera, 2018.

GALERIA DE FOTOS

Confraternização com equipe de saúde.
Alphaville, 2019.

Trabalho na empresa EY.
São Paulo Corporate Towers JK, 2023.

Palestra no Congresso Brasileiro de Treinamento e Desenvolvimento (CBTD).
Pró Magno Centro de Eventos, 2023.

The Town Festival.
Autódromo de Interlagos, 2023.